LES ARCHIVES

DE LA

VILLE DE HONFLEUR

Notes historiques et Analyses de Documents

EXTRAITES DES ARCHIVES COMMUNALES

ET PUBLIÉES EN VERTU D'UNE DÉLIBÉRATION DU CONSEIL MUNICIPAL

DU 14 JUIN 1884

Par

CHARLES BRÉARD

PARIS

ALPHONSE PICARD, ÉDITEUR

LIBRAIRE DES ARCHIVES NATIONALES ET DE LA SOCIÉTÉ DE L'ÉCOLE DES CHARTES

82, rue Bonaparte, 82

1885

LES ARCHIVES

DE LA

VILLE DE HONFLEUR

—

PREMIÈRE PARTIE

Introduction.

ES archives communales de Honfleur ne remontent pas au-delà de l'année 1450, c'est-à-dire à l'époque où les Anglais ont été chassés de la Normandie qu'ils avaient occupée pendant trente-trois ans. On peut se demander ce que sont devenues les archives antérieures. Il n'y a pas lieu d'espérer qu'elles existent encore dans quelque dépôt de la France ou de l'Angleterre ; il est à présumer qu'elles ont été détruites.

Les débris qui subsistent se composent de fonds de diverses provenances. Le plus intéressant de ces fonds est formé des chartes relatives aux franchises et aux privilèges de la ville, lesquelles sont au nombre de 166 pièces ; des cahiers des délibérations au nombre de 115 ; des comptes des deniers qui comprennent un intervalle de cent neuf années. A ces séries, conservées avec soin dans tous les temps et renfermées jadis dans deux coffres à triple serrure, sont venus successivement se joindre les actes provenant des paroisses, des chapelles, des confréries ; les documents féodaux représentés par un ensemble de 1,157 aveux ; les papiers du grenier à sel ; les registres de l'amirauté, et une suite d'autres titres.

La ville s'est toujours préoccupée de la mise en ordre de ses archives. Le premier travail de classement et de récolement auquel ont donné lieu les titres, papiers et actes existants au greffe de la maison commune, fut accompli en 1702 par le secrétaire-greffier, Charles Le Chevallier ; la signature de ce fonctionnaire figure au dos de nombreuses pièces et sur le premier feuillet des registres. Mais nous n'avons pas retrouvé l'état établi à ce moment, pas plus que le procès-verbal d'un récolement arrêté et fait par les échevins en 1718 et à la suite duquel on créa une charge de garde des archives. Il n'en a pas été de même heureusement d'un autre inventaire dressé en l'année 1746 à la suite du renvoi du greffier municipal et inséré in-extenso dans le registre des délibérations n° 90. Cet inventaire, poursuivi pendant plusieurs semaines en exécution d'une délibération du 24 juin 1745, fut fait avec un soin particulier; chaque registre et chaque pièce furent cotés et signés par le maire, puis placés dans une chemise spéciale sur laquelle on reproduisit le numérotage de l'inventaire. Comme document à consulter, nous avons cru intéressant de donner plus loin le texte du procès-verbal rédigé en cette circonstance. Vingt-deux années après, les échevins décidèrent de faire procéder à la recherche d'anciens documents propres à obtenir la confirmation de franchises méconnues depuis longtemps. A cette occasion on fit un classement de tous les titres de la ville, et au moment où ce travail était sur le point d'être terminé, on obtint de l'intendant l'autorisation de supprimer une grande quantité de papiers inutiles. Quoique nous ignorions la nature des papiers ainsi détruits en 1749, on peut présumer avec quelque certitude que la destruction porta sur les pièces de comptabilité et les registres à souche des receveurs du tarif.

Depuis cette époque jusqu'à nos jours, nous ne croyons pas qu'aucune mesure ait été prise pour assurer la conservation et la mise en ordre des archives de la ville. C'est seulement vers l'année 1860 que la municipalité choisit pour archiviste un ancien instituteur qui, avec une grande bonne volonté et beaucoup de soin, procéda au dépouillement des archives municipales. Son travail fut complet mais conduit sans méthode. Tous les titres, tous les cartons, toutes les liasses, sauf celles des papiers de l'amirauté, furent examinés et on en forma des dossiers. Cependant cette opération resta défectueuse, par la raison qu'on ne tint aucun compte de la distinction fondamentale à faire entre les documents antérieurs à 1790 et les documents postérieurs à cette époque. Il s'en suivit une confusion qui n'a pas encore cessé entièrement, qui a vivement préoccupé depuis dix ans les différentes municipalités qui se sont succédées, et à laquelle il a paru désirable de mettre fin. Dans ce but, pour donner à cette partie de l'administration les soins qui doivent lui être accordés, M. Chasle, conseiller général, ancien maire de Honfleur, a bien voulu nous autoriser à utiliser un travail entrepris il y a quelques années et à commencer un classement provisoire; le classement définitif ne pourra être arrêté tant que la mise en ordre n'aura pas été entièrement terminée. C'est un devoir pour nous de remercier publiquement M. Chasle de l'intérêt particulier qu'il a témoigné à notre travail. C'est un devoir pour nous non moins agréable d'adresser également nos remerciements à M. Luard, maire de Honfleur, de la confiance dont il a bien voulu nous honorer en nous introduisant jadis dans les archives de la ville, et en nous permettant d'y travailler pendant nos vacances. Enfin, nous ne saurions mieux terminer ces premières lignes qu'en exprimant les sentiments de notre juste reconnaissance envers le conseil municipal pour les précieux encouragements qu'ils nous a donnés. Nous n'aurions jamais pu, sans ces sympathies, mener à bien une publication qui répondra, nous l'espérons, aux intentions de nos concitoyens.

Indépendamment des documents analysés dans la première partie de ces notes, les archives de la ville de Honfleur renferment d'autres titres ou registres précieux pour l'histoire locale. Ne citant que les plus intéressants, nous signalerons deux registres d'anciennes confréries de la Charité fondées au xve siècle. L'un a conservé sa solide reliure de bois recouvert de cuir gaufré; la reliure de l'autre est dans le plus mauvais état. Leurs feuillets sont revêtus de lettres ornées et d'enluminures. Sur la première page du plus ancien de ces registres on lit : « Cy ensuivent les noms des frères et seurs de la charité et confrarie fondée en l'esglise de Nostre-Dame de Honnefleu en l'onneur de Dieu, de la benoiste Virge Marie, de monseigneur saint Michel, de monseigneur saint Léonard, de monseigneur saint Nicolas, de monseigneur saint Cosme et de monseigneur saint Damien, escripts cy après selond l'ordre de l' a. b. c., commencée le jour de la Pentecouste vme jour de juing l'an iiii c. cinquante et sept. » On y trouve parmi les confrères les noms suivants qui méritent d'être relevés : Thomas Basin, évêque de Lisieux; Guillaume Cousinot, bailli de Rouen; Louis de Bourbon, amiral de France, et Madame Jéanne de France, sa femme; Jacques de

Chambray; Louis de Harcourt, évêque de Bayeux; Antoine de Lastre, dit Canvart, vice-amiral; Pierre de Courtenay; Georges Gannirey, contrôleur de la marine; Jacques de Monrongnon, capitaine de Honfleur; Guyon Le Roy, seigneur du Chillou, vice-amiral; Georges d'Auviray, contrôleur général de la marine; Louis d'Estouteville, etc.

Enfin il n'est pas sans intérêt de faire connaître, d'après les délibérations des 10 et 11 mars 1791, que les anciennes archives du bailliage de Honfleur étaient déposées, à l'époque de la révolution, chez un particulier demeurant rue Brûlée. Une partie en était détériorée par l'humidité et par les rongeurs, mais on y remarquait un grand nombre de registres de l'état civil; les registres des non-catholiques; les registres d'inhumations; les examens de vêtures et de professions faits dans les communautés; les registres des baptêmes, mariages et inhumations des paroisses de Saint-Thomas de Touque, du Theil, d'Equemauville et d'autres communes du canton de Honfleur. L'on ne sait ce que sont devenues ces archives du bailliage.

I.

CHARTES DES ROIS. — CORRESPONDANCE DES SOUVERAINS, PRINCES, GOUVERNEURS ET INTENDANTS.

La première série forme un ensemble de 601 pièces divisées en deux catégories et classées d'après l'ordre chronologique. Elle est renfermée dans quatre cartons numérotés.

La première liasse comprend les Lettres patentes et les Arrêts concernant l'exemption des tailles concédée à la ville par les rois de France depuis Charles VII. Les lettres les plus anciennes sont datées du 22 décembre 1459. Elles permettront de rectifier des détails tout à fait controuvés, et l'erreur qu'on a commise jusqu'à ce jour en attribuant à Louis XI la première concession de cette franchise. A ce propos, il est à remarquer que la charte originale de Louis XI, datée de Honfleur, décembre 1465, ne se trouve plus dans les archives municipales. Mais elle existe aux Archives nationales dans le registre JJ. 194, pièce n° 105, et elle a été publiée deux fois : 1° en 1757, à la fin de la requête présentée par les habitants de Honfleur au contrôleur général; 2° en 1814, dans les ordonnances des Rois, t. XVI, p. 453 [1]. — La ville jouit de l'affranchissement des tailles, subsides et impositions jusques et compris le règne du roi Henri III qui le lui continua par ses lettres du mois de juin 1575, lesquelles ne se retrouvent point non plus dans les archives municipales [2]. Cette exemption prit fin sous Henri IV; ce prince taxa les habitants à 1,050 livres de subvention par

---

[1] On a également une copie de cette pièce dans l'*Histoire de Honfleur*, par Thomas, p. 425.

[2] Les deux pièces signalées en déficit furent adressées par la ville au contrôleur général, en 1738.

arrêt du Conseil rendu à Caen le 18 septembre 1603.

La seconde liasse (carton n° 2) comprend 101 pièces relatives à la concession des aides. La pièce la plus ancienne est datée du 11 avril 1465. Mais l'origine de la concession est antérieure d'au moins un siècle; elle fut l'objet d'un mandement du roi Charles V, le 6 février 1365. Nous donnons plus loin une analyse de ces pièces assez complète pour permettre de ne rien ajouter ici.

Dans les cartons n°s 3 et 4 a été rassemblé la correspondance des princes, des intendants et des gouverneurs. Cette série est incomplète; nous nous proposons de l'accroître au fur et à mesure que le triage nous fera découvrir de nouveaux documents. Elle sera donc l'objet d'un supplément dans la seconde partie.

II.

Administration communale. — Registres des délibérations.

Nous n'avons pu retrouver jusqu'à présent aucun renseignement sur la constitution municipale de Honfleur au moyen-âge. Mais il paraît vraisemblable que les affaires publiques étaient réglées, au xiiie siècle, par la charte connue sous le nom d'*Établissements* de Rouen, et que l'organisation communale y reposait sur les mêmes institutions que dans les villes de Harfleur et de Pont-Audemer. Il faut toutefois remarquer qu'aucun document ne le dit expressément. Dans tous les cas, si cette organisation a existé à Honfleur on a de bonnes raisons de croire qu'elle n'y a duré qu'un siècle environ, car en l'année 1311 on trouve un capitaine qui commandait dans la cité au nom du Roi. Tout ce que nous pouvons dire, c'est qu'à compter de ce temps-là les affaires de la ville furent gouvernées par des capitaines choisis parmi les amiraux, comme Jean de Vienne et Louis de Graville, ou parmi les hommes de guerre, comme Robert de Floques. Ces gouverneurs étaient assistés d'échevins et de conseillers.

Ce n'est donc que dans des documents des xv° et xvi° siècles qu'il est fait mention des magistrats électifs chargés des intérêts de la ville. A cette époque le pouvoir politique et administratif y était exercé par un *gouverneur* nommé par le roi ou par un *lieutenant* du gouverneur. Tout ce qui concernait les affaires municipales, police, finances, voirie, etc., était réglé par des ménagers ou échevins et par des conseillers qui formaient le corps municipal.

Le gouverneur convoquait et présidait les réunions des magistrats de la cité. Ses fonctions étaient tout à la fois des fonctions de judicature et de police administrative. Il exerçait de plus un commandement militaire; il était le chef de la milice bourgeoise et il surveillait le guet et la garde. En l'absence du gouverneur et du lieutenant, le premier échevin exerçait la juridiction. Au xvi° siècle, à la charge du gouverneur, était attribuée la somme de 140 livres payée par les finances municipales; le gouverneur recevait en outre quelques indemnités telles que le logement, l'exemption des droits d'aide, le bois à brûler, six minots de sel, le droit de chaîne, etc. Au milieu du siècle suivant, la redevance acquittée par les bourgeois désireux de s'affranchir de la garde des portes, produisait au gouverneur plus de 6,000 livres. Les provisions de cet officier le qualifiaient de gouverneur des villes et château de Honfleur, de Pont-l'Evêque et du pays d'Auge.

Les *ménagers* ou *échevins* formaient à la même époque, sous la présidence du capitaine-gouverneur, un conseil administratif et judiciaire. Ils étaient au nombre de quatre; leurs fonctions duraient quatre années. On réduisit leur nombre à trois en 1701, mais cette mesure ne fut appliquée que peu de temps. En 1790, les officiers municipaux étaient au nombre de huit. Le corps municipal se renouvelait par quart d'année en année. L'élection avait lieu dans la dernière semaine de décembre. Au commencement du mois suivant, l'échevin élu prêtait serment, jurait fidélité au Roi et à l'Église et entrait en fonctions. L'échevin sortant prenait rang parmi les conseillers de ville.

Les échevins avaient le droit de dépenser les revenus municipaux. Ils administraient les propriétés foncières; ils surveillaient la construction et l'entretien des édifices publics, veillaient au bon état du port, des fortifications, des rues, des fontaines, à la salubrité des maisons, aux précautions à prendre pour prévenir les contagions, à l'administration de l'hôpital, etc. Ils édictaient des règlements pour les marchés, le déchargement des navires, l'établissement des impositions.

Au troisième rang de la hiérarchie municipale, on trouve les *conseillers* au nombre de douze. Ils siégaient avec les échevins, mais les registres ne permettent pas de définir leurs attributions.

A côté et en dehors des échevins et des conseillers, nous mentionnerons d'autres fonctionnaires : le *clerc de ville* ou secrétaire-greffier, le *procureur-sindic* chargé des réquisitions, ajournements, publications, sommations et autres exploits, le *receveur* préposé aux recettes et aux dépenses.

La réunion en échevinage du corps municipal avait lieu une fois par semaine, tantôt chez le gouverneur, tantôt à l'hôtel commun ou Hôtel-de-Ville. Outre les réunions hebdomadaires, il y avait dans les circonstances importantes des assemblées générales auxquelles tous les bourgeois étaient convoqués. Dans le cas où échevins, conseillers ou bourgeois ne répondaient pas à la convocation, chaque absent était passible d'une amende.

Nous avons dit que les échevins avaient des fonctions judiciaires. En effet, ils exerçaient la basse justice et prononçaient en matière de délits peu graves, injures, voies de fait, police de la voirie et des marchés. Au commencement du XVIe siècle, en 1516, des abus s'étant introduits dans la connaissance des questions litigieuses auxquelles donnait lieu le recouvrement des deniers provenant des aides, François Ier attribua à l'échevinage la juridiction sur tous les octrois et deniers communs : « voulons et nous plaist que tous et chacun des procez, débatz, difficultez quelconques qui se pourroient souldre, intenter et mouvoir à l'occasion et par raison des dictz aydes, deniers communs, dons et octrois venantz d'iceux qui se lèvent et percoivent en la dicte ville et forsbourgz de Honnefleu et lèveront par cy-après permission et octroy tant de nos dictz prédécesseurs mors que nos successeurs, soit pour la réception ou audition des comptes, bail et adjudication des dictes fermes des dicts aides et quelzconques autres que ce soit concernantz iceux aydes et deniers qui en yssiront, que le dict cappitaine qui à présent est ou sera cy-après en la dicte ville de Honnefleu ou son lieutenant et conseillers d'icelle ou leurs commis en congnoissent, jugent, décident et déterminent en première instance et en dernier ressort sans aucun moien pardevant nous, nos dictz conseillers sur le faict de la dicte justice de nos dictz aydes de Rouen.... (6 février 1516.) » Ces lettres vérifiées par la cour des Aides de Normandie le 9 mars 1516 furent confirmées par un arrêt du Conseil du 22 juin 1650 (Arch. nat. E. 242) et par un autre arrêt du 2 mai 1680.

A la fin du XVIIe siècle, l'organisation municipale se trouva transformée par suite de la création d'offices nouveaux. Les fonctions municipales étaient devenues vénales comme presque toutes les fonctions administratives ou judiciaires. La liste de ces officiers à gages est longue; nous n'énumérerons que les principales charges. De 1692 à 1724, le corps de ville comprenait : un maire héréditaire et perpétuel créé en 1692, nommé le 29 avril 1694 et installé par l'intendant de Rouen le 19 mai suivant; un maire alternatif, nommé en 1707; un lieutenant de maire héréditaire, 1703; un lieutenant de maire alternatif, 1708; un avocat du roi; un procureur du roi; un échevin ancien et mi-triennal; un échevin alternatif et mi-triennal; un conseiller assesseur ancien; un conseiller assesseur alternatif; un conseiller greffier ancien; un conseiller greffier alternatif un secrétaire-greffier ancien et un secrétaire-greffier alternatif. La plupart de ces charges furent rachetées par la ville.

En 1724 l'organisation fut de nouveau remaniée; M. de Paulmy, comte d'Argenson, chancelier du duc d'Orléans, fit connaître que ce prince entendait que le corps de la ville de Honfleur fut administré de la même manière que toutes les autres villes qui lui appartenaient. Le maire et les échevins devaient être choisis par le duc d'Orléans sur une liste de candidats qui était formée par les notables. Jusqu'à la Révolution on observa le mode de nomination que prescrivait la lettre du comte d'Argenson. En 1788 et 1789, des démêlés surgirent entre les officiers municipaux et les officiers du bailliage à propos de l'élection des échevins, mais une ordonnance royale (19 février 1789) les termina à la satisfaction de la ville en interdisant aux lieutenant-général et procureur du roi au bailliage de convoquer et de présider les assemblées générales des habitants.

Comme document propre à rectifier les indications fournies par la plupart des écrivains qui se sont occupés de nos jours de l'histoire de Honfleur, nous avons pensé qu'il était bon de comprendre dans notre introduction la liste des gouverneurs, lieutenants et maréchaux, des maires et des échevins. Pour la suite des gouverneurs, nous n'avons pas été au-delà du temps où l'occupation anglaise prit fin. Quant à la liste des échevins, nous avons dû nous en tenir aux noms que les registres des délibérations fournissent.

GOUVERNEURS. — LIEUTENANTS. — MARÉCHAUX.

Robert de Floques, bailli d'Evreux, capitaine de Honfleur de 1449 à 1461.

Jacques de Monrongnon, écuyer, capitaine de 1469 à 1480.

Louis Malet de Graville, amiral de France, capitaine de 1487 à 1508; de 1511 à 1516.

Antoine de Lastre dit Canvart, écuyer, vice-amiral, capitaine en 1490.

René de Clermont, vice-amiral, capitaine sous Louis de Graville, en 1499-1515.

Guillaume Gouffier, sire de Bonnivet, amiral, capitaine en 1516-1517.

Guyon le Roy, seigneur du Chillou et d'Orcher, vice-amiral, capitaine en 1517-1528.

Charles de Mouy, seigneur de la Mailleraye, vice-amiral, capitaine en 1529-1561.

Etienne Vipart, écuyer, seigneur de Drumare, lieutenant au gouvernement de Honfleur, en 1547-1550.

Charles Danisy, écuyer, sieur du Pin, lieutenant en 1548-1554.

Pierre de Brisse, écuyer, maréchal en la place de Honfleur en 1550; lieutenant en 1554.

Guillaume Vipart, écuyer, sieur de Drumare, lieutenant en 1550.

Jacques de Mouy, chevalier, seigneur de Pierrecourt, chevalier de l'ordre du Roi, capitaine de cinquante hommes d'armes, conseiller en son privé conseil, vice-amiral de France, l'un des lieutenants généraux pour S. M. en Normandie, capitaine-gouverneur aux années 1562, 1565-1589, 1591.

Louis Le Pellerin, seigneur de Gauville, lieutenant en 1562.

De Sainte-Marie, capitaine-gouverneur en 1563.

Robert Beschard, écuyer, maréchal de la place et lieutenant en 1565 et 1566.

Pierre Le Doyen, écuyer, seigneur d'Authou, gentilhomme ordinaire de la chambre du Roi, lieutenant en 1581-1589.

Guédon de Mouchy, chevalier, lieutenant en 1588.

Pierre de Guast, sieur de Monts, lieutenant en 1588 et 1599.

Jean de Gyvien, sieur de Massac, lieutenant en février 1589.

Jean Dareez, capitaine des gardes du duc de Montpensier, capitaine du château de Touque, commandant à Honfleur en juin 1589.

Ozias de Boniface, écuyer, capitaine d'une compagnie de gens de guerre à pied français, commandant au gouvernement de Honfleur, de décembre 1589 à janvier 1591.

Georges de Berton des Balbes de Crillon, chevalier de l'ordre de Saint-Jean de Jérusalem, gouverneur en juin 1589, janvier 1590, février 1591-juin 1594.

De Montifaut, « l'ung des cappitaines pour le Roy en la ville de Honnefleur, » octobre 1590.

François du Val, sieur de l'Estang, capitaine des gardes du duc de Montpensier, gouverneur de juin 1594 à octobre 1597.

Antoine d'Aumont, comte de Châteauroux, gouverneur en 1597-1601.

Antoine de Lyonnat, écuyer, sieur de Genouilly, lieutenant en 1600-1601.

Etienne de la Roque, écuyer, seigneur de la Roque et du Theil, gouverneur en 1602-1615.

Louis de Petigas, sieur de la Guérinière, lieutenant en 1602-1615.

Jean-Baptiste d'Ornano, marquis de Montlor, maréchal de France, lieutenant général en Normandie, gouverneur de Honfleur, en 1620-1625.

De Valin, lieutenant en 1620.

Antonio Petro de Cassia, commandant en 1620-1622.

Thomas de Casanova, lieutenant en 1624-1625.

Georges de Branças, marquis de Villars, baron d'Oise, pair de France, lieutenant général en Normandie, gouverneur de Honfleur en 1626-1632.

Claude de Conac, sieur de La Marque, exempt des gardes du corps du Roi; lieutenant en 1626.

Jean du Pré, écuyer, lieutenant en 1627-1632.

Antoine de Mouy, seigneur de Héritot et de Fours, lieutenant de la compagnie de gendarmes du cardinal de Richelieu et mestre-de-camp de la cavalerie légère, gouverneur de Honfleur en 1633-1635.

Etienne Vaultier, sieur de Volaville, lieutenant en 1633.

François de la Haye, écuyer, sieur du Mont, lieutenant en 1634-1640.

Louis de Mouy, seigneur de la Mailleraye, chevalier des ordres, lieutenant général en Normandie, gouverneur de Honfleur en 1636-1637.

Guy de Fours, écuyer, seigneur de Fours, chevalier des ordres du Roi, gentilhomme ordinaire de sa chambre, capitaine de cinquante hommes de ses ordonnances, gouverneur de Honfleur en 1638-1645. Décédé au mois de décembre 1645.

Michel de Fours, chevalier, seigneur de Quitry ou Guitry, lieutenant en 1641-1647.

Antoine de Villeneuve, marquis de Monts, premier maître d'hôtel de Gaston d'Orléans, mestre de camp d'un régiment d'infanterie française, capitaine d'une compagnie de chevau-légers, capitaine d'une compagnie de cent hommes d'armes à pied, gouverneur de Honfleur en 1646-1682. Décédé le 16 avril 1682 à l'âge de cent huit ans.

Alphonse de Forbin-Gardane, lieutenant en 1648-1649.

Jacques de Bautot, sieur de la Rivière, lieutenant en 1650-1663.

Gaspard de Villeneuve, sieur de Saint-Marcelin, lieutenant en 1650-1664.

Antoine Guillaume, écuyer, sieur de Saint-Germain, lieutenant en 1665-1682. Décédé au mois de novembre 1682.

Annet de Peyrusse, marquis d'Escars, maréchal de camp en 1650, gouverneur de Honfleur en 1683-1692.

Raymond du Cup, seigneur d'Yssel, mousquetaire à cheval, lieutenant en 1683-1712; lieutenant des chasses de la vicomté d'Auge et de la baronnie de Roncheville en 1689; inspecteur des capitaineries gardes-côtes en 1705.

Pierre Puchot, sieur des Alleurs, comte de Clinchamps, capitaine des gardes françaises, major général des armées, inspecteur général de l'infanterie, gouverneur de Honfleur en 1693-1700.

Alexandre Armand, chevalier, lieutenant-colonel du régiment de dragons du Roi, gouverneur de Honfleur en 1701-1718.

Augustin-Antoine de Matharel, chevalier de Saint-Jean de Jérusalem, mestre de camp de cavalerie, lieutenant au gouvernement de Honfleur en 1713-1718; brigadier des armées en 1716; gouverneur de Honfleur en 1719-1722. Décédé le 13 mars 1722.

Alexandre Vautier de Volaville, lieutenant en 1719-1747. Décédé au mois d'août 1747.

François-Alexandre-Augustin de Matharel, gouverneur de Honfleur en 1723-1731. Décédé au mois de novembre 1731.

Marie-Joseph de Matharel, gouverneur de Honfleur en 1732-1777. Décédé le 9 octobre 1777.

Bernard de Bressac, capitaine d'infanterie au régiment de Montmorency, lieutenant en 1748-1760.

Bertrand-Barthélemy Ducasse Duchesne de Saint-Marc, lieutenant en 1760-1768.

Louis-Gaspard-Balthazar-Nicolas Bernier de

Pierrevert, colonel d'infanterie, lieutenant en 1769-1772.

Jean-Maurice de Gascq, lieutenant en 1772-1778. Décédé au mois de décembre 1778.

Hector-Joseph d'Estampes, marquis de Valencay, gouverneur de Honfleur en 1778-1789.

Maires.

Michel Bigot, conseiller du roi et du duc d'Orléans, lieutenant général en la vicomté de Roncheville, maire perpétuel ou héréditaire de Honfleur suivant provisions du 29 avril 1694.

Guillaume Villey, fils, avocat, maire alternatif et mi-triennal de Honfleur suivant commission du 15 juillet 1707; maire électif en 1725; maire pour la deuxième fois de 1732 à 1736.

Gentien Le Chevallier, conseiller du duc d'Orléans, lieutenant en la haute justice de Blangy, né en 1697, maire de Honfleur en 1727 et 1728.

Olivier Vaquet, bailli de Grestain, conseiller et procureur du roi en l'amirauté de Touque, maire de 1729 à 1732; de 1746 à 1752; de 1755 à 1756.

Charles Delanney, conseiller du roi, vicomte et juge de police de Honfleur, commissaire-enquêteur, examinateur et garde-scel en la vicomté de Roncheville, maire ancien et mi-triennal, alternatif et mi-triennal suivant provisions du 12 mai 1736.

Jean-Baptiste Quillet de Fourneville, lieutenant

civil et criminel au bailliage de Honfleur, né en 1716; maire de 1753 à 1755.

Adrien-Jean-Baptiste Quesney, avocat, conseiller et procureur au bailliage, maire de 1757 à 1767.

Michel de la Croix, sieur de Saint-Michel, avocat, maire de 1768 à 1770; de 1776 à 1790.

Jean-François Liétout, avocat, maire de 1771 à 1775.

Joseph-Marie-François Cachin, ingénieur, maire du mois de novembre 1790 au 9 novembre 1791. Ingénieur en chef du Calvados en 1794; l'un des directeurs des travaux maritimes et membre du conseil près le ministère de la marine en 1800; inspecteur général des ponts-et-chaussées en 1804; officier de la Légion d'Honneur en 1811; baron de l'Empire en 1813. Né à Castres (Tarn) le 2 octobre 1757; décédé à Paris en 1825.

Lieutenants de Maire.

Charles Thierry, écuyer, sieur du Bucquet, maître des eaux et forêts en la vicomté d'Auge, lieutenant de maire perpétuel suivant provisions du 18 février 1703.

Guillaume Jean, sieur du Perron, avocat, lieutenant de maire alternatif en 1708.

Charles-Jean Thierry, sieur de Beauvais, lieutenant de maire ancien et mi-triennal en 1724.

Jean Fonterel, lieutenant de maire alternatif et mi-triennal en 1724.

Menagers ou Echevins.

1550. — Jean Langlois; Thomas Laisney; Cardin de Bordeaux; Jacques Bottentuit.

1551. — Jean Langlois; Richard de Bordeaux; Jacques Le Cauchois; Guillaume Varin.

1552-1554. — Jean Langlois; Jean Jean, drapier; Guillaume Varin; Jacques Le Cauchois.

1581. — Pierre du Galley; Jacques Vion; Valleren du Bosc; Yves Patin.

1584. - Guillaume Gy; Martin Le Lou; Guillaume Varin; Pierre Vion.

1585. — Martin Le Lou; Guillaume Varin; Guillaume Gy.

1586. — Martin Le Lou; Nicolas Eulde; Richard Guillebert.

1587. — Richard Guillebert; Jean Villou; Nicolas Eulde; Noël Bourgeot.

1588. — Richard Guillebert; Nicolas Eulde; Jean Villou; Noël Bourgeot.

1589. — Philippe Bellet; Antoine Pinchemont; Jean du Galley; Noël Bourgeot; Yves Patin.

1590. — Les mêmes. Ils furent remplacés, après la prise de la ville par les troupes royales (28 janvier 1590), par : Martin Le Lou; Jean Laisney; Richard Cocquemer.

1591. — Jean Villou; Jean Langlois; Robert Marais; Nicolas Le Duc; nommés échevins après la reddition de la ville aux Ligueurs (7 février 1591).

1592. — Noël Bourgeot; Robert Marais; Jean Langlois, teinturier; Nicolas Le Duc.

1593. — Robert Marais; Jean Langlois; Nicolas Le Duc; Jean Dufour.

1596. — Martin Le Lou; Jacques Lion; Guillaume Morin.

1597-1599. — Guillaume Morin; Jean Hobey; Louis Otton; Jacques Guérard.

1600-1601. — Louis Otton; Jean Hobey; Romain Delamare; Thomas Blanvillain.

1602. — Louis Otton; Romain Delamare; Thomas Blanvillain; Jean du Bosc.

1603. — Romain Delamare; Thomas Blanvillain; Jean du Bosc; Nicolas Regnoult.

1604. — Romain Delamare; Jean du Bosc; Nicolas Regnoult; Jean Hobelin.

1605. — Jean du Bosc; Nicolas Regnoult; Jean Hobelin; Guillaume Saffrey.

1606. — Nicolas Regnoult; Jean Hobelin; Guillaume Saffrey; Jacques Barbel.

1607. — Jean Hobelin; Guillaume Saffrey; Jacques Barbel; Michel du Bosc.

1608. — Guillaume Saffrey; Jacques Barbel; Michel du Bosc; Olivier de Valsemé.

1614-1615. — Jean Barbel; Jean Hobey; Louis Otton; Thomas Blanvillain.

1620-1621. — Thomas Blanvillain; Nicolas Regnoult; Jean Caresme; Antoine Duval.

1622. — Nicolas Regnoult, Jean Caresme; Antoine Duval; Jean Robinet.

1624-1625. — Jean Caresme; Antoine Duval; Jean Robinet; Adrien Patin.

1626-1627. — Louis Hurel, sieur de Saint-Martin; Jean Robinet; Adrien Patin; Olivier de Valsemé.

1628. — Louis Hurel, sieur de Saint-Martin; Olivier de Valsemé; Thomas Bigot, ci-devant vicomte de Roncheville; Pierre Bourgeot, grenetier au magasin à sel.

1629-1630. — Olivier de Valsemé; Thomas Bigot; Pierre Bourgeot; Jean Barbel, sieur de Bellemare.

1631. — Thomas Bigot; Pierre Bourgeot; Jean Barbel; Guillaume Renoult, contrôleur au grenier à sel.

1632-1633. — Pierre Bourgeot; Jean Barbel; Guillaume Renoult; Pierre du Bosc, sieur des Iles.

1634. Jean Barbel; Guillaume Renoult; Pierre du Bosc; Jean Langlois.

1635. — Pierre du Bosc; Jean Langlois; Philibert le Roux; Guion Blanvillain, sieur de la Rivière.

1636-1637. — Jean Langlois; Philibert Le Roux; Guion Blanvillain; Jean Morin, sieur du Parc.

1638. — Philibert Le Roux; Guion Blanvillain; Jean Morin; Louis Hurel, sieur de Saint-Martin.

1639. — Jean Morin; Louis Hurel; Olivier de Valsemé, ci-devant lieutenant des eaux et forêts de la vicomté d'Auge; Jean Athinas, contrôleur au grenier à sel.

1640. — Louis Hurel; Olivier de Valsemé; Jean Athinas; Elie Le Chevallier, capitaine de navire.

1641. — Olivier de Valsemé; Jean Athinas; Elie Le Chevallier; François Hobbé, avocat.

1642. — Elie Le Chevallier; François Hobbé; Jean Aonffrey, sieur de la Chesnée; Daniel Otton, sieur des Perreaux.

1643. — Jean Athinas, contrôteur au grenier à sel; François Hobbé; Jean Aonffrey, sieur de la Chesnée; Danniel Otton, sieur des Perreaux.

1644. — François Hobbé; Daniel Otton; Jean Aonffrey; François Maharu.

1645. — Daniel Otton; Jean Aonffrey; François Maharu; Michel Ameline, verdier de la forêt de Touque.

1646. — Elie Le Chevallier; François Maharu; Michel Ameline; André Barbel, sieur des Fieffes.

1647. — François Maharu; Michel Ameline; André Barrel; Durand Patin, avocat.

1648. — Michel Ameline; André Barbel; Durand Patin; Michel Marais.

1649. — André Barbel; Durand Patin; Michel Marais; Constant Patin, avocat.

1650. — Michel Marais; Constant Patin; Robert Fresbert; Germain Rebut.

1651. — Constant Patin; Germain Rebut; Jean Morin, l'aîné; Jean Giffard.

1652. — Germain Rebut; Jacques Caresme, sieur de Beaulieu; Jean Giffard; François Langlois.

1653. — Jean Giffard; Jacques Caresme; François Langlois; Germain Rebut.

1654. — Jacques Caresme; Germain Rebut; Laurent Ameline, sieur de Saint-Laurent, lieutenant en l'amirauté; Pierre Bigot, vicomte de Roncheville.

1655. — Jacques Caresme; Pierre Bigot; Guillaume Robinet, avocat; Laurent Ameline.

1656. — Pierre Bigot; Guillaume Robinet; Laurent Ameline.

1657. — Pierre Bigot; Guillaume Robinet; Charles Thierry.

1658. — Guillaume Robinet; Charles Thierry; Jean Taillefer, sieur de la Champaigne; Guillaume Le Chevallier.

1659. — Daniel Otton, sieur des Perreaux; Charles Thierry; Jean Taillefer; Guillaume Le Chevalier.

1660. — Jean Aonffrey; Jean Taillefer; Guillaume Le Chevallier; Michel Marais.

1661. — Jean Taillefer; Guillaume Le Chevallier; Guillaume Le Cerf; André Le Duc, sieur des Ruaux.

1662. — André Le Duc; Guillaume Le Cerf; Germain Rebut; Nicolas Lion.

1663. — Guillaume Le Cerf; Nicolas Lion; André Le Duc, sieur des Ruaux; Germain Rebut.

1664. — Nicolas Lion; André Le Duc; Guillaume Le Cerf; François Liétout.

1665. — François Liétout; Nicolas Lion; Louis Doublet, chirurgien; Louis Otton.

1666. — Louis Doublet; Charles Otton; François Liétout; Jacques Auber, le jeune.

1667. — Charles Otton; Louis Doublet; François Liétout; Jacques Auber, le jeune.

1668. — Jacques Auber; Louis Doublet; Charles Otton; André Goubard.

1669. — André Goubard; Jacques Auber; Hugues Morin, apothicaire; Jacques Auber, l'aîné.

1670. — Hugues Morn; André Goubard; Jacques Aubert; Louis Auber, sieur des Rocquettes.

1671. — Jacques Auber; Hugues Morin; André Goubard; Louis Auber.

1672. — Louis Auber; Jacques Auber; Hugues Morin; Charles Barbel, avocat.

1673. — Charles Barbel; Louis Auber; André Le Duc; François Liétout.

1674. — Louis Robinet; Louis Bourgeot; Charles Barbel; François Thiron.

1675. — Louis Bourgeot; Louis Robinet; François Thiron; Charles Barbel.

1676. — François Thiron; Louis Bourgeot; Louis Robinet; Guillaume Le Cerf, marchand.

1677. — Constant Rioult; Louis Robinet; Louis Bourgeot; Guillaume Le Cerf.

1678. — Jean Jourdain; Constant Rioult; Guillaume Villey; Nicolas Lion.

1679. — Guillaume Villey; Jean Jourdain; Constant Rioult; Nicolas Lion.

1680. — Michel Taillefer; Guillaume Villey; Jean Jourdain; Constant Rioult.

1681. — Antoine Otton, avocat; Michel Taillefer; Guillaume Villey; Jean Jourdain.

1682. — Louis Doublet; Antoine Otton; Michel Taillefer; Jacques Auber.

1683. — Constant Rioult; Louis Doublet; Michel Taillefer; Antoine Otton.

1684. — Guillaume Paulmier, bailli de Grestain; Constant Rioult; Louis Doublet; Michel Taillefer.

1685. — Charles Giffard; Guillaume Paulmier; Constant Rioult; Louis Doublet.

1686. — Guillaume Duval; Charles Giffard; Guillaume Paulmier; Constant Rioult.

1687. — Pierre Premord; Jacques Duval; Guillaume Paulmier; Charles Giffard.

1688. — Thomas Cousin; Pierre Premord; Jacques Duval; Charles Giffard.

1689. — Pierre Taillefer, sieur de la Perelle; Thomas Cousin; Pierre Premord; Guillaume Duval.

1690. — Jacques Hatten; Pierre Taillefer; Thomas Cousin; Pierre Premord.

1691. — Elie Le Chevallier, sieur des Essarts; Jacques Hatten; Pierre Taillefer.

1692. — Hugues Morin; Elie Le Chevallier; Jacques Hatten; Pierre Taillefer.

1693. — Jean Robinet; Elie Le Chevalier; Jacques Hatten; Hugues Morin.

1694. — Charles Lion; Jean Robinet; Hugues Morin; Elie Le Chevallier;

1695. — Thomas Quillet, marchand; Jean Robinet; Hugues Morin; Charles Lion.

1696. — Guillaume Villey, greffier; Thomas Quillet; Jean Robinet; Charles Lion.

1697. — Guillaume Duval; Thomas Quillet; Jean Robinet; Louis Cousin.

1698. — Charles Giffard; Guillaume Villey; Guillaume Duval; Thomas Quillet.

1699. — Louis Robinet; Charles Giffard; Guillaume Villey; Guillaume Duval, lieutenant en l'amirauté.

1700. — Guillaume Paulmier, bailli de Grestain; Louis Robinet; Charles Giffard; Guillaume Duval.

1701. — Pierre Morin, médecin; Guillaume Paulmier; Louis Robinet; Charles Giffard.

1702. — Pierre Morin; Guillaume Paulmier; Louis Robinet. — Nombre des échevins réduit à trois.

1703. — Guillaume Jean, sieur du Perron; Guillaume Paulmier, bailli de Grestain; Pierre Morin.

1704. — Jacques Premord, premier échevin en titre; Guillaume Villey, avocat fiscal de Blangy;

Guillaume Jean, sieur du Perron; Pierre Morin.

1708-1711. — Jacques Premord, premier échevin en titre.

1712-1715. — Jacques Premord, premier échevin en titre; Thomas Quillet, premier échevin alternatif.

1716. — Jacques Premord, premier échevin en titre; Jean Robinet; Jean-Baptiste Le Bourguois et Pierre Vion, échevins électifs.

1717. — Jean Robinet; Jean-Baptiste Le Bourguois; Pierre Vion.

1718. — Guillaume Morel; Pierre Lion; Robert Hérault.

1719. — Jean-Baptiste de Brèvedent, sieur de Saint-Nicol; Guillaume Morel; Pierre Lion; Robert Hérault.

1720. — Pierre Vion; Pierre Lion; Robert Hérault; Jean-Baptiste de Brèvedent.

1721. — Robert Hérault; Pierre Vion; Jean-Baptiste de Brèvedent; Pierre Lion.

1722. — Nicolas Dutac; Robert Hérault; Pierre Vion; Jean-Baptiste de Brèvedent.

1723. — Jacques Coulon; Nicolas Dutac; Pierre Vion.

1724. — Jacques Coulon; Nicolas Dutac; Robert Hérault.

1725. — Jacques Coulon et Nicolas Dutac, échevins électifs. Nicolas Dunepveu et Thomas Paulmier de la Monchellerie, échevins par nomination du duc d'Orléans.

1726. — Jean-Baptiste Auber; Nicolas Dunepveu; Thomas Paulmier; Jacques Coulon.

1727. — Michel Le Chevallier des Essarts; Jean-Baptiste Auber; Nicolas Dunepveu; Thomas Paulmier.

1728. — Pierre Boudard, bailli de Hennequeville; Michel Le Chevallier des Essarts.

1729. — Charles Boudin; Charles Boudard; Jean-Baptiste Auber; Nicolas Dunepveu.

1730. — Nicolas Vata; Charles Boudin, sieur du Longpré; Pierre Boudard; Jean-Baptiste Auber.

1731. — Olivier Moulin; Nicolas Vata; Charles Boudin; Pierre Boudard.

1732. — Jacques Paulmier, lieutenant particulier du bailli de Blangy; Olivier Moullin; Nicolas Vata; Charles Boudin.

1733. — Guillaume Renoult, sieur des Iles; Jacques Paulmier; Olivier Moullin; Nicolas Vata.

1734-1737. — Pierre Brière; Guillaume Renoult; Jacques Paulmier; Olivier Moullin.

1738. — Constantin Renoult, officier au grenier à sel; Pierre Brière; Guillaume Renoult; Jacques Paulmier.

1739. — François Liétout; Constantin Renoult; Pierre Brière; Jacques Paulmier.

1740. — Jacques Deshoulles; Constantin Renoult; François Liétout; Pierre Brière.

1741. — Jean Deshayes; Jacques Deshoulles; Constantin Renoult; François Liétout.

1742. — Philippe Guillebert; Jean Deshayes; Jacques Deshoulles; François Liétout.

1743. — Jacques Boudin du Longpré; Philippe Guillebert; Jean Deshayes; Jacques Deshoulles.

1744. — Pierre Ernoult, marchand et directeur de la poste aux lettres; Jacques Boudin du Longpré; Philippe Guillebert; Jean Deshayes.

1745-1746. — Laurent Beauval-Morin, avocat, Pierre Ernoult; Jacques Boudin du Longpré; Philippe Guillebert.

1747-1748. — Guillaume Bertrand du Longpré; Laurent Beauval-Morin; Philippe Guillebert; Jacques Boudin du Longpré.

1749. — Charles-Jean Thierry de Beauvais, juge au dépôt des sels; Guillaume Bertrand du Longpré; Laurent Beauval-Morin; Jacques Boudin du Longpré.

1750. — Guillaume Goubard; Charles-Jean Thierry de Beauvais; Guillaume Bertrand du Longpré; Laurent Beauval-Morin.

1751. — Jean Fonterel; Guillaume Goubard; Charles-Jean Thierry de Beauvais; Guillaume Bertrand de Longpré.

1752. — Jean-Baptiste-Joseph Cuvelier; Jean Fonterel; Guillaume Goubard; Charles-Jean Thierry de Beauvais.

1753. — Philippe Rigoult; Jean-Baptiste-Jacques Cuvelier; Jean Fonterel; Guillaume Goubard.

1754. — Philippe Le Monnier; Jean-Baptiste-Joseph Cuvelier; Jean Fonterel; Guillaume Goubard.

1755. — Jean Boüet, l'aîné; Philippe Le Monnier; Jean-Baptiste-Joseph Cuvelier; Guillaume Goubard.

1656.-1657. — Jacques Caresme; Mathurin Charlemaine; Jean Boüet; Philippe Le Monnier.

1758. — Nicolas Coudre-Lacoudrais; Jacques Caresme; Mathurin Charlemaine; Jean Boüet.

1759. — Charles-François Liétout; Nicolas Coudre Lacoudrais; Jacques Caresme; Mathurin Charlemaine.

1760-1761. — Pierre Coulon; Jacques de la Salle; Charles-François Liétout; Nicolas Coudre-Lacoudrais.

1762-1763. — Jean-Jacques-Guillaume Goubard; Pierre Coulon; Jacques de la Salle; Charles-François Liétout.

1764-1767. — Louis-Gabriel de la Houssaye; Charles-François Liétout; Jean-Jacques-Guillaume Goubard; Pierre Coulon.

1768. — Jean-Jacques-Guillaume Goubard; Jacques Vaquet, juge au dépôt des sels; Jean-Jacques-Etienne Deshayes, écuyer, seigneur de Manerbe; Pierre Le Carpentier.

1769. — Jean-Jacques-Etienne Deshayes, écuyer;

Pierre Le Carpentier; Jean-François Liétout, avocat; Guillaume Bertrand du Longpré.

1770. — Jean-François Liétout; Guillaume Bertrand du Longpré; Nicolas Coudre-Lacoudrais; Nicolas Buchère.

1771. — Nicolas Coudre-Lacoudrais; Nicolas Buchère; Thomas-Etienne Quillet; Nicolas Lion de Saint-Thibault.

1772-1774. — Thomas-Etienne Quillet; Nicolas Lion; Pierre Coulon; Jacques Vaquet.

1775-1781. — Gentien Guillebert; Jacques Duhault, avocat; Jean-Jacques-Guillaume Goubard; Victorin Rigoult.

1782-1787. — Gentien Guillebert; Jacques Duhault; Jean-Jacques-Guillaume Goubard; Claude Liétout-Deslondes.

1788-1789. — Gentien Guillebert; Jean-Jacques-Guillaume Goubard; Claude Liétout-Deslondes; Pierre-Jean-Baptiste-Guillaume Picquefeu de Bermon.

Nous avons dit plus haut que la série des registres des délibérations se composait de 115 registres ou cahiers. Elle comprend un intervalle de deux cent quarante années, mais avec une lacune considérable de soixante-six ans, de 1554 à 1620. De plus, nous remarquerons que trois registres des années 1603, 1604 et 1607, inscrits à l'inventaire de 1746 sous les n°s 202, 203 et 213, ne se trouvent point aujourd'hui à l'Hôtel-de-Ville.

III.

RECETTES ET DÉPENSES. — COMPTES DES DENIERS.

Les comptes des deniers réunis en sept cartons (n⁰ˢ 13-19) comprennent un intervalle de cent-neuf années, de 1581 à 1690. Plusieurs de ces comptes se trouvent en double et triple expédition; ils sont au nombre de 184 cahiers.

La ville disposait de deux sortes de revenus : les deniers communs ou d'octroi et les deniers patrimoniaux. Les registres des comptes concernent les deux sortes de revenus. Les premiers procédaient de certaines levées que le roi permettait de faire chaque année dans les villes, sur les blés, les vins, le sel, le péage des rivières, etc.; c'était une portion des aides; les seconds étaient les revenus des héritages et autres biens appartenant aux villes pour quelque cause que ce fût, autrement que par concession du roi.

Les deniers communs ou d'octroi étaient appliqués par les échevins à l'entretien des édifices, des fortifications, de la voirie, des ouvrages du port. Quand ce revenu était jugé insuffisant, on y joignait les ressources que procuraient les taxes indirectes perçues sur les denrées et sur les boissons.

Le levée des taxes de consommation était subordonnée au consentement des bourgeois. Le receveur était choisi et élu par les échevins, les conseillers et les notables. Au dix-septième siècle, il était nommé par le roi. Les comptes des recettes et dépenses devaient être rendus publiquement d'année en année devant l'échevinage, mais cette règle ne paraît pas avoir été rigoureusement appliquée. Les comptes du receveur étaient adressés en triple expédition à la chambre des Comptes de Normandie qui retenait l'original; une copie était destinée au comptable et restait entre ses mains comme preuve de l'entérinement de sa gestion; une autre copie demeurait déposée dans les archives.

Plusieurs cahiers des comptes des deniers, notamment ceux de la fin du XVIe siècle, portent des notes marginales émanant de la chambre des Comptes et de la main d'un conseiller ou d'un greffier de la chambre. En voici une des plus intéressantes : elle est relative au refus d'approuver les dépenses faites par la ville alors qu'elle était au pouvoir de la Ligue en 1589.

« Il appert, dit-elle, que le lieutenant de Pierrecourt tenant le party des rebelles a commandé dans ladite ville depuis la Pentecotte jusques au 14° de juin qu'elle auroit esté remise en l'obéissance du roy, et fu depuis reprinse par les dits ennemys le 10 d'aoust ensuivant le tout en l'année de ce compte (1589), durant laquelle soubz l'authorité desdits ennemys la plus part des ouvraiges et repparations auroient esté faictes, partant soit ordonné : attendu que la dite ville n'estoit en l'obéissance du roy et que les dits eschevins pour lors n'avoient qualité ny pouvoir d'ordonner ceste partie et l'ensuivante, ensemble toutes celles par eux ordonnez depuis le 15ᵉ jour de febvrier audit an (1589) jusques au 14ᵉ jour de juing ensuivant sont raiez purement et à recouvrer tant sur lesdicts eschevins ordonnateurs que sur ceulx qui ont signé les dictes ordonnances. »

Au XVIᵉ siècle, la perception du revenu était donnée à ferme soit pour un an soit pour trois ans; il était perçu douze deniers pour livre en sus du prix arrêté.

En 1681, la charge du receveur fut érigée en titre d'office royal. Trois ou quatre ans après, il y eut déclaration par laquelle le roi permit aux municipalités de rembourser leurs receveurs et de faire administrer leurs deniers par les officiers municipaux ainsi qu'auparavant.

Selon un usage immémorial, l'élection du receveur avait lieu le 26 décembre. Le receveur était pris d'ordinaire parmi les conseillers et installé par le gouverneur. Sa charge n'était sans doute pas exempte de profits, mais elle lui créait des obligations fort onéreuses car il avançait de sa bourse les sommes non recouvrées.

Il existait aussi un contrôleur des deniers, office créé en 1514 pour surveiller la gestion des finances municipales. Cet office était perpétuel et à vie; il fut racheté par la ville en 1621 après la mort du dernier titulaire, Guillaume Hurel, sieur de Saint-Martin.

En 1684, par suite d'embarras financiers, la ville mit ses revenus en régie. Un arrêt du conseil abonna les habitants à 25.000 livres par an pour la taille et leur permit de la lever à l'avenir par forme d'impôt sur les denrées et marchandises, suivant un tarif présenté au Roi et approuvé par le Conseil.

Le chapitre des recettes comprenait trois sections : 1° recettes du quatrième sur les vins ; 2° recettes du quatrième sur le cidre, la bière et le poiré ; 3° recettes sur les denrées et marchandises.

Si l'on examine le montant des recettes dans les comptes les plus anciens, on est frappé de la baisse pour ainsi dire régulière qu'il présente, et on conçoit les plaintes incessantes au sujet de la misère de la ville dont le procureur-sindic portait l'écho à la cour. Les dépenses au contraire suivent une marche ascendante. Pour nous en tenir ici aux recettes, on relève dans leur total pendant l'espace de dix ans un écart de 700, 900 et 1,000 livres, écart qui atteint même une différence de plus de moitié en l'année 1591. Les recettes s'élèvent à 4,188 livres en 1581, tombent d'abord à 3,401 livres en 1587, à 3,093 livres en 1590 et enfin à 1,554 en 1591. A la fin de l'année 1585 la ville se trouvait en présence d'un déficit de 3,357 livres. La situation fut loin de s'améliorer dans le cours des siècles qui suivirent. A l'époque de la Révolution, le 1er mai 1591, le maire constatait un déficit effectif de 48,570 livres dont 45,883 livres étaient immédiatement exigibles. On peut en conclure que la situation financière de Honfleur n'a jamais été en rapport avec ses besoins.

Quant aux dépenses portées en compte elles étaient groupées en plusieurs chapitres répondant aux catégories suivantes : réparations, fortifications, gages des officiers.

Les dépenses ordonnancées et mandatées par les échevins avec l'approbation du gouverneur étaient acquittées par le receveur.

Une partie de ces dépenses était appliquée aux travaux du port. Voici un extrait des comptes concernant l'ouverture d'un chenal à travers les bancs de la Seine en l'année 1581 : « Comme sur la remonstrance faite par le procureur-sindic des bourgoys dudit Honnefleu qu'il estoit besoing et nécessaire de faire une ouverture de terre en façon du russeau ou rigolle le long de la jettée de par d'amont, du costé de l'est, vys à vys de la chaisne barrant l'entrée dudict havre, et ycelle contynuer jusques au boult et front de la dicte jettée, à raison que le canal y estant estoit de travers et barré d'un poullyer, ne pouvant les navyres sortyr ni entrer dedans ledict port sans grand danger d'estre perduz et periclytéez et aussy à raison que le courant de la bare de l'enclos dudict havre donnoit contre la plate-forme et empatement de la Tour Carrée dudict port ruynant les fondements d'icelle.... auroit esté ordonné qu'il seroit travaillé à la dicte œufvre aux dépens de la dicte ville par les manouvryers et pionniers qui seroient loueez par les dicts eschevins, et à ceste fin seroit par eulx achepté les matereaulx à ce nécessaires pour le toult estre payé par le dict recepveur de sepmaine en sepmaine. »

Le chapitre des deniers employés aux fortifications comprenait des dépenses de construction et d'entretien qui se reproduisaient chaque année; il ne donne lieu à aucune remarque particulière. On trouve toutefois dans les comptes des années 1585 et 1590 le nombre des paroisses sujettes au guet et au pionnage. On en comptait soixante-dix. Nous ne pouvons citer le nom que de quarante-deux qui étaient : Ablon, Gonneville, la Chapelle-Baivel, Saint-Pierre du-Châtel, Notre-Dame-du-Val-sur-mer, Fatouville, Foulbec, Saint-Léger, Boulleville, Epaigne, Vanecrot, Beuzeville-en-Lieuvin, Saint-Gatien, les Authieux, Saint-Julien, Launay, Surville, Rabut, Saint-Melaine, le Coudray, Saint-Martin-aux-Chartrains, Hennequeville, Trouville-sur-Mer, Genneville, le Theil, Tonnetuit, Fourneville, Vasouy, Cremanville, Ableville, Saint-Benoît-d'Hébertot, Equemauville, Barneville, Conteville, la Lande, Bonneville-la-Louvet, le Vieux-Bourg, Criquebeuf, Villerville, Manneville-la-Raoul, Quetteville et Bois-Hellain.

Sous le titre troisième, les comptes des deniers font mention des gages des officiers et des agents subalternes. Au xvi⁰ siècle, on prélevait sur le budget municipal : pour le gouverneneur, 140 livres ; le procureur-sindic, 20 livres ; le contrôleur des deniers, 6 deniers pour livre de la valeur des recettes ; le greffier, 10 livres ; le sergent, 5 livres ; le concierge 30 livres ; le serrurier chargé de l'horloge publique, 10 livres ; le maître-éclusier, 10 livres ; l'armurier, 100 sous ; le médecin, 30 livres ; le gardien de l'hôpital, 25 livres.

Les deniers patrimoniaux formaient une autre source de revenus. Ils étaient donnés à ferme, aux enchères publiques, durant la première semaine du mois de janvier de chaque année. Le produit que l'on en tirait était destiné à couvrir certaines dépenses telles que les gages de l'avocat de la ville ; les gages des échevins ; les honoraires des prédicateurs ; les frais de voyage, de procès ou de réjouissances publiques ; les vins d'honneur, etc.

Nous avons arrêté le classement de la série de la comptabilité à l'année 1690. A cette époque, les comptes des recettes et des dépenses cessèrent d'être établis par le receveur des deniers communs ; son office avait été supprimé par l'édit du mois de juillet 1689. On trouvera dans le second volume du présent travail, la suite des comptes municipaux.

IV.

Marine. — Papiers des amirautés de Honfleur et de Touque.

Les registres et papiers de l'amirauté de Honfleur ont excité à diverses reprises l'attention de l'administration de la marine au siècle dernier. En effet, on a la preuve que ces papiers ont été inventoriés au mois de mai 1710. Il est vrai que nous n'avons pas retrouvé le procès-verbal de cet inventaire, mais les cotes dont un grand nombre de pièces sont encore revêtues, prouvent suffisamment la réalité de l'opération. Vingt-cinq années plus tard, en 1735, la marine se préoccupa de nouveau de l'état des archives de l'amirauté de Honfleur. Voici à quelle occasion. La compagnie française des Indes-Orientales préparait un projet de campagne à la recherche de la terre où le capitaine Gonneville avait abordé. Un de ses meilleurs officiers, Bouvet de Lozier, chargé de poursuivre l'entreprise, désira connaître la pièce originale désignée comme une déclaration faite par Gonneville au siège de l'amirauté de son port d'armement. Une note sans date ni signature, conservée aux archives de la marine indique les recherches faites alors. « On demande, dit cette note, la déclaration que M. Binot de Paulmier, sieur de

— XLVII —

Gonneville[1], a faite à l'admirauté de Honfleur le 19 juillet 1505... M^rs de l'admirauté de Honfleur à qui l'on a demandé cette déclaration en 1735 ont répondu que leurs registres n'alloient pas au delà de 1600. Il faudroit savoir ce que sont devenus les registres plus anciens. »

Nous ignorons les suites données à cet ordre; ce qui est bien certain c'est que, d'un côté, on peut considérer comme perdus les anciens registres dont parle Bouvet, de l'autre les papiers de l'amirauté de Honfleur ne remontent plus aujourd'hui au delà de l'année 1636.

En franchissant un intervalle de plus d'un siècle nous rencontrons de nouvelles indications au sujet des registres de l'amirauté. En 1844, M. Jal, historiographe de la marine, obtint la mission de rechercher dans les archives du Havre, de Cherbourg et de Brest les documents relatifs à l'histoire de la marine en général et surtout ceux qui se rapportent aux époques obscures. La première visite de M. Jal fut pour le Havre, où il séjourna deux jours; la seconde fut pour Honfleur. Voici un extrait de son rapport :

[1] Les diverses dénominations données à ce navigateur, depuis deux siècles, sont erronées, bien qu'elles aient été empruntées à un ouvrage publié par un membre de sa famille. — Le nom patronymique est *Le Paulmier*; c'est celui d'une famille très nombreuse qui vivait à Honfleur à la fin du xve siècle. Le surnom *de Gonneville* ne peut être une qualification nobiliaire, il désigne simplement le lieu de naissance ou d'habitation. Quand au prénom *Binot*, nous inclinons à penser qu'il est une des formes populaires de Robin et Robinet.

« Arrivé le 17 août, à Honfleur, après m'être assuré que l'Hôtel-de-Ville n'a dans ses archives aucun document de la nature de ceux qui sont l'objet de mes constantes recherches, j'allai chez M. le commissaire des classes, chargé du service maritime de ce port. Je vis, dans les bureaux de M. Letellier, quelques registres dont le mauvais état ne témoigne que trop du peu de cas qu'on en a fait depuis la révolution de 1789. Ces volumes qui sont le reste connu des registres des amirautés de Honfleur et de Touque ne forment point une série ; quatre appartiennent à Honfleur et deux à Touque ; ils se rapportent au xviiie siècle plus qu'au xviie siècle. Ils sont loin cependant d'être sans intérêt..... Une liasse assez grosse de papiers se rapportant aux deux derniers siècles, m'a fait voir plusieurs pièces d'un intérêt réel : une lettre de Valincour ; la correspondance de Seignelay et de Pontchartrain avec l'amirauté ; quelques lettres signées : L. A. de Bourbon ; une correspondance de M. de Montmor, intendant au Havre (1685), et des lettres d'une date plus récente complètent la collection des pièces historiques, qui des bureaux de l'amirauté de Honfleur, sont venues dans ceux de M. le commissaire de l'inscription maritime. » (*Annales maritimes*, janvier 1845.)

La note qui précède indique clairement que dans son court voyage à Honfleur, M. Jal a passé à côté du dépôt où subsistaient les centaines de registres ou de liasses de papiers qui ont jadis formé les archives de l'amirauté. Ces archives n'étaient pas venues dans les bureaux de M. le commissaire de l'inscription maritime, mais bien dans ceux du greffe du tribunal de commerce, et le greffier de ce tribunal s'en trouvait très régulièrement le dépositaire depuis la révolution. Avant cette époque le commerce avait, en fait de juridictions spéciales, les tribunaux des consuls et les tribunaux des amirautés qui jugeaient en première instance ; en 1790, la connaissance des mêmes affaires commerciales fut attribuée aux tribunaux de commerce par les lois des 7, 11 septembre, 12 et 19 octobre qui dépouillèrent les amirautés de leur juridiction contentieuse et des papiers qui s'y rattachaient. On voit donc que par un enchaînement naturel la collection des papiers de l'ancienne juridiction fut remise dans son ensemble à la nouvelle. C'est donc dans le dépôt du greffe du tribunal de commerce de Honfleur que nous avons découvert, il y a quelques années, des débris plus ou moins importants des papiers de l'amirauté. A ces premiers documents sont venues se joindre les diverses séries de registres que de récents aménagements ont permis de cataloguer et de mettre en liasses. On trouvera plus loin l'indication de leur classement suivant les matières et l'ordre chronologique.

On ignore l'époque positive de la création de l'amirauté de Honfleur. Bien que certains fonctionnaires de la marine et des plus instruits aient cherché à résoudre cette question au siècle dernier, la solution conserve encore un caractère hypothétique. C'était un des plus anciens sièges de France; sa création était antérieure à l'année 1487. Malgré cette indication puisée dans un document analysé plus loin, la solution reste incertaine.

D'anciennes provisions des officiers de l'amirauté de Honfleur prouvent qu'autrefois les offices de l'amirauté de Quillebeuf étaient réunis à ceux de Honfleur. Dans différents actes notariés postérieurs à l'année 1642, Pierre Troussel est encore qualifié de « ci devant lieutenant civil et criminel en l'amirauté de France aux sièges de Honfleur, Quillebeuf et ès environs. »

Au XVIIe siècle, ce siège était composé d'un lieutenant, d'un greffier, de deux huissiers visiteurs et deux sergents. A la même époque, ses limites étaient : au levant, la rivière de Risle; au couchant, la paroisse de Villerville. Au XVIIIe siècle, ces limites s'étendirent à l'ouest par suite de la suppression de l'amirauté de Touque.

Les privilèges de ses officiers consistaient en exemption de la taille, tutelle et curatelle, guet et garde, logement des gens de guerre et autres charges publiques, ainsi qu'en affranchissement des impositions ordinaires. L'édit de création des offices des amirautés du 1er avril 1554 et les déclarations du Roi des 4 mai 1637, et 27 novembre 1640 avaient réglé ces diverses exceptions.

En 1679, le lieutenant de l'amirauté estimait sa charge 8,000 livres, mais il ne trouvait pas d'acquéreur. La même année la charge de procureur du roi en l'amirauté, vacante depuis dix à douze ans, fut obtenue par Pierre Lion, avocat, moyennant 2,600 livres.

Les papiers de l'amirauté constituent un ensemble de documents précieux au triple point de vue historique, maritime et commercial; ils présentent les ressources les plus abondantes pour les questions de juridiction maritime, d'usage, l'histoire de la navigation, du commerce colonial, des localités, des institutions, etc. Les rapports de mer, les journaux de bord, les registres des visites, les inventaires, les congés, les minutes des actes et sentences, etc., fournissent des renseignements intéressants sur les attributions des officiers des amirautés dont l'action s'exerçait sur la police des ports, la navigation, les prises, les naufrages, la pêche, l'exécution des contrats, etc. Relativement à la police, leurs fonctions étaient : de veiller à ce que les ports et havres fussent entretenus dans leur profondeur; à ce qu'il y eût toujours à bord des navires étant dans les ports des matelots pour faire les manœuvres nécessaires, pour faciliter le passage des bâtiments; à ce que les navires fussent rangés à quai; d'ordonner le déchargement des poudres aussitôt l'arrivée des navires; l'enlèvement des marchandises débarquées; l'établissement d'une cale de radoub et calfatage; le dépécement des navires hors d'état de naviguer; de défendre qu'il fût allumé aucun feu dans les navires pendant la nuit sans nécessité pressante, et sans la présence ou permission des maîtres de quai; de veiller à ce que les hôteliers, cabaretiers et vendeurs de tabac, bière ou eau-de-vie ayant maison sur les quais, les fermassent avant la nuit et n'en laissassent sortir qui que ce soit avant le jour; de procéder contre ceux qui auraient volé des ferrailles, cordages et ustensiles des vaisseaux étant dans les ports, et contre ceux qui en auraient acheté des matelots; d'empêcher qu'il ne fût levé aucuns droits de coutume quayage, balisage, lestage, delestage et ancrage qu'ils ne fussent inscrits dans une pancarte approuvée par eux et affichée dans le port; de veiller à ce que les boucles et anneaux destinés à l'amarrage des bâtiments fussent entretenus soit des deniers communs des villes, soit par ceux qui jouissaient des droits de coutume et de quayage, etc. Par rapport à la navigation, les fonctions des officiers de l'amirauté étaient : de faire distribuer les congés de l'amiral et de procéder à leur enregistrement, ce qu'ils ne pouvaient faire que sur la représentation du rôle d'équipage; de procéder aux visites des navires, des armes et des coffres de chirurgie; de veiller à ce qu'il ne fût embarqué que ceux qui étaient portés sur le rôle d'équipage et à ce que les équipages fussent composés conformément aux ordonnances. Au retour des navires soit par relâche ou pour désarmement, ils avaient : les rapports à recevoir, les visites à faire, la vérification et la poursuite des contraventions qui avaient dû être commises pendant le voyage. Ils étaient chargés de la réception des capitaines, maîtres, patrons, pilotes et pilotes lamaneurs, des maîtres-charpentiers de navires, calfats, cordiers, voiliers et autres ouvriers travaillant à la construction des bâtiments de mer et de leurs agrès. Ils veillaient à ce que les prud'hommes des différents corps de métiers remplissent fidèlement leurs fonctions; à ce que les courtiers interprètes ne rançonnassent point les capitaines étrangers. Les huissiers-visiteurs leur rendaient compte des visites prescrites, de la nature des marchandises dans les navires, de la composition des équipages et de l'espèce des passagers qu'ils avaient à bord. Les officiers de l'amirauté avaient l'inspection sur les écoles d'hydrographie dont les professeurs étaient nommés par l'amiral. Ils avaient aussi le dépôt à leur greffe des journaux de navigation, ainsi que des minutes des inventaires et testaments faits en mer. Ils étaient tenus d'établir tous les ans, au mois de décembre, un état de tous les vaisseaux de leur ressort et de l'envoyer au secrétaire d'État de la marine avec le nom des propriétaires, mais depuis l'établissement des commissaires des classes ce soin regardait ceux-ci. Au sujet des prises, ils devaient recevoir les rapports de ceux qui en amenaient, se présenter à leur bord pour dresser les procès-verbaux de l'état des bâtiments et marchandises et y établir des gardes pour la conservation des scellés et effets. Ils étaient tenus de se transporter sur le lieu des naufrages pour veiller au sauvetage, empêcher tout pillage et pourvoir à la sûreté des effets sauvés. Quant à la pêche, il leur était prescrit d'avoir à leur greffe des modèles de mailles de toutes les espèces de filets permis par les ordonnances. Ils devaient faire plusieurs fois l'année des visites de tous les filets des pêcheurs de leur ressort, et étaient même autorisés à en faire chez tous les particuliers privilégiés ou non privilégiés, soupçonnés d'en avoir de prohibés et à procéder à leur saisie. Ils devaient veiller à ce que les filets des madragues, bourdigues, parcs et autres pêcheries exclusives fussent conformes à ce qui était prescrit par les ordonnances; à ce qu'il ne fût établi aucune pêcherie exclusive sans titre ou sans permission, etc. En ce qui concernait leurs fonctions judiciaires, ils avaient toute juridiction en première instance pour les causes procédantes des constructions, saisies, ventes et décrets des navires, chartes-parties, prises, solde des matelots, naufrages, affrétements, avitaillements, etc., et en matière criminelle pour tous les crimes et délits commis à la mer, sur les grèves, sur les quais et sur toutes les rivières affluentes à la mer jusqu'où le flot de marée s'étend. Enfin ils étaient chargés de l'exécution de toutes les ordonnances rendues sur le fait de la navigation et de la pêche et pour la police des ports.

L'histoire générale est également représentée dans les papiers de l'amirauté. Plusieurs registres contiennent la copie d'actes émanés du pouvoir central de la marine et dont on chercherait vainement la trace dans les archives du ministère. Telle est, entre autres, la lettre de Pontchartrain datée du 17 décembre 1692, portant information de la nomination de du Trousset de Valincour aux fonctions de secrétaire général de la marine. Dans un autre ordre de recherches, on y trouve des renseignements qui ont un caractère général, tels sont les équipements de corsaires durant les guerres maritimes des deux derniers siècles : le *Saint-Nicolas*, le *Soleil*, la *Madeleine*, la *Petite-Notre-Dame*, armés en course de 1636 à 1643; la *Ville-de-Honfleur*, les *Armes-de-Grancey*, le *Pontchartrain*, les deux frégates le *Henry* et la *Sainte-Clotilde*, le *Lion*, la frégate le *Harcourt*, le *Saint-Nicolas*, le *Saint-Jean-Baptiste* le *Saint-Raymond*, le *Saint-Guillaume*, la *Sainte-Françoise*, l'*Etienne-Charles*, le *Saint-Paul*, la *Joyeuse*, la *Maîtresse*, la *Surprenante*, armés en course de 1692 à 1704; la frégate la *Légère*, de 300 tonneaux et 28 canons, armée en course en 1744; le *duc de Vauguyon* de 12 canons, la *Revanche* de 14 canons, la *Ville-de-Honfleur* de 14 canons et 108 hommes d'équipage, armés en course de 1779 à 1781.

On voit, comme nous l'avons dit plus haut, que l'histoire commerciale et maritime est écrite dans ces liasses de congés, d'inventaires et de comptes d'armement. En effet, si des faits de guerre s'y révèlent, les opérations de trafic y sont enregistrées ; on y peut suivre les progrès accomplis par la navigation. De 1636 à 1645, le port de Honfleur arme 236 navires du port de 22,000 tonneaux à destination du Canada, de Terre-Neuve, des Antilles, du Brésil et des Indes. De 1668 à 1670, le greffier transcrit 416 rapports de mer concernant : 30 navires du port de 2,690 tonneaux, venant du Canada et de Terre-Neuve ; 6 navires venant des Antilles ; 60 navires étrangers venant des Flandres, de Hollande et d'Angleterre ; 5 navires français chargés de sel pour les gabelles, plus 315 caboteurs. Le mouvement de la navigation en l'année 1679 comprend, à l'entrée, 295 navires venant : 29 de Terre-Neuve et du Canada ; 2 du Groeland avec un chargement de 1,190 barriques d'huile de baleine ; 3 des Antilles avec du sucre, du coton, du cacao et du petun. On compte, en l'année 1681, 405 navires entrés dans le port, parmi lesquels 45 navires apportent des bancs de Terre-Neuve et du Canada, 869,000 morues. Le tonnage des navires est : pour la grande pêche à Terre-Neuve de 50 à 100 tonneaux ; pour le Canada, les Antilles et le long cours, de 150 à 400 tonneaux.

A partir du milieu du xvie siècle, nous avons pu établir la liste des lieutenants de l'amirauté de Honfleur. Elle trouve naturellement sa place ici, mais nous n'avons pu fixer avec précision la date des années où ces lieutenants exerçaient leurs fonctions.

Nicole Le Boucher, lieutenant de l'amiral en 1550.

Richard de Thieuville, sieur de Bailleul, lieutenant en 1565.

Pierre Eude, écuyer, seigneur de Noron, lieutenant en 1585 et 1586.

Guillaume Charlemagne, sieur de la Champagne, lieutenant en 1603-1606.

Jean Desson, lieutenant en 1607.

Romain Rebut, lieutenant en 1620.

Pierre Troussel, sieur de Mousseaulx, lieutenant de 1624 à 1641. Résigna son office au suivant.

Laurent Ameline, avocat, fils d'Elie Ameline et de Marie du Bosc, lieutenant de l'amirauté suivant lettres de nomination du 24 janvier 1642. Conserva son office jusqu'en 1697.

Guillaume Duval, lieutenant de 1697 à 1700; échevin en 1699 et 1700.

Etienne Benoist de Fresnel, lieutenant de 1700 à 1749, année de son décès.

N... Benoist de Fresnel, fils du précédent, lieutenant de 1749 à 1766. Décédé le 5 juin 1766.

Benoît-Philippe Le Monnier, lieutenant de 1767 à 1789.

L'amirauté de Touque s'étendait depuis Villerville inclusivement, et elle comprenait les paroisses qui ont formé en partie l'amirauté de Dives. En 1745, les charges de lieutenant criminel et de substitut du procureur général de l'amirauté de Dives ayant été levées, les limites de l'amirauté de Touque furent fixées à la paroisse de Villers.

Par édit du mois d'août 1786, l'amirauté de Touque fut supprimée et réunie à celle de Honfleur.

Quoique l'édit de 1554 annonce qu'il existait alors des sièges d'amirauté à Touque, on ne connaît d'autre date de la création de l'amirauté de Touque que celle de cet édit.

Les anciennes archives de ce siège se composent de : 63 registres; 9 cahiers; 2 liasses de procédures; 2 dossiers renfermant 55 pièces.

V.

Registres provenant des paroisses. — Etat civil.

Les registres de l'état civil antérieurs à l'année 1790 sont au nombre de 328; ils ont été revêtus d'un numéro d'ordre. Ces registres proviennent des quatre paroisses de Honfleur : Saint-Etienne, Sainte-Catherine, Notre-Dame, Saint-Léonard; la première et la troisième ont été supprimées en 1791. La série n'en est point complète, et on peut constater d'importantes lacunes pour deux paroisses; on remarquera en outre que le registre de l'année 1730 de la paroisse Sainte-Catherine a disparu; il existait à à l'hôtel-de-ville, nous a-t-on assuré, il y a peu d'années.

Nous donnons avec l'indication sommaire des registres et à titre de document quelques actes de naissance intéressants. Nons avons également relevé plusieurs actes d'abjuration relatifs à de riches familles honfleuraises du xviie siècle. A ce sujet, il n'est peut-être pas inutile d'ajouter que pour les religionnaires de Honfleur les archives municipales n'ont conservé que très peu de pièces, et on verra que leur histoire n'est point représentée dans la série de l'état civil. Aussi est-il utile de faire connaître qu'il existe deux registres de l'église réformée de Honfleur; l'un appartient au dépôt départemental du Calvados, l'autre est en la possession de M. Arthur de Ville-d'Avray, qui l'a recueilli par amour du sol local et à qui nous en avons dû l'obligeante communication.

VI.

Documents divers. — Aveux.

La série des aveux ou actes de foi et hommage, se compose de 1,157 pièces sur parchemin, qui se rapportent à 41 fiefs. Ces pièces réunies en cinq cartons (n°s 20-24) ont été classées, cotées et numérotées sous la lettre D reproduite au dos des pièces. Chaque pièce porte en outre un numéro d'ordre qui en règle définitivement le rang. Dans le cas où une refonte de classement serait ultérieurement reconnue nécessaire, la série des aveux qui est complète pourra entrer dans le cadre sans avoir besoin d'un remaniement.

Ces documents proviennent de versements faits à la municipalité à l'époque de la Révolution, en exécution des décrets de 1793. On en peut tirer des renseignements instructifs. L'origine, la nature, l'étendue des propriétés, les charges et les privilèges attachés au sol, l'origine et la variation des divisions topographiques et même l'histoire des familles, telles sont en quelques mots les principales matières sur lesquelles on peut interroger les aveux.

Papiers de Martange.

La correspondance d'Antoine Boüet de Martange, officier distingué, qui fut général-major au service de l'Electeur de Saxe, maréchal de camp et lieutenant général des armées au service de la France, le confident et le secrétaire du prince Xavier de Saxe, se compose de 427 pièces divisées en quatre catégories et renfermées dans deux cartons (n°s 25 et 26.)

Les quatre séries marquées des lettres A. B. C. D répondent aux divisions suivantes :

Dossier A. Correspondance politique et militaire (1756-1776)
— B. Correspondance intime (1757-1783.)
— C. Correspondants divers (1758-178 3.)
— D. Pièces diverses et notes de dépenses.

Les papiers de Martange, abandonnés pendant plus de soixante ans dans le grenier de la mairie, puis réunis pêle-mêle en une liasse vers 1860, ont beaucoup souffert de l'humidité. Un certain nombre de lettres dont l'écriture a blanchi sont indéchiffrables. La plus grande partie des mémoires, rapports, notes et lettres qui composent les deux premières séries, est de la main du général de Martange; son écriture minuscule est assez difficile à lire. D'autres pièces, les plus longues, ont été copiées par Mme de Martange, dont l'écriture forte et bien formée est facile à reconnaître.

Il était intéressant de rechercher par suite de quelles vicissitudes cette correspondance mêlée d'épanchements intimes, d'informations historiques où se révèlent les secrets du foyer, les intrigues de la cour et parfois les mystères de l'État, était possédée par la ville de Honfleur. Un regard rapide jeté sur la vie aventureuse de Martange en fournira l'explication.

Martange revint de la guerre de Sept-Ans général major, maréchal de camp et marié. Il avait épousé à Dresde Mme de Rachel, veuve d'un magistrat.

Mais une chose était médiocre, la fortune; et les ressources dont Martange disposait étaient dues en partie aux libéralités du prince Xavier. Cependant il put faire l'acquisition d'un petit domaine situé aux environs de Brie-Comte-Robert.

C'est dans cette habitation qu'il se retira après que le duc de Choiseul l'eut éloigné des antichambres de Versailles. Mais cherchant à se créer un rôle, à pousser sa fortune par un coup de bonheur ou d'adresse, Martange n'en continua pas moins à être assidu dans une société brillante. Les résultats de sa politique se firent attendre; la bourse du prince Xavier se ferma; au lieu des succès entrevus ce furent les créanciers qui se présentèrent : les frères Bettmann, de Strasbourg, le banquier Rougemont, de Paris, et d'autres encore. Aussi Martange écrivait-il à sa femme à la date de 1771 : « Je vais toucher une dizaine de mille livres qui seront comme une goutte d'eau dans l'immensité des mers, comparées à ce qu'il nous faudrait. Tu ne connais pas encore notre situation toute entière, ma chère amie, et ce que je te sauve des inquiétedes que l'avenir me cause est peut-être encore plus considérable que ce que tu as vu et ce que tu sais. » Martange dut se condamner à quitter Paris avec sa famille pour aller s'ensevelir dans une petite ville de province, tout en conservant dans la capitale des amitiés, un pied-à-terre et de lourdes dettes. Ce fut sur Honfleur qu'il jeta les yeux pour attendre, comme il le disait, la fin de la grande tempête. Il y installa Mme de Martange avec la plus jeune de ses filles au mois de mars 1773. Mme de Martange résida dans cette ville pendant dix ans, loin de sa famille qui habitait Lyon, loin de deux enfants dont l'un était officier au régiment de Conti, loin des plaisirs élégants et des distractions que cherchait son mari toujours en affaires, toujours solliciteur.

En 1783, à son départ de Honfleur, Martange laissa sans doute par oubli, dans la maison qu'il occupait rue Haute, les liasses de papiers dont nous avons rédigé l'inventaire et dont personne ne paraît s'être préoccupé jusqu'à ce jour. Nous pensons que ces papiers ont été versés à la municipalité en 1793, époque où Martange était allé se joindre à l'armée de Condé.

Nous ajouterons que les archives de l'Aube renferment une forte liasse de lettres du général de Martange sur les affaires politiques et militaires de France et de Pologne, et trente lettres de Mme de Martange. Cette correspondance fait partie de la collection des papiers du prince Xavier de Saxe. D'après leur nature et leur origine, les documents découverts à Honfleur devraient à notre avis être réunis à cette collection.

En résumé, on a rassemblé en vingt-six cartons les documents sur lesquels notre examen a porté. En y ajoutant les registres de l'état civil et les papiers des amirautés réunis par ordre de matières et simplement enliassés, l'ensemble de ces documents comprend 2,185 pièces, 827 registres ou cahiers et 75 fortes liasses, savoir :

	Pièces	Registres ou cahiers	Liasses
Chartes des rois et correspondances	601	—	—
Délibérations	—	115	—
Comptes des deniers	—	184	—
Amirautés	—	200	75
Etat civil	—	328	—
Documents divers { Aveux	1.157	—	—
Documents divers { Papiers de Martange	427	—	—
	2.185	827	75

On trouvera plus loin, en détail, l'analyse des six sections indiquées ci-dessus, notamment les extraits de 1,400 délibérations.

ARCHIVES

DE LA VILLE DE HONFLEUR

INVENTAIRE DE L'ANNÉE 1746.

Inventaire, Etat et Description des Tiltres, Lettres, Escritures et Documents appartenans à l'hostel-de-ville de Honfleur.

L'AN mil sept cents quarante six, le lundy vingt de juin, sur les dix heures du matin, en l'hostel de ville de Honfleur, nous, Ollivier Vaquet, conseiller et procureur royal de l'amirauté de Touques, bailli de la haute justice de Grestain, maire de lad. ville d'Honfleur, Mᵉ Laurent Morin, avocat au Parlement, premier échevin ; Pierre Ernoult et Jacques Boudin, eschevins, négocians ; présence de M. Jean Deshayes, dernier eschevin sorty d'exercice faisant les fonctions de procureur sindic ; assisté de Louis

Delanney, que nous avons pris pour greffier pour la récusation du greffier en tiltre, duquel nous avons pris et receu le serment en tel cas requis et accoutume, nous sommes transportés en l'hostel de ville dudit Honfleur pour lever les scellés apposés au désir d'une délibération de cet hostel de ville du vingt-quatre juin dernier (1745) sur le trou du tiroir de la table dudit hostel de ville, sur le trou de la serrure d'un coffre estant dans iceluy et sur le trou de la serrure d'un cabinet servant d'archives, par exploit de Pierre Guérard, sergent en cet hostel de ville et aussy sergent en la vicomté de Roncheville ;...... Bernard Lullier, précédent greffier étant comparu en personne a représenté quatre clefs attachez ensemble avec une ficelle et une liasse d'escritures qu'il a mis avec les clefs sur la table dudit hostel de ville sans des dites escritures en faire aucune spécification ny désignation, disant qu'il en estoit demeuré saisi lorsqu'il cessa d'estre greffier, qu'il les représentoit telles qu'il les avoit, qu'il n'avoit plus besoin à la continuation de l'inventaire et s'est retiré sans vouloir signer quoyque de ce interpellé. Néanmoins son absence nous avons dressé inventaire des pièces par luy représentées et qu'il a laissées sur la table dudit hostel de ville qui consistent :

1. La première en un registre de délibérations dudit hostel de ville, sur papier formullé qui parroist sans commencement ny fin, sur la première feuille duquel est escrit : 1er février 1693 jusqu'au 1er novembre 1694 [1].

2. Un autre registre auquel est attaché une feuille de papier formullé qui parroist estre le commencement dudit registre, qui est une déclaration que présente Me Isaac Chauffer, conseiller du roy, receveur des tailles au Pont-l'Evesque..... et en marge 24 juin 1704, lequel registre

---

[1] Registre n° 62 formé d'un cahier de 22 feuillets.

finy par une délibération du 30 octobre 1705, et contient en tout dix huit feuillets [1].

3. Un registre sur papier formullé commençant le 24 janvier 1738 et finy le 28 septembre audit an, dont il y a dix feuillets remplis et le surplus est en blanc [2].

4. Un autre registre sur papier formullé commençant le 15 juillet 1737 et finissant le 9 janvier 1738 [3].

5. Un autre registre en papier formullé contenant vingt six feuillets, commençant par ces mots : Le Chevallier dépositaire des deniers tant de la somme de quinze cents livres, etc., finissant par une délibération du 14 juillet 1737 [4].

6. Un autre registre en papier formulé contenant vingt et un rolles ou feuillets, commençant le 13 octobre 1738 et finissant le 15 avril 1740, au cinquiesme feuillet duquel il y a trois lignes et demie en escriture non signée, le surplus est en blanc, dans lequel registre s'est trouvé quatorze pièces d'escritures en papier [5].

7. Un autre registre en papier formullé contenant 54 feuillets contremarqués en marge du paraphe de M. Delanney, vicomte, dans lequel à la cinquante troisième page il y a une délibération non signée; ledit registre commençant le 15 may 1740 et finissant le 3 juillet 1744, auquel est attaché un autre registre contenant dix feuilles escrites, le surplus estant en blanc, non cotté en marge, commençant le 12 juillet 1744 et finissant le 18 septembre audit an, dans lesquels s'est trouvé sept pièces d'escritures [6].

8. Un bail de la maison de M. de Brèvedent pour le logement des Suisses, sur papier commun, signé et datté du

---

[1] Registre n° 68.
[2] Registre n° 87.
[3] Registre n° 86.
[4] Registre n° 85.
[5] Registre n° 88.
[6] Registre n° 89.

25 septembre 1739, par le paix de 260 livres par an pour le temps que la compagnie restera à Honfleur.

9. Six commissions de S. A. S. Mgr le duc d'Orléans pour la nomination d'un premier échevin depuis l'an 1739 jusqu'en l'année 1745.

10. Deux imprimez contenant le mandement des tailles de cette ville pour les années 1741 et 1744, signez en fin de la Bourdonnaye, auxquels est attaché un estat signé des maire et eschevins pour imposer les fourrages, ustencilles et les dépences de la ville pour l'année 1745, datté du 9 avril audit an.

Dans le chartrier nous avons trouvé une armoire à deux battants non fermée à clef, ouverture faite d'icelle il s'y est trouvé plusieurs compartiments pour diviser les escritures les unes des autres, dans un desquels compartiments nous avons trouvé ce qui suit :

11. Un arrest de la cour des aydes de Rouen du 15 may 1736 par lequel la Cour a accordé acte aux maire et eschevins de la ville d'Honfleur de la représentation des lettres patentes accordées par Sa Majesté le 11 mai 1736.

12. Lettres patentes données à Versailles le 11 mai 1736, par lesquelles Sa Majesté ordonne que les comptes du produit des droits de tarif de la ville d'Honfleur continueront d'estre rendus annuellement pardevant le sieur intendant, commissaire départy en la généralité de Rouen, auquel seul le Roy en attribue toute connoissance et fait deffences aux officiers de la Cour des Comptes de les recevoir et d'en connoistre à peine de nullité ; signé, Louis, et par le Roy, Chauvelin ; enregistré en la Cour des Comptes le 27 octobre 1736 ; signé ; scellé ; auquel est attaché un exploit de Piquot, huissier en la Cour des Comptes du 22 octobre 1702 ; un autre exploit de Jean-Baptiste Le Marié, huissier en ladite Cour, du 5 du mois de novembre 1734 ; un arrest de la Cour des Aydes du 8 mars 1735 par lequel la Cour avant

faire droit ordonne que les arrests du Conseil et Lettres patentes obtenues en conséquence portant la continuation du tarif seront représentées à la Cour pour y estre enregistrés; et une requeste présentée par les maire et eschevins de cette ville à nos seigneurs de la Cour des Comptes pour les causes y contenues, au pied de laquelle est escrit : collationné par nous conseiller du roy, auditeur de ses comptes en Normandie; signé Daugié d'Angerville; lesquelles pièces cottées et paraphées de nous comme en marge.

13. Un arrest de la Cour des Aydes de Rouen du 15 mai 1736 par lequel la Cour a ordonné que les arrests du Conseil des 4 avril 1713 et 10 mai 1735 seront exécutés.

14. Un registre couvert d'une carte sur laquelle est escrit : le registre des adjudications des réparations de la ville commençant le 26 juin 1664 et finissant le 16 de novembre 1671, contenant soixante et deux feuillets [1].

15. Un autre registre en papier non timbré sur la première feuille duquel est escrit : deniers communs de la ville d'Honfleur pour l'année finie le dernier jour de décembre 1596.

16. Un autre registre sur papier formullé enfermé dans une carte sur lequel est escrit : dénombrement fait des bourgeois en 1685 qui doivent participer aux priviléges du tarif, contenant quarante feuillets, auquel est joint un rolle d'assiette faite sur les particuliers tailliables de la parroisse de la Rivière sur deux feuilles de papier aussy formullé, datté du 13 juillet 1686.

17. Un arrest de la Cour des Aydes de Rouen du 26 janvier 1739 par lequel il est ordonné que l'arrest du Conseil du 9 décembre 1738 et Lettres patentes du 31 du même mois qui permet aux maire et eschevins, bourgeois et habitants de la ville d'Honfleur de continuer, à commencer du 1er jan-

---

[1] Registre n° 49.

vier 1739 et jusqu'à ce qu'il en soit autrement ordonné par Sa Majesté, en la mesme forme et manière que par le passé la perception des droits de tarif sur touttes les denrées et marchandises qui entrent et se consomment en ladite ville et fauxbourgs, etc.

18. Une liasse d'escritures en papier et parchemin au nombre de cinq dont le premier est un arrest du Conseil imprimé du 30 aoust 1712; le second un arrest du Conseil du 4 avril 1713; le troisiesme une commission adressée à l'intendant de la généralité de Rouen, du 4 avril de la même année, pour faire exécutter ledit arrest; le quatriesme un arrest du Conseil du 17 mai 1735; et le dernier les Lettres patentes qui ordonnent l'exécution dudit arrest de 1712.

19. Des lettres du grand sceau données à Paris le 5 juin 1638 en faveur de Jean Patin; un extrait du registre du Conseil d'Estat du 27 janvier 1714 qui ordonne que les comptes du tarif seront rendus devant l'intendant de Rouen.

20. Arrest de la Cour des Aydes du 22 novembre 1638.

21. Extrait des registres du Conseil d'Estat tenu à Versailles le 29 décembre 1693 qui prolonge l'abonnement et tarif pour trois ans.

22. Extrait des registres du Conseil d'Estat du 16 avril 1688.

23. Une liasse d'escritures en papier et parchemin contenant huit pièces, dont les deux premières sont des arrests de la Cour des Aydes dattés des 15 février 1685 et 5 aoust 1686; la quatriesme est l'enregistrement au Bureau des finances de Rouen de l'arrest portant établissement de tarif en cette ville, datté du 7 de mars 1692, et les autres pièces concernant ledit tarif.

24. Extrait des registres du Conseil d'Estat donné à Versailles le 24 mars 1685, registré en la Cour des Aydes le 7 mars 1692 et au greffe de l'élection de Pont-Levesque le 23

juillet 1737, par lequel le Roy a joint au tarif d'Honfleur la parroisse de La Rivière.

25. Une liasse d'escritures en papier et parchemin contenant neuf pièces. La première est une requeste présentée à l'intendant le 11 octobre 1683 ; le second un exploit du procureur de l'amirauté du 25 septembre 1685 ; la troisiesme est un extrait des registres du Conseil d'Estat du 2 may 1682 ; la quatriesme des lettres de commission à l'intendant de Rouen de tenir la main à l'exécution dudit arrest, du même jour ; le cinquiesme une procuration passée le 5 septembre 1740 par les eschevins ; la sixiesme plusieurs coppies tirées des délibérations de cet hostel de ville ; la septiesme un récépissé du greffier des commissions, du 19 aoust 1740 ; la huitiesme un autre récépissé du 15 septembre 1740 ; et la neufiesme un arrest de MM. les commissaires généraux du Conseil pour la vérification des tiltres des droits maritimes du 28 mars 1744.

26. Un mémoire sur papier commun 'ny signé ny datté, contenant par forme de représentation les priviléges accordés à la ville par le roy Louis unze et les roys ses successeurs, de nous cotté et paraphé comme en marge.

27. Quatre pièces d'escritures en papier et parchemin : la première est un extrait des registres du Conseil d'Estat du Roy du 1er mars 1663 qui règle les contestations entre les eschevins de ladite ville et Me Anthoine de Gaumont, directeur général des gabelles ; la seconde des lettres de commission sur iceluy ; la troisiesme une quittance de Henry de Guinegault, baron de Saint-Just, du 31 décembre 1639 ; la quatriesme est un jugement de Louis Le Blanc, chevallier, conseiller du roy en ses conseils, intendant en la généralité de Rouen, pour la perception des droits sur plusieurs marchandises.

28. Deux pièces d'escritures en parchemin : la première un arrest du Conseil d'Estat du Roy du 15 mai 1691 ; la

seconde est un arrest de commission du même jour pour mettre ledit arrest à exécution.

29. Deux pièces d'escritures en parchemin : la première un arrest du Conseil d'Estat du Roy du 17 juillet 1706 ; la seconde, lettres de commission pour l'exécution dudit arrest.

30. Deux pièces d'escritures en papier : la première est une coppie colationnée contenant le mandement des tailles de l'année 1643 ; la seconde un autre mandement des tailles pour l'année 1645.

31. Un mandement des tailles du 19 février 1636 par lequel la ville d'Honfleur est fixée à 1.050 livres.

32. Un extrait des registres du Bureau des finances de la généralité de Rouen, sur papier formullé, datté du 25 mars 1638, par lequel il est fait deffences aux Elus de comprendre la ville d'Honfleur dans les mandements des tailles à plus haute somme qu'à celle de 1.050 livres, aux termes des arrests du Conseil du 18 septembre 1603 et du mois de février 1635.

33. Un certifficat sur papier formullé tiré du greffe du Bureau des finances de la généralité de Rouen, datté du 23 juillet 1715, par lequel il est justiffié les sommes par années auxquelles la ville d'Honfleur est imposée pour la taille depuis 1663 jusqu'à 1683.

34. Deux pièces d'escritures en papier non formullé ; la première est un projet de remontrance et la seconde une lettre signée Carrey du 4 aoust 1673.

35. Un expositif d'arrest du Conseil sur papier non formullé par lequel les habitants d'Honfleur demandoient à jouir d'un abonnement sur le prix de 1.050 livres par an par forme de subvention.

36. Une coppie collationnée d'une ordonnance de l'intendant de Rouen, du 2 mars 1667, qui deffend aux habitans des lieux où ceux d'Honfleur pourroient avoir des héri-

tages de les imposer à la taille tant qu'ils feront valloir leurs fruits par leurs mains.

37. Une pièce d'escriture en papier non formullé contenant plusieurs extraits des sommes en quoy Honfleur a esté imposé pendant plusieurs années.

38. Une pièce d'escriture en papier non formullé, sans datte, signée en fin Hobey, contenant une opposition que les dits officiers de l'élection du Pont-l'Evesque formoient à la Cour contre les privillèges de la ville d'Honfleur.

39. Une pièce d'escriture en papier non formullé, qui est une requeste présentée au Bureau des finances pour ordonner l'exécution de l'arrest du Conseil d'Estat et Lettres patentes du 13 juillet 1640.

40. Une pièce d'escriture en papier formullé, qui est une coppie collationnée d'une ordonnance de M. de Miromesnil, du 16 septembre 1644.

41. Une coppie collationnée d'un arrest de la Cour des Aydes de Rouen, du 21 juin 1631, pour nomination de collecteurs.

42. Une coppie collationnée sous requeste par les maire et eschevins d'Honfleur le 2 mars 1667 par laquelle M. de la Galissonnière, intendant de Rouen, permet aux habitans d'Honfleur de faire valloir leurs fruits par leurs mains sans payer taille dans les parroisses où leurs biens sont scituez.

43. Une coppie collationnée sur papier non timbré d'un arrest de la Cour des Aydes de Rouen, du 21 juin 1631 pour nomination de collecteurs.

44. Une pièce d'escriture en papier formullé qui est un extrait du Bureau des finances de Rouen, datté du 29 novembre 1652, adressé aux Elus du Pont-l'Evesque avec injonction d'imposer dans leur élection la somme y contenue.

45. Une feuille de papier qui parroist avoir servi d'enveloppe, sur laquelle est escrit : Tittre pour la ville d'Honfleur concernant ses priviléges. Et un peu au-dessous : Ces

,pièces sont essentielles et peuvent un jour opérer leur effet. Au dessous : Petit, avocat. Et à costé : Pour M. Le Chevallier, maire de la ville d'Honfleur.

46. Une pièce d'escriture en papier non formullé et non signé, sur lequel est escrit : 24, contremarqué pour 3 rolles, Le Chevallier, qui commence par ces mots : Abrégé des titres et chartres concernant l'amodiation et droits de juridiction de la ville de Honfleur, mis aux mains de M. de Coupanville.

47. Une pièce d'escriture en papier qui est un extrait des registres de Mrs. les commissaires ordonnez par le Roy pour le règlement des tailles, datté du 24 septembre 1624.

48. Un exploit de signiffication d'un arrest du Conseil d'Estat du 17 mars 1638 faite aux officiers de l'élection du Pont-l'Evesque.

49. Un exploit fait le 4 juin 1640 d'un arrest du Conseil, du 3 may audit an, aux sieurs eschevins du Pont-l'Evesque.

50. Deux pièces d'escritures en parchemin : la première est un arrest du Conseil d'Estat du Roy du 30 avril 1638, et la seconde sont les lettres de commission sur iceluy.

51. Arrest du Conseil d'Estat du Roy du 18 juin 1643.

53. Une liasse d'escritures en parchemin contenant 18 pièces qui sont des arrests du Conseil d'Estat du roy, Lettres d'enregistrement d'iceux et les enregistrements faits en la Cour des Aydes et Bureau des finances. Lesdits arrests du Conseil dattez des 18 septembre 1603, février 1611, 8 février 1635, 17 avril 1635, 14 juillet 1639 et 3 may 1640. Le premier portant que les habitans de la ville et fauxbourgs d'Honfleur payeront à l'avenir par chacun an, par forme d'abonnissement, la somme de 350 escus pour toute taille, crue et taillon, et lesdits arrests du Conseil postérieurs portant confirmation d'iceluy.

53. Arrest du Conseil d'Estat du Roy, du 20 avril 1639,

par lequel le Roy matntient et garde les habitans d'Honfleur en leurs privilèges et exemptions des tailles en payant pour eux la somme de 750 livres par an par forme de subvention.

54. Une liasse d'escritures en papier et parchemin contenant 34 pièces contenant la franchise des tailles de la ville d'Honfleur dont la plupart sont déchirées, lacérées et en partie inlisibles.

55. Une liasse d'escritures en papier et parchemin au nombre de 27 pièces concernant les octroys concédez à la ville de Honfleur par plusieurs arrests pour les temps y spéciffiez et autres pièces y jointes.

56. Une liasse d'escritures en papier et parchemin au nombre de 23 pièces concernantes la continuation de l'octroy pour les temps y exprimez au bénéfice de la ville suivant les arrests du Conseil des 26 janvier 1628, 10 octobre 1594, 31 décembre 1597, 13 mars 1604, 28 décembre 1609 et 8 juin 1616, avec les arrests des enregistrements d'iceux à la chambre des Comptes et Bureau des finances.

57. Arrest du Conseil d'Estat du Roy du 28e jour de novembre 1558.

58. Une liasse d'escritures en parchemin au nombre de six pièces qui sont arrests du Conseil pour la perception des droits sur les draps, toilles, suif, cuir et beurres.

59. Une liasse d'escritures en parchemin contenant 3 pièces qui sont contrats concernant soixante sols de rente qui appartenoient à l'hostel Dieu de cette ville, dattez du 8 janvier 1541, 8 septembre 1578 et 13 may 1580.

60. Une pièce d'escriture en parchemin du 30 juillet 1566 qui est une sentence de mort donnée par le lieutenant au gouvernement d'Honfleur pour larçin de meubles.

61. Une liasse d'escritures en papier et parchemin au nombre de 25 pièces, la pluspart rompues et mangées des rats, qui sont des arrests du Conseil portant confirmation des octroys au proffit de la ville.

62. Une liasse d'escritures en papier et parchemin au nombre de 15 pièces, qui sont chartes, arrests du Conseil et enregistrement à la Cour des Aydes et Bureau des finances de la confirmation et prolongation des octroys de la ville d'Honfleur.

63. Deux pièces d'escritures en parchemin, la première une quittance de Claude de Guinegault, seigneur du Plessis er Belleville, du dernier may 1660 de la somme de 6.000 livres pour don gratuit ; la seconde un acte du trésor des finances.

64. Une liasse d'escritures en papier et parchemin qui sont quittances payez au trésor royal.

65. Trois pièces d'escritures en papier : la première est un exploit du 14 octobre 1715 ; la seconde est un autre exploit du 30 décembre 1715 ; et la troisiesme est un extrait sur papier non formullé d'une charte du 23 décembre 1554, contenans les droits de la ville sur les droits de breuvage, boucherie et poissonnerie.

66. Une liasse d'escritures en papier qui sont extraits de compte-rendus des deniers d'octroy de tarif de la ville, délibérations et escrits sur le procès que la communauté avoit avec M. Roujault, intendant de Rouen.

67. Une liasse d'escritures en papier et parchemin au nombre de trente-trois pièces, qui sont procédures à l'hostel de ville et à l'intendance contre les sieurs Chauffer et Lenormand.

68. Deux pièces d'escritures en papier : la première est un compte rendu des mandemens tirez sur les receveurs des deniers patrimoniaux pour les années 1726, 1727, 1728, 1729, 1730, 1731, 1732 et 1733, datté du 17 juin 1734, et la seconde est un estat des mémoires et quittances que M. Le Chevallier a mis aux mains du greffier de l'hostel de ville.

69. Une pièce d'escriture en papier formullé qui est

une coppie collationnée de l'adjudication du tarif d'Honfleur pour 9 ans, commencez le 1er avril 1685, au prix de 26.000 livres par an.

70. Une liasse d'escritures en papier qui est le compte et pièces justifficatives de la recepte et dépense que le sieur de la Mulle a faite en l'année 1739, qu'il estoit trésorier de l'hospital en la parroisse de Ste Catherine.

71. Deux pièces d'escritures en papier, qui sont le compte de recepte et dépense du sieur Adrien Caresme pour l'année 1739, qu'il était trésorier de l'hospital en la parroisse de St. Léonard.

72. Une liasse d'escritures en papier au nombre de 8 pièces, qui sont les compte et quittances de la gestion du sieur Jean-Baptiste Baillet de trésorier de l'hospital à l'église de Ste Catherine en 1742.

73. Cinq pièces d'escriture en papier, qui sont le compte et pièces justifficatives de la gestion du sieur Robert Bouët de trésorier de l'hospital en l'année 1735.

74. Huit pièces d'escritures en papier qui sont le compte et pièces justifficatives de la recepte et dépense que le sieur Charles Nivelet a faitte pendant l'année 1740.

75. Sept pièces d'escritures en papier qui sont le compte et quittance des receptes faites par le sieur Jacques Liétout en l'année 1741.

76. Deux pièces d'escritures en papier qui sont une requeste présentée par le sieur Dérubé à M. l'intendant le 12 février 1742 et la réponse du maire et eschevins à icelle.

77. Dans une feuille de papier ficellée d'une ficelle se sont trouvez plusieurs papiers concernant l'hostel de ville, qui sont listes pour la milice, ordonnance de M. l'intendant pour les tailles, roolles pour le logement des Suisses, des estats des contribuables aux capitations et autres pièces de peu de valleur.

78. Une liasse d'escritures en papier contenant soixante

et dix neuf pièces, qui sont requête présentée à l'intendant par les fermiers du tarif, procédures, quittances et autres pièces qui se sont faittes pour les années 1709 et 1711, toutes réputées inutilles.

79. Une carte sur laquelle est escrit : quittance de MM. de Loyse et de Montlouis, dans laquelle s'est trouvé plusieurs pièces d'escritures en différentes liasses. La première contenant 14 pièces en papier qui sont mandemens adressés au sieur Duval pour payer le contenu en iceux sur les fourrages et ustenciles de l'année 1743.

80. Une autre liasse d'escritures en papier, au nombre de 15 pièces, qui sont mandements sur ledit sieur Duval pour les fourrages de l'année 1741, avec la quittance de M. de Blanville.

81. Une liasse d'escritures en papier au nombre de 34 pièces, qui sont quittances de M. de Blanville sur lesdits fourrages et ustencilles pour différentes années.

82. Une liasse d'escritures en papier au nombre de 6 pièces. La première est coppie sans date ny signature d'un arrest du Conseil du 26 juillet 1729, portant suppression des charges de receveurs et controlleurs des deniers, biens et revenus patrimonniaux et octroys des villes ; la seconde est un arrest du Conseil du 22 juillet 1730 par coppie collationnée portant réunion desdites charges au domaine de Mgr le duc d'Orléans ; et les autres sont les extraits baptistaires de MM. Doize et de Montlouis.

83. Une pièce d'escriture en papier collationnée sur les originaux est une coppie de procuration passée devant les notaires de Paris le 5 octobre 1725, par Me Nicolas Bourliez, chargé par le Roy de la vente des offices de receveurs et controlleurs des revenus et octroys des villes.

84. Un résultat du Conseil de Mgr le duc d'Orléans du 4 juin 1728, par lequel il permet aux maire et eschevins de la ville d'Honfleur pour le rétablissement de leur hostel de

ville, de prendre dans sa forest la quantité de 20 arbres.

85. Une liasse d'escritures en papier et parchemin au nombre de 17 pièces, dont la première est un modèle de contrat que la ville devoit passer de 5.000 livres de rente, sous le nom de MM. Doize et de Montlouis; la seconde est une lettre de M. d'Argenson concernant ledit contrat ; les autres sont des certifficats de vie et des quittances de payement faits par la ville au trésor de S. A. S. de la somme de 5.000 livres.

86. Deux pièces d'escritures en papier. La première du 12 février 1742 est un certifficat de M. Mathas comme MM. Doize et Tiquet estoient actuellement vivants; la seconde est la lettre dudit sieur Mathas.

87. Deux lettres de Mgr d'Angervillers des 20 et 30 may 1730 au sujet du corps de garde de cette ville.

88. Une liasse d'escritures enfermée d'une ficelle, que nous avons divisée en plusieurs liasses. La première en papier et parchemin au nombre de 109 pièces qui sont actes, procédures et sentences en l'élection du Pont-l'Evesque aux années 1706, 1707 et 1708.

89. Une autre liasse au nombre de 4 pièces, dont la première en parchemin est un contrat passé devant le tabellion royal de ce lieu le 30 décembre 1681, par lequel Guillaume Lenormand fils Cardin et Marie Feillolet, veuve de Charles Gogo, se sont reconnus redevables envers la ville de soixante sols de rente pour fieffe d'une place de terre proche la porte de Rouen ; les deuxiesme et troisiesme sont des contrats passez devant le même tabellion royal de ce lieu les 9 may 1623 et 13 février 1682, par lesquels François et Jean Le Lièvre se sont reconnus redevables envers la ville de quatre livres de rente foncière pour fieffe d'une place de terre à costé du pont de planche en devant de la porte de Rouen; et la quatriesme est un registre des abonnemens jusques et y compris le quartier de janvier 1708.

90. Une liasse d'escritures en papier et parchemin au nombre de 55 pièces, qui sont procédures, dilligences et arrest de la Cour des Aydes rendus pendant la régie d'Elie Marais, adjudicataire de cette ville.

91. Une liasse d'escritures ficellée d'une ficelle, laquelle détachée s'est trouvé l'édit donné à Versailles au mois de juin 1725, portant supression des offices de receveur et controlleur des octroys et revenus patrimoniaux et nouvelle création de pareils offices.

92. Une liasse d'escritures en papier au nombre de 29, qui sont la plupart lettres escrites par M. de Roujault, intendant, aux eschevins d'Honfleur en l'année 1713.

93. Une autre liasse d'escritures en papier au nombre de 74, qui sont lettres escrites par MM. de Roujault et de Gasville et par plusieurs autres personnes à MM. les maire et eschevins pendant l'année 1715.

94. Une liasse d'escritures en papier, qui sont deux comptes rendus par Jean Roy, receveur des octroys de cette ville, aux maire et eschevins pour les années 1716 et 1717.

95. Une liasse d'escritures en papier au nombre de 35, qui sont touttes pièces la plupart inutilles, toutes ramassées ensemble.

96. Une liasse d'escritures en papier, qui sont arrests et déclarations du Roy pour les imprimeurs, maladies contagieuses, dispenses des ecclésiastiques, dixième denier, rétablissement du commerce avec les villes du Nord, règlement de milice et autres.

97. Une liasse d'escritures en papier, qui sont des arrests du Conseil, déclarations du Roy, édits sur différentes matières et autres pièces au nombre de 54.

98. Une liasse d'escritures en papier au nombre de 78 pièces, qui sont des roolles imparfaits et déclarations pour imposer le dixième denier de l'année 1712.

99. Une liasse d'escritures en papier et parchemin au

nombre de 65 pièces, pour servir à la régie du tarif pendant l'adjudication qui en a esté faite par Elie Marais aux années 1705 et 1706.

100. Une liasse d'escritures en papier au nombre de 19 pièces, qui sont un roolle de plusieurs bourgeois employés à la taxe et ustencile ; une requeste présentée à M. l'intendant sur différentes affaires ; compte du sieur Caresme, trésorier de l'hospital ; ordonnance de M. de la Bourdonnaye qui ordonne que les bois pour la construction d'un navire payeront le tarif, et la nominacion de M. Renoult des Isles à la charge de maire [1].

101. Une liasse d'escritures en papier au nombre de 49 qui sont procédures faites tant en vicomté à Honfleur qu'aux requestes du Palais à Rouen, entre les maire et eschevins de cette ville, les sieurs Jean et François Claude Addée, père et fils, Mᵉ Jacques Lion, procureur du roy en l'amirauté, Jacques Gimer et Gabriel Blanville.

102. Une liasse d'escritures en papier et parchemin au nombre de 21 pièces, dont la première est un compte que rend le sieur Lion de Saint-Thibault des deniers qu'il a reçus pour cette ville, datté du 7 novembre 1726 ; procédures faites devant le subdélégué de l'intendant en ce lieu ; ordonnance de M. l'intendant du 4 juin 1728 qui condamne ledit sieur Lion au payement des sommes portez dans ledit jugement, et une sentence des requêtes du Palais à Rouen du 13 juin 1742.

103. Une liasse d'escritures en papier au nombre de 117 pièces, qui sont pièces concernant les procédures qui ont esté faites contre MM. Lion ; requête présentée à M. l'intendant pour obliger les eschevins des années 1715, 1716, 1717 et 1718 de rendre leur compte de la régie du tarif devant mondit seigneur l'intendant, et procédures faittes par la

---

[1] Premier échevin en 1733, et non maire.

Chambre des Comptes pour obliger les eschevins de la ville à y rendre leur compte.

104. Une liasse d'escritures en papier au nombre de 22 pièces, qui sont une requête présentée à MM. les Elus par les maire et eschevins le 18 juin 1744 pour obtenir une contrainte sur les y dénommez pour les obliger à payer ce qu'ils devaient au tarif, etc,

105. Une liasse d'escritures en papier contenant 174 pièces, qui sont comptes de recette et dépenses depuis le 16 mai 1730 jusqu'au dernier décembre 1740 et depuis le premier janvier 1741 jusques et y compris la dernière semaine de 1744.

106. Une liasse d'escritures en papier au nombre de 6 pièces : copie d'un arrest du Conseil d'Estat du 18 septembre 1603 ; copie collationnée d'une ordonnance de l'intendant du 16 septembre 1644 ; copie collationnée de l'arrest du Conseil du 18 novembre 1684 et de l'arrest du 9 décembre 1738 ; adjudication des octroys le 2 décembre 1738 ; arrest de la Cour des Comptes, Aydes et Finances de Normandie le 9 janvier 1744, portant réhabilitation de noblesse à Mme la veuve Le Paulmier ; procès-verbal par les commis du sel le 19 may 1744.

107. Un registre sur papier commun couvert de parchemin, commençant par ces mots : Du samedy 19 de février 1718, à Honfleur, s'est présenté M. Le Chevallier, cy devant greffier de l'hostel de ville, lequel a représenté à nous soussignez, eschevins au gouvernement d'Honfleur plusieurs registres et pièces d'escritures, etc.

108. Une liasse d'escritures en papier au nombre de 55 pièces, qui sont le compte du tarif rendu en l'année 1736.

109. Un acte exercé en cet hostel de ville le 20 septembre 1583, pour établir un homme qui ait soin des malades et des morts à cause des maladies contagieuses.

110. Une ordonnance de Mgr. l'intendant du 2 may

1727 pour obliger à porter M. de Martinbault, subdélégué à Pont-l'Evesque, une coppie du dixième denier de l'année 1726.

111. Une liasse d'escritures en papier au nombre de 201 pièces qui sont comptes des trésoriers de l'hospital.

112. Une liasse d'escritures en papier au nombre de 28 pièces, qui sont les comptes du tarif de ladite ville, rendus devant Mgr. l'intendant, depuis l'année 1715 jusqu'en l'année 1742.

113. Cinq comptes des deniers d'octroy pour les ennées 1683, 1684, 1685, 1686, 1696, 1697, 1698 et 1699.

114. Un extrait du compte des octroys pour l'année 1700.

115. Une coppie du compte des octroys rendu à la Chambre des Comptes pour les années 1725. 1726, 1727, 1728 et 1729 par M. de Moy.

116. Quatre copies de comptes de taxations rendus pour les années 1729 et 1730.

117. Une liasse d'escritures en papier au nombre de 285 pièces, qui sont mémoires de travaux faits pour la ville aux années 1731-1739, y joints les comptes de la recette du sieur Senécal.

118. Une liasse d'escritures en papier au nombre de 113 pièces, qui sont requestes présentées aux eschevins par différents particuliers pour obtenir des décharges dans leurs impositions ; mémoires reçus par le sieur Senécal, cy devant greffier de cet hostel de ville.

119. Une liasse d'escritures en papier au nombre de 21 pièces, dont 17 sont des extraits des comptes rendus des octroys de 1689 à 1708, dans lesquels manquent ceux rendus de 1696 à 1700.

120. Une liasse d'escritures en papier et parchemin, qui sont comptes des deniers patrimoniaux de la ville rendus en l'hostel de ville aux années 1689-1721, avec les pièces

justificatives desdits comptes, et 2 pièces en parchemin des 21 septembre 1711 et 27 décembre 1710, qui sont adjudications de la ferme du poisson verd, sec et sallé.

121. Six comptes du tarif pour les années 1729-1734.

122. Une liasse d'escritures au nombre de 18 pièces, qui sont comptes des deniers patrimoniaux des années 1725-1729; pièces justifficatives desdits comptes; comptes des revenus patrimoniaux, dattés du 9 aoust 1727; sentence rendue en l'hostel de ville en 1727; comptes des deniers d'octroy de tarif pour 1707.

123. Une liasse d'escritures en papier au nombre de 29 pièces, qui sont des estats des dépenses pour le logement des troupes aux années 1725-1734.

124. Une liasse d'escritures en papier au nombre de 6 pièces, qui sont comptes imparfaits du tarif en l'année 1718.

125. Une liasse d'escritures au nombre de 22 pièces, qui sont la plupart lettres adressées tant à M. Delanney, vicomte, qu'à MM. les maire et eschevins.

126. Une liasse d'escritures en papier au nombre de 6 pièces qui sont des comptes imparfaits non signez, paroissant estre des modelles de comptes dont les originaux ont esté présentez à Mgr. l'intendant.

127. Un registre contenant 6 roolles, commençant le 20 septembre 1717 et finissant le 6 décembre audit an, contenant des délibérations de l'hostel de ville, dont le hault est mangé des rats [1].

128. Un autre registre contenant 24 feuillets cottés par premier et dernier du paraphe de M^e Le Chevallier, contenant les délibérations de l'hostel de ville, commençant le 15 avril 1716 et finissant le 13 septembre 1717, dans lequel est un consentement de M. Lion, procureur du roy en l'ami-

---

[1] Partie du registre n° 75.

rauté d'Honfleur, du 5 septembre 1717 à ce que les trieurs soient receus audit hostel de ville [1].

129. Un autre registre contenant les délibérations dudit hostel de ville, contenant 34 feuillets, à la suite duquel est un autre registre contenant 22 feuillets, commençant lès dits deux registres le 1er janvier 1713 et finissant le 8 avril 1715 [2].

130. Un roolle de répartition sur papier de capitation de la somme de 430 livres ordonnée estre imposée sur les habitans d'Honfleur, en l'année 1723, dattée du 18 may 1724.

131. Un registre de l'hostel de ville contenant plusieurs règlements de police commençant le 25 juin 1635 et finissant le 1er janvier 1638, contenant 16 feuilles escrits [3],

132. Un registre contenant les délibérations de l'hostel de ville, commençant le 15 décembre 1639 et finissant le 22 d'avril 1663, au nombre de 366 feuillets escrits [4].

133. Un registre qui parroist avoir esté relié ensemble divisé en quatre parties, la première au nombre de 38 feuillets, commençant le 18 avril 1689 et finissant le 28 décembre 1690; la seconde commençant le 28 décembre 1690 jusqu'au 1er janvier 1693, contenant 46 feuillets; la troisiesme commençant le 8 de janvier 1694 et finissant le 20 novembre audit an, contenant 20 feuillets; la quatriesme commençant le 18 décembre 1694 et finissant l'onze novembre 1695, contenant 20 feuillets, dans lesquelles parties s'est trouvé 56 pièces [5].

134. Un registre en 8 cahiers commençant le 13 oc-

---

[1] Partie du registre no 75.
[2] Partie du registre no 75.
[3] Registre no 32.
[4] Registre no 46.
[5] Registre no 61.

tobre 1680 et finissant le 17 avril 1689, contenant ensemble 281 feuillets, dans lesquels il s'est trouvé 98 pièces [1].

135. Un registre en trois cahiers commençant le 6 décembre 1686 et finissant le 29 décembre 1695, contenant ensemble 35 feuillets, dans lesquels s'est trouvé 3 pièces [2].

136. Un registre contenant 5 cahiers commençant le 27 décembre 1695 et finissant le 1er janvier 1699, contenant ensemble 70 feuillets, dans lesquels s'est trouvé 28 pièces d'escritures [3].

137. Un registre commençant le 7 janvier 1699 et finissant le 7 may 1700, contenant 32 feuillets, dans lequel s'est trouvé 9 pièces d'escritures [4].

138. Un registre commençant le 22 juin 1700 et finissant le 1er janvier 1701, contenant 12 feuillets et dans lequel s'est trouvé 3 pièces d'escritures [5].

139. Un registre commençant le 2 de janvier 1701 et finissant le 8 janvier 1702, contenant 26 feuillets et dans lequel il s'est trouvé 4 pièces d'escritures [6].

140. Un registre commençant le 15 janvier 1702, et finissant le 24 juin 1703, contenant 24 feuillets et dans lequel il s'est trouvé 10 pièces d'escritures [7].

141. Un registre commençant le 17 octobre 1703 et finissant le 24 juin 1704, contenant 14 feuillets et dans lequel s'est trouvé 8 pièces d'escritures [8].

142. Un registre commençant le 31 octobre 1705 et fi-

---

[1] Registre no 59.
[2] Registre no 60.
[3] Registre no 63.
[4] Partie du registre no 64.
[5] Partie du registre no 64.
[6] Registre no 65.
[7] Registre no 66.
[8] Registre no 67.

nissant le 12 décembre 1707, contenant 18 feuillets, dans lequel s'est trouvé 7 pièces d'escritures [1].

143. Un registre commençant le 17 décembre 1707 et finissant le 15 septembre 1709, contenant 20 feuillets et dans lequel s'est trouvé 24 pièces [2].

144. Un registre sur lequel est escrit : registre pour servir à tenir estat des résolutions que MM. les maire et eschevins de la ville d'Honfleur doivent prendre dans leurs conférences et assemblées particulières, commençant le 28 avril 1710 et finissant le 13 aoust 1714, contenant 15 feuillets [3].

145. Un registre des délibérations de cette ville, commençant le 1er janvier 1710 et finissant le 5 janvier 1711, contenant 18 feuillets et dans lequel s'est trouvé 12 pièces d'escritures [4].

145. Un registre servant aux délibérations de l'hostel de ville, commençant le 9 février 1711 et finissant le 28 décembre audit an, contenant 18 feuillets [5].

147. Un registre pour les délibérations de l'hostel de ville, dont le premier feuillet est osté, commençant le 21 janvier 1712 et finissant le 1er octobre audit an, contenant 22 feuillets, et dans lequel s'est trouvé 17 pièces d'escritures [6].

148. Un registre commençant le 1er janvier 1710 et finissant le 24 mars 1721, contenant en tout 89 feuillets et dans lequel s'est trouvé 9 pièces d'escritures [7].

149. Un registre pour les délibérations de l'hostel de ville, commençant le dernier avril 1721 et finissant le 31

---

[1] Registre no 69.
[2] Registre no 70.
[3] Registre no 72.
[4] Registre no 71.
[5] Registre no 73.
[6] Registre no 74.
[7] Registre no 76.

décembre 1726, contenant en tout 68 feuillets, dans lequel il s'est trouvé 25 pièces d'escritures [1].

150. Un registre commençant le 1er janvier 1727 et finissant le 4 janvier 1728, contenant 24 feuillets, dans lequel s'est trouvé 13 pièces d'escritures [2].

151. Un registre pour servir aux délibérations de la ville, commençant le 5 janvier 1728 et finissant le 5 novembre 1729, dans lequel s'est trouvé 5 pièces d'escritures [3].

152. Un registre commençant le 10 novembre 1729 et finissant le 13 janvier 1731, contenant 34 feuillets, dans lequel il y a dix pièces d'escritures, dont une du 20 novembre 1730 est un récépissé de M. Danisy des tittres et contrats de rentes deues à la ville, qui lui ont été mis aux mains pour les faire payer en qualité de receveur [4].

153. Un registre pour les délibérations de la ville, commençant le 13 janvier 1731 et finissant le 13 décembre 1732, contenant 33 feuillets, dans lequel s'est trouvé 3 pièces d'escritures [5].

154. Un registre pour servir aux délibérations, commençant le 14 décembre 1732 et finissant le 24 octobre 1734, contenant 32 feuillets et dans lequel s'est trouvé 5 pièces d'escritures [6].

155. Un registre pour servir aux délibérations de cet hostel commun, commençant le 30 octobre 1734 et finissant le 2 de février 1736, contenant 36 feuillets, dans lequel s'est trouvé 10 pièces d'escritures [7].

156. Un registre commencé en l'année 1550 et finy en

[1] Registre no 78.
[2] Registre no 79.
[3] Registre no 80.
[4] Registre no 81.
[5] Registre no 82.
[6] Registre no 83.
[7] Registre no 84.

1554, contenant 135 feuillets, duquel plusieurs feuillets sont lacérez et rompus et dans lequel il ne s'est rien trouvé[1].

157. Un autre registre contenant des mandements donnez par les sieurs maire et eschevins sur les octroys, commençant le 21 juin 1628 et finissant en avril 1630, contenant 26 feuillets[2].

158. Un registre de délibérations commençant le 7 novembre 1666 et finissant le 5 aoust 1668, contenant 16 feuillets[3].

159. Une liasse d'escritures en papier contenant 15 pièces, dont la dernière est un récépissé donné par le sieur Senécal, greffier de cet hostel de ville au sieur Danisy, receveur, contenant le détail des pièces que ledit sieur Danisy luy a remis, ledit récépissé datté du 19 octobre 1734.

160. Un registre servant pour les délibérations de l'hostel de ville, commençant le 9 novembre 1663 et finy le 7 novembre 1668, contenant 42 feuillets[4].

161. Un registre contenant les adjudications des fermes d'aide de ville, commencé le 26 décembre 1664 et finy le 12 juillet 1668, contenant 16 feuillets[5].

162. Un autre registre contenant l'adjudication des mesmes fermes, commençant le 26 décembre 1668 et finissant le 14 juin 1671, contenant 7 feuillets[6].

163. Un registre pour servir aux délibérations de l'hostel de ville, commençant le 8 octobre 1673 et finissant le 27 février 1678, en deux articles, le premier contenant 84 feuillets et le second 31[7].

[1] Registre des délibérations n° 1.
[2] Registre n° 28.
[3] Registre n° 51.
[4] Registre n° 48.
[5] Registre n° 50.
[6] Registre n° 53.
[7] Registre n° 56.

164. Un registre pour les adjudications des petites fermes commençant le 23 juin 1672 et finissant le 1ᵉʳ janvier 1675, contenant 37 feuillets [1].

165. Un registre de délibérations de l'hostel de ville, commençant le 10 juin 1672 et finissant le 8 juin 1673, contenant 25 feuillets [2].

166. Un registre contenant des payements faits à différents particuliers, qui commence par ces mots : audit Jacques Le Clerc pour ladite semaine d'avoir travaillé dudit gazon, à la raison de huit sols par jour, contenant 12 feuillets.

167. Un registre contenant les adjudications des fermes de la ville et réparations d'icelles, commençant le 24 avril 1678 jusques en juillet 1680, contenant 48 feuillets [3].

168. Un registre contenant devis de plusieurs réparations qui estoient à faire à la ville et des mandemens sur le receveur des octroys contenant 14 roolles, iceluy commençant le 27 mai 1636 et finissant le 18 juin 1637 [4].

169. Un registre commençant le 7 may 1637 et finissant le 1ᵉʳ d'aoust audit an, contenant plusieurs devis de travaux qui estoient à faire à la ville, contenant 8 feuillets ou roolles.

170. Un registre contenant devis de plusieurs travaux qui estoient à faire à la ville, commençant le 5 novembre 1637 et finissant le 27 janvier 1639, contenant 8 roolles [5].

171. Un registre contenant plusieurs devis de travaux à faire à la ville, commençant le 4 février 1627 et finissant le 18 aoust audit an, contenant 6 feuillets [6].

---

[1] Registre nº 55.
[2] Registre nº 54.
[3] Registre nº 57.
[4] Registre nº 33.
[5] Registre nº 42.
[6] Registre nº 24.

172. Un registre sur lequel est escrit : 1584. Deniers communs de la ville d'Honfleur pour l'année finie le dernier jour de décembre 1584.

173. Un compte des deniers patrimoniaux d'octroy de ladicte ville, receu à l'hostel de ladicte ville le 2 novembre 1609, contenant 14 roolles.

174. Un compte des octroys de ladicte ville pour l'année 1612, receu à l'hostel de ladicte ville le 13 janvier 1615, contremarqué pour 13 roolles.

175. Un rolle de capitation de l'année 1604, contenant 20 rolles.

176. Un registre pour la régie du tarif commençant le 2 avril 1715 et finissant le 12 novembre 1717, contenant 25 feuillets.

177. Un rolle de capitation datté du 20 may 1706, contenant 35 rolles, auquel est attaché une lettre de M. l'intendant au sujet du dit compte.

178. Un rolle de capitation de l'année 1707, contenant 50 rolles.

179. Un rolle de capitation pour l'année 1708, contenant 27 rolles.

180. Un rolle de capitation pour l'année 1713, contenant 36 feuillets.

181. Un rolle d'ustencille pour l'année 1714, contenant 32 feuillets.

182. Une liasse d'escritures en papier au nombre de 18 pièces, qui sont les quittances de la capitation, fourrages et ustencilles de l'année 1742.

183 Une liasse d'escritures en papier au nombre de 10 pièces, desquelles la huitiesme est une ordonnance de Mgr. l'intendant, qui décide que le sieur Boüet pour la construction et réparation d'un navire destiné pour les isles payeroit les droits de tarif.

184. Une liasse d'escritures en papier au nombre de

18 pièces, qui sont requête présentée par différents particuliers pour estre admis à la bourgeoisie de cette ville et les autres sont des exploits de translation de domicille.

185. Une liasse d'escritures en papier au nombre de 15 pièces, qui sont mémoire pour les habitans de Saint Malo au sujet des droits qui se percevoient sur les morues vertes et seiches à l'entrée de Normandie, avec plusieurs lettres pour le même sujet.

186. Une liasse d'escritures en papier au nombre de quatre, les deux premières contenant la permission accordée par Mgr. de Gasville, intendant, le 30 mars 1730, de faire entrepost en cette ville, et les deux autres concernant la rente deue par la ville à MM. Doize et de Montlouis.

187. Une pièce d'escritures dont la première feuille est enlevée, qui parroist estre une adjudication à prix de rabais pour enlever les terres qui empêchoient l'entrée dans le bassin, cottée par ledit M° Le Chevallier pour 5 rolles dont il ne reste que quatre paroissant estre de l'année 1604.

188. Deux pièces d'escritures en papier qui sont l'adjudication de la permission de vendre de la viande pendant le caresme de l'année 1735.

189. Une pièce d'escriture en papier contenant 2 rolles escrits, qui parroit deux délibérations de cet hostel de ville, dattez des dernier février 1608 et 22 mars audit an.

190. Une pièce d'escriture en papier, qui est une coppie informe d'un arrest du Conseil, datté du 22 juin 1650, qui ordonne que les gouverneurs et eschevins de la ville auront connoissance et jurridiction sur les deniers communs et octroys qui se lèvent en icelle ville.

191. Une sentence rendue en cet hostel de ville le 19 aoust 1715, par laquelle M. de Blanville a esté condamné à rendre compte de la recette qu'il a faite des revenus patrimoniaux de cette ville.

192. Un rolle de capitation de la somme de 1,050 livres

— 29 —

à laquelle la ville estait imposée de capitation pour l'année 1605, contenant 22 rolles.

193. Un registre contenant 7 rolles escrits, commençant le 30 de may 1625 et finissant le 20 may 1626, contenant des adjudications de travaux à faire à la ville et des mandements sur le receveur des octroys [1].

194. Un registre contenant 13 rolles, qui commence l'onze de janvier 1603, contenant des travaux faits et à faire à la ville avec un estat de payements faits au receveur des tailles [2].

195. Un registre contenant 6 rolles escrits, commençant le 27 décembre 1626, qui sont adjudication de travaux à faire à la ville et mandements sur le receveur des octroys.

196. Un registre contenant 9 rolles escrits, commençant le 5 de mars 1637, faisant mention des travaux à faire à la ville et des adjudications à prix de rabais avec des mandements sur le receveur des octroys [3].

197. Un registre contenant 8 rolles escrits, datté de l'année 1652, contenant les payements faits par le receveur des octroys aux personnes y dénommez.

198. Un registre contenant 8 rolles, commençant en 1730 et finissant en 1732, contenant les devis des travaux qui estoient à faire à la ville, les adjudications d'iceux et des mandements sur le receveur des octroys.

199. Un registre contenant 4 cahiers, commençant le 26 décembre 1620 et finissant le 8 octobre 1621, contenant des devis des travaux à faire à la ville des adjudications d'iceux et des mandements sur le receveur des octroys [4].

200. Un registre datté du 10 avril 1603, contenant 6

[1] Registre nº 19.
[2] En déficit.
[3] Registre nº 37.
[4] Registre nº 11.

rolles, faisant mention des travaux qui estoient à faire à la ville.

201. Un rolle de capitation pour l'année 1711.

202. Un registre en un cahier contenant 3 rolles escrits, cottez dudit sieur Le Chevallier par premier et dernier, qui sont des délibérations de l'hostel de ville de l'année 1607 [1].

203. Un registre de l'année 1624, contenant devis de travaux à faire à la ville, adjudications desdits travaux et mandements sur le receveur des octroys [2].

204. Un registre du 8 décembre 1629 et finissant le 8 novembre 1631, contenant 38 roolles, dans lequel est fait mention des devis de travaux à faire à la ville, d'adjudications d'iceux et de mandements sur le receveur des droits patrimoniaux [3].

205. Un registre contenant 20 rolles escrits, excepté deux, commençant le 11 décembre 1631 et finissant le 1er juillet 1632, contenant devis de travaux à faire à la ville, adjudications d'iceux et mandements sur le receveur des deniers communs [4].

206. Un registre contenant 10 rolles, commençant le 8 décembre 1620 et finissant en 1621, contenant devis des réparations à faire à la ville, adjudications d'iceux et mandements sur le receveur des deniers communs [5].

207. Un registre commençant le 5 mars 1637 et finissant le 15 octobre au même an, contenant 6 rolles escrits, faisant mention des travaux à faire à la ville, adjudications d'iceux et mandements [6].

208. Un registre commençant le 2 octobre 1668, con-

---

[1] En déficit.
[2] En déficit.
[3] Registre n° 29.
[4] Registre n° 31.
[5] Registre n° 12.
[6] Registre n° 38.

tenant les délibérations de l'hostel de ville, finissant le 27 décembre 1671, au nombre de 27 rolles [1].

209. Deux feuilles de papier qui sont deux délibérations dattez des 9 janvier 1605 et pénultième de juillet audit an.

210. Un registre contenant 6 rolles de l'année 1625, contenant les travaux à faire à la ville et des mandements sur le receveur des octroys.

211. Un registre de l'année 1638, contenant les travaux qui estoient à faire à la ville, adjudication d'iceux, contenant 9 rolles.

212. Un registre de l'année 1624, faisant mention des travaux qui estoient à faire à la ville, adjudications d'iceux, mandements sur le receveur des deniers communs, en 6 rolles.

213. Un registre de l'année 1604, 8 décembre, finissant audit an, 12 juillet, pour servir aux délibérations de la ville, contenant 13 rolles dont 4 en blanc [2].

214. Une délibération de cet hostel de ville du 1er janvier 1637, qui enjoint à deux eschevins par semaine de veiller aux dommages que la mer peut cauzer, y faire aporter remède et donner des mandements sur le receveur des octroys des deniers.

215. Un registre contenant 6 rolles, datté du 23 décembre 1608, dans lequel est fait mention d'adjudication de travaux à faire à la ville.

216. Un registre commençant le 8 de janvier 1680 et finissant le 3 octobre 1683, en 26 rolles, contenant devis de plusieurs travaux qui estoient à faire à la ville [3].

217. Un registre de l'année 1624, en dix rolles, contenant les travaux à faire à ladite ville.

218. Un registre commençant le 27 may 1636 et finis-

[1] Registre n° 52.
[2] En déficit.
[3] Registre n° 58.

sant le 18 juin 1637, contenant les ouvrages qui estoient à faire à la ville [1].

219. Un registre commençant l'onze décembre 1636 et finissant le 18 juin 1637, faisant mention des travaux qui estoient à faire à la ville [2].

220. Un registre contenant les adjudications à prix de rabais des ouvrages à faire à la ville, commençant le 15 avril 1622, contenant 10 rolles.

221. Un registre commençant le 20 octobre 1622, pour adjudications à prix de rabais des ouvrages de la ville, contenant 8 rolles.

222. Un registre contenant les travaux qui estoient à faire à la ville, datté du 30 juillet 1637, contenant 12 rolles.

223. Un requeste par coppie collationnée devant les tabellions de Blangy, présentée à Mgr. l'intendant le 20 octobre 1667, pour faire dire que deffenses seront faites aux collecteurs d'imposer les eschevins à plus haute somme qu'ilz n'estoient imposez, ce qui a esté ainsi jugé, contenant 4 rolles.

224. Un registre contenant les travaux qui estoient à faire à la ville et mandements sur le receveur des deniers communs de l'année 1638, contenant 6 rolles.

225. Un registre contenant les travaux qui estoient à faire à la ville en l'année 1639, contenant 8 rolles.

226. Un registre de l'année 1627 en 4 rolles, contenant les travaux à faire à la ville.

227. Une requeste présentée à Mgr. l'intendant le 7 mars 1718, par le sieur Goubard, pour être payé de ses gages par M. de Blanville, à laquelle est attaché le mandement qui luy avoit esté donné par les sieurs eschevins.

228. Un registre de l'année 1625, contenant les travaux qui estoient à faire à la ville, en 6 rolles.

[1] Registre n° 23.
[2] Registre n° 35.

229. Un ordre du Roy, datté à Chantilly le 18 juillet 1625, à 7 compagnies du régiment de Montmorency de se rendre à Honfleur.

230. Une liasse d'escritures en papier au nombre de 6 pièces, qui sont une adjudication de travaux à faire au port d'Honfleur en l'année 1687, auxquelles sont attachées 17 pièces, qui sont registres des travaux à faire à la ville en différentes années ; le compte des octroys de 1602 ; un arrest du Conseil pour coppie collationnée qui attribue jurridiction à la ville pour la connoissance des octroys ; un inventaire des pièces du compte que M. Le Chevallier a rendu de la recette qu'il a faitte des deniers levez par le bataillon de Provence ; et un escrit de Mrs. Chauffer en réponse aux questions qu'ils avoient contre la ville.

231. Un compte rendu devant Mgr. l'intendant par le sieur Charles Giffard, de plusieurs deniers qu'il a receus, destinez pour la construction d'un nouveau bassin, datté à Rouen du 14 septembre 1714, contenant 12 rolles.

232. Une liasse d'escritures en papier et parchemin au nombre de 4 pièces, dont la seconde est l'adjudication de la seconde moitié des octroys, fait par M. le président en l'ellection le 12 octobre 1720.

233. Quatre pièces d'escritures en papier qui sont mémoires des eschevins en réponse aux requestes présentées à Mgr. l'intendant par le sieur François Delanney chargé des droits d'inspecteur aux boucheries, dattez de l'année 1721.

234. Une liasse d'escritures en papier de 8 pièces, qui sont plusieurs nominations de maire et eschevins pour cet hostel de ville par S. A. S. Mgr. le duc d'Orléans.

235. Une liasse d'escritures en papier au nombre de 31 pièces, qui sont comptes et pièces justificatives des recettes et dépenses que les trésoriers des pauvres de St. Léonard et de Ste Catherine ont faittes en plusieurs années.

236. Un extrait des registres de l'hostel de ville du 28

mars 1703, qui est l'enregistrement du bail du tarif fait à Elie Marais au prix de 27,050 livres par an pour 9 ans, commencez au 1er avril 1703 et finissant le 1er mars 1712.

237. Un registre de sortie par la porte Bordel de l'année 1725, contenant 9 rolles.

238. Un registre de passe de bout pour la porte Bordel pour l'année 1726 en 18 rolles.

239. Une coppie pour extrait de l'adjudication du tarif faitte en 1712 pour 3 ans, commencez le 1er avril audit an par le prix de 28,550 livres par chacun an.

240. Treize pièces d'escritures en papier, qui sont mandemens pour les tailles en différentes années.

241. Treize registres pour la régie du tarif en l'année 1739, tant des portes que du grand bureau et quay, dans partie desquels sont les bordereaux des sommes qu'ils contiennent.

242. Vingt et un registres pour la régie du tarif pendant l'année 1738 tant au grand bureau qu'aux barrières, dans plusieurs desquels sont des bordereaux de leur produit, avec un estat des abonnements qui ont esté payez.

243. Dix-neuf registres avec un estat de ceux qui ont payé l'abonnement, dans partie desquels registres il y a des bordereaux des sommes contenues en iceux, lesquels registres contiennent la régie du tarif de l'année 1737 et 1738.

244. Vingt huit registres pour la régie du tarif pour l'année 1735-1736, tant pour le grand bureau que pour les portes.

245. Deux registres attachez ensemble : le premier contenant 14 feuillets, sur lequel est escrit les payements faits aux employez du tarif en l'année 1727, avec 21 quittances et pièces justificatives, l'autre pour servir à la dépense du bureau général en la même année.

246. Deux registres contenant les payements faits aux employez du tarif en l'année 1728.

247. Deux registres contenant les payements faits aux employés du tarif en 1729.

248. Deux registres contenant les payements faits aux commis du tarif en 1725.

249. Deux registres contenant les payements faits aux employez du tarif en 1730.

250. Deux registres contenant les payements faits aux employez du tarif en 1731.

251. Deux registres contenant les payements faits aux employez du tarif en 1732.

252. Deux registres pour écrire les payements faits aux commis du tarif en l'année 1733.

253. Trois registres pour la dépense du bureau général et le payement des commis du tarif en 1734.

254. Deux registres pour la dépense du bureau général et le payement des commis du tarif en 1735.

255. Deux registres pour les payements faits aux commis du tarif en l'année 1740 et pour la dépense du bureau général.

256. Deux registres pour le payement des employez et la dépense du bureau général en l'année 1741.

257. Seize registres pour la recette du bureau général du tarif pour les années 1725-1733.

258. Treize registres pour servir à la recette du tarif en l'année 1740-1741.

259. Dix registres pour les années 1722-1727, contenant les déclarations des marchandises faittes entrer en ville et des bois à bruller.

260. Quatre registres pour l'année 1728, du produit du bois, des marchandises et des brassages.

261. Deux registres pour l'année 1724 pour les marchandises entrées en ville en gros, et l'autre contenant ceux qui avoient à pressure

262. Deux registres de l'année 1721, des marchandises en gros et des menues marchandises.

263. Un registre des années 1720-1722, contenant les sommes que le sieur Lion a reçues.

264. Trois registres de l'année 1719, contenant les abonnements et les déclarations des boissons.

265. Quatre registres de l'année 1723, qui sont récépissés, sorties et déclarations de marchandises.

266. Quarante-cinq registres de la régie du tarif des années 1712-1722.

267. Unze registres de la recette du tarif aux années 1741-1742.

268. Quarante neuf registres de la régie du tarif aux années 1716-1727.

269. Vingt et un registres de l'année 1733-1734, pour le grand bureau, les portes, etc.

270. Une liasse d'escritures au nombre de 14 pièces, dont la seconde est un contrat du 9 aoust 1664, par lequel messire Thomas Benard, chevallier, a vendu aux habitans de cette ville la maison qui luy sert actuellement d'hostel, par le prix de 2,000 livres.

271. Une liasse d'escritures en papier qui sont 73 registres des deniers communs de cette ville, aux années 1600, 1603, 1604, 1605, 1607, 1609, 1617, 1621, 1634, 1637, 1638, 1639, 1641, 1643, 1645, 1647, 1651, 1672, 1673, 1686, 1687 et 1688.

272. Une liasse d'escritures en papier, qui sont comptes des deniers communs de cette ville pour les années 1581, 1582, 1584, 1585, 1586, 1587, 1588, 1589, 1590, 1591, 1592, 1593, 1594, 1595, 1597, 1598, 1599 et 1603.

273. Vingt sept registres pour l'exercice du tarif pour l'année 1731 et 1732.

274. Cinquante-cinq registres pour la régie du tarif aux années 1715-1719, 1721-1729 et 1739.

275. Trente-huit registres du tarif, 1728-1731.

276. Vingt-trois registres du tarif, 1732.

277. Cinq registres du tarif, 1722.

278. Trente et un registres de l'année 1734, tant pour le grand bureau que pour les barrières.

279. Quarante deux registres du tarif, 1721-1724.

280. Vingt huit registres du tarif, 1727-1728.

281. Quarante six registres du tarif, 1715-1719.

282. Vingt trois registres du tarif, 1719-1726.

283. Cinquante six registres du tarif, 1715-1718.

284. Cinquante quatre registres du tarif, 1719-1722.

285. Trente huit registres pour la régie du tarif, 1724-1727.

286. Trente et un registres du tarif, 1736-1737.

287. Dix sept registres du tarif, 1729.

288. Un registre contenant 31 rolles, datté du 24 octobre 1678, contenant l'enrollement et le dérollement des taillables de la ville d'Honfleur.

289. Trois registres pour la régie du tarif, 1720-1741.

290. Vingt et un registres du tarif, 1722-1729.

291. Une liasse de 119 récépissés pendant les années 1727-1728.

292. Une liasse d'escritures qui sont un compte rendu des deniers de la régie du tarif, 1727-1728.

295. Trois registres du tarif, 1727-1728.

294. Trois pièces d'escritures qui sont des estats des payements faits en diminution de la recette du tarif, dattez du 10 may 1727.

293. Trois estats du produit des abonnements aux années 1734-1736.

296. Un compte de la dépense du tarif en l'année 1737.

297. Le compte de la dépense du tarif pour l'année 1738.

298. Cinquante trois pièces d'escritures avec lesquelles est le compte de la dépense du tarif pour l'année 1739.

299. Trente six pièces d'escritures qui sont un compte de la dépense du tarif pour l'année 1742.

300. Compte de la dépense du tarif pour 1718, 67 pièces.

301. Compte de la dépense du tarif pour 1720, 79 pièces.

302. Compte de la dépense du tarif pour 1721, 67 pièces.

303. Compte de la dépense du tarif pour 1722, 87 pièces.

304. Compte de la dépense du tarif pour 1723, 45 pièces.

305. Compte de dépense pour le tarif, année 1726, 52 pièces.

306. Compte de la dépense du tarif, année 1724, 45 pièces.

307. Compte de la dépense du tarif, année 1715, 52 pièces.

308. Compte de la dépense du tarif, année 1716, 75 pièces.

309. Compte de la dépense du tarif, année 1717, 72 pièces.

310. Compte de la dépense du tarif, année 1719, 64 pièces.

311. Soixante et trois pièces qui sont estats du produit du tarif pendant la durée du bail d'Elie Marais, 1703-1711, pour faire voir la différence du produit et justiffier que les cautions en usent de mauvaise foy dans les pertes qu'ils accusent.

312. Seize pièces d'escritures qui sont des comptes des deniers communs et octroys de la ville aux années 1595-1612.

313. Une liasse descritures en parchemin au nombre de 18 pièces touchant l'aide de ville sur les poissons sallez, boucheries et boissons de l'année 1456, 1457, 1461, 1464, 1480, 1490, 1498, 1501 et autres années postérieures jusqu'à 1541, la plus part mangez des rats et inlisibles.

Le surplus des pièces qui se sont trouvez dans ledit coffre, en vrac, sans ordre, nous avons la plus part lues et examinez, se sont trouvées de vieilles procédures contre différents particulliers que nous avons regardez estre présentement de nulle valleur, aussy sans les cotter ni contremarquer nous les avons mises dans une poche que nous avons fermée avec une ficelle et sur nœud d'icelle aposé le sceau de la ville, et en cet estat a esté remise avec l'autre poche dans ledit coffre pour y avoir recours en cas de besoin ; la clef duquel coffre est demeurée aux mains dudit sieur Boüet pour représenter les dites poches si il en est requis. Et vu qu'il ne s'est trouvé autres escritures, nous avons clos le présent inventaire et touttes les autres pièces comme dessus demeurées aux mains dudit sieur Boüet pour les représenter quand besoin sera, ce qu'il a signé avec nous, ledit Pinguet, gardien, déchargé de la garde desdits scellez, ce que nous avons signé après lecture faitte ; et comme ledit Delanney a servi de greffier pour escrire le présent inventaire, il a esté arresté qu'il luy sera payé la somme de vingt livres pour ses peines, dont luy sera délivré un mandement à prendre sur la caisse des mil livres. Fait le jour et an susdit (3 septembre 1746).

VAQUET. L. MORIN. P^{re} ERNOULT père,
R. BOÜET. DESHAYES.

+

la marque dud. Pinguet.

DELANNEY.

(Reg. des délibérations n° 90, fol. 69-106)

Notes historiques et Analyses de Documents

SÉRIE A A.

Chartes des rois relatives aux priviléges de la ville. — Correspondance des souverains, princes, gouverneurs et intendants.

(601 pièces en quatre cartons)

CARTON N° 1er (80 PIÈCES EN DEUX LIASSES)

Première liasse.

1459-1460. — Lettres patentes de Charles VII, accordant exemption de tailles, impositions et subsides pour dix ans; — enregistrement au Bureau des finances de Rouen (2 pièces). — « 1409, 22 décembre. Charles par la grâce de Dieu, Roy de France, à nos amez et féaulx les généraulx conseilliers sur le fait et gouvernement de toutes noz finances et aux esleuz à Lisieux sur le fait des aides ordonnez pour la guerre ou à leurs lieutenans ou commis, salut et dilection.

De la partie de noz bien amez les bourgois, manans et habitans de notre ville de Honnefleur, Nous a esté exposé comme tantosts après la redduction d'icelle notre ville dernièrement faicte en notre obéissance lesdits exposans se fussent traiz par devers nous et fait remonstrer le poure estat en quoy noz anciens ennemis et adversaires les Anglois avoient mis là dicte ville, le long temps qu'ilz ont joy des maisons et héritages d'iceulx exposans sans y avoit fait repparacion et par ce tournoient en ruyne et décadence, lesquelx iceulx exposans n'eussent peu... ... lors les réparer et meetre en estat obstant leurs fortunes, et mesmement que nos dits ennemis alors de la redduction enportèrent tous les biens d'iceulx exposans, à ceste cause Nous oye sur ce leur supplication et requeste leur eussions octroyé, voullu et accordé qu'ilz fussent tenus francs, quictes et exemps de paier tailles, imposicions et autres subsides le temps de dix ans lors prouchains ensuivans qui furent.... au moys de février prouchain venant; au moien duquel notre octroy et affranchissement lesdits exposans se soient tenuz en ladite ville qui est de bien [poure] essance et peu spacieuse et laquelle n'est assise en chemin passant maiz seulement les affluens ilec se logent ès faulxbourgs d'icelle ville, et [duquel octroy] ont joy et usé jusques à présent. Et doubtent iceulx exposans que lesdits dix ans passez comme dit est, on les vueille contraindre comme les autres habitans d'illec environ, ce qu'ilz ne pourroient de présent faire obstant leur poure estat plustost leur conviendroit laisser la dite ville et ailleurs faire leur demeure pour trouver manière de vivre. Et pour ce Nous ont fait de rechief humblement supplier et requérir que les voulsissons faire tenir francs, quictes et exemps des dites tailles, imposicions et autres subsides jusques à autres dix ans ou autre tel temps qu'il nous plairoit leur octroyer. Savoir vous faisons que Nous, eue considération aux choses dessus dites, à iceulx exposans pour ces causes et autres à ce nous mouvans, avons octroyé et octroyons, voulons et nous plaist de grâce espécial par ces présentes que ilz et ceulx qui y viendront faire leur demeure et qui fréquenteront ou fait de marchandises en la dite ville et ou bourg d'icelle, durant le temps de quatre ans à compter du jour que nos dites autres lettres d'octroy et affranchissement expireront, soient francs, quictes, exemps et deschargez de toutes tailles, imposicions et autres subsides quelzconques qui sont et seront mis sus de par nous en la dite élection..... »

1465-1483. — Lettres de Charles VIII, portant confirmation pour dix ans des lettres d'exemption des tailles et subsides accordées aux bourgeois et habitants de Honfleur par le roi Louis XI ; — enregistrement à la chambre des Comptes ; — enregistrement au Bureau des finances de Normandie (3 pièces).

1484-1493. — Confirmation par Charles VIII, de l'exemption des tailles et subsides (4 pièces).

1498. — Lettres de Louis XII, portant confirmation de l'exemption des tailles et subsides ; — enregistrement au Bureau des finances (2 pièces).

1503, 19 *février*. — Lettres de Louis XII prorogeant de dix ans l'exemption des tailles et subsides (1 pièce).

1511. — Prorogation par Louis XII pour dix ans de l'exemption des tailles et subsides (2 pièces).

1514. — Confirmation par François 1er de l'exemption et affranchissement des tailles et subsides (2 pièces).

1521. — Prorogation par François 1er pour dix ans de l'exemption des tailles et subsides (2 pièces).

1538. — Prorogation par François 1er pour huit ans de l'exemption des tailles et subsides (3 pièces).

1546, 26 *janvier*. — Prorogation par François 1er pour huit ans de l'exemption des tailles et subsides : « ..... au moyen de quoy et que la dicte ville qui est assise sur la mer et sur les extrémitez de notre païs de Normandye sans avoir la continuation et expiration dudict affranchissement demeureroit en ruyne et inhabitée et s'en yroient les habitans d'icelle qui sont la pluspart gens de mer demourer ailleurs en païs estranges ou ès autres villes franches qui seroit la destruction de la dicte paouvre ville, avecques ce qu'elle a perdu son port et havre qui estoit le plus beau et meilleur de Normandye qui est comblé et avasé, etc. » (1 pièce).

1547, 23 décembre. — Lettres de Henri II portant confirmation de l'exemption des tailles et subsides (1 pièce).

1554. — Prorogation par Henri II pour quatre ans de l'exemption des tailles et subsides; — enregistrements (3 pièces).

1558. — Prorogation par Henri II pour dix ans de l'exemption des tailles et subsides; copie sur papier des lettres et de leur entérinement (4 pièces).

1559, 3 mars. — Confirmation par François II de l'exemption des tailles et subsides (1 pièce).

1567. — Lettres de Charles IX portant confirmation de l'affranchissement des tailles et subsides pour neuf ans : « ..... à ceste considération des peynes par eulx (les habitants) souffertes à l'occasion des troubles passez pendant lesquelx la dicte ville feust pillée par les Angloiz occupant alors nostre ville Francoyse de Grâce, dont plusieurs maisons furent bruslées » (2 pièces).

1571, 1er avril. — Lettres de surannation données par Charles IX pour l'affranchissement des tailles et subsides (1 pièce).

1603-1612. — Arrêt du Conseil d'Etat et Lettres de Henri IV qui maintiennent la taxation faite par les commissaires députés pour le régalement des tailles, et fixent l'abonnement des tailles à 350 écus pour toutes tailles, crues et taillon ; enregistrement à la cour des Comptes, à la cour des Aides et au Bureau des finances de Normandie (8 pièces).

1603-1650. — Arrêts du Conseil d'Etat et Lettres patentes

portant confirmation de l'abonnement fixé à 1,050 livres; — placets au Roi : relief d'adresse (16 pièces).

1643. — Copies d'Arrêts et de Lettres patentes collationnées par les tabellions de la vicomté d'Auge (1 cahier).

Deuxième liasse. — Pièces diverses.

1487, 12 *novembre*. — Lettres de Louis de Graville, amiral de France : « Loys, seigneur de Graville, Marcoussis, Sees et Bernay, conseiller et chambellan du Roy nostre sire, admiral de France, A tous ceulx quy ces présentes lettres verront, salut. Savoir faisons que nous confians à plain de la personne de nostre chier et bien amé Richart Le Paulmier, grenetier de Honnefleu, et pour le bon rapport qui fait nous a esté de sa preudomie, loyaulté, et bonne dilligence, icelui pour ces causes et autres à ce nous mouvans avons commis, ordonné et institué et par ces présentes commettons, ordonnons, instituons et establissons notre procureur et conterolleur à Honnefleu et à la coste d'environ sur le fait de notre dit office et mesmement sur toutes autres matières qu'il verra nous toucher et compéter pour d'icelui office de procureur et conterolleur joyr durant un an entier à compter du jour et date de ces présentes et nous y servir tout ainsi que procureur et conterolleur deuement estably peult et doibt faire selon raison aux gages telz qu'il nous plaira lui ordonner, drois, honneurs, prouffis et émolumens acoustumés. Si donnons en mandement à notre lieutenant sur le fait de la dite admiraulté que, prins et reçeu dudit Richart Le Paulmier le serment en tel cas acoustumé, il le mette en saisine et possession dudit office de procureur et conterolleur et l'en face joyr et obéyr de tous ceulx qui appartiendra, ensemble desdits gages et émolumens par nous à lui ordonnez. Car ainsi le voullons et nous plaist estre fait. Donné à Honnefleu le xij^e jour de novembre, l'an mil cccc quatre vings et sept. Par monseigneur de Graville, admiral, « Ducartin. »

1516. — Arrêt de la cour des Aides de Normandie rendu en exécution de lettres patentes du 6 février 1516, et portant attribution de juridiction au capitaine de la ville, à son lieutenant, aux conseillers ou leurs commis de tous procès, questions, différends qui se peuvent mouvoir à l'occasion des aides, deniers communs, dons et octrois; — copie collationnée des lettres patentes du 6 février 1516 (2 pièces).

1556. — Lettres de Henri II qui exemptent les habitants de Honfleur de contribuer à la solde de 50,000 hommes de pied; — Mandements de Jacques de Brévedent, lieutenant général du bailli de Rouen, concernant cette exemption (6 pièces). — « Nous ayant regard et considéracion aux
« grandes charges et pertes que les manans et habitans de
« nostre ville de Honnefleu ont souffertes ès années der-
« nières passées tant à l'occasion de leurs vaisseaux et mar-
« chandises à eulx prins et déprédez par noz ennemys, que
« de la rompture et brisement de plusieurs de leurs maisons
« et édiffices qui leur ont esté abbatues par l'impétuosité de
« la mer, en faveur de ce et ad ce qu'ilz aient meilleur moien
« de tousjours entretenir ladicte ville les bien et favorable-
« ment traitter, pour ces causes.... avons iceulx manans.
« habitans de nostre dicte ville de Honnefleu quictez et
« exemptez, quictons et exemptons par ces présentes de ce
« que à quoy ils ont esté ou pourront estre cottisez pour leur
« part et contribution de la soulde de cinquante mil hommes
« de pié que nous avons ordonné estre levée et cueillye sur
« les villes closes de notre royaume durant ceste présente
« année..... Donné à Paris, l'an de grâce mil cinq cens cin-
« quante six et de notre règne le dixiesme. — Henry; par le
« Roy, Bourdin. »

1566, 30 juillet. — Sentence de Richard de Thieuville, lieutenant au gouvernement de Honfleur, condamnant

Pierre Barbey et Ymer Antequin « pour vollerye et biens
« prins par eulx en la maison de Charles de la Brière, dedans
« l'enclos de la ville, et iceulx biens vuidez nuictamment par
« dessus les murailles »..... ledit Barbey à être pendu et
étranglé en une potence plantée devant le carrefour de la
grande porte et sa tête tranchée sera apposée dessus la muraille; le dit Antequin à être battu de verges par deux jours
à jour de marché, à être marqué de la marque des larrons sur
l'épaule droite et sera banni de la province de Normandie
(1 pièce).

1583, 26 *septembre*. — Acte de l'Hôtel-de-Ville portant
« establissement d'un homme pour soy tenir à l'hospital et
« Maison-Dieu affin de loger en icelluy les bourgeois estans
« mallades pour évyter à la malladie et contagion de peste
« estant de présent en la dicte ville tant aux faulxbourgs
« d'icelle que ès environs » (1 pièce).

1583-1587. — Acte de notoriété relatif à Me Thomas Le
Cavellier, bourgeois de Lisieux; — mandement portant
nomination dudit Le Cavellier à l'office de receveur en la
ville de Honfleur; — signification du mandement. Lettres
de Henri II supprimant l'office de receveur des deniers communs (7 pièces).

1588, 16 *avril*. — « Rolle des denyers payez pour la venue
« et entrée de Mgr. le duc de Montpensier » (1 pièce).

1639, 17 *septembre*. — Jugement qui condamne le sieur
de Béthunes, gentilhomme et domestique d'Antoine de
Villeneuve, gouverneur de Honfleur, à servir sur les galères
du roi à perpétuité pour propos injurieux et menaces de
mort envers le gouverneur (1 pièce).

1646, 21 *juin*. — État de l'artillerie de la place de Honfleur, (1 pièce).

CARTON N° 2. (1 LIASSE — 101 PIÈCES.)

1456, 11 *avril, Lyon*. — Charles VII accorde « à noz bien

« amez les manans et habitans de notre ville de Honnefleu »
de lever jusques au temps de sept ans une aide sus le vin, le
cidre et autres denrées vendues et distribuées en la ville et
paroisses de Sainte-Catherine et de Saint-Léonard. Le produit sera employé aux réparations et fortifications. — « Par
le Roy à la relacion du Conseil. — De La Loëre. » (2 pièces).

1461, 13 *décembre, Tours.* — Louis XI confirme « à
« noz bien amez les manans et habitans de notre ville de
« Honnefleu » les aides octroyées par son prédécesseur,
« pour les deniers qui en ystront estre par eulx convertiz
« et employez ès dites repparacions et autres affaires. » —
« Par le Roy, le sire du Lau et autres présens. — Bourre ».
(2 pièces).

1464, 10 *avril, Nogent-le-Roi.* — Louis XI proroge de
sept ans l'octroi des aides à lever en la ville de « Honnefleu »
vu qu'il est « encores besoing de faire plusieurs grans rep-
« paracions en la dite ville et boullevert de l'entrée d'icelle
« qui est du tout caduc et démoly et à la herche de l'entrée
« du hable. — « Par le Roy, le sire de la Rousière et autres
« présens. — Bourre. »

1480, 23 *avril, Hyerville.* — Louis XI accorde pour dix
ans « à noz bien amez les manans et habitans de notre ville
« de Honnefleu » l'aide qui leur avait été octroiée, « vou-
« lans pourveoir à la seureté de la dite ville attendu mesme-
« ment que c'est ung des dangereux passaiges et destroiz de
« notre royaume. » Les droits seront perçus « ès dite ville et
« parroisses et aussi en la *banleue* dudit Honnefleu. »

Au dos des lettres du 23 avril 1480 dont l'analyse précède,
sont transcrits les deux procès-verbaux suivants qui fixent
les limites de la banlieue de Honfleur : « Il a esté mesuré et
« trouvé duement aujourduy (30 septembre 1480) par Jehan
« Parey, mesureur juré du roi nostre dict seigneur, comme
« le marché de Ficquefleu est comprins et dedans la banleue
« dudict Honnefleu par les dictes lettres octroyez, ainsy que

« par ledict mesureur a esté nottorement tesmoingné et
« et affermé et par Bardin Quillet de la parroisse de Beuze-
« ville et Guillaume Belhomme, d'Escainville, présens
« qu'ilz disent avoir esté au dict mesuraige, tesmoigné icelle
« affirmation dudict mesureur véritable. Item ledict mesu-
« reur et les dicts Belhomme et Quillet ont semblablement
« tesmoingné avoir mesuré la dicte banleue depuis le dict
« lieu de Honnefleu jusques à une perque près de la barre
« du manoir d'Ablon devers le dict Honnefleu. » — Signé :
« Harel. » « Alexandre. »

« Jehan Parey, mesureur royal en le viconté d'Auge
« demourant en la parroisse de Reux a mesuré la dicte ban-
« leue dudict Honnefleu en allant du lieu vers les autres
« parties du [terroir], par laquelle mesure il a trouvé que
« icelle banleue en allant vers le Tail et est jusques à l'en-
« droit de la maison au Grix, demourant en la dicte par-
« roisse du Tail et lostel que l'on appelle la maison de la
« Ripaille; en allant vers Fourneville jusques au chemin
« qui tent de devant la maison de l'Espiney à l'église de
« Fourneville passant par devant la maison de Janotin
« Leclert; en allant vers Saint-Gratien jusques au carrefour
« des chemins de Toucque, le Pont-Audemer et le Pont-
« l'Evesque oulte la maison Janotin Jouant dudict lieu de
« Saint-Gratien; en allant vers Barneville jusques à l'en-
« droit de la place de la Roche en la dicte parroisse de
« Barneville contre la maison maistre « S... de Grastre (?),
« prestre, assise au lieu de la Grantmare et la maison
« Gaignant, la dicte maison Gaignant y comprise; en
« allant vers Pennedepie jusques à quarante perques
« oultre la maison Charlot Le Groislier [1], escuier, les-
« quelles xl perques s'étendent jusques au premier carrefour

---

[1] Lire : Le Goueslier, écuyer, sieur du Buisson et du Val Doré, d'une famille annoblie vers 1471.

« du chemin qui est dessus la dicte parroisse; en allant vers
« Criquebeuf jusques.....[1] (14 oct. 1480). »

1483, 4 *octobre, Amboise.* — Charles VIII confirme aux habitants de Honfleur, « attendu que c'est ung des dange-
« reux passaiges et destrois de notre royaume, » le « don et
« octroy d'aide à eulx fait et donné. » — « Par le Roy, à la
« relacion du Conseil. — Boulet. »

1490, 15 *août, Montilz-les-Tours.* — Charles VIII proroge de dix ans l'aide « cuilly et levé » sur certaines denrées et marchandises, pour en employer le produit aux répara-
« tions et fortifications et aussi aux chaussées et aux ponts.
—« Par le Roy, les sires de Graville admiral de France, de
« Piennes, maistre Jehan Martin, maistre des comptes, et
« autres présens. — Parent. »

1493, 1ᵉʳ *Janvier, au Plessis du parc lez Tours.* —
Charles VIII, etc., etc. « Comme nous voyans par cy devant
« que noz ville et faulbourgs de Honnefleu étoient faulte de
« de reparacion en péril et dangier d'estre surprins, nous
« eussions puis notre avénement à la couronne ordonné
« faire clore et fortiffier les faulxbourgs du costé devers
« Toucque de bonne et forte muraille, et que nous eussions
« dès l'an mil cccc quatre vings et sept ordonné que les
« deniers de noz aides du quatriesme du vin et autres menuz
« boires seroient employez pendant six ans ausdites fortiffi-
« cations, » il a été trouvé nécessaire de faire la muraille plus forte et épaisse à cause des sources et fontaines que l'on a rencontrées; « qu'il est advenu, » en outre, que deux jetées anciennement faites et soutenues de bois pour garder et défendre l'entrée du port sont si fort usées qu'elles ne pourront plus guères servir, « parquoy les dictes ville et faulxbourgs
« *où il y a le plus grant et meilleur apport de navires de*
« *notre dit pays de Normendye* seroit et demouroit sans

---

[1] Les dernières lignes sont illisibles.

« fréquentacion et hantise de marchandise.... » tous les deniers du quatrième sur les vins et menus boires seront employés pendant six ans aux fortifications commencées et à la réparation des deux jetées [1]. (2 pièces).

1497, 4 *janvier, Amboise*. — Charles VIII accorde « à « noz amez les bourgeois, manans et habitans de notre ville « de Honnefleu, » attendu que depuis longtemps a été fait un havre pour mettre en sûreté les navires du roi, et qu'aussi « furent faictes deux gectées devant le dit havre entrans « dedans la mer et pareillement deux boullevers aux deux « portes de la dite ville qui furent faictz hastivement en bois « prins en notre forestz de Toucque, » que les deniers octroiés pour construire « le portail et boullevert au bout de « la Haulte Rue dudit Honnefleu au lieu appelé la Roque, » soient utilisés à faire de pierre et forte muraille les havre, jetées et boullevards. — Ainsi signé : « Charles. — Par le « Roy, le sire de Graville, amiral de France et autres pré- « sens. — Du Bois. » (3 pièces.)

1498, 22 *juillet, Paris*. — Louis XII confirme aux habitants de « Honnefleu » les deniers provenant du quatrième sur les vins, « à eulx accordés pour faire de pierre et forte « muraille les havre, gectées, boullevers et portaulx de la « dicte ville et Haulte Rue. » — Ainsi signé : « Louis. — « Par le Roy : — Robineau. » (3 pièces).

1499, 17 *novembre*. — Acte de l'Hôtel-de-Ville portant consentement des bourgeois, manans et habitants de la ville et faubourgs de Honfleur de lever les aides octroyées et confirmées par le roi pour employer aux fortifications : « René de Clermont, chevalier, seigneur du dit lieu, viconte et seigneur de Grantmont-Rousseau, conseillier et chambellan du roy nostre sire, visadmiral et cappitaine de Honnefleu soubz

---

[1] La partie inférieure de la pièce est détruite. On y distingue cependant la signature de Charles VIII.

hault et puissant seigneur monseigneur de Graville, admiral de France et commissaire du roy nostre dit seigneur en ceste partie : A tous ceulx qui ces présentes lettres verront, salut. Savoir faisons que, au jourduy 17e jour de novembre, l'an 1499, se sont comparus devant nous : Jehan Dupont, Jacques Naguet, maistre Guillaume Debray, conseilliers esleuz par les habitans du dit Honnefleu au fait du gouvernement, repparacions et autres affaires de la dicte ville, Symon du Solier, procureur desdicts manans et habitans de la dicte ville et faubourgs d'icelle, Cristofle Le Bouteillier, Regnault du Mesnil, escuiers, Jehan Le Dannoys, Richart de la Coste, Cardin de Bourdeaulx, Jacques de Rufosse, Guillaume Coquet, Thomassin Langlois, Henri Lenonyn, Adenet Legendre, Pierre Dyruse, Jehan Barneville, Thomassin Julien l'aisné, Thomassin Julien le jeune, Jehan Hobbé, Pierre Fourré, Guillaume Thieuville, Gieffroy Boterel, Jehan Eude le bouchier, Jourdain Monart, Durant Le Lièvre, Girard Baudry, Pierre Eude le jeune, Jehan Naguet, Richart Clouet, Cardinet Pais, Martin Bouvier, Estienne Dorenge, Henri Calamare, Symonnet Bermont, Jacquet Gommare, Robert Dufour, Nicolas Legay, Michault Berigny, Jehan Vion, Laurens Barneville, Martin Barneville, Jehan Barbulee, Bardin Roney, Jamet de la Porte, Jehan Legras, Rogerin Leconstes, Jehan Pinchemont, Guillaume Passenier, Jehan Morin, Richart Ravenot, Thomas Desuguille, Jehan Hoblin, Germain Vatel, Jehan Delataille, Thomas Marie, Michel Lemoyne, Jehan Lemarchant, Richart de Rufosse, Robinet Dumont, Gieffroy Bellengier, Jehan Bonfilz, Robin Thierry, Nycolas Vallet, Jehan Plenues, Thomas Coq et Pierre Barneville, tous bourgeois, manans et habitans de la ville et faubourg dudict Honnefleu et des parroisses de Notre-Dame et saint Liénard et saint Estienne et de sainte Katherine dudict lieu, et représentant la plus grande et seyne partie desdictes ville et parroisses et néantmoyns eulx faisans fors pour les autres parroissiens desdictes parroisses absens, lesquelz nous ont présenté et exibé les lettres patentes du roy notre dict seigneur scellées sur simple queue et cire jaune données à Paris le 22ᵉ jour de juillet mil iiii^ciiii^{xx} dix-huit atachées à certaines autres lettres royaux faisantes mencion des aides de la dicte ville, octroyées et confermées par ledict seigneur ausdicts habitans dudict Honnefleu, pour emploier à la fortifficacion et emparement de ladicte ville ainsi que plus à plain est déclaré ès-dictes lettres à la marge du hault desquelles ces présentes sont atachées soubz notre seel, et que iceulx bourgois présens pour eulx et establissans comme dessus se consentirent et accordèrent ladicte aide estre levée selon le contenu ès-dictes lettres et nous requirent l'effect et enterynemeut d'icelles. Veu lesquelles, nous, ausdicts conseilliers, procureur, bourgois, manans et habitans d'icelle ville et faubourgs et ès-paroisses dessus dictes, avons consentu en tant que à nous est qu'ilz puissent prendre, lever et recevoir les dictes aides ainsi pour les causes, pour le temps et par la forme et manière contenue et déclairée ès-dictes lettres et que le Roy notre dict seigneur le veult et mande par icelles. Sy donnons en mandement à tous qu'il appartiendra faire et souffryr jouyr les dicts habitans dudict Honnefleu du contenu ausdictes lettres jouxte leur forme et teneur. Donné au dict Honnefleu soubz notre scéau le 17ᵉ jour de novembre 1499 dessus dict. » (3 piéces.)

1501, 18 *février, Blois.* — Louis XII proroge de dix ans aux bourgeois et habitants de Honfleur « l'octroy des aides
« sur certaines denrées et marchandises, réservé et excepté
« d'icelles le pain seulement ;....... voulans que nostre ville
« de Honnefleu qui est l'une des clefz et boullevers de notre
« royaume et où...... y a l'un des principaulx ports de mer
« de notre dit pays et duchié de Normandye estre bien et
« seurement gardée en temps de paix et de guare. » — « Par

« Roy : monseigneur le cardinal d'Amboise légat en France, « et autres présens. — Robertet. » (2 pièces.)

1501-1502. — Copie des lettres de prorogation des aides; —enregistrement devant le capitaine de Honfleur. (2 pièces.)

1511-1514. — Confirmation des droits d'aides; — enregistrement au Bureau des finances. (2 pièces.)

1521, 12 août, Autun. — François Ier proroge de dix ans aux habitants de « Honnefleu » les aides, deniers et octrois qui leur ont été concédés par ses prédécesseurs. Le capitaine de la ville règlera l'emploi de l'argent produit par les impositions. « Par le Roy : — De Neufville. » (2 pièces.)

1521-1522. — Mandements ordonnant l'exécution des lettres de prorogation des aides; — enregistrement des lettres au Bureau des finances. (4 pièces.)

1524, 6 février (1525). — Lettres missives de Madame Louise, régente de France, au trésorier de l'Epargne, ordonnant l'enregistrement des lettres du 20 septembre 1524 données sur la continuation d'octroi des quatrièmes; — enregistrement des lettres par Phillebert Babou. (2 pièces.)

1531-1545. — Lettres de François Ier portant confirmation de l'octroi des aides pour six ans; — enregistrement au Bureau des finances. (7 pièces.)

1547-1559. — Lettres de Henri II confirmant le don de certaines aides sur les vins, les draps, cuirs, toiles, suifs et beurre; enregistrements au Bureau des finances. (12 pièces.)

1566-1572. — Confirmation par Charles IX des droits d'aide sur certaines denrées et marchandises. (7 pièces.)

1572, 22 juin, au chasteau de Boulongne. — Charles IX confirme aux habitants de « Honnefleur » le don fait par son prédécesseur de certains deniers, « à eulx octroyez pour les « fortifications de la ville, l'ouverture et entrée du port et « havre derrière la tour frilleuze, » .... attendu que maintenant « la mer s'offre naturellement et s'efforce entrer audit « port pour le rendre le plus accessible et asseuré de Norman-

« die, et aussy que en (icelluy havre) de jour en jour grand
« nombre de navires tant du pays que estrangiers n'y peu-
« vent trouver place. » — « Par le Roy en son conseil. —
« Brulart. »

1575-1586. — Lettres de Henri III portant continuation d'octroi sur les quatrièmes pour six ans; — enregistrements à la chambre des Comptes et au Bureau des finances de Normandie. (7 pièces).

1594, 10 *octobre, Paris.* — « Henry, etc. Savoir faisons
« que nous, désirans maintenir et conserver nos chers et bien
« amez les bourgeois, manans et habitans de la ville et faulx-
« bourgs de Honnefleur ès mesmes grâces, faveurs et libel-
« laritez que nos prédécesseurs roys de France ont faict de
« toute anciennetté,…… affin de leur donner moyen de
« résister aux entreprises, descentes et surprises des estran-
« giers,…… que aussy pour faire réparer la bresche et autres
« lieux de la dicte ville qui a esté dernièrement faicte pen-
« dant le siège d'icelle au mois de juing dernier, » continuons et prolongeons pour six ans le don du quatrième des vins et menus boires. — Ainsi signé : « Henry. — Par le
« Roy : Potier. » (3 pièces.)

1597-1610. — Arrêts du Conseil d'Etat et Lettres de Henri IV accordant la continuation de l'octroi des quatrièmes ; — enregistrements à la chambre des Comptes et au Bureau des finances de Normandie. (10 pièces.)

1616-1623. — Lettres de Louis XIII portant prorogation de l'octroi des quatrièmes et continuation pour six ans; — enregistrement à la chambre des Comptes et au Bureau des finances de Normandie; — commission adressée à la cour des Aides; — arrêt d'enregistrement. (9 pièces.)

1623-1624. — Lettres attribuant à l'Hôtel-de-Ville le droit de connaître de toutes les contestations relatives aux octrois, et confirmant l'abonnement à la taille fixé à 1,050 livres; — enregistrement par la cour des Aides. (2 pièces.)

1628-1641. — Arrêts du Conseil d'Etat portant prorogation de l'octroi sur les quatrièmes; relief d'adresse; enregistrement par la cour des Aides, la chambre des Comptes et le Bureau des finances (10 pièces).

CARTONS N°s 3 ET 4. (2 LIASSES — 420 PIÈCES.)

MARIE DE MÉDICIS (1614). — Une lettre relative à la sûreté et conservation de la ville : « Messrs, vous savez du sieur de Lanquetot les raisons qui m'ont fait différer de vous escrire jusques à ceste heure sur les occurences qui se présentent. Sur lesquelles ayant jugé à propos que les principalles villes de la province de Normandye comme aussy des autres de ce royaume se tiennent sur leurs gardes, j'ay voulu leur escrire et à vous particulièrement sur ce subject et vous faire porter mes lettres par ledict de Lanquetot que je vous envoye exprès afin qu'incontinent qu'il les vous aura rendues et vous aura faict entendre les intentions et voluntez du roy mondict seigneur et filz et de Moy sur les dictes occurences, vous vous disposiez à veiller avec le sieur de la Rocque, vostre gouverneur, à vostre seureté et conservation et faire bonne garde. Et pourvoyez que aucunes pratiques et menées contraires à la tranquillité publique et au service de mondict seigneur et filz ne puissent avoir lieu en vostre ville, et que personne n'y entre le plus fort ne qui vous puisse empescher de la conserver en repos en l'entière obéissance et fidélité que vous devez au roy mondict seigneur et filz, et que nous sommes certains que vous désirez luy continuer. A quoy m'asseurant que vous ne manquerez, je me remettray du surplus sur ledict de Lanquetot que vous croyres en ce qu'il vous dira de nostre part et qui vous asseurera de nostre bonne volunté envers vous, que je prye Dieu avoir, Messrs, en sa saincte et digne garde. Escript à Paris le 13e jour de febvrier 1614.

Louis XIII (1615-1616). Dix-neuf lettres concernant : le mariage du Roi ; — le guet et la garde de la ville ; — l'ordre de publier la déclaration rendue contre le duc de Nevers ; — le rétablissement de la navigation et liberté du trafic : « Nous vous escrivons ceste lettre pour vous mander que vous ayez à vous assembler et dresser des mémoires des plainctes que vous avez à faire pour les dépradations qui peuvent avoir esté faictes sur vous, des empeschements qui sont donnez à vostre traficq, quelz abus y sont commis et par qui, et de ce que vous estimerez estre à faire pour y remédier » ; — les mesures à prendre pour assurer la liberté du commerce ; — la contribution des villes maritimes pour les armements contre les Barbaresques : « De par le Roy. Chers et bien amez. Ayant jugé nécessaire, pour empescher les fréquentes courses et piratteries qui se font sur noz subjectz du costé de Barbarie dont nous recevons journellement de grandes plainctes et pareillement des consulz et habitans de nostre ville de Marseille, de faire armer et équiper en guerre ung bon nombre de vaisseaulx Nous avons résolu de fournir à la despence nécessaire pour entretenir une partie desdits vaisseaulx à quoy lesdits consulz de Marseille comme estans inthéressez auxdictes piratteries, contribueront de leur part. Et parce que les principales villes maritimes du costé de la mer occéane participent aussy à ce mesme intérest tant par le grand traffic et commerce qu'elles font vers les costes de la dicte Barbarie que pour les courses que les dits pirattes font au deça du destroit. Nous escrivons sur ce subject aux dites villes à ce qu'elles advisent à y envoyer quelque nombre de navires de guerre pour fortiffier ledit armement, et vous en faisons celle-cy pour vous dire que vous ayez à faire assembler les plus notables marchans, bourgeois, cappitaines de navires et autres peesonnes de nostre ville de Honnefleur pour veoir ensemble ce que vous pourrez faire en ceste occasion, de quoy vous nous advertirez affin que sachans ce que vous y contribuerez Nous puissions préparer le dit armement pour l'employer contre lesdits pirattes suivant la résolution que nous en avons prise. Ce que nous nous asseurons que vous ferez d'aultant plus volontiers que c'est chose qui regarde le bien général et le vostre en particulier. Donné à Paris ce 3e jour de mars 1618. Louis. » — Lettres concernant : la garde de la ville ; — le logement d'une compagnie de gens de guerre corses ; — le retour en grâce du duc de Longueville ; — la restitution des vaisseaux préparés pour barrer le port de la Rochelle ; — la protection et la liberté des Français qui traffiquent en Espagne ; — l'établissement d'un garnison de 300 hommes.

HENRI DE ROHAN, prince de Léon (1615). — Lettre annonçant le voyage de Louis XIII en Guyenne.

HENRI, DUC DE MONTMORENCY, amiral de France (1617). — Lettre touchant la liberté du commerce : « Messieurs, n'ayant point de soing plus particulier que d'employer mon pouvoir et l'authorité de ma charge pour la liberté du commerce et le restablissement de la navigation, j'ay supplié très humblement Sa Majesté d'avoir agréable pour le bien de son service et du publicq de conférer sur icelle avec les marchants traffiquantz de vostre ville et autres expérimentez en la navigation pour sur le tout envoyer à Sa Majesté ou à moy les mémoires que vous en aurez dressez et les advis que vous jugerez à propos de donner là dessus afin qu'au plustost il se puisse faire un bon réglement à quoy je me porteroy avec toute sorte d'affection et en vostre particulier à vous tesmoigner aux occasions qui s'en offriront que je suis, etc., MONTMORENCY. »

HENRI D'ORLÉANS, DUC DE LONGUEVILLE (1620-1654). — Onze lettres concernant : la garde de la ville ; — la levée des gens de guerre! « Sur l'advis que j'ay eu qu'il se faisoit quelques levées de gens de guerre dans ceste province contre le service du Roy, je vous en ay bien voullu aussytost advertir à ce que vous ayez à faire bonne et seure garde dans vostre ville et vous y gouverner suivant l'ordre que vous donnera le sieur colonel d'Ornano, vostre gouvernenr, à qui j'en escris plus particulièrement, » — la défense de passer ni embarquer aucunes personnes : « Messieurs les habitans de Honfleur, Nous avons esté advertis que plusieurs personnes entrent en ceste province par vostre port et havre et aussi qu'il y en a quantité d'autres tant françois qu'estrangers lesquelz se retirent hors ce royaume avec esquipage et meubles. Et d'autant qu'il y va du service du Roy et qu'il est important de scavoir ceux qui entrent et sortent de ce dict royaume Nous vous faisons l'expresses deffences de passer ny embarquer à l'advenir aucunes personnes sans nostre permission sur les peynes au cas appartenant et de vous en faire respondre en vos noms privez. Et ou aucuns seroient sy osez d'en passer sans nostre dicte permission Nous en advertirez sur peyne de la vie affin que leur fassions servir d'exemple aux autres. A quoy m'asceurant je prie Dieu qu'il vous ayt en sa saincte garde. Escrit à Alençon, ce 28ᵉ jour de juin 1622. HENRY D'ORLÉANS. » — Lettres concernant : la garde et sûreté de la ville ; — la défense de sortir du blé et autres grains hors du royaume ; — l'arrêt du parlement de Rouen du 30 janvier 1649 : « Vous pouvez veoir qu'il n'a pour but que le bien et service du Roy et la tranquillité de la province, et je ne doubte point que vous ne contribuyez avec moy toult ce qui dépendra de vous pour parvenir à une sy bonne fin. C'est pourquoy je vous convie par ceste lettre et pour vous dire que conformément audict arrest vous ne receviez aucuInes troupes qu'avec mon attache et que ceux qui y voudroient entrer sans mes ordres vous ayez à faire assembler les communes pour leur courir sus et les charger. » — Lettres concernant : la déclaration du Roi en faveur des protestants ; — les actions de grâces relatives au sacre du Roi ; — l'enlèvement d'un navire de Rouen ; — les actions de grâce pour la paix de Stenay.

Louis de Mouy, seigneur de la Mailleraye (1626-1636). — Deux lettres concernant : la maladie contagieuse ; — les réparations nécessaires aux fortifications.

Villars *(Georges de Brancas, marquis de)* (1632.) — Une lettre autographe : « Messieurs. J'ay à vous remerssier de
« toutes vos bonnes vollontés et de vos hobéissances,... vous
« asseurant que partout où Sa Majesté me commandera
« d'aller je tesmongneray tousiours l'afection que vous avés
« à son servise, vous coniurant de demurer tousiours en ce
« devoyr. »

Henri de Lorraine, comte de Harcourt, *gouverneur de Normandie* (1649-1650.) — Quinze lettres concernant : l'échange du fils aîné de M. de Campigny [1], gouverneur de Quillebeuf, retenu prisonnier à Honfleur ; — la prise de Quillebeuf : « Je vous rends mille grâces des nouvelles que
« vous nous donnez de vos quartiers où je vous prie de tout
« mon cœur de prendre soin avec vos amis à remettre la
« noblesse dans le bon chemin dont elle s'est écartée. Je
« croy, Monsieur, que le feu vous aura donné nouvelle de
« nostre entreprise sur Quillebeuf [2] dont l'exemple nous a
« rendu maistres de Ponteaudemer. Je vous envoye les pri-
« sonniers que nous y avons faits, que je vous prie de garder
« estroitement comme ils font de ceux qu'ils ont à nous. Je
« joingts à cette lettre une ordonnance que l'on m'a deman-
« dée de vostre part pour des munitions à prendre sur le
« Havre après quoy je croy que vous serez fourny de ce qu'il
« vous faut pour vous bien deffendre quand on seroit en
« estat de vous attaquer ce qu'on ne sçauroit faire si tost que

---

[1] De Malortie de la Motte-Campigny commandait à Quillebeuf pour le duc de Longueville.

[2] La ville de Quillebeuf fut prise d'assaut, pillée et mise à feu et à sang ; elle fut brûlée tout entière ainsi que ses faubourgs (février 1649).

« nous n'ayons de quoy les en bien empeseher. » — l'impossibilité d'envoyer de l'argent et des munitions ; — la nouvelle d'une paix prochaine : « Il ne faut pas douter que les enne-
« mis ne fassent tous les artifices imaginables pour tromper
« tous ceux qu'ils pourront, et vous m'avés bien obligé de
« prévenir celuy qui commande au Pontlevesque de ce qu'il
« a à faire en pareilles occasions. Cependant je vous remer-
« cie de tout mon cœur du soin que vous prenez pour m'a-
« vertir de tout ce qui se passe en vos quartiers, et il est bien
« juste qu'en revenche je vous fasse part des nouvelles que
« nous avons eües ces jours passez de la paix de Paris, et
« nous espérons de jour à autre de voir les princes qui com-
« mandent l'armée du Parlement compris dans ce traité. Il
« est vrai que M. de Longueville ne témoigne pas fort grande
« chaleur pour cet accomodement mais je croy pourtant
« qu'il y sera obligé sy les autres l'achèvent. C'est là tout ce
« que je vous diray et que je suis de tout mon cœur..... » — la prise de Réthel, la défaite de Turenne et les démonstrations de joie accoutumées ; — la fidélité de Honfleur durant les troubles : « Je ne puis refuser aux habitans de la ville de
« Honfleur ce tesmoignage qu'ils ont faict paroistre en ces
« derniers mouvements et vous présenter, Monsieur, qu'ils
« ont méritté par ce bon exemple que sa Majesté leur face
« quelque grâce particullière. Je vous supplie de la leur pro-
« curer et de me croire très véritablement, Monsieur, vostre
« très humble et très affectionné serviteur. Harcourt. »

Louis XIV (1658-1673). Trente-sept lettres concernant : le faux saunage ; — la mise en séquestre de deux navires venant d'Angleterre ; — la prise « de vingt-cinq petits navires
« anglois ou environ faicte soubs prétexte de représailles ou
« autreman par quelques matelots et habitans de Honfleur.
« Et parceque de telles entreprises sont directement con-
« traires à mon intention.... Je vous faicts cette lettre pour
« vous dire que vous ayez.... à faire rendre les susdicts

« navires avec leurs marchandises »; — l'exécution de l'arrêt (7 mars 1654) relatif à la saisie de navires venant d'Angleterre; — l'autorisation accordée au duc de Mercœur d'amener en France le natron et la soude grise qui viennent d'Egypte, de Carthagène et d'Alicante; le faux saunage; — l'envoi d'une compagnie du régiment d'infanterie de Rambures; — le licenciement des mortes-payes; — la nomination d'un garde d'artillerie; — le transport en Angleterre du régiment écossais de Douglas; — l'envoi en garnison de la compagnie de chevau-légers de Plumartin; — l'inventaire du magasin d'artillerie; — l'envoi en garnison d'une compagnie du régiment d'infanterie d'Espagne; — le logement des soldats en garnison; — la mise en liberté de deux matelots anglais; — la levée des matelots; — le recrutement des équipages des vaisseaux de guerre.

Fouquet, surintendant des finances (1653). — Deux lettres concernant : le faux saunage; — un navire anglais à mettre en sequestre.

Duc de Mercœur *(Louis de Vendôme)* (1654). — Une lettre concernant : les saisies de natron faites dans l'étendue du gouvernement de Honfleur.

La Vrillière *(Louis Phélypeaux, seigneur de)* (1658-1666). — Trois lettres concernant : les nécessités de la place de Honfleur; — les appointements de major et de capitaine des portes; — l'absence du lieutenant de roi et du capitaine des portes et l'ordre de se rendre à leur devoir.

Le Tellier (Michel) (1662-1664). Trois lettres concernant les ordonnances sur les troupes.

Louvois (1693-1666). Douze lettres concernant : les ordonnances sur les troupes; — la réception d'un garde d'artillerie; — le transport en Angleterre du régiment écossais de Douglas sur les navires des sieurs Hacquet et Monat; — l'arrivée à la Roque d'un vaisseau de l'armée navale dispersée par une tourmente.

COLBERT (1666-1674). — Six lettres concernant : la mise en liberté de deux anglais prisonniers; — le voyage de Duquesne chargé de visiter le port : « Le Roy ayant résolu « de faire examiner tout ce qui se peut faire pour bonifier le « port de Honfleur afin d'y donner retraite selon les occa- « sions tant à ses vaisseaux de guerre qu'à ceux des mar- « chands trafiquans par mer, Sa Majesté a chargé M. du « Quesne, lieutenant général dans ses armées naualles, d'y « aller faire un voyage pour le visitter exactement et pour « consulter avec les plus entendus au faict de marine qui se « trouueront sur les lieux les ouurages qui à cet effet pour- « roient y estre faits. Et comme vous jugerez assez de quelle « importance au seruice du Roy et de quelle vtilité au pu- « blic sera le restablissement et l'amélioration de ce port, « ces deux considérations sont suffisantes pour vous obliger « d'assister pour cette fin ledit sieur du Quesne en tout ce « qui dépendra de vostre authorité. C'est pourquoy je finiray « en vous asseurant que je suis, etc. »; — la nomination du sieur Dumas « pour prendre soin des affaires qui regar- « dent le service de la marine dans l'estendue des costes de « la province de Normandie »; — la levée des matelots.

BARRIN DE LA GALISSONNIÈRE (1667-1668). — Quatre lettres concernant : l'arrivée de la flotte du sel; — la levée des matelots.

BEUVRON (François de Harcourt II, marquis de) (1668-1715). — Cinq lettres concernant : la publication de la paix avec l'Espagne; — le *Te Deum* pour la victoire du maréchal de Luxembourg à Fleurus; — la victoire du maréchal de Catinat sur le duc de Savoie; — le victoire navale sur les Anglais et les Hollandais; — la mort de Louis XIV; — la régence du duc d'Orléans.

PONTCHARTRAIN *(Jérome Phélypeaux, comte de)* (1713). — Une lettre concernant les fournitures pour les vaisseaux.

MONTMORENCY-LUXEMBOURG (1714). — Deux lettres concernant : les réjouissances pour la paix; — le *Te Deum* pour la paix.

La Bourdonnaye, intendant de Normandie (1755). — Trois lettres concernant : la nomination du maire; — le tirage de la milice; — le passage du duc d'Harcourt; sa retraite de l'Intendance.

Feydeau de Brou, intendant (1755-1762). — Cinquante-deux lettres concernant : l'arrêt du Conseil d'Etat qui casse celui de la Chambre des vacations du parlement de Rouen; — l'état des récoltes; — le *Te Deum* pour la naissance du comte de Provence; — l'état de la pêche du hareng; — l'arrivée de huit compagnies du régiment du Lyonnais; — les fournitures pour la garnison; — l'arrivée de six compagnies du bataillon des milices de Nantes; — la réservation pour les gentilshommes des emplois vacants dans les bataillons de milice; — les charges de la ville; — le paiement des droits et revenus patrimoniaux et du don gratuit par les officiers en garnison; — les acomptes aux soldats sortant des hôpitaux; — le vingtième à lever sur les droits; — le doublement de la capitation; — les étapes; — l'exemption de logement; — la maison du lieutenant de roi; — les réparations du port.

Maréchal de Harcourt (le), gouverneur de Normandie (1758-1781), — Trente-neuf lettres concernant : le *Te Deum* pour la paix; — les étapes; — la garde bourgeoise; — le rétablissement de la paix; — la défense de s'embarquer pour les colonies; — le service de la garnison; — les prières publiques au sujet de la mort de la reine; la police et la sûreté de la place; — les espions anglais; le logement des officiers en garnison; — le voyage de M. Trudaine à Honfleur; — l'envoi de soldats pour travailler au nouveau port.

Louis-Philippe d'Orléans (1759). — Une lettre annonçant la mort de la duchesse d'Orléans.

Thiroux de Crosne, intendant (1768-1783). — Cent quarante-cinq lettres concernant : l'expulsion des Anglais ; — l'état des maîtres de postes de la suldélégation d'Honfleur ; — l'arrivée du régiment de Berwick ; — le régiment de Penthièvre ; — les invalides ; — le service des places ; — les fournitures à la garnison ; — la construction du nouveau port, — l'emprunt de 40,000 livres pour le nouveau port ; — l'arrivée de cent hommes du régiment de Limousin ; — le paiement du don gratuit ; — le logement des troupes des colonies ; — l'arrivée de deux cents grenadiers ; — l'arrivée de cent soixante hommes du régiment de Navarre ; le logement des officiers ; — les billets d'hôpitaux ; — les invalides pensionnés ; — la conduite de M. Chauffer de Barneville fils ; — les ordonnances de paiement aux soldats ; — le canal de cent cinquante toises entrepris au milieu des bancs ; — les prétentions du sieur Quillet des Faudes de faire sonner les cloches ; — la nomination des échevins ; — la réunion des offices municipaux créés en 1771 ; — les faux passe-ports ; — l'arrivée du second bataillon du régiment de la Reine ; — l'envoi de lits pour l'hôpital ; — l'arrivée du deuxième bataillon du régiment de Conti ; — le service des étapes ; — les melons d'Honfleur ; — la capitation pour 1780 ; — l'échange des prisonniers ; — le logement des soldats ; — les convois militaires ; — la visite de M. Chardon, commissaire départi pour la visite des ports et havres, pêches et pêcheries et la vérification des droits des amirautés ; — la capitation des gens de mer ; — le délai pour payer les finances des offices municipaux.

DE LA MICHODIÈRE, *comte d'Hauteville*, intendant (1762-1768), — Trente lettres concernant : le service des milices garde-côtes ; — les écluses du port ; — l'état des revenus et charges de la ville ; — l'état de l'artillerie ; — la vente de cent dix bateaux plats ; — le transport aux colonies de familles allemandes ; — le paiement des pensions des invalides ; — les gratifications dues aux mariniers pour le transport des matériaux; — les lits pour l'hôpital; — le prix des denrées; — le logement des soldats; — la répartition de la taille.

TERRAY (l'abbé), (1770). — Une lettre concernant le recouvrement du don gratuit.

DUC DE HARCOURT, gouverneur de Normandie (1778-1788). — Quinze lettres concernant : le *Te Deum* pour la naissance de Madame; — le logement des troupes; — le *Te Deum* pour la naissance d'un prince; — les réjouissances à l'occasion d'une victoire navale; — les milices bourgeoises; — la visite de la batterie de canons; — la franchise du port; — le mémoire présenté par les négociants-armateurs à l'effet d'obtenir que le port de Honfleur remplace celui de Lorient comme port d'entrepôt.

NECKER (1788-1789). — Deux lettres de remerciements

SÉRIE BB.

Administration communale. Registre des Délibérations.

(115 registres, cahiers et feuilles volantes en huit cartons).

CARTON N° 5.

1ᵉʳ. *Délibérations. Premier registre.* (1550-1554.) — « Registre de l'hostel commun de la ville de Honnefleu tenu par Mgr de la Meilleraye, capitaine dud. lieu, Guillaume Vippart, escuier, seigneur de Drumare, Charles Danisy, escuier, seigneur du Pin et Pierres de Brisse aussi escuier, ses lieutenantz, pour les années commencantz le xvᵉ jour de may mil vᶜ cinqᵗᵉ, vᶜ cinqᵗᵉ et ung et cinqᵗᵉ deux, cinqᵗᵉ trois et vᶜ cinqᵗᵉ quatre. » — 15 mai 1550, « il a esté ordonné que pour la visite du gouverneur du duché sera tyrée l'artillerye de lad. ville et sy sera la grosse cloche de Saincte-Catheryne sonnée avant l'arrivée dud. seigneur pour assembler les officiers et bourgeois affin de luy faire la révérence et quelque présent honneste. » Texte de la lettre de Mgr de la Meilleraye. Mgr de Langey a prescrit de faire tenir prêts deux chevaux de poste quoique auparavant on ait toujours fait courir les paquets par gens de pied et de cheval ; on sollicitera la continuation de la même faveur. La nef le *Grant Breton* appartenant à un bourgeois de Rouen est abandonnée et obstrue l'entrée du port. — 27 mai, Antoine Rallière, maître masson « besongnera au parfaict de la gectée encommencée le long de la doulve des fossez du costé vers Saincte-Catherine, et sera led. ouvrage parfaict pour le prix de 9 liv. 10 s. t. par chacune thoise. » — 3 juin, Nicolas Auber, procureur, ira à Rouen exploiter contre le propriétaire de la nef le *Grant Breton*. — 24 juillet, « en la loge de la porte de Caen, » protestation de tous dommages à l'encontre des bourgeois absens ajournés à comparoir pour délibérer des affaires qui étaient à déliberer avec Madame la duchesse de Longueville, « laquelle l'en dict venyr aujourd'huy en cested. ville. » — 8 août, lecture de la lettre de l'amiral d'Annebaut donnant avis de l'intention du roi Henri II de visiter la Normandie « et aller jusques au Havre-de-Grâce et de là passer à Honnefleu. » Texte de la lettre. — 14 août, Charles Danisy sieur du Pin, Pierre de Brisse, Richard Hardy, Thomas Le Do, Pierre Eude et Jehan Langloys iront au Havre délibérer avec Messeigneurs l'amiral et vice-amiral au sujet de l'entrée du roi, et pour leur dépense il leur sera délivré 5 écus d'or. — 22 août, Jehan Pinchemont le jeune, ira à Rouen acheter les soies nécessaires pour faire deux poêles « et certain nombre de taffetas pour faire plusieurs pavillons à mectre aux deux flouyns qui seront esquippez pour le passage dud. seigneur du Havre en ced. lieu. «— 29 août, visitation du bâtardeau fait au dessous de la rivière de Fiquefleur. Lé devis de la plate-forme faite « à la cheste de l'eau de la bare de la porte de Caen » sera communiqué à Mgr le vice-amiral pour sur ce faire son bon plaisir. — 7 septembre, « en la loge de la porte de Caen, aprez que honorable homme Me Jehan Ravellet, secrétaire de feu madame d'Estouteville, stipulant pour madame la duchesse, nous eult requys faire congréger et assembler les officiers et bourgeoys de ceste dicte ville de Honnefleu affin de sçavoir s'ilz vouloient empescher ou contredyre que ladicte dame ne feist besongner à ses despens au parfaict de l'ouvrage de maconnerye encommencé le long de la doulve des fossez, du costey estant vers l'église Saincte Catheryne, suyvant les accords que icelluy Ravellet disoit avoir esté par cy devant faictz par les dictz habitans avec icelle dame ou deffuncte ma dicte dame d'Estouteville sa mère que Dieu absolve, se se sont comparuz hon. hommes Richard Hardy et aultres cy dessus nommez, tous officiers et bourgeoys de ladicte ville, lesquelz d'un commun accord, réservé ledict Hardy controlleur, ont libérallement consenty et accordé que suyvant les ordonnances par cy devant faictes audict hostel de ville que ladicte dame face besongner à ses despens au parfaict dudict ouvrage en la manière qu'il est encommencé et ainsy qu'il a esté ordonné par monseigneur le visadmyral; ledit Hardy controlleur nous a remonstré que ledit Rallière avoit jà commencé et faict grand nombre de thoises audict ouvrage et sur le propre territoire du Roy, scavoir est au dedens des fossez d'icelle ville et pour ce faire luy avoit esté délivré par les recepveurs des denyers communs d'icelle ville grande somme de deniers et jusqu'à la concurrence de deux mil livres tournoys ou envyron, non voullant à ce moyen consentyr que ou préjudice du Roy et de ladicte ville icelle dame feust permise à parfaire icelluy ouvrage ou pour le moins que en préalable elle ne feist le remboursement desdictes myses et coustages,... nous requérant lettres de protestations; sur quoy est ordonné que ladicte dame est permyse faire besongner, et que ledict Richard Hardy controlleur pour le Roy aura lettre de sadicte remonstration et protestation. » — 15 septembre, ordonné le paiement de 150 livres tournois pour acheter les soies et taffetas destinés à l'entrée du Roi, « ensemble pour faire les pavillons à décorer et orner deux barques de façon de gallions qui ont esté ordonnez estre faictz en cestedicte ville. » Marguerin Eremboult est nommé clerc de la ville pendant la maladie d'Etienne Callamare. — 19 septembre, ordonné qu'il sera équipé deux petits galions ou bien le galion de M. Despoix [1] pour aller au-devant du Roi et de la Reine; arrêté que le galion de M. Despoix étant plus propre à mettre en bon équipage on priera Jean le Danois [2], écuyer, ayant charge pour le s^r Despoix, de le faire prêter aux habitants. — 23 septembre, Jean Pinchemont présente les soies achetées à Rouen, savoir : « xij aulnes de damas noir et blanc, deux « aulnes de sattyn blanc, deux livres et demye de fil de « saye, vng marc de fil d'argent de cypre, quarante aulnes « de taffetas en quattre filz, lequel Pinchemont a affermé le « tout avoir achapté de Jehan Lamy marchant de sayes « dudict lieu de Rouen par le prix de vij^{xx} xiij liv. t. » — 27 septembre, le receveur est autorisé à payer la dépense du radoub du galion Despoix, « sauf aux officiers à recouvrer ce qu'ilz auront paié tant sur les héritiers dudict sieur Despoix que par arrest dudict gallion. » — 6 octobre, paiement pour mettre en état le gallion de Mgr Despoix. Achat de poudre et de bâtons de torche. — 15 octobre, ordonné qu'à l'arrivée du Roi le poêle dud. seigneur sera porté par Jean Eude, licentié en médecine, Pierre Harel, Nicolle Le Boucher licentié aux lois et Guillaume du Buisson, avocats. Le poêle de la Reine sera porté par Louis et Thibault dits du Mont, Pierre Eude et Pierre Morel, bourgeois. Achat de 200 liv. de poudre à canon pour l'artillerie et pour « l'artiffice de feu ordonné estre faict à l'arrivée dudict seigneur. » — 19 octobre, lettre du gouverneur invitant la ville à recevoir le Roi le plus honnêtement possible. Ordonné que les armes du roi seront peintes sur les deux planchers de la salle de la « basse court » et semées par places de croissants.

[1] N. Despoix était vice-amiral de Bretagne en 1531. Bajot, *Lettres sur la marine*, p. 113.

[2] Jean le Danois, écuyer, sieur du Désert ; il avait épousé Marie de Bautot. Le *Désert* était un fief situé en la paroisse de Gonneville-sur-Honfleur.

— 20 octobre, ordonné « que sur la montagne de Nostre-Dame de Grâce sera faict une similitude ou représentation d'ung chasteau au lieu le plus émynent pour estre veu par le Roy, en mémoire de ce que le deffunct roy que Dieu absolve avoit de son vyvant eu le vouloir y en édiffier ung. » — 22 octobre, « ordonné que six compaignons lesquelz ont été envoyez quérir en la ville de Rouen, troys portans trompettes et troys tabourins, auront chacun par jour la somme de quinze solz tournoys, et ce à compter du jour de leur partement de ladicte ville de Rouen par le moyen qu'il sera délivré à chacun trompette vne livrée de façon de bannyère de taffetas des couleurs du Roy et à chacun desdictz tabourins vne livrée desdictes couleurs ou aultres à la discrétion desdictz officiers. » — 23 octobre, ordonné que le gallion Despoix ensemble le gallion Chauldet seront menez et conduictz en esquipage de la marée de demain au matin avec tous les basteaux de par deça au Havre de Grâce pour le passage du Roy ou pour faire compaignie audict seigneur jouxte qu'il plaira à messeigneurs les admyral et visadmyral en ordonner. » — Lettre de M. de Mouy, gouverneur, informant que le roi Henri II n'ira point à Honfleur. — 28 novembre, élection de Jean Pinchemont le jeune à l'office de receveur des aides pour l'année 1551.

20 janvier 1550 (V. S.), « ordonné qu'il sera faict descharge sur le nom de Jehan Marin, mareschal, de la somme de lix livres x solz t. à luy deue pour une chaisne de fer neufve à barrer et clorre l'entrée du havre, du poids de xj^c vij liv., qui seront à raison de six livres dix solz tournoys pour chacun cent le tout vallant lxxj livres, xix s. iiij den. obole. » — 1er mars 1550 (V. S.), « ordonné que personne n'ayt désormais à fondre bray dedens les navyres ny tenir nuictamment feu en iceulx fors seullement de chandelle allumée dedens lanterne, ny à gecter aulcunes immondices dedens le havre ny dedens les fossez, le tout sur peine de

cent livres d'amende. » — 8 mars 1550 (V. S.), réparations aux chambres communes, aux quais, à la bavolle de la grande porte. Un devis sera dressé. — 24 avril 1551 [1], sentence prononcée contre les bourgeois pour leur non-comparution à l'assemblée. « Ils seront contraints à comparoir end. hostel-de-ville, de rellevée, par la prinse de leurs biens jusques à la somme de dix livres » — 26 avril, examen des comptes des receveurs. — 23 mai, « commandé à Estienne Callamare, sergent de ladicte ville, aller présentement par devers les elleuz-mesnagers et iceulx sommer de faire besongner en dilligence à la cheste de l'eau de la bare prez la porte de Caen ; item de faire vuyder et mectre à saulveté plusieurs pierres de taille et bitte estantes au cours de ladicte bare et le long des gectez du havre de ladicte ville. » — 24 juillet, ordonné qu'à l'arrivée du duc et de la duchesse de Montpensier, « les officiers et bourgeoys de ladicte ville yront au devant et jusques à ung quart de lieue ou plus en la meilleure et plus honneste ordre qu'il leur sera possible et de cheval pour leur faire convoy jusques en cedict lieu ; à laquelle arrivée sera tyrée l'artillerye de ladicte ville aux lieux prochains par lesquelz il passera ; item que incontinent les dictz seigneur et dame arrivez leur sera faict présent d'ung poinsson de vin, d'une guenon, et d'ung perroquet, lesquelz présens seront achaptez par lesdictz officiers de ladicte ville. » — 25 juillet, il sera faict un poille de tafftas des couleurs dud. seigneur, et ont esté déléguez à porter icelluy poille Jehan Martin, Nicollas Vyon, Jacques Barbel et Thomas Le Do. » — 12 septembre, on consent à payer la vacation du lieutenant général du bailli de Rouen, venu vérifier l'enlèvement des terres étant entre les deux jetées près la maison Vyon. Election de deux ménagers :

---

[1] Au fol. 19, v°, commence une délibération du dernier mars 1551 dont la suite manque ; un feuillet a disparu.

Jacques Le Cauchois et Guillaume Varin. — 16 octobre, il est nécessaire de faire de neuf la bavolle de la grande porte ; un avant-mur de pierre de taille sur la muraille de la porte de Caen ; les degrés de la grande porte pour monter sur la muraille ; il est nécessaire de vuider les vases du fossé près la porte de Caen. Vu le nombre insuffisant des bourgeois présents, la délibération est remise à l'après-midi, et « seront les deffaillans à ce contrainctz par la prinse de leurs biens et pour le présent deffault ilz ont esté déclarez en amende. « Dudict jour de rellevée, etc., les deffaillans ont esté tous déclairez en chacun 2 s. 6 d. t. d'amende et les officiers en chacun 5 s. t.; considéré que par leur non-comparution rien n'a esté faict. » — 18 décembre, Pierre Eude présente de rechef ses comptes, réquérant qu'il soit procédé à leur audition, « clausion et affermement, » leur examen est de nouveau différé, « obstant l'absence du controlleur, procureur et autres bourgeoys deffaillans. » — Thomas Le Do par ci-devant receveur présente « certain grand nombre d'or et monnoye de billon dont il disoyt estre demeuré saisy de la recepte qu'il en auroit faicte et dont il n'auroit faict aulcune myse ou distribution. » Ordonné qu'il dressera son compte de l'année de sa recette (1550).

22 janvier 1551 (V. S.), enregistrement des lettres-patentes et lettres missives par lesquelles le lieutenant général du bailli de Rouen mande d'envoyer « homme exprez à Rouen pour estre présent à la cottisation et département de l'emprunt faict sur les villes clozes du bailliage, montant à la somme de 96,000 liv. pour la solde de 4,000 hommes gentz de guerre du nombre de 50,000 hommes de pied. » Ordonné que le sieur du Pin lieutenant et ledit Auber procureur iront à Rouen ; il leur sera donné 12 écus pour le voyage. Suit la teneur des lettres missives et des lettres-patentes datées de Blois le 8 janvier 1551. Suit la copie d'une lettre du gouverneur (19 janvier 1551) autorisant

certains ouvrages de réparation. Suit la copie d'une autre lettre du gouverneur ordonnant qu'il sera fait « monstre et reveue des habitans de ladicte ville dimenche prochain, vne heure après-midy, à laquelle heure il a esté commandé aux présens et aultres soy comparoir par devant nous (Charles Danisy) ou mondict sieur le mareschal en armes et munys de bastons, telz qu'il leur a esté de pieça ordonné et ce sur paine de l'amende au cas appartenante. » Travaux à la rivière de Fiquefleur. Paiement à Jean de Sainct-Romain, compagnon tambourin, pour criées dans les carrefours. Nomination d'un canonnier-garde d'artillerie. Construction d'une seconde porte à la porte de Caen. — 5 février, texte d'un mandement contenant « la somme en quoy les bourgeoys, manans et habitans ont esté cotisez pour leur part des 96,000 livres demandez par le Roy sur les villes clozes du bailliage. » La somme exigée est de 2,850 l. t. — 18 février, la ville est cotisée à la fourniture de quinze pièces d'affûts d'artillerie. — 19 février, Guillaume Champaigne, m^e charpentier, se transportera en la ville Françoyse-de-Grâce afin de voir plusieurs pièces d'artillerie et d'avoir meilleure instruction pour la fourniture des quinze affûts. — 27 février, la fourniture sera faite par adjudication. Marché passé avec Jean Martin pour la façon de l'artillerie de fer destinée à tenir lieu de la vieille. — 11 mars, malgré les ajournements aucuns des officiers, bourgeois et habitants ne veulent comparoir en l'hôtel-de-ville ; à cause de quoi les affaires demeurent interrompues. A l'avenir les officiers deffaillants seront condamnés en cinq sols tournois d'amende et les autres bourgeois en deux sols six deniers. — 13 mars, élection de m^e Nicolle Becquet à l'office de procureur. Au nom des habitants, m^e Jacques Naguet, écuyer, prêtre, curé de Bretheville, expose que l'on ne pourra satisfaire au paiement de la somme de 2,850 l. t. ni à la fourniture du montage de quinze pièces d'artille=

rie, « à raison que la pluspart des manantz et habitantz sont gens de mer estant de présens les ungs au service du Roy en ses guerres et les aultres en voyages en pays estrangez. A ces causes il sollicite la permission de prendre lesdits deniers sur le revenu des dons et octrois. A quoi le gouverneur déclare que les habitants prennent ces deniers à leur péril, fortune et danger, par protestation que aultrement n'y auroit de son faict.

28 avril 1552. — « Ordonné qu'il sera faict une gectée le long des quays de la haulte Rue vers la mer à commencer au groing de la gectée près la maison Vyon, à xxvij piedz oultre icelle maison tyrant vers la basse eau, au bout et commencement de laquelle gectée sera faict un escallier pour la descente, charge et descharge des batteaux, le tout jouxte le decyn ou devyz qui en a esté commandé à Anthoine Rallière, maistre masson... de laquelle gectée il en sera faict aux despens et des denyers de ladicte ville autant que contient le travers de ladicte maison Vyon, réserve deux thoises que ledict Vyon fera à ses despens et les aultres bourgeoys ayantz maisons aboutantez sur lesdictz quays en feront chacun en droict soy autant que contiennent de largeur leurs dictes places. » — 3 mai, Jacques Naguet, curé de Bretheville et Adrien Naguet, écuyer, seigneur de Formeville [1], déclarent qu'ils persistent dans leurs promesses de faire à leurs despens les jetées et les quais, « en tant que contiennent leurs maisons et suivant le devis qui a été présentement exhibé. » Texte du devis. — 9 mai, marché fait avec Antoine Rallière, maître maçon, de construire la jetée moyennant le prix de 10 liv. tourn. la toise pour l'escalier et de 12 liv. pour le reste. Accord et marché pour le pavage des carrefours et places communes à 23 sols par toise de six pieds. — 29 mai, ordonné que pour défaut de s'assembler les officiers seront

---

[1] Fourneville, canton de Honfleur.

condamnés à 5 sols tournois d'amende et les autres bourgeois à 2 s. 6 deniers, à moins qu'il n'y ait excuse raisonnable. — 23 juin, lecture et enregistrement de la commission donnée à Charles Danisy par monseigneur le vice-amiral, de présider en son absence aux affaires de la ville. « Item, « pour ce que le recepveur des tailles de Lisieux n'a voulu « délivrer les denyers des quattriesmes disant que le Roy « les avoit révocquez par l'ordonnance dernièrement faite à « Bloys sur les dons, pensions et bienffaictz, sera envoyé « homme exprès à Rouen pour recouvrer quelque coppye « pour faire entendre que les iiij^{mes} de ceste ville ne sont « entenduz estre comprins en ladite révocation. » — 28 juin, procès entre la duchesse d'Estouteville et les bourgeois au sujet de la reconstruction des chambres privées de la ville. — 2 juillet, « item pour ce que ne pourrions ordinairement assister en l'hostel commun de ceste ville pour les charges et affaires que nous avons ailleurs pour le Roy, nous avons ainsy que par cy devant auctorisé et donné povoir à noble homme Guillaume Vippart, sieur de Drumare, de présider en nostre absence et comme nostre lieutenant aux assemblez qui désormaiz se feront endit hostel-de-ville. » — 3 juillet, « avons commis noble homme Pierres de Brisse, mareschal en la place, de abstaindre les habitans ayans maisons sur rue de paver ou faire paver au-devant de leurs dites maisons autant que par l'ordonnance ilz sont subiectz et à leur reffus de ce faire iceulx faire contraindre par la prinse de leurs biens. » — 11 juillet, « m^e Nicolle Becquet partira demain pour Paris porter les lettres de madame la duchesse d'Estouteville, escripvante pour lesdits habitants à mess^{grs} les cardinaulx de Bourbon et de Vandosme affin d'avoir lettres adressantes au recepveur des tailles à Lisieux pour avoir de luy la déclaration des denyers des quattriesmes qu'il dict avoir esté révocquez par le Roy. Et auquel procureur sera délivré par le recepveur la somme de dix escus desquelz il rendra compte à son retour. » — 5 août, ordonné que « Nicolle Becquet ira à la cour pour la délivrance des quattriesmes par le moyen de Mgr l'admyral, Mgr le cardinal de Vandosme et de Mgr le garde des seaulx auxquelz madame la duchesse d'Estouteville et Mgr le visadmyral escripvent à cette fin, et luy seront baillez les coppyes des premyer et deux dernyers octroys des quattriesmes. « — 15 août, assignation a été faite à m^e Jacques Naguet, écuyer, prêtre; Adrien Naguet, écuyer; Pierre Eude, etc., à comparoir pardevant nous afin que deux d'entre eux se rendent à Rouen le 17e jour de ce mois et an, « pour le faict des juges présidiaulx establiz audict lieu de Rouen. » Les dessusdits n'ayant pas comparu, ils ont été mis en défaut et déclarés en amende. — 21 août, « se sont présentez m^e Nicolle Becquet procureur et m^e Jacques Le Lièvre, nostre greffier, lesquelz s'estoient transportez à Rouen pour estre présens pour lesdicts habitans au 17e jour de ce présent moys à l'establissement des conseillers magistrats ordonnez par le Roy nostre sire audict lieu, lesquelz ont exhibé certaines lettres par la lecture desquelles il a esté trouvé qu'il estoit nécessaire passer procuration spécialle ou nom desdicts habitans pour consentyr ou dissentyr ledict establissement, mesmement le département de deux mil cent livres tournoys pour les gaiges desdicts conseillers. Sur quoy il est ordonné qu'il en sera escript à mons^{gr} de Drumare, lieutenant de mons^{gr} le visadmyral, affin qu'il vienne en ce lieu pour sur ce ordonner ce qu'il appartiendra. Et fut aprez les deffaillans desclairez en l'amende ordinaire. » — 24 août, Richard Hardy, contrôleur, et Jacques Le Lièvre, greffier, iront à Rouen délibérer de la crue à lever pour les gages des conseillers. — 6 décembre, Richard Hardy et M. du Pin se rendront à Rouen pour assister au département « de la cotization levée sur les villes clozes pour la part de la solde de 50,000 hommes de pied miz en ceste présente année, et remonstrer les pertes advenuz aux habitans affin que l'on ayt en ce esgard. » — 21 décembre, après lecture des lettres-patentes mandant de faire le département sur les villes closes de la somme de 96,000 livres, ensemble la lecture du mandement contenant la cotisation de la ville à la somme de 2,600 livres, les bourgeois ont esté d'avis « qu'il n'estoit « propre faire aulcune assiette particulière considéré la « paouvreté et l'impuissance de la pluspart desdicts ha-« bitans, et qu'il estoit meilleur employer les denyers de la « ville jusques à concurrence de la dicte somme. » — 25 décembre, ordre à me Becquet d'aller à la cour pour obtenir la permission de prendre sur les deniers des quatrièmes la somme exigée à titre de contribution à la solde de 50,000 hommes gens de guerre.

3 janvier 1552 (V. S.), les élus de Lisieux prétendent venir adjuger les fermes des aides et connaître à l'avenir des différends provenant des fermes; il en sera écrit au gouverneur. — 7 janvier, ordre au sieur du Pin d'aller à la cour solliciter que l'adjudication des fermes des quatrièmes ne soit plus dorénavant faite par les élus de Lisieux et que les deniers provenant des quatrièmes sur les vins soient reçus par le receveur des deniers communs et non versés entre les mains du receveur des tailles de l'élection. — 25 janvier, ordre de paiement de la somme de 2,600 liv. t. montant de la cotisation à la solde de 50,000 hommes de pied. Texte des lettres missives du Roi, du gouverneur et de la lettre d'envoi concernant ce paiement.

10 mars 1553, ordre de réparation et d'entretien aux quais et au port. — 14 mars, délibération relative à la reconstruction des chambres privées. — 15 juillet, ordre à Jean Martin, maréchal, de livrer les affûts d'artillerie. — 5 août, ordonné que lecture sera faite à son de trompe et cri public des lettres du Roi touchant les rentes « irraquitables deubz

sur les maisons, jardins, marais et places des villes du royaume. » Texte desd. lettres. — 27 août, en conformité des lettres précédentes, les commissaires royaux demandent 1,300 liv. t. Texte des lettres des commissaires. — 3 septembre, ordre de porter à Rouen la somme de 1,300 l. t. demandée à rente par le roi sur son domaine. — 6 octobre, commandement à toutes personnes ayant maison sur rue de faire curer et nettoyer les immondices devant leursdites maisons, « actendentz la venue de monseigneur l'admyral. » Ordre à Guillaume Le Dain de visiter l'artillerie pour être mise en état de tirer. Ordre aux maîtres de navire « d'acoustrer » leur artillerie et de mettre hors leurs enseignes et pavillons. — 16 et 21 octobre, paiement par les bourgeois, d'après les rôles arrêtés par le gouverneur, de leur cotisation de la somme de 1,300 l. t. La part la plus élevée est de 100 liv. versées par me Naguet, écuyer ; la moindre est de 12 l. 10 s. Les autres parts varient entre 90 l. et 20 livres. — 26 décembre, on sollicitera qu'il soit permis de s'aider des deniers des quatrièmes afin de satisfaire au paiement des 2,850 livres montant de la part à la solde de 50,000 hommes de pied.

2 février 1554, ordonné à Nicolle Auber de porter à la cour les lettres de franchise des tailles, « et pour son viaticque luy sera delivré 22 l. 10 s. à la charge de rapporter lesdites lettres hors les périlz et fortunes des chemyns. » — 9 fèvrier, Jean Langlois exhibe les lettres patentes portant exemption de la cotisation à la solde des gens de guerre. Texte d'une lettre nommant Robert Béchard à l'office de receveur des deniers. — 2 mars, ordonné de visiter les murailles et de monter sur affûts six pièces d'artillerie. — Ruelle Villemelin. — 5 mars, ordonné que trois marchands qui occupent sur le pont de la porte de Caen les loges où ils étalent des marchandises paieront la redevance annuelle de 5 sols. — 8 mars, vérification des comptes de Thomas Le Do, re-

ceveur, « lequel pendant qu'on procédoit audit examen s'étant adressé de cholère au sieur du Pin luy disant qu'il ne luy faisoit par le droict de justice et qu'il luy estoit rigoureux, » est condamné en 10 s. t. d'amende et à 20 s. à appliquer aux pauvres avec un écu d'intérêt au sieur du Pin. — 6 avril, Jean de la Houssaye est nommé receveur des deniers communs ; il fournira 2,000 liv. de caution. Il sera écrit au gouverneur pour avoir son avis au sujet « d'ung édiffice commencé au carfourg de la Fontaine bouillante » par les officiers de la duchesse d'Estouteville. — 30 avril, « se sont comparuz honorables hommes Jehan Le Pilloys, Michel Regnoult, thésauriers et ministres de la maison-Dieu et hospital de ladite ville de nouveau construit et édiffié hors la porte de la grande Rue près la Rocque, lesquelz en la présence de vénérable et discrète personne maistre Jacques Naguet, escuyer, prestre, seigneur et curay de Bretheville, Adrian Naguet, aussy escuyer, seigneur de Fourmeville, Jehan Langloys, Jacques Le Cauchoys et Guillaume Varin, elleuz mesnagers d'icelle ville, Pierre Eulde, etc., qui ont remonstré que pour le deceds de Jehan Regnault ayant esté institué par mondit capitaine à la garde de la maison-Dieu il estoit nécessaire pour le bien, prouffict et utilité de la république et éviter que les paouvres y affluantz ne desmeurent despourveuz sans traictement et obvier à la perdition des biens meubles dudict hospital y pourveoir, instituer et commectre quelque autre personne idoine et suffisante pour accomplir les charges accoustumées et requises oudict cas et en quoy ledict deffunct Regnault et les dessusdicts ministres estoient respectivement obligez les ungs envers les aultres, et par les moyens contenuz en l'obligation de ce, passée devant Raoulin Le Gracieux et Estienne Le Lou, tabellions royaulx en la vicomté d'Aulge en siège dudit Honneflèu, le xe jour de septembre l'an mil v^c xl. A ceste fin ont faict comparoir la personne de Loys Gilles, requérant que dudict

Gilles voulsissions prendre et recepvoir le serment. » — 30 mai, ordonné de différer le paiement de la somme de 10 l. t. à Jean Morin et Phillibert Bazin du métier de paveur jusqu'à ce qu'il ait été procédé au toîsage de l'ouvrage par eux fait depuis le bout du pont Saint-Léonard vers la grande porte de la ville jusques au devant de la maison où pend pour enseigne l'image de St Martin. — 31 mai, présentation aux commissaires royaux venus pour la réformation des comptes des deniers d'octroi des chartes de la ville au nombre de cinquante-cinq pièces. — 8 juin, ordonné à tous ayant eu l'administration et charge des deniers depuis l'an 1520 d'apporter ce qu'ils en auront, et ils seront contraints par corps et biens. — 9 juin, ordonné que Charles Danisy écuyer et Jean Langloys, élu, iront vers le Roi pour obtenir que les habitants puissent être exemptés de la recherche des comptes des receveurs depuis vingt ans, à quoi le sieur des Fourneaux les veut assujetir. Néanmoins on fera telle diligence que possible à ladite recherche. — 17 juin, ordre de paiement de 47 liv. 5 sols à Hélie Chauldet pour livraison de trois guenons « dont il a esté faict présent de l'une à m^{gr} Dangran, d'une aultre à m^{gr} de Langey et de la troysiesme à M. des Fourneaulx. » — 3 juillet, réception de Jean Chambon à l'exercice de l'office de contrôleur auquel il a esté pourvu par lettres patentes datées de Laon le 15 juin 1554, en remplacement de Richard Hardy décédé. — 17 juillet, ordonné que les murailles du havre de dedans l'enclos, du côté vers l'église de Ste Catherine seront réparées. Ordonné qu'il sera fait un cellier le long de la muraille de nouveau faite à la basse-cour pour mettre l'artillerie et autres munitions à couvert. — 23 juillet, inventaire et classement des comptes des receveurs depuis l'année 1520 jusques en l'année 1553. — 3 août, Jean de la Houssaye reçu à l'office de receveur prête serment. Texte du serment. — 10 août, adjudication à Guillaume

Champaigne, charpentier, de la construction d'une grange à faire dans la basse-cour pour mettre les munitions et l'artillerie, au prix de 200 liv. tourn. René de Bordeaux, lieutenant commis à tenir la juridiction des aides, ordonne pour régler le différend entre Jean Le Verrier dit Poyvret fermier des aides et Robin Le Roy que ce dernier apportera déclaration des cuirs par lui vendus. — 28 septembre, le gouverneur avertit les bourgeois que le Roi entend qu'il soit fait par eux deux « flouins » pour la garde de la côte. Texte de la lettre de Charles de Mouy, gouverneur. — 29 septembre, lettres de Henri II enjoignant de dresser un état des recettes des deniers tant communs que patrimoniaux. Texte desd. lettres. — 2 octobre, « touchant les deux floins qui sont à estre tenuz prestz aux despens des habitanz, il est ordonné que Jehan de Sainct-Allary et Jehan Jehan, elleu, se transporteront à Dyve pour visiter ung floin lequel est à vendre afin d'en faire l'achapt s'il est bon. Mandement sera décerné à toutes personnes taillables des villages voisins afin de les contraindre de contribuer aux subsides, aides et emprunts demandés par le Roi à la ville de Honfleur. Ordonné qu'il y aura un canonnier ordinaire à dix liv. t. de gages par an, « lequel sera subject de tenir les pouldres prestes et l'artillerie en estat de servir. » — 4 octobre, voyage au Havre de Pierre de Brisse et Jean Pinchemont, « affin de entendre de monseigneur le visadmyral l'intention du Roy sur le faict de la construction des deux floins ordonnez estre faictz en ceste ville pour la seureté de la coste de Normandie. » — 16 novembre, Charles de Mouy, gouverneur, donne pouvoir à noble homme Adrien Naguet, s^r de Fourneville, d'examiner les comptes des deniers. Texte de lad. commission. — 18 novembre, élection de dix bourgeois à l'effet d'examiner les comptes des deniers. — 25 novembre, les deniers demandés par le Roi sur les revenus s'élèvent à 750 livres ; ils seront pris sur la recette de

Jean Pinchemont. Le contrôleur des deniers, Jean Chambon, n'est pas d'avis d'aller à la cour pour les affaires de la ville les frais pouvant être excessifs, cependant il est prêt à accompagner le sieur de Fourneville pour faire plaisir aux habitants. — Le registre n° 1er contient 135 feuillets; le dernier feuillet est déchiré en partie, on y lit quelques lignes d'une délibération datée du 1er décembre 1554. Deux autres feuillets ont disparu en entier.

Les numéros 1 bis, 2, 3 et suivants jusqu'au numéro 11 sont des feuilles volantes concernant : (1596-1605) les lettres de bourgeoisie accordées à Jean Fleury, tanneur; Benoist Dulong, tailleur; Pierre Auboult; Henri le Senescal; Macé et Nicolas dits Langin; Guillaume Vallon dit Chapelle; Richard Delannoy; David Lenepveu; Jean Liébart, tanneur; Jean Champagne, tabellion; Guillaume Saffrey, échevin, etc.; — la réception de Guillaume Guérin pour médecin ordinaire de la ville aux gages de 24 livres par an; — l'adjudication d'une ouverture à faire à la rivière de Fiquefleur : « c'est l'estat et devis de ce qui est nécessaire à fere pour concaver une ouverture et canal pour faire couller la rivière de Ficquefleur dens le courant de la rivière de Sainct-Saulveur et lesdites rivières assemblées faire pardevant la ville et havre de ladite ville de Honnefleur pour l'entretenement de l'ouverture desdictz havres, d'aultant que l'eau des barres provenantz des fossez d'icelle ville ne sont suffisantz pour les entretenir et subvenir à la navigation de l'entrée de Seine et de la coste du Sud en Normandie, qui rendroit ladite ville inaccessible et sans traffiq au grand préjudice des droits de S. M. et du publicq, ainsy que plus à plain est porté par la requeste présentée au Roy par les bourgeois et habitans dudict Honnefleur et arrest de son conseil d'Estat tenu à Paris le 2e jour d'avril 1605, sera faict au dessoubs et proche ledit pont de Ficquefleur, par dessoubs lequel passe la rivière dudict lieu pour commencer son destour, ung bastardeau de longueur de 150 pieds et de 12 pieds d'épaisseur à la charge par l'adjudicataire de quérir les pieux qui seront de chesne de chacun 3 à 4 pieds de grosseur et de longueur ;... ledict canal sera faict de douze pieds de largeur à commencer dudict pont de Ficquefleur jusques à l'endroit de la maison Robert Sorel et par les fossez séparantz les prez dudict Ficquefleur d'avec le chemin tendant dudict Honnefleur au Pont-Audemer et de là continuer ledict canal le travers dudict chemin jusques à ung fresne proche du boult de hault de la court appartenant aux hoirs de deffunct Robert Bourgeot pour tomber dans les bancs, du quoy y a la distance de 90 perches ou environ ; et depuis le lieu d'iceux Bourgeot nommé le Noyer ledict canal sera continué à droite ligne le long des bancz et pied des fallaizes jusques et vis-à-vis du puits estant dans la court de Pierre Mossochon filz Pierre..... Avons l'ouvrage dudict canal adjugé à Jacques de Ry, maçon demeurant à Rouen, à la somme de 4,000 livres tournois... Donné à Rouen le 2ᵉ jour de septembre l'an 1608. » — Délibération pour faire les proclamations du canal pour l'an 1615. « Du lundy huictiesme jour de décembre mil six centz quatorze, à Honnefleur, en l'hostel commun dudit lieu, de relevée, devant nous Louys de Petitgas, sieur de la Guérinière, lieutenant de Mgr. de la Roque, seigneur du lieu et du Theil, gentilhomme ordinaire de la chambre du roy et gouverneur pour S. M. en ses ville et chasteau dudit Honnefleur, s'est présenté mᵉ Antoine Haro, procureur scindic des bourgeois, manantz et habitantz dudit Honnefleur, lequel en la présence de honnestes hommes Jehan Barbel, Jehan Hobbey, Louys Otton et Thomas Blanvillain, eschevins au gouvernement de ladite ville de Honnefleur; noble homme mᵉ Guillaume Hurel, sieur de Saint-Martin, controolleur des deniers communs, dons et octroys d'icelle, mᵉ Michel du Bosc, receveur année dernière et présente desdits deniers;

Nicollas Eulde, sieur des Valleez, Jehan Villou, Nicollas Le Duc, Jacques Boudard, Nicollas Regnoult, Jehan Hobelin, Guillaume Saffrey, Jacques Barbel, Jehan du Bosc, Guillaume Morin et Ollivier de Valsemé, tous conseillers de ladite ville; Charles de Fontaine l'un des capitaines quarteniers d'icelle; Pierre Le Bourg, Isaac Rancey, Pierre Fourrey, Philippes le Roux, Charles Morin, André Fourrey, Vincent Langloys, Marin Le Liepvre, Jehan Taillefer, François Doublet et plusieurs autres notables bourgeois de ladite ville congregez et assemblez à ce jourd'huy en cet hostel-de ville par la semonce de Jehan Regnoult, sergent ordinaire du corps et communauté d'icelle ville aussy présent qui l'a ainssy notifié. Nous a ledit scindic remonstré et fait aparoir, etc. »

12. *Délibérations.* (1620-1621.) — Nomination de conseillers, d'un receveur des deniers et d'un échevin. — Adjudication de l'entretien du chenal fait en 1605. — Visite des jetées, havres, bastions et autres endroits même jusques au pont de Fiquefleur. — Construction d'un quai du côté de la mer jusques à la halle au blé, sur 36 pieds de long, 20 de hauteur et 3 d'épaisseur. — Adjudication de travaux d'entretien. — Copie d'une lettre du duc de Longueville au colonel d'Ornano, gouverneur : « Ayant eu divers advis que ceulx de la religien prétendue refformée avoient quelque entreprise sur Dieppe et qu'elle se debvoit promptement exécuter, cela m'a obligé d'y venir et pour remédier à telz accidents de désarmer ceulx de la religion qui y estoient avec touttefoys tel ordre et douceur qu'il n'y a pas eu plus de bruit ny de rumeur que sy on n'eust rien faict, aussy ont-ils peu cognoistre que cela se faisoit pour le bien des ungs et des aultres et pour esviter pire. Sur pareils advis d'entreprises qui se debvoient faire sur le Havre-de-Grâce, M. de Villars a esté contraint de faire semblable qu'en ceste dicte place. Dont j'ay bien voulu vous advertir affin que vous puissiez

informer ceulx qui ne le saùroient pas des causes qui y ont obligé et comme toult s'est passé, et que vous preniez de plus près garde de la place où vous commandez pour la garantir de pareilz accidentz si elle en estoit menaçée, qui est chose que nous devions apréhender en toult temps, mais principallement lors que le Roy commence à s'esloigner de nous. Ayez donc soing de la conservation de ceste dicte ville et d'empescher toultes les entreprises qui s'y pourroient faire et donnez moy advis de ce que vous sçaurez importer au service du Roy en icelle et aux environs. Asseurez-vous tousiours de mon service et que je suis, M., vostre plus affectionné serviteur. De Dieppe ce 10ᵉ may 1621. » — Construction de guérites sur le bastion Bourbon « droict à droict de la maison où pend pour enseigne le Daulphin. » Travaux au havre-neuf, à la porte de Caen, etc.

13. *Délibérations.* (1622). — Adjudications d'ouvrages aux quais et aux remparts.

14. *Délibérations.* (1622.) — Adjudications de travaux.

15. *Délibérations.* (1624). — Adjudications de travaux aux fontaines, jetées, murailles, etc.

16. *Délibérations.* (1624-1625.) — Adjudications.

17. *Délibérations.* (1624-1625). — Adjudications de travaux de réparation au pavage, aux quais, à la maison commune, etc.

18. *Délibérations.* (1624-1625). — Adjudications d'ouvrages au pavillon de la porte de Rouen, etc.

19. *Délibérations.* (1625-1626.) — Adjudications.

20. *Délibérations.* (1625-1626.) — Adjudications.

21. *Délibérations.* (1626.) — Adjudications.

22. *Délibérations.* (1626.) — Adjudications.

23. *Délibérations.* (1626-1628). — Adjudications de travaux. Lecture de deux lettres en forme de cachet envoyées par le Roi et d'une autre lettre en forme de missive et d'attache aux précédentes adressée par le duc de Longueville

aux échevins et habitans, lesd. lettres portant commandement de recevoir en garnison trois compagnies du régiment de Navarre. Il est offert aux capitaines et lieutenants de les recevoir et loger dans l'enclos et faubourgs, « protestant en cas de refus de n'encourir aucun cryme de désobéissance. » Texte des trois lettres.

24. *Délibérations.* (1627.) — 6 février, travaux à la rivière de Fiquefleur dont le cours est en voie de se perdre. Sur l'avis des s^{rs} de Grussy, Bernon et de François Estancelin, ingénieur au Havre-de-Grâce, venus sur les lieux où la rivière est divertie de son ancien cours, ordonné qu'il sera accordé 10 s. par jour à ceux qui voudront aller avec pelles, piquois et hottes affin de faire passer ladite rivière devant les jetées. — 29 avril, adjudication d'ouvrages à la jetée de dedans l'enclos.

25. *Délibérations.* (1627.) — 1er juillet, représenté qu'une patache du port de 120 tonneaux et deux autres navires construits au havre-neuf pour se rendre à l'armée navale de la Rochelle ne peuvent être mis à la mer, le canal du havre-neuf n'étant pas assez profond, large ni droit « ains très tortu et en anguille » ; ordonné qu'il sera fait un devis. — 15 juillet, adjudication d'ouvrages pour mettre et rendre à sa perfection le canal du havre-neuf.

26. *Délibérations.* (1627). — Adjudications de travaux.

26 *bis. Délibérations.* (1627-1630.) — Voyage à la cour. Nomination d'échevins. Réédification du pont de la Tour Carrée; du puits de Notre-Dame. — Construction d'une bavolle à la porte de Rouen. Lettres portant que « le Roy a eu advis que les Anglois ont entreprinse sur Honfleur. » Ordonnance du duc de Villars, gouverneur, de se tenir en état « d'empescher le mauvois dessaing des Anglois. » Entretien du canal. Election de trésoriers de l'hôpital. Ordonnance du gouverneur prescrivant de tenir les armes prêtes, de faire la garde, etc. Bail et adjudication du canal « à

prendre à vingt pieds au-dessous de l'embouchure du havre-neuf pour passer au pied des jetées. » Donation de 150 livres à la duchesse de Villars « à cause de son entrée au gouvernement de Honnefleur. » Transport de la halle à bled au faubourg St Léonard. Ordre aux taverniers de recevoir les noms, demeure et armes de ceux qu'ils logeront et les porter au château. Montre générale des habitants. Avis de la réduction de La Rochelle. Nomination de collecteurs. — Nettoyage des rues. Construction d'un quai le long de la grève de la Haute Rue. Nouvelles de la paix avec l'Angleterre. Commerce avec le Canada. Droits de monneage ou fouage. Nomination d'échevins.

26 *ter. Délibérations.* (1627-1628.) — 24 novembre, représenté que le duc de Villars « lors de son partement de ce lieu pour aller au camp devant La Rochelle » avait demandé qu'il fut fait une cheminée dans la gallerie joignant d'un bout la Tour Carrée et d'autre bout la grande chambre de dessus la cuisine de l'hôtel ; sera fait un devis. — 9 décembre, adjudication de la construction de la cheminée « dans le frontispice de laquelle seront aposez les armoiries de Mgr le duc. » — 9 décembre, lecture de lettres faisant mention des entreprises des Anglais sur Honfleur. Texte de ces lettres. — 29 juin 1628, le gouverneur du Havre écrit que cinq navires anglais armés en guerre ont paru à portée du canon, qu'il ne sait leur dessein mais que l'on ait à faire bonne garde. Ordonné que le maître de poste portera des lettres d'avis à Touque, Villers, Dive jusqu'à Salenelles ; que deux échevins monteront à cheval et feront corvées le long de la grève jusqu'à Touque ; que de l'artillerie sera disposée sur les bastions. — 30 juin, « suivant l'ordre d'hier disent les deux eschevins estre allez tout le long de la grève jusques à Villerville et qu'au droict de la prairie de Pennedepie estoient au petit jour paru deux navires très grands toutes voiles hors faisant route sur Dyve et trois autres

moindres navires qui les suivoient, lesquelz aprochez de terre viron le travers de Vilertz soict qu'ils aient entendu le tambour battre la dyane, recongneu le pays en arme, soit manque d'eau la mer se retirant avoient mis le cap en l'autre bord et singlé à la grande mer. »

27. *Délibérations.* (1627-1629.) — 5 et 21 juin 1628, à la requête de Jean Laisné, Guillaume Le Mercier, capitaines de navire, Pierre Houzard, pilote, et des s^{rs} de la Salle, Chauvin et Fremont, « disant que les quays de boys estant au devant de leurs maisons situées en la Haulte rue vers la mer avoient esté par la tempeste de décembre dernier desmolys, » arrêté que les requérants feront réédifier leurs quais de pierre de taille conformément aux réglements de cette ville, ainsi que les derniers bastis au même côté vers la rue de la Seraine; ordonne que la ruette de Petiville et une autre nommée la ruette Vastel descendant au perré de la mer ruinées et rendues inaccessibles par la tempête et aussi lesdits quais seront réédifiés. Adjudication à Vincent Bernon pour le prix de 290 liv. des ouvrages nécessaires aux ruelles Petitville et Vastel, lesquelles seront fermées d'une porte de planches de chêne afin de la fermer avec verrous au temps de tempête.

28. *Délibérations.* (1628-1630). — Adjudications de travaux de réparation et d'entretien.

29. *Délibérations.* (1629-1637). — 1er janvier 1630, « chaque année l'on a de coutume d'advertir lesdits eschevins qu'ils aient à dilligemment regarder tant sur le long des quays, ponts, havres, bares, tours, remparts, forts et bastions et le long de la rivière de St Sauveur et de Claire ou St Nicol,.... auxquels lieux il y a tousjours des réparations à faire ». Arrêté que les eschevins ou l'un d'eux se transporteront sur les jetées, ponts, etc., de semaine en semaine avec un expert. — 24 avril, « a esté remonstré par le procureur-sindic que samedi dernier après la descharge des canons du

navire nommé les *Trois Rois*, du port de 4 à 500 tonneaux, naguères de retour des Indes, dans lequel commandoit pour le service de S. Mté le sieur de Cusars, un double canon de fonte de batterie chargé à balle, estant sur le quay joignant la grande escurie de la basse court et maison royalle de ce lieu, avoit par le moien d'ung particullier incongneu qui y auroyt mis le feu, tiré contre ladite escurie et fait des dégasts au magazin, à l'hostel de ville et à la maison où sont les archives dans lesquelles reposent les tiltres de la vicomté de Roncheville ». Ordonné l'adjudication de réparations s'élevant à la somme de 550 livres.

30. *Délibérations.* (1630-1631). — Adjudication de travaux aux rues, quais, jetées, etc.

31. *Délibérations.* (1631-1632). — Adjudication et visitation de travaux.

31 bis. *Délibérations.* (1633-1635). — Nomination d'eschevins. — Réparations aux écluses ; entretien du canal. — Nominations de trésorier de l'hôpital.

32. *Délibérations.* (1635-1638). — Construction d'un corps de garde à l'hôpital, « pour obvier aux mauvois des« sains que les ennemis ont sur ceste place lesquels pour-« roient faire dessente le long de la coste ». — Me Jacques Doisnel, prêtre, « ayant la charge du gros horloge de ce « lieu et globe ou cadran estant au frontispice de la porte de « Caen, ensemble le soin de faire sonner la grosse cloche », demande à être destitué de cet emploi. — Réglement de police portant défense de nourrir ou laisser divaguer aucunes bêtes immondes. — Ordonnance du duc de Longueville défendant à tous officiers, bourgeois, manans et habitans de sortir de la ville sans congé et consentement du gouverneur. — Lettres du duc de Longueville ordonnant à François de la Haye, sieur du Mont, lieutenant au gouvernement, de rester à Honfleur en l'absence de M. de Mouy, employé à l'armée. — Fondation d'une maison de religieuses de l'ordre de

Saint-Benoist, par François de Courseulle, écuyer, sieur de Gonneville, Pierre Apparoc, écuyer, sieur de Lestang, et dame Françoise Piel, religieuse claustrale à l'abbaye St. Nicolas de Verneuil. — Nomination d'un chirurgien pour l'hôpital. — Ordre aux personnes non originaires de se retirer de la ville. — Maladie contagieuse.

33. *Délibérations*. (1636). — Réparations à la Tour Ronde, au pont levis, au pont de la porte de Rouen. — Adjudications.

34. *Délibérations*. (1636-1637). — Adjudications d'ouvrages au parapet de la Tour Ronde; aux ponts de la porte de Rouen; au bastion de la Croix Blanche; à la casemate de la Tour Carrée.

35. *Délibérations*. (1636-1637). — Travaux de réparation à la « rue de la Serene »; à l'écurie de la maison du roi; à la porte de Rouen. — Adjudications.

36. *Délibérations*. (1637). — Visitation de travaux.

37. *Délibérations*. (1637). — Adjudications de travaux de voirie et de fortification.

CARTON N° 6,

38. *Délibérations*. (1637). — 5 mars et 26 mars, travaux et réparations à faire à la petite jetée tombée en partie : construire un bâtardeau, détourner le cours de l'écluse, tirer les pierres tombées de la jetée, les charger à basse eau, relever le pavé, « déserter et degrotter » le moellon, trouver « le pays certain et dans icelluy afficher des pillotys posez de pied et demy l'un de l'autre », faire une plate forme de bois de chêne sur les pilotis, fonder ladite jetée de bonnes pierres dures assises avec bon ciment par devant le parement et mousse pour la conservation du ciment et de bon mortier par derrière. La dite jetée sera conduite en talus comme elle était par le passé jusqu'à la dernière assiette de pierre.

L'adjudication est consentie à Jean Bernon pour le prix de 2,495 livres.

38 bis. *Délibérations.* (1637-1638). — Actes de délibérations et résolutions pour trouver le fonds de 30,000 livres d'emprunt que Sa Majesté a désiré des habitants de Honnefleur, année 1637. — 3 may 1636, le procureur-sindic expose que le Roi, par lettres de déclaration du 18 décembre 1636, ayant voulu décharger le plat pays de la moitié du principal des tailles à ordonner que cette moitié fut départie sur les franches villes et abonnées ou payant la subvention ; les habitants de Honfleur auraient en conséquence été taxés à la somme de 30,000 livres suivant l'estat arrêté par le Conseil et les Lettres patentes expédiées par la grande chancellerie, portant adresse et soumission aux échevins de procéder à l'assiette de ladite somme sur les habitants de quelque qualité et condition qu'ils soient, nobles, ecclésiastiques et commensaux de S. M., pour être payée en quatre termes de deux mois en deux mois. Toutefois en cas que la somme de 30,000 livres serait empruntée, les eschevins pourront élever les droits sur les denrées et marchandises pendant plusieurs années. Considéré que le sieur Hobey, sindic, est allé au Conseil, « où estoient aussy les autres députés des villes de cette province », pour essayer d'obtenir quelque modération et qu'il n'a point réussi ; que sommation a été faite par le receveur général de la généralité de Rouen de payer le premier terme ; qu'il importe de délibérer sur l'affaire et résoudre si la somme de 30,000 liv sera levée capitalement ou bien s'il sera fait emprunt de deniers ; arrêté qu'attendu la pauvreté et misère des habitants, les grandes pertes arrivées aux années dernières au cours de la navigation et le fléau de la contagion qui a régné plus de dix-huit mois, ce qui fait que ce qui reste de contribuables sont dans l'impuissance de faire cette levée de deniers, il sera pris argent en rente ou interest sous l'obligation des échevins, conseillers et autres

notables, et sera pour le remboursement mis tels droits qu'on avisera sur les denrées. — 25 août, en conformité de la délibération du 3 may par laquelle il avait été décidé de prendre les 30.000 livres à constitution de rente, les échevins ont essayé mais en vain de faire ledit emprunt : il ne s'est trouvé personne qui voulut constituer deniers en rente sur le nom de la communauté. En raison du long retard les eschevins ont été commandés de se transporter vers M Tallon, à Caudebec, pour recevoir ses ordres d'ou ils sont revenus ayant promis de payer au moins un quartier dans huit jours. « Après laquelle remonstrance les habitants ont été d'advis uniforme qu'il soit print argent à interest ou rente et qu'il soit présentement nommé dix personnes pour avec un des eschevins s'obliger personnellement et que pour en faire le recouvrement il soit faict imposition sur les marchandises, et en cas que par ladicte imposition il se trouve qu'il n'y ayt fonds suffisants pour ledit recouvrement ils sont d'advis qu'il soit faict taxe capitale sur les contribuables. » La recherche des deniers sera faite pour le premier terme par : Guyon Blanvillain sieur de la Rivière, échevin ; Louis Hurel sieur de Saint-Martin : Thomas Blanvillain, sieur de la Forière ; Jacques Auber, receveur, Hélie Le Chevallier et Guillebert Le Chevallier, capitaines de navires ; Pierre Samson ; Pierre Le Bourgeois sieur des Ormeaux ; Adrien Patin sieur de Rambu ; Vincent Postel ; Guillaume de la Vergne : pour le second terme, etc. — 18 novembre, les bourgeois dénommés en ladite délibération précédente se sont constitués « pour le premier terme vers Guillaume Allais, marchand à Paris, en la faisance de 500 liv. de rente au denier quatorze, moyennant 7,000 livres payées au receveur de la généralité, et en autre somme vers Charles de Hoüel, écuyer, sieur de Berville-sur-Mer, moyennant 8,000 livres également versés audit receveur. »

39. *Délibérations.* (1637). — Adjudication d'ouvrages de réparation et d'entretion.

40. *Délibérations* (1637). — Adjudications d'ouvrages de réparation et d'entretien.

41. *Délibérations.* (1637-1638). — Travaux à la rue « allant droict à l'esglise Notre-Dame et partant du havre de l'enclos »; au bastion Saint-André, etc.

42. *Délibérations.* (1637-1639). — Entretien du canal. — Adjudications.

43. *Délibérations.* (1638). — Réparations à la grande fontaine; à la fontaine du carrefour Dorenge; à la petite fontaine de la Haute Rue ; à la fontaine de l'hôtel Royal.— Adjudications.

44. *Délibérations* (1638). — 17 juin, réparations au comble de la Tour Carrée couvert en tuiles; « estant icelle tour fort haulte et exposée à la fureur et violence des vents», sera fait couverture d'ardoises fines d'Angers ; sera fait quatre plateformes pour faire jouer le canon aux embrasures du haut de la tour et un faîte de plomb aux lucarnes de plomb. L'adjudication est consentie à Jean Lamoureux pour le prix de 2,060 livres. — 6 juillet, adjudication de la couverture de la Tour Carrée.

45. *Délibérations* (1639). — Adjudications et actes de visitation d'ouvrages de réparation et d'entretien.

46. *Délibérations.* (1639-1663). — 15 déc. 1639, adjudication des fermes d'aides.

1er janvier 1640, sentences portant réception de Noël Saffrey, Pierre Toustain et Sébastien Gallien en qualité de bourgeois. — 9 janvier, il a esté prescrit de lever sur les habitants la somme de 5,000 livres pour le quartier déjà échu de la taxe de la subsistance fixée à 15,600 livres. A défaut de paiement dans la huitaine il sera envoyé des gens de guerre. —12 avril, à la requête du procureur du roi et diligence de Jean Bougourd, maître du port et havre, est cité devant les échevins le capitaine d'un navire de Fécamp, lequel a rompu la guérite ou casemate de la Tour Carrée. Ledit navire sera arrêté et devis des réparations sera dressé. — 2 juin, en conformité d'un arrêt du Conseil d'Estat du 5 mai 1640, dont notification a été faite aux Elus de Pont-l'Evêque, Guillaume Robinet, procureur du roi, attaquera devant la Cour le mandement des Elus, par lequel contrairement aux inhibitions et defenses dudit arrêt ils ont compris les habitants au rôle des tailles de l'élection. — 30 déc. lettres par lesquelles le Roi nomme à la charge de lieutenant au gouvernement de Honfleur Michel de Fours, en remplacement de son frère tué aux lignes d'Arras. Texte desd. lettres.

7 janvier 1641. — Nomination de deux collecteurs pour faire la perception de la somme de 1,050 livres ordonnée estre annuellement payée à Sa Mté par forme de subvention comme ville frontière et maritime en exemption de tailles, suivant et conformément à l'arrêt du Conseil d'Etat tenu à Paris le 3 mai 1640. — Election et nomination de deux trésoriers de l'hôpital, l'un pour la paroisse de Ste Catherine, l'autre pour la paroisse de St Léonard. — 10 janvier, « a esté remonstré que le Roy auroit désiré prendre sur les plus riches et aisez de la ville de Honnefleur la somme de 22,000 livres, que néantmoins l'intendant de la généralité avoit quitté lesdits habitants pour la somme de 16,000 livres, lesquels Mgr. de Fours, diligence des eschevins, aurait taxé les plus aisez »; les bourgeois agréent la répartition ainsi faite. — 25 janvier, pour délibérer de l'exécution de l'ordonnance de MM. les commissaires généraux députés par Sa Mté pour l'exécution de sa déclaration du 22 janvier 1639, sur le fait de la taxe et répartition des sommes ordonnées être levées sur les habitants et aviser aux moyens de paiement, a été résolu de faire un contrat portant constitution de rentes pour la somme contenue au rôle dressé par les commissaires. — 8 février, sur la remontrance que les Elus de Pont-l'Evêque

auraient intention d'imposer à la taille les habitants de ce lieu en exécucion de certaine ordonnance de S. M., bien que la ville soit franche et ville de subvention suivant les chartes, il a été arrêté pour prévenir ladite imposition et la perte des privilèges de franchise et d'exemption de tailles que les titres justificatifs de l'affranchissement seront communiqués aux commissaires royaux. — 3 mars, pour prévenir la taille à laquelle les commissaires généraux prétendent mettre et asseoir les habitants « néantmoins les privilèges dont ils ont eu communication », il est nécessaire de trouver les moyens d'empêcher cette imposition. En conséquence instance sera produite pour obtenir la confirmation desdits privilèges ; et pour faire les frais qu'il convient le receveur n'ayant aucun fonds de cette nature entre les mains deniers seront empruntés ou pris à intérêt. — 28 avril, pour éviter les séditions qui pourraient naître sur le fait de la déclaration du Roi touchant le vingtième sur les denrées et marchandises, pour obtenir décharge ou modération du droit de vingtième et réduction au centième ainsi que les habitants de Rouen l'ont obtenu, arrêté qu'on se pourvoira au Conseil et qu'il sera demandé que la connaissance des différends sur la levée du vingtième soit attribuée et demeure aux eschevins. Jacques Auber, receveur, demande à être déchargé de la collection de la taxe des aisés, vu que ceux-ci n'ont point payé et qu'ils n'ont point l'intention de payer. — 4 juin, pour l'exécution de l'arrêt du Conseil du 20 mars 1641 ont été appelés les gardes des métiers, maîtres marchands et manufacturiers ainsi qu'il ensuit suivant l'adjournement à eux donné par exploit : Jacques Anquetil et André Barbel, gardes du métier de drapier, déclarent avoir payé comme tous les autres le droit de vingtième de subvention ; Jean Minger et Pierre Le Duc, gardes du métier de tanneur ont payé la subvention ; Guillaume Pinel et Philippe Hautot, gardes du métier de toillier, ne vendent ni achétent aucune toile, coutil ni marchandise ; ils sont pauvres manufacturiers travaillant au jour le jour pour ceux qui les en requèrent et ils ne gagnent pas plus de 5 à 6 sols par chacun jour ; Jean Le Grix et Jacques Bermont, gardes du métier de chandelier ont payé le vingtième : Jean Bude et Martin Cauvain, gardes du métier de maréchal-ferrant ont payé le vingtième ; Jean Bourgeot et Denis Baudien, tisserands, Jean Pastey et Philippe Bonet, tuilliers, travaillent à la journée, etc., etc. — 9 septembre, arrêté que les habitants exempts et non exempts, privilégiés et non privilégiés feront garde proche de l'hôpital et autres lieux accoutumés ; que les paroisses sujettes au guet seront convoquées et que tous les bourgeois seront contraints de se rendre en leurs maisons sans intermission de jour ni heure. Diligence sera faite pour obtenir modération de la taxe de la subsistance des gens de guerre. —6 octobre, élection de cinq collecteurs pour faire la recette de la somme de 14,000 livres ordonnée être levée sur les contribuables de la ville de Honfleur, suivant commission envoyée aux commissaires généraux par lettres patentes du 8 juillet. Ont été nommés : Etienne Plouin, Robert Simon, Jean Bretoc sieur des Joncqs, Guyon et Pierre Thierry, frères. Lesdits Thierry disent qu'ils ne sont imposés que depuis dix ans au rôle des habitants et demandent qu'on nomme d'autres collecteurs. Sans avoir égard à leur défense il est ordonné que les frères Thierry prêteront le serment. Sur son refus Guyon Thierry est mis prisonnier et il sera procédé à la saisie de ses biens.

17 mars 1642, sur le fait du droit de vingtième que l'on prétend lever sur les morues vertes et sèches, huiles et langues de morue qui se rapportent du Canada et de Terre-Neuve, et pour savoir s'il est à propos de continuer l'instance pendant au Conseil pour se faire décharger dudit droit, arrêté que la poursuite sera continuée. —31 juil., « le s^r Petit, cosmographe et ingénieur de Sa Majesté, s'estant transporté en ceste place pour le faict des fortifications a jugé nécessaire en

vue de la seureté de ce lieu de faire procéder à la démolition de deux vieilles portions de maisons construites sur la contrescarpe du fossé joignante et latérale la barière de la porte de Caen, dans lesquelles se percoivent les droits de poids, marc et ballance ». Arrêté l'achat au curé de St Pierre-Asifs d'une place occupée par le sieur Barbel et la reconstruction sur cette place de la maison du poids et marc. — 11 août, la plus grande partie des maisons de Honfleur ne sont point tenues en franc alleu mais en franche bourgade, par conséquent elles ne sont point passibles du paiement des 275,000 livres « à quoy la généralité de Rouen a esté taxée pour les « terres et maisons tenues en franc-alleu.» Il sera fait voyage à Rouen à ce sujet. — 19 août, ceux qui jouissent de quelque terre domaniales ou qui sont propriétaires de biens en franc-alleu, franc-bourgade ou franche bourgeoisie doivent les hommages, rachats, profits et fiefs, etc., Guillaume Robinet expose qu'il a esté arrêté en assemblée générale à Rouen que dans l'étendue de la généralité il n'y a point de terres en franc aleu, franc-bourgade ni franche bourgeoisie, que tous les héritages et maisons sises en franche bourgade ou franche bourgeoisie soit qu'ils paient cens, rentes, reliefs, treizièmes et redevances ou non, lesdits héritages sont passibles de la taxe. En conséquence les maisons de Honfleur paieront la somme de 4,000 livres et il sera fait taxation par les échevins. — 18 sept. au 16 oct., adjudication des nouveaux droits et impositions spécifiées au tarif. — 28 oct., arrêté qu'il sera pris pourvoi au Conseil d'Etat, à l'exemple des habitants du Havre, au sujet des 5,000 livres exigées sur les bourgeois tenant héritages et maisons en franc alleu.

11 janvier 1643, lecture faite des copies des rôles des tailles des paroisses de Gonneville et d'Equemauville, « justifficatifs comme quoy plusieurs habitans bourgeois sont imposez à la taille à cause des héritages qu'ils possèdent et qu'ils baillent à ferme » ; arrêté que le corps de ville se charge du

fait des imposés et de ceux qui pourraient l'être, et qu'il sera pris pourvoi au Conseil pour la décharge desdits habitants. — 15 janvier, pour délibérer sur l'emprisonnement qui fait a été le jour d'hier aux prisons de Pont-l'Evêque de Pierre Le Lièvre, bourgeois, pour la somme de 192 livres en quoi la ville a été taxée comme droits d'amortissement ; arrêté que la taxe sera payée par provision pour faire élargir ledit Le Lièvre, et au surplus il sera pris pourvoi afin d'obtenir décharge du droit et remboursement des deniers. — 7 avril, pour payer la somme de 2,000 livres due pour la confirmation des privilèges et pour éviter à l'emprisonnement de quelque habitant, arrêté que les échevins et le receveur se constitueront en rente envers et contre tous jusqu'à la concurrence de ladite somme. — 24 sept., pour délibérer sur l'occurrence du procès pendant au Conseil privé du roi entre la ville et les hôteliers, taverniers et cabaretiers, impétrants de requête tendant à faire cesser la levée de 2 s. par pot de vin. 6 d. par pot de « pommé » et de 2 d. par pot de poiré et de petite boisson, le procureur-sindic expose que pour l'exécution des intentions de S. M. toute la communauté s'était constituée en grand nombre de rentes pour le paiement de la somme de 30,000 livres exigée par forme d'emprunt sous la faculté de pourvoir au recouvrement par imposition, et que la levée desdits deniers s'était faite de l'avis et consentement des hôteliers et cabaretiers jusqu'au temps présent qu'ils s'étaient efforcés d'interrompre la levée au grand détriment de l'utilité publique ; arrêté que le procès sera poursuivi et qu'il sera fourni des contredits. — 18 oct., sur la requête présentée par Marie Dubosc, religieuse professe à l'Hôtel-Dieu de Rouen, ordre de Sr Augustin, par laquelle elle prie les magistrats de Honfleur de lui mettre entre les mains leur hôpital et la chapelle bâtie en l'honneur de Dieu et de St Firmin ; Marie Dubosc désire s'y établir avec un certain nombre de religieuses pour secourir les pauvres malades et voyageurs, « sans que la ville soit tenue de contribuer audit établissement », sauf l'abandon du revenu annuel de la modicité duquel Marie Dubosc se contente, des charités des des gens de bien et des quêtes faites dans les églises. Trois notables bourgeois, élus de trois en trois ans, auront l'administration de la maison ; il est donné pouvoir à François Hobey et à Guillaume Robinet de passer contrat avec Marie Dubosc devant les tabellions de Rouen.

15 février 1644, Pierre Nepveu, Pierre Cavelier et Marin Gaillard sont prisonniers à Pont-l'Evêque pour défaut de paiement de la taxe d'amortissement (180 livres) ; ils sollicitent qu'il soit pourvu à leur délivrance. Le cheval dudit Gaillard a été vendu 27 livres ; Cavelier a versé six livres pour échapper au sergent et Nepveu a fait soumission de se représenter. — 31 mai, arrêté qu'il sera pris pourvoi en la Cour contre la levée que l'on prétend faire, en exécution de l'arrêt du Conseil du 18 novembre 1643, de 20 s. par muid de vin, 10 s. par muid de cidre et bière, 5 s. par muid de poiré entrant dans la ville et faubourgs. — Autre pourvoi sur le paiement de la taxe de 2,000 livres pour l'avénement du Roi. Sur le fait de la réparation des jetées et des quais, requête sera présentée à l'exemple des habitants de Dieppe, « d'autant qu'il n'y a deniers pour ce entre les mains du receveur ».

16 mars 1645, réception de Jean Deshoulles à l'état et place de maître de la poste. Texte des lettres de provision. — 6 août, touchant le paiement de la taxe de 15,000 liv. de rente revenant en principal à 18,000 liv. sera représenté aux commissaires de la généralité de Rouen la pauvreté des habitants pour obtenir modération. — 19 nov., il sera nommé douze habitants pour procéder avec l'intendant et les échevins à la nouvelle imposition de 15,000 livres sans que les artisans, petits merciers, laboureurs, gens de métier puissent y être compris. — 17 décembre, avis est donné aux habi-

tants qu'il n'est rien dû des 30 sols que l'on prétend lever sur chaque tonneau de petit cidre et qu'il sera pris pourvoi contre cette taxe.

27 janvier 1646, après le décès de M. Guy de Fours, gouverneur, l'administration a été déférée à son fils pourvu de la lieutenance au gouvernement de Honfleur, lequel obligé de faire voyage à la cour avait commandé à M. de Saint-Hubert, lieutenant de la compagnie entretenue en cette ville, de prendre soin des affaires. Ce dernier a également entrepris un voyage sans aucune cause connue, de telle sorte que l'administration de la place aux termes des ordonnances est demeurée aux échevins. Pour prévenir tout accident, il est arrêté que ces derniers veilleront à la sûreté de la ville ainsi qu'il est requis, dans le cas où les sieurs Le Grand, capitaine des portes, La Rivière-Maloisel, premier sergent, le sieur de la Montagne, les sieurs Bougourd et de Buys, sergents, n'auraient aucun ordre particulier pour l'entretien et la conservation de la place. — 30 janvier, lecture des lettres de provisions et de nomination à la charge de gouverneur, délivrée à Antoine de Villeneuve, sieur de Monts. Texte desd. lettres. Arrêté que Louis Le Cordier, sieur de la Rivière-Maloisel, premier sergent, veillera à la sûreté de la ville en l'absence du gouverneur, « bien qu'il ayt déclaré qu'il n'entendoit prendre ny recepvoir l'ordre des eschevins » ce que toutefois il a refusé de signer. — 18 février, envoi de sœur Marie Dubosc en possession de l'hôpital. Texte des huit pièces qui suivent : contrat portant cession de l'hôpital à Marie Dubosc ; arrêt du Conseil du duc d'Orléans qui autorise la cession ; reconnaissance d'une rente de 1,400 livres constituée en faveur de Marie Dubosc et de l'hôpital; contrat de constitation d'une rente de 1,400 livres au profit de Marie Dubosc pour l'entretien de deux sœurs dans l'hôpital ; acte par lequel Philippe de Marescot, prieur de la Madeleine de Rouen, donne son consentement à l'établissement de Marie Dubosc

dans l'hôpital ; procès-verbal constatant le refus opposé par l'évêque de Lisieux à l'établissement de Marie Dubosc ; lettres patentes de François de Harlai, archevêque de Rouen, qui autorisent l'établissement de Marie Dubosc dans l'hôpital ; lettres d'obédience délivrées à Marie Dubosc. — 19 juillet, requête au Conseil pour avoir diminution de la taxe des subsistances ; pour obtenir la décharge de certains droits sur les boissons ; pour qu'il soit accordé remboursement des deniers payés sur les étapes ; enfin pour que les deniers obtenus en diminution de la taxe des subsistances soient employés à la réparation ou plutôt à la reconstruction des quais et des jetées. En ce qui concerne la police de la vente et revente du poisson, des grains et des autres marchandises, la réduction des filets et rêts, les lieutenant et procureur en l'amirauté seront invités de réprimer les abus et deux officiers seront nommés en l'hôtel-de-ville pour rendre la police comme par le passé. — 3 août, ordonnance de police portant défense de laisser divaguer journellement dans les rues et carrefours les « bestes porchines », à peine de confiscation et d'amende. Les propriétaires des maisons sur rue seront contraints par voies ordinaires de faire travailler au pavage. Il sera présenté un devis pour la construction de la galerie de la maison du Roi. — 13 août, un concordat passé entre le Roi et Mlle de Montpensier conclut à la suppression de l'office de procureur du roi en l'hôtel-de-ville ; sera donné avis conforme. — 4 oct., sur l'élection des officiers de la ville, capitaines quarteniers, lieutenants et enseignes, il a été arrêté que ceux qui seront élus officiers ne pourront être capitaines, lieutenants ni enseignes, que ceux qui seront élus capitaines, lieutenants et enseignes ne pourront être élus échevins ni conseillers sinon en quittant leur dite qualité. L'assemblée ordonne qu'il sera procédé à une enquête pour savoir si les droits du tarif perçus en 1644, 1645 et 1646 suffisent au raquit de toutes les rentes en principal, arrérages, prorata, frais, etc., et s'il y a lieu de continuer leur levée ou de mettre une taxe sur les habitants. — 6 déc., touchant la continuation des droits de tarif, arrêté que leur levée sera continuée et que le surplus des deniers nécessaires au raquit des rentes en principal et arrérages sera levé capitalement sur les habitants. — 20 déc., en exécution de l'arrêt du Conseil du 30 juin donnant pouvoir aux échevins de faire procéder devant eux à l'adjudication des dons, des octrois et des deniers communs et patrimoniaux et de connaître des différends, arrêté que notification en sera donnée au greffe de l'élection de Pont-l'Evêque et que l'adjudication sera faite en l'hôtel royal et commun. — 23 déc., sur la requête de Guillaume Robinet disant que, par actes du 19 octobre 1641 et 16 octobre 1642, Vincent Liétout s'est rendu adjudicataire des droits sur les vins, cidres et autres boissons spécifiées au tarif moyennant la somme de 4,250 livres pour une partie et de 3.310 liv. pour une autre ; que ces deniers auraient dû passer entre les mains de M. Olivier de Valsemé, ce qui n'aurait pu être exécuté à cause de l'interruption de la perception desdits deniers par les violences, injures et excès commis sur la personne de Vincent Liétout, en présence des échevins et du procès intenté par les cabaretiers ; qu'à ces troubles étaient venus se joindre d'autres empêchements tels que la maladie et infirmité de maître Jacques Auber, receveur, qui était resté privé de l'usage de la vue et avait requis être relevé de son office. En conséquence, l'assemblée arrête que Jacques Auber est délié de sa soumission et que ce qui reste à percevoir sera reçu par Olivier de Valsemé.

3 janvier 1647, élection d'officiers quarteniers : Troussel de Moussaulx, André Barbel, Durand Barbel, Louis de Valsemé. — 7 janvier, élection d'officiers quarteniers : André Barbel, Durand Barbel, Jean-Baptiste Auber. — 10 janvier, élection d'officiers quarteniers : Jean de la Crone, Jacques Patin, Robert Fresbert, François Hobey sieur des Hogues,

Etienne Barbel sieur de la Chesnée. — 22 mars, nomination de collecteurs. — 21 août, dix-neuf bourgeois sont condamnés en amende pour ne s'être pas présentés à l'assemblée. Touchant la vente faite des biens des échevins « pour 8 années de fermage de la maison de Brucourt », sera différé à cause des absents. — 10 sept., délibérant touchant le paiement de la somme de 950 livres adjugée au sieur de Brucourt par arrêt du Parlement de Rouen pour le fermage de sa maison et pour laquelle somme exécution a été faite des biens des sieurs Maharu et Barbel, échevins ; au sujet de la réparation de la maison du Roi, des ponts, écluses, ameublement de la garnison ; au sujet du rétablsssement des droits du tarif. — Arrêté, en ce qui concerne le paiement des fermages du sieur de Brucourt et pour le logement des soldats que les deniers nécessaires seront taxés capitalement sur les habitants du consentement de l'intendant ; les deniers nécessaires pour les réparations seront pris en rente au nom de la ville ; pour le fait de l'adjudication des quatrièmes et l'exécution du concordat signé avec les fermiers des aides, il sera fait voyage à Paris par MM. Robinet et Hobey avocats. — 20 octobre, sur la remontrance du procureur-sindic qu'une partie des habitants les plus riches a été taxée en 1640 suivant l'édit royal de février 1634, que lesdites taxes revenant à 14,000 livres ont été constituées en rente au denier 18 à prendre sur les tailles et que les arrérages ni la rente n'ont pas encore été payés ; arrêté qu'à la première occasion on tâchera de traiter du principal à un prix raisonnable.

1er janvier 1648, élection d'un premier échevin, Michel Ameline ; d'un quatrième échevin, Michel Mareys. — 25 mars, délibérant sur le recouvrement de la somme de 4,000 livres « à quoy la ville a esté taxée pour estre déchargée du quartier et demy des octroys tant anciens que nouveaux », sur laquelle taxe restant dû 475 livres, un bateau de Honfleur chargé de morues a été saisi aux quais de Caen par

M. Jean du Crocq. Il sera porté à Caen la somme de 200 livres afin d'obtenir main levée du bateau et de prévenir le frais. — 23 avr., arrêté que les mortes-paies seront rayées des rôles de subsistances, subventions, étapes et autres impositions, néanmoins demeureront comme bourgeois. — 17 juin, Jean de Giverville, écuyer, demande l'enregistrement des lettres de résignation de la charge de lieutenant au gouvernement obtenues par François Le Roy, chevalier, baron d'Heudreville ; il sera différé audit enregistrement crainte de surprise et pour l'intérêt de S. M., de S. A. R. et de M. de Monts, gouverneur.

1er janvier 1649, sur l'intérinement des lettres de noblesse obtenues par Thomas Blanvillain, sieur de la Forière, arrêté qu'il sera plus amplement délibéré à la première assemblée. Sur certain arrêt de la Cour du 6 novembre 1648, condamnant les habitants à mettre en vente les biens des sieurs Otton et Rebut pour le recouvrement des arrérages de rentes constituées pour le paiement de l'emprunt, il sera avant toutes choses fait par Regnoult, sergent, toutes exécutions et vendues pour le paiement du reliquat. — 5 janv., sans avoir égard à l'entérinement des lettres d'anoblissement de M. de la Forière, arrête que ledit sieur donnera indemnité à la ville et sera imposé au marc la livre pour l'imposition de subvention et des étapes. Deshoulles, hôtelier et maître de la poste, demande sa décharge de toute imposition. — 21 janv., pour la conservation de la ville et château de Honfleur et pour subvenir au soulagement du peuple, arrêté qu'il sera travaillé sans intermission de jour à faire des retranchements aux avenues des rues et carrefours par les brements, brouetiers de la ville et par des gens qui seront payés aux dépens des principaux habitants de chaque quartier; que l'on fera des barrières pour clore les rues et que la fourniture de bois, chandelles, horloges de sable, etc., sera faite aux dépens du public suivant un rôle rendu exécutoire par le gouverneur. — 9 février, lecture d'un arrêt du Parlement de Rouen portant défense de faire aucune levée de gens de guerre sans l'attache du duc de Longueville. Textes de l'arrêt et d'une lettre. — 30 mai, François du Butin « soydisant escuïer » requiert sa décharge de la qualité de roturier et des impositions de subsistances, étapes, subventions et autres levées annuellement ; arrêté qu'il sera rayé desdites impositions sans en tirer à conséquence.—15 juil., touchant la lettre des échevins de la ville Françoise-de-Grâce, concernant la contribution à l'armement ordonné « affin de s'opposer aux invasions des pirattes écumeurs de mer et ennemis de l'Estat », arrêté qu'aux frais des intéressés en la navigation Vincent Postel et Pierre Le Cordier traiteront d'un vaisseau, « propre pour attaquer et deffendre », en quelque part que ce soit. Ceux qui ne sont pas intéressés en la navigation seront déchargez de la dépense. — 15 août, mis en délibération le rétablissement du tarif sur les denrées, « pour estre les deniers employez au racquit des rentes constituées sur les habitants, arrêté d'avis unanime que la levée des droits du tarif sera rétablie et sera procédé à l'adjudication. — 16 septembre, faisant droit sur la requête des dames religieuses de l'hôpital stipulées par Hélie Le Terrier, écuyer sieur d'Equainville, on déclare qu'elles n'ont pas été à charge à la ville et on souhaite que lesd. dames continuent à faire leur demeure à l'hôpital ou en une autre maison qu'elles ont dans les faubourgs pour instruire les jeunes filles. — 30 septembre, nomination de Jacques de Bautot, écuyer, sieur de la Rivière, à la charge de lieutenant au gouvernement. — 18 nov., défense aux bouchers de tuer ni bêtes ni bestiaux dans l'enclos de la ville, de jeter aucun sang dans le ruisseau de la fontaine ni dans le havre. Sur le fait de la police du vin, M. Malet sera supplié de venir établir « des juges politiques pour fixer le prix du vin. » — 16 décembre, sur la levée de la somme de 1,911 livres pour les étapes et de la somme de 3,552 livres pour le quartier d'hiver, il sera pris pourvoi afin d'obtenir modération. Au fait du privilège et de la décharge que prétend M. Thomas Blanvillain, sieur de la Forière, de toutes taxes et impositions, il sera plus amplement délibéré.

9 janvier 1650, « sur la requeste du procureur-sindic, qu'il est très nécessaire pour le bien et utilité publicque de subvenir au raquit et amortissement du principal, arrérages, inthérets et frais qui restent à franchir et qui ont été constitués sur les habitants aux fins du paiement qui a esté faict de 30,000 livres ordonnées par S. M. estre levées en l'année 1636 par forme de prest et emprunt, à raison que les rentes courent tousjours au grand dommage et détryment des habitants lesquels sont journellement vexez des rigoureuses exécutions, contraintes et vendues de biens », arrêté qu'en lieu du rétablissement des droits de tarif sur les denrées il sera levé une imposition capitale, « le fort portant le foible », de la somme de deniers nécessaires. — 21 janvier, lecture faite de la lettre expédiée par le secrétaire des commandements du duc d'Orléans invitant les habitants à conserver la place sous l'obéissance du roi, « à raison des troubles qui sont à la cour, et pour éviter qu'elle ne soit surprise par les rebelles et ennémis de S. M. et de S. A. R. », ordre aux bourgeois de continuer la garde aux faubourgs. Sur la demande du sieur de la Forière tendant à l'enregistrement de ses lettres de noblesse et à la décharge des impositions, arrêté que l'on ne donnera aucun contredit à l'entérinement desdites lettres s'il paie à la ville certaine somme raisonnable. Don de 450 livres pour le logement de la garnison. — 22 avril, invitation de poursuivre le procès pendant en l'élection de Pont-l'Evêque entre les habitants et François Langlois adjudicataire des droits de quatrième et prétendant diminution du prix de son adjudication. Réception de Robert Hérault, bourgeois, à l'office de sergent et clerc du guet en la

capitainerie de Honfleur en remplacement de François Regnoult, décédé. Textes des lettres de provisions.— 5 mai, « vu le péril où les habitants se trouvent par la maladie contagieuse dont les villages de Saint-Sauveur et de la Rivière sont infestés », commandement à tous ceux qui ont fréquenté les habitants de ces villages « de se retirer de la conversation du peuple » et de se tenir dans leurs maisons. Défense à ceux qui naviguent dans les bateaux de Saint-Sauveur et la Rivière de faire leur demeure à Honfleur ; aux riverains de la Rivière de Saint-Léonard d'aporter leur poisson à peine de 100 livres d'amende. Ordre de tenir nettes les maisons, les rues et les ruelles à peine de la même amende. Ordre de procéder au nettoyement des places du côté de la mer proche de l'hôpital. Toussaint Vion sera maintenu aux fonctions de concierge de l'hôpital aux gages de la ville. — 5 juillet, ordonnance de police. Election d'un prêtre pour confesser les malades de la contagion, d'un chirurgien pour les soigner, de deux « corbeaux » pour marquer les maisons attaquées de la maladie, porter et mettre en terre les morts et de deux personnes pour « repurger » les maisons. — 7 juillet, Louis Le Senécal, élu chirurgien de la santé n'ayant pas comparu est déclaré déchu des priviléges de la corporation ; ordonné qu'il fermera sa boutique et « mettra ses bassins bas » à peine de 500 livres d'amende. En son remplacement est nommé Guillaume Castel. — 22 déc., Jacques Joly est reçu aux fonctions « d'hospitalier de l'hospital » aux gages et profits ordinaires. — 26 déc., sept compagnies du régiment de Rambures devant venir en garnison, il sera plus amplement délibéré pour que les gens de guerre prennent garnison en d'autres places. — 29 décembre, élection d'officiers quarteniers pour Saint-Léonard : Louis Hobey, sieur des Hogues, capitaine ; La Chesnée-Barbel, lieutenant.

18 janvier 1651, les compagnies du régiment de Rambures venues au pays et logées aux environs font des dégats

dont les paroisses voisines se plaignent. Quoiqu'en les recevant ont ait aucun espoir de diminution et rabais sur les étapes et les subsistances, il sera travaillé à leur réception et logement. La ville atteinte de contagion a déboursé plus de 1,500 livres; elle a fourni des deniers aux gens de pied de Rambures pour retarder leur entrée et payé le voyage de deux bourgeois envoyés près du Conseil, le tout se monte à 3,300 livres. Arrêté qu'il sera fait taxe capitale sur les habitants pour subvenir au recouvrement des deniers tant de la maladie contagieuse que pour les dépenses occasionnées pour l'arrivée des troupes. — 25 janvier, il sera formé opposition contre l'arrêt de la cour des Aides qui maintient les officiers du grenier à sel en exemption de logement. — 17 mars, par sentence du vicomte d'Auge, il est dit que tous les habitants pourront être solidairement pris, et un d'eux pour le tout, au sujet des taxes des étapes et des subsistances et que les ajournements faits aux fermiers en la maison de campagne des habitants seront valables. Arrêté, après lecture de l'arrêt de la cour des Aides portant défense aux receveurs et contrôleurs des tailles de prendre les contribuables un seul pour le tout sinon en cas de rébellion, et au défaut d'élection de collecteurs, qu'il sera pris pourvoi d'appel de ladite sentence. — 14 mai, nomination de collecteurs. — 26 décembre [1], élection d'échevins et de conseillers.

1er janvier 1652, serment prêté par les nouveaux échevins et conseillers. Nomination d'un commissaire, Etienne Tallebot, chargé de la fourniture du linge à la garnison. Nomination de deux trésoriers de l'hôpital. — 4 janvier, lecture d'un arrêt du conseil d'Etat qui autorise les habitants à lever sur eux au marc la livre la somme de 1,897 livres pour subvenir aux malades de la contagion. Nomination de deux collecteurs. Le logement de la garnison coûte 450 livres par

[1] Du 14 mai au 26 décembre 1651, il ne fut pris aucune délibération.

an. — 25 février, Robert Breban, adjudicataire des quatrièmes, a obtenu un arrêt qui abaisse le prix de son adjudication faite sur le pied de 3,800 liv.; arrêté que pourvoi sera pris contre l'arrêt. Plusieurs prrticuliers se prétendent exempts des taxes de la ville; arrêté que les nommés Thiron, Rioult et Hérault seront imposés sans égard à leur charge de mortes-payes. Pour les officiers du grenier à sel, ils seront taxés suivant l'arrêt. — 29 décembre [1], pour le remboursement des deniers empruntés par le Roi en 1637, il avait été établi un tarif sur les denrées et l'aide n'a plus été levée depuis de longues années, « dans l'espérance que le malheur du temps cessant, il y seroit pourveu par des moyens plus doux ». Mais il est arrivé que la perte de plusieurs navires pris par les ennemis, l'interruption de la navigation, la maladie contagieuse, « quy a ravy et moissonné grand nombre et la meilleure partie des principaux habitans », ont fait que la ville demeure chargée de la somme de 18,370 livres qu'elle ne peut payer. Arrêté que, pour empêcher la communauté de succomber sous le fardeau de ses dettes et agissant par maturité de conseil et devoir de bons compatriotes, il sera fait une cotisation capitale au marc la livre sur tous les habitants, à proportion de leurs impôts.

1er janvier 1653, il est reglé qu'à l'avenir aucun échevin ne sera dispensé de continuer sa charge pendant quatre années. — 30 janvier, la taxe des étapes s'élève à 9,007 livres; la taxe des subsistances à 2,668 livres. Arrêté qu'il sera fourni pour la garnison compris les officiers 37 billets pour la fourniture du linge des soldats; si les habitants ne veulent pas fournir le linge en essence, ils demeurent libres de bailler de l'argent, dans ce dernier cas ils verseront 70 sols par billet et par quartier. — 4 avril, prise par les Anglais de navires du port de Honfleur : « L'an de grâce 1653, le vendredy 4e

---

[1] Aucune séance ne fut tenue du 21 mars au 29 décembre 1652.

de avril, à Honnefleur, en l'hostel roial, devant M. de Monts, gouverneur. Sur la remonstrance et acclamation publique que, contre le service du roy, le bien de l'estat et volonté générale du commerce et la civilité dont on a traicté les estrangers amys de ceste couronne et spéciallement de la nation angloyse lesquels ont esté favorablement traictez touttefois et quantes qu'ilz sont arrivez en ce port et havre où de présent il en est arrivé l'un depuis douze à quatorze jours et l'autre de la marée de mardy matin, la marée ensuivante estant les navires de ce dit port de Honnefleur équipez pour la pesche des morues en Terreneufve, au nombre de vingt-trois, aiant faict voile et pris la mer soubz l'authorité des armes du roy....., par le travers de Cherbourg toutte ladicte flotte avoit esté attaquée indignement par neuf grands vaisseaux équipez en guerre dont le moindre estoit armé de quarante à quarante-cinq pièces de fonte, lesquels sans aultre forme luy avoient lasché tant et si grand nombre de coups de canon que lesdits Anglois réputez amis et alliez de cet estat et couronne estantz demeurez maistres après quelque combat, donné le peu de résistance que les nostres pouvoient rendre par l'inégalité de leurs forces, de deux desdicts navires et sept autres desdicts navires jettez en coste et le reste de la dicte flotte dispersé de costé et d'aultre avoient esté contraints de se sauver à la faveur de la nuict survenante avec grande perte d'hommes et notables débris des dicts vaisseaux..... A ceste cause et pour prévenir la continuation d'un tel désordre capable d'anéantir le commerce et réduire les pauvres navigateurs à l'omosne pour n'avoir aucun exercice ny commodité d'ailleurs.... prins et retiré l'advis de tous les maistres de navires, bourgeois, armateurs et autres inthéressez en la dicte navigation et autres notables bourgeois, mesme de ceulx qui ont baillé deniers à proffit dans les dits vaisseaux au risques de la mer et de la guerre, de leur consentement uniforme pour eulx et faisantz fort pour les autres inthéressez absents et chacun en tout et en proportion que le faict les touchent, arresté a esté inviolablement que très-humbles remontrances seront faictes à S. M. sur le faict et importance de ladite dépradation, mesme qu'il en sera donné advis au parlement de Londre et par toult ailleurs ou besoing sera, et que pour subvenir aux grands frais et débours de deniers qu'il convient exposer pour rendre les dites diligences et tascher d'obtenir la délivrance des dicts navires et la réparation de leur perte tous les dicts inthéressez aux dicts navires de ce port et havre et tous les particuliers qui ont baillé deniers à proffit aux risques dans lesdicts navires fourniront des deniers et y contribueront au marc la livre et à proportion de leurs droicts, et que en attendant ladite liquidation il sera fourny par chacun maistre de navire la somme de 40 livres tournois et à leur absence par les principaulx bourgeois de chacun navire, lesquels deniers seront mis aux mains de André Le Bouteiller et Jehan Moullin, marchands de ce lieu, saouf à en rendre compte. Et ont signé : Monts, de Chauvin, P. Barbel, Postel, de Blanvillain, de Valsemé, Barbel, Andrieu, J. Moullin, Le Paulmyer, de la Vergne, Sanson, Le Bouteiller, Barbel, Herbaine, Liesbard, Giffard, Doublet, Le Cordier, J. Postel, Dières, J. Andrieu, Bonnet, Langloys, Auber, Guillaume Jacques, G. Dupart, Le Chevallier, Foterel, Thierry.

Janvier 1654, lecture de la lettre de cachet du Roi touchant la conservation de huit navires anglais capturés par représailles : « De par le Roy. Chers et bien amés. Aiant esté adverti que les nommez Hélie Baril, Guillaume Jacques l'aisné André Berthelot, Claude Boudin, et aultres de nostre ville de Honnefleur, poussez en ressentiment des mauvois traictementz qu'ils ont receus en diverses rencontres en Angleterre et de la perte que les Anglois leur ont encore depuis peu faict souffrir de quatre vaisseaux qui leur appartenoient auroient couru sur plusieurs navires anglois qui s'estoient aprochez de leurs rues (?) et par une espèce de représaille en avôient prins jusqu'au nombre de huict qu'ils ont emmenez dans leur port pour se dédommager de leurs pertes, Nous avons voulu vous faire ceste lettre pour vous dire que comme nous avons jugé à propos d'empescher que les marchandises dont les dits navires sont chargez soient dissipées afin que sy la justice estoit rendue en Angleterre à nos subjects nous puissions estre en estat de la faire aux estrangers, vous ayez à veiller à la conservation tant des dicts vaisseaux que de leur charge et tenir soigneusement la main à ce qu'il n'en soit rien diverty jusques à ce que aultrement il en ait esté ordonné. N'y faictes donc faulte; car tel est nostre plaisir. Donné à Paris, le 25ᵉ de janvier 1654. Signé, Louis. Et scellé d'un petit sceau. » — 27 mai, réclamations de Claude Ecorcheville, maître cabaretier de l'hôtellerie de l'Aigle d'Or, de Pierre de la Roche, hôtellier de l'hôtellerie du Dauphin. — 7 octobre, Antoine Regnoult, président au grenier à sel, exposant qu'il est enfant de famille, est autorisé à se pourvoir auprès des Elus pour se faire rayer des rôles, conformément à ce qu'il a été de tout temps pratiqué à l'égard des enfants de famille non mariés et qui ne possèdent biens d'ailleurs. — 26 décembre, Guillaume Robinet, élu échevin, expose qu'il ne peut être échevin et procureur-sindic tout ensemble ; arrêté que l'élection sera maintenue.

1ᵉʳ avril 1655, sur la publication d'un ordre du Roi, daté du 28 mars, les maîtres de navires du port de Honfleur sont invités à mettre au greffe de la ville sans délai la liste des noms, surnoms, qualités et demeures des officiers, matelots et mariniers dont ils se sont servis en l'année dernière. — 7 avril, touchant la fourniture de 80 matelots et 20 officiers, arrêté après le refus des maîtres de se faire enrôler, qu'il sera procédé suivant la rigueur des ordonnances. — 1ᵉʳ mai, lecture de la lettre du Roi ordonnant de fournir 100 mariniers et d'en répondre en leur propre et privé nom. Arrêté qu'il sera fait un rôle de tous les matelots, que ceux qui ayant tiré au sort seront élus seront contraints de servir le roi par toutes voies et par emprisonnement, que tous les navires, barques et bateaux du port demeureront en arrêt jusqu'à ce que le nombre de cent matelots soit fourni. — 14 avril, touchant la somme de 5,000 livres exigée pour les subsistances et vu la fuite des collecteurs, arrêté qu'il sera procédé à la collecte sur le pied du rôle de l'année précédente. Jean Liébard, maître de navire, a été mis en prison à Rouen sur l'instance du receveur des vingtièmes. — 18 avril, assemblée pour interpeller les mariniers et savoir s'ils veulent servir le Roi. — 6 juin-17 septembre, sentences au sujet de droits d'aide sur les poissons provenant de la pêche.

9 janvier 1656, délibération sur les moyens à employer pour loger la garnison, fournir le linge, le bois, la chandelle, ou souffrir qu'il soit fait taxe sur chaque habitant. — 16 janvier, sera fait une cotisation capitale pour le logement des soldats. — 20 janvier, nomination de collecteurs pour lever les 23,400 livres ordonnées par le Roi être fournies par les habitants. — 26 novembre, lecture d'une lettre touchant les fournitures nécessaires à la garnison. Texte de la lettre. — 3 décembre, quatre échevins et quatre bourgeois travailleront sans intermission de jour à faire une cotisation capitale sur les bourgeois pour les fournitures et le logement des gens de guerre. — 17 décembre, voyage sera fait vers M. de Morant, commissaire de la province, pour que le logement des gens de guerre qui prétendent venir en quartier d'hiver soit diverti et que la ville en soit déchargée. En cas que le logement soit destiné pour Honfleur, une personne sera députée vers le gouverneur pour par sa recommandation être déchargé du logement. — 26 décembre, sera fait adjudication de la vente ou fieffe de la place de terre appartenant à la ville proche l'hôpital.

8 janvier 1657, lettres portant nomination de Jacques Auber, fils, « aux estats et offices héréditaire, ancien, alter-

natif et triennal de receveur des deniers communs, patrimoniaulx et d'octroy que naguères tenoit Me Jacques Auber, son père, décédé. » — 28 janvier, sur la remontrance qu'il est enjoint aux collecteurs de chaque paroisse de comprendre dans les rôles les habitants qui possèdent héritages et les baillent à ferme à la moitié, sera fait poursuite pour obtenir que les bourgeois soient maintenus dans leurs priviléges. — 5 mars, lecture d'un arrêt du parlement de Rouen portant défense aux collecteurs des paroisses d'imposer les habitants pour leurs héritages. — 26 déc., élection de Me François Hobey, avocat, à la charge de procureur sindic. Sur la requête de M. Olivier de Valsemé tendant « à ce qu'aiant esgard à ce qu'il est âgé de 83 ans et aux bons seruices qu'il a rendus dans le corps et hostel de ceste ville il soit dispensé de comparoir et qu'il soit procédé à l'eslection et nomination d'un conseiller en son lieu ; arresté a esté par advis uniforme que le congé est accordé audict sieur de Valsemé et sera élu un conseiller, cependant ledict sieur est suplié de se trouver en l'hostel de ville pour de son bon conseil et advis assister les habitans ; et depuis sera ledict sieur de Valsemé continué dans la dicte charge de conseiller et vacquera quand il luy plaira ».

2 février 1658, sur l'avis reçu du sieur de Carouges, receveur des deniers des tailles et subsistances de l'élection de Pont-l'Evêque, qu'il enverra des compagnies de gens de guerre si la ville ne paie promptement les 24,000 livres faisant partie des 30,000 de quoi de la ville a été taxée ; arrêté qu'il sera fait voyage à Rouen. — 7 avril, délibérant sur une lettre du sieur de Carouges, receveur des tailles de l'élection de Pont-l'Evêque, par laquelle il mande qu'il a à se plaindre des habitants de cette ville et que si on ne le rembourse pas des 24,000 livres qu'il a avancées pour empêcher qu'il ne vînt des gens de guerre en quartier, il sera obligé de souffrir qu'il en vienne loger ; arrêté que le sieur Benoist, collec-

teur porte-bourse, sera sommé de faire diligence par exécution, contraintes, vendues et autrement pour que les trois premiers quartiers du rôle soient payés dans la semaine prochaine et versés à Rouen dans la huitaine, à peine de répondre de tous dommages en cas de vexation et qu'il arrive des gens de guerre. — 1er décembre [1], nomination de collecteurs pour les étapes et les subsistances. — 26 décembre, nomination d'un échevin à la place de Guillaume Robinet.

16 janvier 1659, adjudication des fermes d'aide sur les boissons, 50 liv.; sur les cuirs, 100 sols; la boulangerie, 6 deniers. Arrêtés touchant des contestations en matière de droits dûs sur les poissons. — 24 septembre, pour délibérer sur l'exécution des lettres de cachet de Sa Majesté du 6 août, d'autres lettres du 2 de septembre et d'un arrêt du conseil d'Etat du 21 août et de la lettre adressante de M. de Champigny, intendant, du 14 de ce mois, en conséquence desquelles on prétend taxer la communauté de 18,000 à 20,000 livres pour subvenir aux dépenses du voyage que Sa Majesté fait pour le traité de la paix et de son mariage; arrêté que le procureur-sindic se rendra à Paris pour obtenir modération tant de ladite taxe que de la taxe des subsistances. — 11 octobre, sur la taxe et contribution aux frais du voyage de Sa Majesté, arrêté que « les eschèvins en charge et le sindic se retireront par devers M. l'Intendant de la province avec lequel ils ménageront au mieux qui leur sera possible le soulagement de la communauté et qu'ils tascheront de faire modérer la taxe à une somme la plus modique, et arrêteront les moyens par lesquels on en accélèrera le paiement ». — 26 déc., pour élire des collecteurs en nombre suffisant pour faire la recette des deniers qui sont et seront à lever l'année prochaine, la délibération est remise au 1er janvier en l'absence des bourgeois et habitants « qui font mespris d'assister aux assemblées ».

[1] Aucune délibération du 7 avril au 1er décembre 1658.

1ᵉʳ janvier 1660, nomination de six collecteurs pour faire recette de la somme de 6,000 livres en une partie « ordonnée estre levée capitalement sur les bourgeois et habitants privilégiés et non privilégiés pour leur part des frais de la conclusion de la paix et du mariage de Sa Majesté », suivant le mandement de Mgr. le Commissaire en la généralité de Rouen en date du 4 février dernier. — 7 juin, la ville est autorisée à emprunter la somme de 6,000 livres sous l'obligation de la verser incontinent. — 16 juin, Jacques Auber a fait résignation de son office de receveur à Jean Moullin.

17 février 1661, pour ce qui regarde les ruines arrivées aux quais, havres, jetées et murailles, arrêté qu'il sera fait très humbles remonstrances au Roi en son conseil sur l'importance desdites ruines. — 11 juin, arrêté que sans intermission il sera travaillé à l'ouverture du port. — 10 juillet, Gaspard de Villeneuve, sieur de Saint-Marcelin, est nommé à la charge de lieutenant de roi au gouvernement de Honfleur et de Pont-l'Evêque. Texte des lettres de provisions. — 28 juillet, un arrêt du Conseil, en date du 21 juillet, oblige les habitants d'abandonner la moitié du revenu des octrois aux engagistes desdits octrois, tout en étant maintenus en possession de ce revenu ; arrêté que ladite moitié sera payée pour éviter aggravation. — 18 déc., procès poursuivi à la cour des Aides, à Rouen, au sujet des taxes de consommation. Sur la réparation du prétoire dont ces jours derniers une partie est tombée « en décadence », le sieur d'Auberville prétend assujettir les habitants à ladite réparation, arrêté que très humbles remonstrances seront faites à Mademoiselle, la suppliant d'entrer en connaissance que depuis la construction du prétoire il a été réparé par les receveurs des domaines.

5 janvier 1662, touchant l'exécution des ordres relatifs au logement de 50 hommes du régiment de Rambures. — 29 janvier, voyage à Paris pour obtenir un fonds à l'effet de subvenir aux réparations des quais et des murailles. —

13 mai, logement de soldats du régiment de Navarre. — 25 juin, les échevins, conseillers, procureur-sindic et greffier ont toujours joui de temps immémorial de l'immunité et exemption de toute collecte des deniers, comme les capitaines, lieutenants et enseignes quarteniers en ont été déchargés, mais ils contribuent selon leurs moyens à leur quote-part des deniers de toute nature qui se lèvent. — 2 sept., délibérant sur le résultat du conseil de S. A. R. Mademoiselle, du 10 juin dernier, touchant la réparation et rétablissement du prétoire ; le receveur domanial prétend assujettir la ville à l'édification du prétoire sur la halle à blé et à la réparation des prisons. Arrêté qu'au jour de la remise de la cause au sieur Bicherel, procureur domanial de Mademoiselle, sera exposé que la communauté refuse de faire édifier de neuf un prétoire et de faire réparer les prisons, qu'elle consent toutefois à réparer la partie écroulée pourvu que Mademoiselle accorde le bois nécessaire.

47. *Délibérations* (1642). — Adjudications de travaux de réparation et d'entretien à la jetée du nord-ouest ; à la barre de l'enclos ; au pont-levis de la porte de Caen ; aux quais et escaliers ; etc.

48. *Délibérations*. (1663-1666). — 9 déc. 1663, autorisation de bailler état des dettes de la ville ; elles seront liquidées par M. de Champigny et imposées capitalement sur les habitants.

2 mars 1664, élection de collecteurs. Nomination de Louis Doublet, chirurgien, à l'office de conseiller. — 1er mai, arrêté que l'on fera achat de la maison de Brucourt. — 5 juin, Guillaume Renoult, curé recteur de Sainte-Catherine, remontre que l'on a souffert l'établissement d'un ministre, d'un médecin, d'un apothicaire et de plusieurs marchands de la religion réformée contre les arrêts et ordonnances, en outre led. curé représente que les Capucins ont commencé un second établissement joignant la chapelle de

N.-D. de Grâce où ils prétendent faire leur demeure et s'approprier ladite chapelle, ce qui serait au détriment des habitants qui ont fait construire cette chapelle. Arrêté que pour les religionnaires il en sera donné avis à Mademoiselle et au procureur général; à l'égard des Capucins il sera conféré avec eux pour connaître leurs desseins. — 22 juin, délibérant sur les lettres des sindics de la compagnie des Indes orientales, arrêté qu'il sera répondu que les habitants ne sont point en puissance de risquer aucune chose « veu la misère du public surchargé depuis quantité d'années de grandes taxes et impositions ». — 26 décembre, ont été nommés échevins : Louis Doublet, chirurgien, Charles Otton; conseillers : Jacques Auber le jeune, André Goubard.

15 février 1665, délibération touchant la rupture du comble du prétoire étant sur la boucherie. Pour éviter d'être condamné à faire construire tout de neuf un prétoire ce dont la ville est menacée, arrêté qu'il sera fait travailler aux ruines arrivées. Touchant le logement du lieutenant de roi, on décide qu'il en sera fourni un dont le fermage sera payé sur les deniers d'octroi. — 1er mai, lecture d'une lettre de la compagnie des Indes orientales et des privilèges concédés à ladite compagnie. — 7 mai, les habitants « sommez de entrer de quelque somme de deniers dans le commerce des Indes orientales », aucune personne ne s'est présentée. Il sera représenté la misère du peuple et l'impuissance des habitants.—12 juillet, nomination par M. de Monts, gouverneur, d'Etienne de Bautot, écuyer, sieur de Meautrix, à la charge de capitaine des portes. Texte des lettres de provisions. — 25 octobre, nomination de cinq collecteurs. — 30 novembre, nomination par le Roi de Robert du Mesnil, écuyer, sieur de Saint-Germain, à la charge de capitaine des portes. Le texte des lettres de provisions a disparu avec le feuillet 24.— 7 décembre, les vents et les tempêtes ont de telle sorte ruiné et abattu tous les quais du port et des maisons qui sont en la

rue Haute que, s'il n'y est subvenu, le port sera entièrement ruiné et les maisons emportées. Arrêté que le curé de Sainte-Catherine et un des échevins iront à Paris devers le Roi et devers Mademoiselle pour les supplier d'accorder les fonds nécessaires aux réparations.

1er janvier 1666, Louis Doublet premier échevin, refuse de remplir la charge de receveur vacante depuis la mort de Jean Moullin « dans ce temps où l'on recherche ceux qui ont le maniement des deniers », si la ville ne lui promet toute indemnité en sorte qu'il n'en souffre aucunes pertes ni dommages; il est fait droit à sa demande. — 14 janvier, ordonné que les eaux qui ont été diverties des canaux des fontaines seront maintenues dans lesdits canaux et que les ouvertures seront bouchées. — 22 février, pour conserver la place au service du Roi il est important que les bourgeois fassent la garde de nuit et que pour plus grande sûreté il soit pourvu au logement de deux compagnies de soldats qui garderont la ville au dedans. — 25 mars, lecture d'une lettre de M. Le Tellier portant ordre de loger les soldats chez les habitants. — 7 mai, touchant le logement du lieutenant de roi, on mettra en état la maison ci-devant de Brucourt. — 25 juillet, l'intendant a accordé 2,300 liv. pour être distribuées aux plus pauvres des habitants. Sur cette somme il sera pris 600 liv. pour aller à Paris faire connaître la pauvreté de la communauté. — 24 septembre, plusieurs matelots arrivant de Dunkerque, ville infestée de maladie contagieuse, avaient été loger dans leurs maisons malgré les défenses qui avaient été faites. Ce fait étant venu à la connaissance du public on avait forcé le surnommé Banneville, fils, matelot, et Adrien Banneville, son père, à se retirer dans les carrières de Notre-Dame-de-Grâce « où ledit Banneville est décédé que l'on croit être de maladie contagieuse, et sy on avoit faict retirer du public d'autres matelots et des habitants lesquelz avoient hanté les prétendus contagiez »; Guillaume Renoult, curé de Sainte-Catherine, remontre qu'il est très important de secourir ces malheureux à raison de leur pauvreté. On subviendra aux personnes qui sont retirées et sera pris à cet effet des deniers.

49. *Délibérations* (1664-1671). — Réparations au pavage; entretien des jetées, murailles, etc. Adjudications.

CARTON N° 7.

50. *Délibérations* (1664-1668). — Adjudications des fermes des droits d'aide : sur les vins; la boucherie; les draps, toiles, etc.; les cuirs à poil; le suif et les beurres; le poisson salé.

51. *Délibérations* (1666-1668). — 7 novembre 1666, copie d'une délibération touchant l'emploi de la somme de 2,300 livres accordée par l'intendant.

26 avril 1667, « plusieurs habitants des principales testes se sont faict imposer et enroller aux parroisses circonvoisines et par ce moyen se prétendent thirés de Honnefleu où ilz paient de bonnes sommes de deniers pour leur part des impositions »; les particuliers habitants contribuables seront maintenus en la bourgeoisie comme naturels contribuables. — 27 mai, nomination de Simon Larmoy, huissier de la chambre de Mademoiselle, à la charge de capitaine des portes vacante par le décès de Robert du Mesnil. Texte des lettres de provisions. — 16 juin, pour délibérer touchant les lettres portant qu'à l'avenir il ne pourra être fait établissement de collèges, monastères, communautés, sans lettres-patentes du Roi; les gouverneur, échevins, conseillers et habitants attestent que depuis dix-huit à vingt ans « les dames religieuses de la congrégation de Notre-Dame sont établies en ce lieu de l'autorité du duc d'Orléans, que depuis ce temps elles y ont toujours vescu daus une régularité très exacte »; qu'elles

instruisent les jeunes filles dans des classes bâties à leurs frais; qu'elles leur apprennent à lire, écrire, calculer et faire plusieurs ouvrages de dentelles, tapisserie et autres exercices manuels selon leur condition; qu'elles ont converti plusieurs jeunes filles huguenotes; qu'elles n'ont jamais été à charge à la ville; qu'en conséquence le Roi est supplié de les maintenir et confirmer. — 30 octobre, mandement relatif à la levée de la somme de 22,000 livres à quoi la ville est imposée pour sa part des 153,000 livres que l'élection de Pont-l'Evêque doit paier. — 6 novembre, nomination de huit collecteurs. — 4 décembre, nomination de quatre bourgeois pour vérifier les dettes de la ville, les titres justificatifs et donner leur avis sur le procès-verbal de liquidation des dites dettes.

26 février 1668, sur la récompense demandée par les hôteliers et cabaretiers pour le logement fourni aux compagnies des soldats de M. de Boisroger et de celui du régiment Royal, arrêté que les hôteliers seront payés à raison de dix sols chacun soldat. — 23 juillet, lecture d'une lettre de l'intendant et d'un arrêt du conseil d'Etat par lequel S. M. ordonne qu'il ne sera fait dorénavant aucune députation par les villes que préalablement les maire, échevins n'en aient fait connaître les raisons. — 5 août, ordonné que les gardes bourgeoises seront composées chacune de cent hommes pour garder les avenues du côté de la porte de Rouen. Arrêté que « en cas que Dieu veuille que cette communauté soit affligée de maladie contagieuse, le lieu de l'hôpital servira pour retirer les affligez ». Il est enjoint au sergent de publier l'ordre du gouverneur : « De par le Roy et Mgr le gouverneur. Il est deffendu à tous bourgeois de nourrir aucuns cochons ny pigeons en ceste ville à peine de 10 liv. d'amende pour la première fois et de 20 liv. pour la seconde. Deffences à tous hôteliers tant de ce lieu que de Saint-Sauveur de recevoir aucuns voyageurs dans leurs hôtelleries qu'après avoir fait

voir leur attestation du lieu d'où ils viennent à Mgr. le gouverneur à peine de 20 liv. d'amende pour la première fois et de 50 liv. pour la seconde. Deffences aux messagers et batte--liers d'aller à Rouen sans la permission du gouverneur. Deffences aux passagers de recevoir aucunes personnes dans leurs batteaux pour passer au pays de Caux et de tous autres lieux eu ceste ville sans un billet des autorités. Deffences aux bouchers en ceste ville de laisser ny sang ny aucunes immondices des bestes qu'ils tuent tant dans leurs maisons particulières qu'à leurs boucheries et leur est enjoint de porter le tout ou à l'hôpital ou au havre-neuf dans la mer, etc. etc. ».

52. *Délibérations* (1668-1671). — 2 octobre, nomination de Jacques Houlet dit Brazilier à la charge de porteur des clefs de la ville. Texte des lettres de nomination et du brevet. — 18 novembre, nomination de cinq collecteurs. Le sindic demande que les notables bourgeois, absents de la délibération et non excusés, soient condamnés : les officiers à 60 s. d'amende, les autres à 20 s.

27 janvier 1669, les habitants possédant des héritages contigus et latéraux de la place de l'hôpital représentent que le quai de ladite place est ruiné et ils prétendent que la ville doit le réédifier. On demandera un fonds suffisant à l'intendant pour rétablir les quais de l'hôpital. — 5 mai « sur la remonstrance qui a esté faicte des grandes sommes en quoy la communauté est taxée pour sa part de la subsistance des gens de guerre, et l'impossibilité d'en faire l'assiette sur les dits habitants, la plupart des suffisans en biens s'estant faicts descharger à cause des charges qu'ils ont les uns chez le roy, les autres chez les princes et d'autres pourveus aux charges du grenier à sel, qui sont à cause d'icelles taxez à de modiques sommes, et plusieurs autres habitants qui se sont faict imposer aux paroissés circonvoisines et descharger des justes contributions qu'ils doibvent en ceste ville, ce qui fait que icelle est presque abandonnée et sy peu qu'il reste desdicts

-habitants sont des moins accommodez en biens ne pouvantz suporter levée de l'imposition des dictes subsistances, à joindre que les collecteurs nommez par la communauté pour faire l'assiette la font de leur chef et en l'absence des eschevins contre la manière accoustumée et y commettent de grands abus en imposant quantité de particuliers non subjects à des sommes excessives et qu'ils ne peuvent paier.... Les dictes sommes sont ensuite de l'avis des Elus rejetées sur le général de la communauté ce qui cause entièrement sa ruine.... Sur ce, sont d'advis les dits habitans qu'il sera faict au plus tost voiage en la ville de Paris pour présenter requeste au Conseil afin d'obtenir la confirmation des priviléges de subvention sy faire se peult ou diminution des subsistances et que les collecteurs travaillent à la confection des rôles en la présence des échevins et de quelques bourgeois notables ».

9 mai, nomination d'officiers quarteniers : Etienne Barbel, sieur de la Chesnée, capitaine; Hugues Morin, lieutenant; Michel Hobey, enseigne. — 17 août, l'assemblée délibérant sur la maladie contagieuse qui augmente de jour en jour dans les villes de Dieppe et d'Amiens et aux lieux circonvoisins du plat pays, arrêté que « deffenses sont faictes de rechef de traffiquer, négotier ny avoir aulcun commerce avec les habitants de Dieppe et d'Amiens, à peine de 10 liv. d'amende pour la première fois; comme aussy deffenses sont faictes de nourrir aulcunes bestes porchines, pigeons, ny lapins, ny aultres bestes immondes à peine de confiscation et de 60 sols d'amende; .... deffenses sont pareillement faictes de faire aucun commerce en ce lieu de lins, laines, chanvres venantz des pays de Caux, Picardie et Flandres à peine de confiscation; et seront nommez des commissaires en chacun quartier qui auront le soing de tenir la main à ce que dessus ».

1er janvier 1670, nomination de Claude Grousse dit la Harderie à la charge de porte-clefs en remplacement de Jacques Houlet, décédé. Texte des lettres de présentation et nomination. Texte du brevet. — 4 mai, obligations des officiers-receveurs, des comptables et des collecteurs. — 2 novembre, nomination de Jacques de Bottot ou Bautot, écuyer, sieur de la Rivière, à la charge et commandement de la tour et chaîne du bassin, port et hâvre. Texte des lettres de provisions délivrées par M. de Monts, gouverneur. — 27 déc., élection d'un échevin : Jacques Auber, marchand.

16 août 1671, nomination de collecteurs pour les subsistances et les étapes.

53. *Délibérations* (1668-1671). — Adjudications des petites fermes d'aide appartenant à la ville.

54. *Délibérations* (1672-1673). — 10 juin, pour délibérer sur la visite de l'intendant venu pour faire construire un port et havre d'autant que le port ne peut contenir le nombre de vaisseaux qui y arrivent, sont d'avis les échevins, conseillers et bourgeois de déclarer leur impuissance de contribuer d'aucuns deniers à raison que la levée des subsistances a réduit plusieurs familles à la dernière nécessité et a fait aussi que la plupart des habitants ont délaissé la ville ; que néanmoins ils sont prêts de contribuer chacun selon son pouvoir mais attendu leur impuissance il se trouvera peu de personnes dans cette volonté. — 19 juin, ordonnance prescrivant aux bourgeois d'assister aux assemblées publiques : « Nous, intendant de police, justice et finance et commissaire départi pour les ordres de S. M. sur les troupes en Normandie, généralité de Rouen, ordonnons que lorsqu'il sera besoing de faire assemblée de ville vingt des bourgeois de ladicte ville de Honfleur qui seront assignez pour y assister à la dilligence des échevins d'icelle seront tenus de s'y trouver au jour et heures prescriptes par les exploictz d'assignation qui leur seront faicts donner pour cet effect à paine de trente sols d'amende contre chacun des particulliers reffusans de ce faire aplicables aux pauvres mallades de ladicte ville ; à quoy

faire ils seront contraints par toutes voyes deues et raisonnables. Ce qui sera leu, publié, où besoing sera, et registré au dict hostel de ville. Faict au Havre le 13e de juin 1672. Signé, de Creil. » — 23 juin, touchant l'établissement d'une manufacture d'huile de sardines sur la côte de Normandie, on est d'avis que cet établissement serait très dommageable au public qui serait privé du privilége de négocier personnellement. — 10 juillet, arrêté qu'il sera faict des ouvrages de réparation au pont de bois de la Tour Carrée; aux corps de garde du rempart appelé le Château-Gaillard; au logis du Roi. — 7 août, résolution pour obtenir que les deniers des subsistances levés par capitation soient perçus par voie de tarif « attendu qu'il est impossible de faire sortir les deniers des impositions faites sur quantité de bourgeois insolvables et spécialement sur les matelots et gens de mer qui sont la plus grande partie de la bourgeoisie de ce lieu, lesquels sont obligez de servir le Roi sur ses vaisseaux de guerre, comme il est arrivé à la campagne dernière contre les Hollandais où il a esté fourny près de 300 hommes du nombre desdits bourgeois comprins aux rooles des subsistances ».

22 janvier 1673, Jean Giffard en considération de sa caducité et âge septuagénaire demande à être exempt des fonctions d'échevin. Il sera fait élection d'une autre personne. Pour le bien et utilité du commerce sans lequel nul ne peut subsister, sera fait criées par forme de ban pour obliger chacun à nettoyer les rues et même à faire paver chacun en droit soi si besoin est. — 27 janvier, sur la sommation du sieur de La Héronnière, commis à la recette des sels, on déclare être prêt à faire sortir du bassin les vaisseaux légers pour faire place à la flotte qui a chargé en Brouage les sels de la gabelle.

55. *Délibérations* (1672-1675). — Adjudications des petites fermes. — Réparations aux jetées, bastions, quais des

passagers, maison du roi, canal entre la Tour-Carrée et le boullevart de la porte de Caen, etc.

56. *Délibérations* (1673-1678). — 15 octobre 1673, nomination de collecteurs. Claude du Pont, docteur en médecine, est autorisé à exercer sa profession. — 23 oct., arrêté que ceux qui prétendent translation de domicile pour aller ailleurs seront encore imposés. — 23 nov., élection d'un député chargé des intérêts des marchands et négocians pour se rendre à Rouen et délibérer avec les autres personnes convoquées sur les moyens de protéger le commerce sur mer des entreprises des pirates hollandais; a été élu à l'unanimité Charles Thierry, sieur du Bucquet. Nomination de Pierre Vata à la charge et office de receveur des deniers; ledit office était vacant depuis dix années. Texte des lettres de provisions. — 26 décembre, on est d'avis que « pour reconnaissance des bons et louables services qu'André Leduc a rendus à la ville, étant échevin, de luy faire célébrer un service sollemnel aux frais et dépends de la communauté de laquelle lesdits officiers n'attendent aucune reconnaissance pour tous les soins et travaux qu'ils employent pendant leur vie au service du public ». Sur quoi ayant bien délibéré on consent « qu'il soit faict célébrer un service sollemnel pour les deffuncts officiers qui auront dignement servy jusques à la fin de leurs jours à la dicte ville comme eschevins, conseilliers, procureur-sindic et greffier du corps d'icelle, lequel servisse se fera tousiours en l'esglise Saincte-Catherine quand bien mesme le deffunct seroit d'ailleurs ; ..... auquel servisse on fera prier M. le Gouverneur et M. le Lieutenant de roy pour y assister en cérémonie ». — 18 février, Pierre Vata receveur des deniers demande à être rayé des rôles des taillè et subsistances ; on s'opposera à cette demande.

15 avril 1674, Laurent Ameline, sieur de Saint-Laurent, François Langlois, sieur de l'Epine, et Jacques Caresme, sieur de Beaulieu, ont été nommés échevins; « au mespris

de laquelle élection ayant refusé de vacquer mesme après jugement rendu par l'intendant » il sera nommé trois autres notables pour échevins. — 10 mai, pour delibérer sur l'arrêt du Roi portant que les fiefs, terres et héritages tenus en franc-alleu payeront deux années de revenu, sera député deux personnes pour obtenir une décharge ou du moins une diminution. — 12 mai, délibérant avec les capitaines quarteniers sur le fait de la garde bourgeoise, arrêté qu'il sera fait monter 80 hommes chaque jour attendu la nécessité de la guerre. — 26 juin, douze des principaux bourgeois sont condamnés par arrêt de la cour des Aides pour toute la communauté au payement des impositions. Celles-ci s'élevaient à 23,000 livres. — 28 oct., nomination d'André Le Jugeur à la charge de porte-clefs. Texte des lettres de nomination. Texte du brevet. — 2 nov., au regard du payement des deniers qu'il convient d'avancer pour le franc-alleu exigé sur les fiefs, terres et héritages, lesdits deniers seront avancés par plusieurs notables bourgeois sauf à les répartir capitalement. — 5 nov. « d'autant que le commerce de ce lieu aussi bien que de Dieppe et du Havre consiste en la navigation et pesche des morues, il seroit important pour la seurreté des navires d'obtenir la liberté de ladite pesche sans estre troublés par les ennemis de l'Estat, pour quoy lesdits marchands ayant entre eux conféré ont d'un commun consentement donné adjonction aux marchands de Dieppe pour faire les poursuites et diligences afin d'obtenir des passe-ports de Messieurs des Etats-Généraux de Hollande ». — 26 déc., « suivant l'antien usage de tous temps praticqué sous le bon plaisir du Roy, il est nécessaire de nommer un eschevin pour faire la fonction de premier au lieu et place de Me Louis Robinet; n'estant arrivé aucun changement dans le corps de ville et le nombre des eschevins estant demeuré complet led. Robinet est remis à la place de premier ». Il sera soutenu que Guillaume Paulmier, bailli de la haute justice de Grestain, demeurera imposé à Honfleur « veu qu'il est originaire de Honnefleu, qu'il y a atteint ses ans de majorité, fait trafic et commerce en mer où il a toujours demeuré, où il est marié, où il possède luy et sa femme grands biens ».

24 mars 1675, il sera député vers S. A. R. Mademoiselle « personnes pour la remercier très humblement de toutes les grâces et faveurs que la ville a reçues d'elle et en mesme temps la supplier que par sa faveur on puisse obtenir un tarif sur les entrées pour demeurer deschargez des deniers annuellement levez sur les subsistances ». — 5 mai, François Hobey et Louis Robinet seront députés vers Mademoiselle. On ordonne qu'il sera fait un ban pour charger chacun de tenir le pavé des rues en bon état. — 3 nov., réception de Robert Néel aux fonctions de canonnier. — 22 déc., en exécution d'un arrêt du conseil d'Etat portant règlement des droits de chaîne, on ordonne que l'entretien du commandement et des hommes préposés à l'ouverture de la chaîne du port sera pris sur les octrois à raison de 12,000 liv. par an.

15 février 1676, nomination de Charles de Cormeilles, écuyer, sieur du Vieuxbourg, à la charge de commandant de la tour et chaîne. Texte des lettres de provisions. — 22 mars, on permet à Philippe Brière, boucher, de bâtir une loge et de placer un étal proche « la halle à chair », moyennant 60 s. de rente annuelle. — 16 juillet, députation envoyée vers l'intendant pour obtenir modération des tailles, et de plus conférer avec les députés de Dieppe au sujet de la liberté de la pêche de la morue. — 24 juillet, touchant le droit d'aide sur la boulangerie, ce droit sera continué à être perçu sur le pain apporté de la campagne pour être débité les jours de marché. — 8 sept., Charles Bunel, Christophe Goulley, Jean de Caux, Georges Destin, Jacques des Molières et Louis Picard, tous pilotes lamaneurs, retireront quantité de grosses pierres tombées à l'entrée du havre; ils seront déchargés de faire aucune garde bourgeoise. — 17 sept., Pierre Lefebvre,

hôtelier de l'hôtellerie du *Soleil d'or*, est autorisé à prendre la grosseur d'une plume d'oie de l'eau au regard proche de sa maison, et il paiera 60 s. de rente. — 25 oct., plaintes du curé de Sainte-Catherine contre des prêtres particuliers qui font les fonctions attribuées à sa charge et administrent les sacrements dans la chapelle de l'hôpital, dont acte lui a été accordé.

4 février 1677, il est nécessaire faire réédifier plusieurs ruines arrivées à l'hôtel commun appelé Brucourt que le corps de ville a pris pour s'assembler ; sera fait un devis. — 29 mars, pour délibérer sur les diligences à faire afin d'obtenir le tarif, la première tentative n'ayant point eu d'effet; requête sera présentée au Roi. — 15 juillet, délibérant sur les moyens diverses fois proposés touchant l'établissement du tarif, arrêté qu'on écrira à M. Boursier, à Paris, afin de faire les diligences nécessaires; qu'en cas d'obtention il sera payé par gratification et récompense le somme de 3,850 livres. — 22 juillet, sera fait voyage à Rouen vers M. l'Intendant pour le prier de donner son consentement à l'obtention du tarif. — 2 sept., lecture d'un arrêt du conseil d'Etat portant règlement des appointements accordés aux gouverneurs du Havre, Dieppe, Honfleur, Pont-de-l'Arche, les Andelis, Château-Gaillard et Meulan. Texte de l'arrêt. — 2 sept., ordonnance de l'Intendant prescrivant aux échevins d'examiner les comptes des deniers depuis l'année 1660. Les comptes de Jean Moullin, François Liétout, Louis Doublet, Jacques Auber le jeune, André Goubard, Hugues Morin, Jacques Auber l'aîné, Louis Auber et Charles Barbel sont présentés. — 28 septembre, on est d'avis de payer plutôt une somme de deniers que de souffrir le logement des sept compagnies d'infanterie qui doivent venir en quartier d'hiver. On demandera la révocation ou diminution du droit d'un sol pour livre établi sur la vente des morues. — 10 octobre, une sentence de l'intendant ordonne de procéder à la nomination

d'un procureur-sindic en remplacement de François Hobey « soubs l'exposé que les échevins auroient fait de sa conduite ». Hobey proteste contre la sentence et demande attestation de la communauté entière qu'il a rempli ses fonctions en homme d'honneur. On lui accorde acte du désaveu fait par les échevins de ceux qui se sont servis de leur nom pour porter plainte contre ledit Hobey, lequel a toujours rendu bon compte des affaires de la ville; on suppliera l'intendant de révoquer ladite sentence. — 14 nov., la ville est exemptée du logement de cinq compagnies d'infanterie mais elle payera 7,500 livres pour l'ustensile. — 26 décembre, élection d'un échevin.

1er janvier 1678, réception de Jean Barbel à l'emploi et fonction de médecin. — 13 janv., sera fait recherche des biens aliénés. — 27 février, contestations entre Me Rioult et Pierre Vata au sujet du payement des fermes. — 27 mars, le texte de la délibération manque; le cahier n° 56 est incomplet.

57. *Délibérations* (1678-1680). — 24 avril 1678, pour délibérer sur les réparatious nécesssaires au rempart de la Tour-Carrée; sera fait devis et adjudication. — 25 juin, sera fait criées et adjudication pour le curage du port et du bassin. — 30 juin, lecture d'un arrêt qui défend aux communautés de député à la cour sans l'avis de l'intendant. Adjudications. — 11 juillet, Pierre de la Roche, marchand, souhaiterait faire faire des salaisons de hareng comme cela se fait à Dieppe, Saint-Valery et Fécamp, même qu'il équiperait des bateaux s'il avait la facilité de faire venir du sel comme font ceux des autres endroits de la province; on appuiera sa réclamation. — 21 juillet, sera travaillé sous le bastion proche la porte de Rouen pour empêcher la perte de l'eau de la fontaine de l'enclos passant par des tuyaux en travers du fossé et dessous ledit bastion. Michel du Tertre, curé de l'église Sainte-

Catherine, a dit que Gabrielle Orieult et les autres filles établies dans l'hôpital prétendent se soustraire à sa juridiction spirituelle; il forme opposition à l'enregistrement des lettres patentes que lesd. filles ont obtenues. — 19 oct., nomination de François Henry, vicaire de Notre-Dame et de Saint-Léonard, aux fonctions de chapelain de l'hôpital, à la charge de quitter son vicariat, attendu que cette fonction est incompatible avec celle de chapelain de l'hôpital. — 26 déc., nomination d'un échevin; d'un conseiller : Michel Taillefer. Ordonné que les poudres déchargées des navires seront à l'avenir mises au pavillon de l'hôpital, et pour indemniser la ville des frais de l'entretien dudit pavillon il sera payé 20 sols par baril.

1er janvier 1679, sentence interdisant aux bouchers de débiter leurs viandes autre part qu'à la boucherie et ne sera permis à aucun de s'établir deux ensemble aux étaux privilégiés. Texte de la sentence. — 25 février, sentence du gouverneur touchant la petite fontaine où plusieurs voisins lavent leur linge. — 24 mai, acte par lequel les échevins rendent témoignage de la capacité de feu François Doublet, maître apothicaire. Adjudications de réparation d'entretien. Plaintes contre Nicolas-Claude Doublet du Rousseau, commis au grenier à sel, auteur de violences à l'égard des marchands. — 15 juillet, délibération en présence de l'intendant; on réduit les impositions de Pierre Guillebert, procureur à Rouen. — 15 déc., nomination de collecteurs. Damoiselle Anne Allain, veuve de Charles Otton, sieur des Perreaux, présente les lettres qui la réhabilitent en sa qualité de noblesse. — 26 déc., élection de Michel Taillefer aux fonctions de premier échevin; d'Antoine Otton, avocat, aux fonctions de conseiller « et devant les susdits se trouver à l'hostel-de-ville le 1er de l'an prochain pour prester serment et prendre séance, suivant l'ordre de tout temps observé ».

1er janvier 1680, prestation de serment de Michel Taillefer

et d'Antoine Otton. Contestations entre Michel du Tertre, curé de Sainte-Catherine et Constantin Daufresne, curé d'Equemauville, au sujet de la délimitation de leurs paroisses et des droits spirituels qu'ils exercent à la Côte-de-Grâce, au Mont-Joli et à Moulineaux ; un procès est pendant au Parlement de Rouen. — 23 janvier, lecture d'une ordonnance de l'intendant qui enjoint de fournir sous huitaine la liste des créanciers de la ville. Texte de l'ordonnance. Il sera répondu qu'on ne connaît aucune personne qui se dise créancière, à la réserve des héritiers de Germain Rebut pour 1,000 livres. — 30 janvier, ordre de l'intendant de fournir les noms des contribuables insolvables. — 12 mars, touchant la suppression du droit de sol pour livre imposé sur le poisson salé poursuivi par les marchands de Rouen, Dieppe, le Havre, Saint-Valery, Granville, Fécamp, etc., on donnera adjonction auxdits marchands et on se pourvoiera conjointement avec eux. La ville est ajournée à comparaître au bailliage de Pont-l'Evêque pour payer 21 livres de dépense de cabaret faite par les échevins en charge en 1658 ; on deffaillera audit ajournement parce que cette dépense de cabaret n'a pas été faite pour l'intérêt public de la communauté. — 25 avril, Antoine Otton remontre que sa mère Anne Allain, avait obtenu des lettres patentes portant son rétablissement au titre de noblesse que le roi Henri second avait accordé à Pierre Allain ; on ne s'opposera pas à l'entérinement desdites lettres. Enregistrement et copie des lettres patentes portant confirmation et approbation de l'établissement des religieuses, couvent et monastère de la congrégation de Notre-Dame, ordre de Saint-Augustin. Sera présenté requête au Roi pour la création d'un magasin d'entrepôt « veu que le commerce des isles de l'Amérique, d'Espaigne, Portugal, Angleterre, Hollande et autres païs estrangers s'est beaucoup augmenté depuis le temps du premier établissement des entrepôts et qu'il seroit désavantageux d'aller exposer les marchandises dans les autres villes ». — 25 avril, nomination de Louis de Bonnechose, écuyer, à la charge de garde de la tour et chaîne. Texte des lettres de nomination. — 2 mai, le Roi a accordé aux habitants de Pont-Audemer pour faire construire un port une somme considérable répartie sur plusieurs communautés de la généralité de Rouen « dont ceste ville a été taxée à la somme de 1,800 livres payable en deux ans. Estant plus raisonnable d'employer ces mesmes deniers aux réparations des ruines du port il sera député vers S. M. pour obtenir que les deniers destinés à Pont-Audemer soient employez aux murailles du port, comme aussy pour obtenir un bureau de transit ». — 11 juillet, nomination de deux collecteurs pour la levée des droits de fouage. Sentence de voirie touchant les ruelles.

58. *Délibérations* (1680-1683). — 8 janvier 1680, ordonnance portant qu'on visitera les vases du bassin pour voir si elles nuisent au commerce. — 23 avril, arrêté que visite sera faite des réparations à faire aux barres, plate-forme et autres endroits. — 26 avril, procès-verbal de visite par les maçons qui l'attestent et jurent véritable. On fait jurer des charpentiers pour faire des visites. — 2 mai, lesd. charpentiers apportent leur procès-verbal. Remise d'adjudication. — 21 juin, devis des réparations qu'il convient faire aux murailles, port, bassin et quais. — 10 juillet, adjudication desd. réparations au profit de Jean Bazin par 800 livres, lequel fournit André Le Juge pour caution. — 3 août, Jean Leclerc se rend adjudicataire par 1,200 livres des réparations à faire aux écluses. — 10 oct., Louis Hobey et Ezéchiel Hébert sont nommés experts pour visiter les travaux faits par Bazin. — 12 oct., réception desd. ouvrages.

3 janvier 1681, réception des ouvrages faits par Jean Leclerc. — 17 avril, arrêté qu'on visitera les murailles du bassin. — 18 avril, rapport de la visite des murailles. — 11 mai, adjudication des réparations à Jean Leclerc par 790

livres. — 17 mai, led. Leclerc présente pour caution Pierre Campion qui est reçu. — 29 août, réception desd. ouvrages.

4 juin 1682, remise d'adjudication au rabais des travaux à faire au logis dit Brucourt, « qui a esté dit estre mis en estat pour y tenir à l'advenir toutes les conférences et assemblées publiques. » — 2 juillet, adjudication des ouvrages.

3 octobre 1683, adjudication de réparations au logis du Roi suivant l'ordre de l'intendant : faire deux remises à carrosse ; réédifier à neuf la porte principale, « et seront replacez les armoiries qui y sont du Roi et de Mademoiselle après avoir été regrattées et reblanchies. »

59. *Délibérations* (1680-1689). — 23 oct. 1680, Nicolas Lion est nommé à l'office et charge d'enseigne quartenier. On consent à ce que Jean Barbel, docteur en médecine soit déchargé des impositions et fixé au rôle de la taille pour 20 ou 30 sols seulement, « en considération de ce que led. Barbel donne gratuitement ses soins aux pauvres. » Texte de l'arrêt de la Cour des Aides rendu en conformité de cette délibération.

29 juin 1681, consentement donné à la fondation de prières dans la chapelle Sainte-Clotilde à l'hôpital. Constantin Bérenger de la Carbonnière est reçu médecin ordinaire de la ville et de l'hôpital en remplacement de Jean Barbel, décédé. Texte de l'arrêt du Conseil d'Etat portant interdiction de l'exercice de la religion réformée et ordonnant la destruction du prêche : « Extrait des registres du Conseil d'Etat. Veu par le Roy estant en son conseil le procez-verbal de partage survenu le 21 février 1671 entre le sieur de la Gallissonnière, lors intendant de justice en la généralité de Rouen et le sieur Chauvin de Varengeville de la relligion prétendue réformée, commissaires députés par S. M. en ladite généralité pour pourvoir aux contraventions et innovations faites à l'esdit de Nantes, à celluy de 1629 et autres donnez en conséquence, ensuite de l'instance meue par de-

vant eux entre le sindic du clergé du diocèse de Rouen et les ministres, anciens et habitants de Honfleur pour raison de l'exercisse de leur religion quy se faisoit au fauxbourg de la ville de Honfleur ; l'advis dudit sieur de la Gallissonnière portant qu'il y a lieu de faire deffences aux dits de la R. P. R. de continuer à l'advenir aux fauxbourgs l'exercisse de leur religion, ny d'y tenir colloques, sinodes, ny y faire aucune assemblée, même d'y avoir de petites escolles, et sauf auxdits de la R. P. R. de vendre la maison par eux acquise et en disposer comme bon leur semblera ; et l'advis du dit sieur de Varengeville au contraire que les dits de la R. P. R. continueront au fauxbourg de la ditte ville de Honfleur leur exercisse comme à un lieu de saisie ; veu aussy deux actes produits par lesdits de la R. P. R. sur lesquels ils fondoient leur droit, l'un du 11e de mars 1571 et l'autre du 7e d'avril 1612 des sieurs commissaires pour l'exécution des édits de passification et de Nantes en Normandie ès dites années 1571 et 1612, ensemble toutes autres pièces de procédures, contredits et salvations de part et d'autre, requête présentée au Conseil par le sindic du clergé du diocèse de Lisieux, signiffiée auxdits de la R. P. R. de Honfleur le 20e de novembre 1679 ; Ouï au Conseil ledit sindic, ensemble le député desdits de la R. P. R. et Turpin advocat, tout considéré, le Roy estant en son Conseil, faisans droict sur le dit partage et vuidant icelluy, a interdit pour touiours l'exercisse de la dite religion pretendue reffromée en la dite ville et fauxbourgs de Honfleur, faict Sa Maiesté très-expresses deffences à toutes personnes de l'y faire à l'avenir sur paine de désobéissanse. A cet effect ordonne que les dits de la R. P. R. osteront incessamment de la maison où ils faisoient ledit exercisse toutes marques d'icelluy, leur permettant néantmoins de disposer de la dite maison à un autre usage et ainsy qu'ils verront bon offre ; enjoint sa dite Maiesté au gouverneur, ses lieutenants généraux en Normandye, intendant de justice et tous autres officiers de tenir la main à l'exécution du présent arrest. Faict au Conseil d'Estat du Roy, Sa Maiesté y estant, tenu à Versailles le dernier jour de juin mil six cents quatre vingt et un. Signé, Phélipeaux avec paraphe. » — 16 décembre, élection de deux anciens conseillers, Louis Doublet et Jacques Auber, pour faire la fonction d'échevins pendant une année seulement.

1er janvier 1681, prestation de serment des deux nouveaux échevins; les échevins sortants prennent leur place de conseillers de ville. Le voyage de Jean Patin, avocat, vers l'intendant est approuvé. Sur la plainte que les rues et places ne peuvent être nettoyées suffisamment parce qu'elles sont remplies de bois et de matériaux, ordonné que les matériaux seront enlevés des rues et places. — Cette délibération du 1er janvier est la dernière qui porte la signature du gouverneur, le marquis de Monts, alors âgé de 108 ans. — 6 janvier 1681, sur la gestion d'un receveur, Jean Moullin, et d'un fermier des quatrièmes, Jacques Doublet. — 18 janvier, lecture d'un mandement de l'intendant qui ordonne la production d'un état des dettes. Texte du mandement. Lecture d'une ordonnance de l'intendant prescrivant la production de deux arrêts de la Cour des Aydes relatifs aux comptes de la ville. Texte de l'ordonnance. — 15 février, lecture d'un arrêt du Conseil d'Etat qui, en réformant la sentence des Elus de Pont-l'Evêque, ordonne que Pierre Vata, receveur des deniers sera imposé au rôle des tailles. Texte de l'arrêt. — 16 avril, « sur l'avis donné de la mort de M. le marquis de Monts, gouverneur, arrivée la nuit dernière, arrêté que le scellé sera apposé sur les cabinets et autres lieux principaux de sa demeure; à l'esgard des frais funéraux sera posé quatre cierges autour du corps avec deux prestres pour y estre jour et nuit, et affin de conserver le corps en attendant les ordres de Mgr l'Intendant il sera ouvert et embaumé. » Avis de ce décès sera donné à S. A. R. Mademoiselle d'Orléans, à Mgr

Colbert et à Mgr de la Vrillière, secrétaire d'Etat. — Sur la demande des habitants de ne plus monter la garde aux portes on suppliera le Roi de décharger lesd. bourgeois de la garde bourgeoise, attendu qu'ils ne s'y sont soumis jusqu'à présent que pour satisfaire à la volonté du gouverneur, que la ville est située au pied de deux montagnes qui la commandent puissamment, que l'on a fait ôter tout le canon et que la plus grande partie des murailles à esté démolie. On décide qu'à l'avenir les assemblées publiques et délibérations des bourgeois tenues par cidevant dans le logis du Roi, lequel sert de demeure au gouverneur, seront passées dans la salle du logis appelé Brucourt, lequel a été acquis des deniers de la communauté à cet effet. — 11 mai, lecture d'une lettre du Roi portant décharge de faire la garde des portes. Texte de la lettre. — 7 juin, décision touchant le remboursement des maisons démolies pour l'agrandissement du port et la construction du bassin. Texte des lettres par lesquelles Michel Le Chevallier est autorisé à tenir une école d'hydrographie : « Les eschevins et conseillers de la ville de Honfleur, juges de police en icelle et commandant au gouvernement de la dicte ville et païs en dépendant, à tous ceux qui ces lettres verront, sallut. Sur le bon et louable raport qui nous a esté fait de la personne de Michel Le Chevallier, bourgeois de Honfleur, de la religion catollicque, apostollicque et romaine et de ses sens, suffissance, cappaccité et expérience aux arts d'hidrographie et de géomettrie : icelluy désirans enseigner les dictes sciences, nous considérant qu'il sera avantageux pour le bien public et avancement du commerce maritime qui est le principal emploi des habitants de la dite ville, nous avons permis au dict Le Chevallier, soubs le bon plaisir du Roy, de tenir escolle publicque en icelle et d'y enseigner les dits arts d'hidrographie et de géométrie et autres sciences nécessaires pour parvenir à la connoissance de la navigation en attendant que par Sa Maiesté il y soit pourvueu, à la charge par le dict Le Chevallier de se comporter honnestement et d'instruire les estudians en l'obéissance et fidellité envers sa dicte Maiesté, ce qu'il a promis faire après avoir presté le serment au cas requis en l'hostesl de-ville pardevant nous ; faisant deffences à toutes personnes de le troubler ny inquietter dans le dict exercisse sur les paines au cas appartenant. En foy de quoy, etc., etc. » — 12 juillet, « estant nécessaire pour le bien des affaires communes d'avoir une personne publicque pour faire les réquisitions, adjournements, publications, sommations et autres exploits nécessaires », Hugues Morin, ancien conseiller, a été d'avis commun élu et nommé pour procureur-sindic. — 8 août, contre la prétention des officiers de la vicomté d'Auge d'exercer la police et juridiction des vivres et des arts et métiers. — 9 septembre, lecture et publication des lettres portant nomination de M. le marquis d'Escars à la charge de gouverneur des villes et château de Honfleur et de Pont-l'Evêque. Texte des lettres de présentation, de nomination, de provisions et d'une ordonnance du duc de Montausier. — 25 septembre, Louis Le Blanc, intendant, « estant dans la maison commune », ordonne des réparations au havre neuf, que led. havre sera laissé libre pour amarrer les navires revenant de la mer. — 3 octobre, sentence touchant la salubrité des rues. — 10 déc., enregistrement des lettres de provision de Jean Blaignan à la charge de capitaine de la tour et chaîne ; d'Honoré Pagan à l'office de capitaine des quais. Texte desd. lettres. — 17 déc., enregistrement des lettres de provisions d'Adrien Freslard à l'office de porte-tambour ordinaire de la ville. Ordonnance de voirie. — 26 déc., il est nécessaire de régler le nombre des échevins et des conseillers, arrêté les nominations de MM. Constant Rioult, Louis Doublet, Antoine Otton et Michel Taillefer comme échevins, et pour conseillers : Jacques Auber, Nicolas Lion, Hugues Morin et Jean Jourdain, « et d'autant qu'il ne serait pas juste que ceux quy ont servy par longues années à lad. ville fussent exclus des honneurs d'icelle, arrêté que les anciens du corps de ville seront reçus aux assemblées générales comme conseillers d'honneur.

1er janvier 1683, ordonnance portant interdiction d'enlever du sable proche de l'hôpital, sous peine de 60 sols d'amende. Faisant droit sur la requête verbale de Gabrielle Orieult et Françoise Bottey, demeurant aux maisons de l'hôpital à ce qu'il plaise au gouverneur et aux échevins leur accorder acte de l'enregistrement des lettres patentes du mois de mai 1677 et du contrat d'association du 28 mars 1677, et sur la requête de Michel du Tertre, curé de Ste Catherine, qui a demandé à être maintenu en ses droits curiaux et faire le service divin dans la chapelle de l'hôpital ainsi que par le passé, sans préjudice des droits d'y placer un chapelain et d'avoir la direction des affaires temporelles, ce qui a été accordé par les dites filles, « nous avons aux parties accordé acte et ordonné que les lettres patentes seront registrées et aussy les lettres de concession de Mademoiselle du 4 septembre 1676. Nomination de René Pasque dit Jollibois et Jacques Faucillon dit Lespine aux fonctions de *voyeurs,* « pour avoir inspection du nettoiement des rues et du pavé et avoir le soin de chasser les g.... estrangères ou les arrêter suivant l'ordre des eschevins. » — 14 janvier, ordonnance de police concernant les lavandières, « qui battent leurs linges à des heures indues » ; la propreté des rues et des places. — 28 janvier, ordonnance de police rendue sur la plainte du vicaire de Notre-Dame et Saint-Léonard, portant défenses de loger les pauvres étrangers à la ville et qui viennent s'établir de la campagne dans les faubourgs, sous peine de les nourrir, de les entretenir et d'acquitter 50 livres d'amende. « Et sur ce que plusieurs personnes font voicturer leurs provisions de la campagne aux jours de festes ce qui est contre la bienséance et tent à profanation du service divin, et de plus que les cabaretiers recoivent quantité de gens pour leur donner à boire pendant le service divin, nous avons faict deffences tant aux bourgeois de faire voicturer leurs provisions aux jours des festes et aux cabaretiers de donner à boire pendant le service divin sous peine de 60 sols d'amende. » — 9 mars, sentence touchant la halle à blé et la boulangerie. Des maîtres du métier de boulanger, au nombre de dix, déclarent vendre le pain blanc 16 deniers, le blé coutant 62 sols le boisseau ; le pain bis tourtier, 10 sols, le blé coûtant depuis 52 jusqu'à 55 sols ; le pain à demi-blanc, 12 sols la tourte, le blé coutant le même prix que ci-dessus. Arrêté que sans avoir égard aux défenses du procureur du roi en la vicomté d'Auge, les maitres boulengers ne reconnaitront d'autres juges que les échevins ; que, vu l'arrêt du 2 mai 1682, il sera nommé des gardes-halle chargés chaque semaine d'apporter au greffe le prix du blé suivant lequel le prix du pain sera fixé par les échevins, que David Duval et Pierre Gontier, bourgeois, sont nommés gardes-halle. Ordonné que les maitres bouchers apporteront au greffe le prix du suif de trois mois en trois mois et qu'ils ne recevront aucun acte de police que du gouverneur et des échevins. Etant nécessaire de pourvoir aux malades et infirmes qui ont besoin de viande pendant le carême, il est permis à deux bouchers de débiter des viandes au prix de 3 s. 6 d. la livre et défense leur est faite de les vendre autrement qu'à la livre ; pour montrer qu'ils ont pouvoir de vendre, lesdits bouchers ne feront montre que d'un morceau de viande, parce qu'il leur est défendu d'en vendre aux personnes de la religion prétendue réformée sinon en cas de maladie. Les maîtres chandeliers déclarent vendre la chandelle 6 sols 8 deniers ; défense leur est faite de recevoir le prix de la chandelle et autres actes de police d'autres juges que des échevins. Les trieurs de morues, au nombre de quatre en exercice, déclarent travailler en vertu de lettres du juge de l'amirauté ; ordonné qu'à l'avenir tous les maîtres-trieurs seront reçus par les échevins conformément à l'arrêt du 2 mai 1682 et qu'ils appelleront devant eux, en l'hôtel-de-ville, les causes résultantes de leurs fonctions ; Charles Lion, Vincent Chuffés, sieur des Marettes, Hélie Le Cesne et Jacques Chuffés sont admis à faire la fonction de trieurs et compteurs de morues. Sur la requête des marchands de poissons frais, disant qu'à l'arrivée des bateaux les merciers, boulangers, faiseurs d'eau-de-vie et savetiers, au nombre de plus de cent cinquante, viennent prendre les lots séparés suivant l'ancienne coutume et les cèdent aux marchands forains ; arrêté que suivant l'usage ancien et de tout temps observé le tiers du poisson sera exposé à la poissonnerie ordinaire, un autre tiers sera réservé aux marchands faisant profession de chasser la marée, le troisième tiers sera pour les marchands forains si le public de la ville n'en a besoin. — 6 mai, par brevet du 20 octobre 1662, Mademoiselle de Montpensier a fait donation à l'Hôtel-Dieu et hôpital de Honfleur de la somme de 997 livres, en conséquence, Michel du Tertre et Pierre Premord, curé et trésorier dudit hôpital sont autorisés à acheter 53 livres, 11 sols, 5 deniers de rente foncière. Sur la requête d'Alexandre du Butin, sieur du Val Chuquet, se prétendant noble et demandant à être rayé du rôle à taille, arrêté que le procès intenté par ledit sieur sera poursuivi jusqu'à arrêt définitif. — 6 mai, brevet d'une donation faite par Melle de Montpensier à l'hôpital, « du droit qui appartient à lad. princesse sur le bien de deffuncte Perrette Sanson. » — 20 mai, enregistrement des lettres de provision à la charge du lieutenant de roi au gouvernement de Honfleur, accordées à Raymond du Cup, chevalier, seigneur d'Yssel, ci-devant l'un des mousquetaires à cheval de la première compagnie de la garde du roi. Texte des lettres. — 26 juin, « sur ce qui nous est remonstré par le procureur-syndic de cette ville qu'un grand nombre de personnes des campagnes voisines viennent tous les jours exposer dez le minuict dans le carrefour Ste Catherine et lieu dict les Logettes des serises et autres fruits à noyau pour les vendre et débiter aux marchands qui leur en font demander, ce qu'ils ne peuvent faire qu'en troublans par leur grand bruit dans une heure indue le repos de tous les bourgeois de cette dicte ville qui occupent les maisons voisines desdicts lieux, ce qui a engagé lesdicts bourgeois à en faire leurs plaintes aux fins d'y estre pourvueu et en conséquence faict deffences à toutes personnes d'estaller lesdictes marchandises qu'à heures compétentes à peine de confiscation, nous avons fait deffences à toutes personnes aux iours que la marée ne sera pas trop du matin d'exposer aucunes marchandises auxdits lieux du carfour de Ste Catherine et des Logettes, mesme d'y en apporter et d'y parroistre avec icelles auparavant que quatre heures du matin ayent frappé, à peine de confiscation desdictes marchandises dont les délinquants seront trouvez saisis et de trente sols d'amende le tout applicable au profit de l'hospital de ce lieu. » — 4 juillet, aucun bourgeois ne consent à entreprendre l'achèvement des ouvrages nécessaires au bassin ; on renvoie devant l'intendant le sieur Bazin pour conclure avec lui de la perfection du dit ouvrage après lui avoir fait visiter le port. — 13 juillet, le procureur-sindic remontré que M. Méliand, intendant, s'est rendu en cette ville aux fins de faire l'adjudication au rabais des ouvrages qui restent à faire au bassin ; que pour ce travail le Roi a destiné la somme de 11.832 livres, 10 sols, payables à l'adjudicataire, mais que l'intendant ne veut ordonner l'emploi de cette somme s'il n'a la caution de la communauté. Délibérant à ce sujet, les bourgeois sont d'avis d'intervenir pleige et caution dudit travail après l'emploi des 11,832 livres, 18 sols, jusques à concurrence de 4,000 livres. S'ensuit l'état des ouvrages qui restent à faire pour l'accomplissement de l'entreprise faite par le nommé Genevois pour la construction d'un nouveau bassin ; recreuser tout le contenu du bassin jusqu'à une profondeur de 12 pieds d'eau à pleine mer ; démolir le bâtardeau de la Tour Carrée ; achever le corps de maçonnerie ; enlever les terres du bâtardeau du fossé : le tout suivant le plan et estimation du sieur Clément, ingénieur du Roi. — 27 juillet, les sieurs Genevois exposent qu'ils n'ont pu trouver des manœuvres en nombre suffisant pour charger les 80 chevaux venus des paroisses voisines, arrêté que les portefaix-brouetiers seront tenus de se rendre sans délai dans les travaux du bassin à peine de 60 sols d'amende et d'être déchus de leurs privilèges, et que tous les habitans et bourgeois ayant coutume de travailler dans ledit bassin seront tenus d'y travailler aussi sous peine d'amende. — 30 juillet, pour délibérer touchant la requête des frères Genevois sur le transport des terres du bassin dans les jardins des maisons de la rue dite la Chaussée où on en a déjà fait transporter suivant l'ordonnance de M. Le Blanc, intendant ; arrêté que les terres du bassin seront transportées le long de la Haute Rue du côté de la mer et au lieu dit le Havre-Neuf, et que les pierres seront apportées devant la maison du Roi, « parce que ceux qui en auront besoin en pourront prendre pour s'en servir. » — 31 août, ordonné que les bourgeois et habitants tiendront leurs boutiques fermées jusqu'à ce que le service pour la Reine soit fini, sous peine de 10 livres d'amende. — 16 sept., lecture du devis des ouvrages nécessaires au bassin. — 17 sept., arrêté qu'il est utile de faire voyage à Rouen vers l'intendant pour lui exposer combien la ville est surchargée de tailles, ce qui oblige les principaux bourgeois de se retirer dans les paroisses voisines sans emporter avec eux leurs impositions qui demeurent à la charge des autres habitants imposés ; que ces derniers ont fait des pertes très considérables sur la mer les quatre ou cinq années dernières, en sorte qu'ils ne peuvent éviter leur ruine s'il ne leur est pourvu d'une diminution des tailles ; en second lieu pour obtenir par son moyen un arrêt portant permission de donner les terres de campagne à moitié avec retention des fruits sans dérogeance ; enfin pour obtenir la permission de faire construire une grande porte et des remises à carrosses au Logis du Roi ainsi que le marquis d'Escars l'a souhaité. Sur ce qu'il est très nécessaire qu'il y ait un professeur d'hydrographie pour enseigner l'art de la navigation, arrêté qu'il sera demandé à l'intendant d'agréer Michel Le Chevallier, un des bourgeois de la ville, lequel a par cydevant enseigné ledit art aux matelots avec beaucoup de succès. — 29 oct., au sujet des nouveaux travaux du bassin, arrêté qu'il sera fait défense aux maîtres de navires de placer leurs vaisseaux dans le petit bassin dit le bassin Rancey à peine d'être responsable du retardement des travaux ; est fait également défense de jeter aucunes immondices dans le bassin, dans les fontaines et les fossés de la ville. — 5 déc., Hugues Morin, l'un des conseillers, remontre que l'intendant auroit écrit une lettre du 30 novembre dernier dans laquelle était une autre de M. Seignelay relative aux travaux du bassin ; arrêté qu'en ce qui concerne les mémoires demandés par le ministre, il sera répondu que les adjudicataires s'en rapportent au devis du sieur Clément touchant les portes et le radier ; que pour la retenue d'eau on ignore le montant de la dépense et que M. de Seignelay est supplié d'envoyer un ingénieur visiter les travaux pour supputer la dépense parce qu'il ne se trouve personne en cette ville capable de le faire. En ce qui concerne les 12,000 livres demandées aux marchands, disent que ceux-ci sont dans l'impuissance de fournir aucuns deniers outre les 20,000 livres déjà par eux payées, vu leurs pertes qui montent à plus de 300,000 livres, les banqueroutes de plusieurs marchands de Paris, considéré aussi la surcharge de la taille qui ont fait que plusieurs notables habitants se sont retirés à la campagne et que plusieurs navires n'ont pas été envoyés à la pêche ; pour ces considérations et vu l'importance du port « auquel tous les navires allant à Rouen et faisant leur retour se réfugient dans la tempeste et périlz éminents de naufrages et en attendant le tems et marées propres pour faire voile dans la rivière, » Sa Mté sera suppliée de pourvoir au fond nécessaire pour l'achèvement du bassin sur les devis du sieur Clément, ingénieur. — 26 déc., nomination d'un échevin : Guillaume Paumier. Sentence condamnant à 20 s. d'amende plusieurs habitants « qui ont bu pendant les vespres et proférer des blasphêmes ». Défense itérative à tous cabaretiers de vendre aucunes boissons pendant le service divin à peine de 50 livres d'amende.

1er janvier 1684, acceptation d'une rente hypothéquée de 14 livres 5 sols 8 deniers faite par Anne Morin, veuve de Guillaume Giffard, à l'hôpital de Honfleur à la charge d'un service chanté le jour de Sainte-Clotilde (3 juin) en la chapelle dudit hôpital, « auparavant lequel sera sonné un carillon des cloches de Sainte-Catherine ». Refus par les échevins d'une autre rente foncière de 50 livres faite à l'hôpital par Me Gabriel Alexandre et sa femme damoiselle Marie Renier. Ordonnance de police portant nouvelles défenses aux cabaretiers de vendre à boire pendant les offices, leur enjoignant de faire sortir de leurs maisons les bourgeois aussitôt que les cloches auront cessé de sonner, toutefois leur permettant de donner des vivres aux étrangers éloignés de deux lieues, pourvu que ce soit sans scandale ». Autre ordonnance prescrivant de retirer les bois, pierres et terres étant dans les rues, de faire repaver lesdites rues sur la largeur de six à sept pieds, de balayer au moins une fois la semaine devant les maisons; faisant défense de laver et battre du linge « après que le *pardon* appelé vulgairement la retraitte aura sonné sur les neuf heures du soir. » — 10 janvier, procès verbal de l'état des travaux exécutés au Logis du

Roi. — 15 janvier, adjudication de la boucherie de carême sur le prix de 3 sous la livre de viande. — 20 février, sur la requête d'honnêtes filles Gabrielle Orieult et Françoise Bottey exposant que, dès l'année 1669, elles se sont établies dans l'hôpital sous la permission de S. A. R. du consentement du gouverneur et des échevins et par approbation de l'évêque de Lisieux; qu'elles ont ensuite obtenu les lettres patentes de S. M. données à Béthune au mois de mai 1677, l'arrêt du Parlement du 18 août 1683, une nouvelle approbation de l'évêque de Lisieux du 24 septembre 1683, un brevet de consentement de messire d'Escars, gouverneur, du 4 octobre 1683, et enfin d'autres lettres patentes de S. M. du mois de novembre 1683; elles demandent qu'enregistrement soit fait du résultat du Conseil de S. A. R. du 4 novembre 1676, de l'arrêt du Parlement, des lettres patentes et des autres pièces, afin de continuer à faire leur demeure audit hôpital, y vivre et mourir en l'état de communauté afin d'y servir et secourir les pauvres et orphelins. Ordonné ledit enregistrement sous réserve qu'elles ne pourront faire aucuns vœux solennels ni être religieuses claustrales ainsi qu'elles y ont renoncé par un écrit du 28 mars 1677, et à la charge que la direction et administration dudit hôpital appartiendront toujours au gouverneur et aux échevins, « Et outre, « au cas qu'il y eust une grande quantité de malades ou « qu'il plust à Sa Majesté envoyer des soldats estropiés, les « dites filles et celles qui leur succèderont seront tenues de « leur quitter toutes les maisons de l'hospital pour les loger, « à la réserve d'une chambre seulement, sauf à elles à se re- « tirer dans la maison par elles acquise estant en deça de « l'esglise dudit hospital. » Si lesdites filles veulent recevoir avec elles d'autres filles elles seront obligées de préférer celles originaires de la ville. La donation que S. A. R. a faite aux dites filles des maisons de l'hôpital le 4 septembre 1676, ne pourra préjudicier en rien les droits de la communauté de cette ville à laquelle la propriété dudit hôpital appartient par trois contrats des 8 janvier 1541, 8 septembre 1548 et 13 mai 1580. Sans avoir égard à l'approbation de l'évêque de Lisieux relative à la nomination du sieur Héliot, prêtre, aux fonctions de chapelain de l'hôpital, le gouverneur et les échevins demeureront dans leur possession de nommer les chapelains et trésoriers et d'avoir la direction du temporel. Dans le cas où lesdites filles se refuseraient à remplir les charges et conditions portées par leur écrit sous seing privé du 28 mars 1677, la communauté sera en liberté de se remettre en possession dudit hôpital comme elle étoit auparavant l'établissement desdites filles et d'en commettre le soin à telles personnes qu'elle jugera à propos. Texte des pièces qui suivent : Lettres par lesquelles Guillaume Hérault, curé de Berneval, et Michaut Godefroy font donation de 60 sols de rente à la chapelle de l'hôpital. Acte par lequel Robert Léger et Anne de Chesney délaissent à l'hôpital une petite place de terre pour construire l'hôpital. Acte de vente par Alexandre Boursier à l'hôpital d'une place de terre sise au lieu dit la Roque. Acte de cession de l'hôpital à Gabrielle Orieult, Françoise Bottey et Anne Le Comte. Acte sous seing privé touchant les charges et conditions auxquelles se soumettent Gabrielle Orieult et Françoise Bottey pour leur établissement dans l'hôpital. Lettres patentes portant confirmation du don fait de l'hôpital à Gabrielle Orieult par Mademoiselle de Montpensier. Arrêt du parlement de Rouen portant que lecture des lettres patentes de confirmation sera faite en assemblée publique. Lettres de Léonor de Matignon évêque de Lisieux, approuvant l'établissement de Gabrielle Orieult dans l'hôpital. Acte par lequel le marquis d'Escars donne son consentement à l'établissement de Gabrielle Orieult dans l'hôpital. Lettres patentes portant confirmation de la donation précédemment faite de l'hôpital à Gabrielle Orieult. — 20 février, texte d'une ordonnance de l'intendant prescrivant de fournir un logement au lieutenant de roi: Arrêté que les audiences ordinaires de l'hôtel-de-ville se feront à l'avenir le samedi à 3 heures. — 17 mars, règlement touchant la vente des morues. Lecture de la commission de François Cottey, conducteur des barres. Texte de la commission. — 11 mars, ordonné que les marchands revendeurs en détail achèteront les morues grandes et petites, blanches ou rouges provenant des navires de cette ville seulement, par préférence à toutes autres morues venant du Havre ou d'ailleurs. Lesdits marchands auront le tiers des morues sortans des navires quand ils en feront la demande et avant que la livraison soit commencée. Et défense est faite aux marchands de faire porter et vendre des morues, « qui ne soient propres pour servir de nourriture au corps humain », à peine de confiscation et de 50 livres d'amende. — 1er avril, d'un procès-verbal de M. de Combes, ingénieur du roi, il résulte que la somme qu'il convient débourser pour la perfection du nouveau bassin se monte à 39,960 livres. Délibérant sur les moyens de trouver ladite somme, arrêté que M. Méliand, intendant, sera supplié d'accorder le tarif à commencer du 1er octobre prochain sur le pied de 20,000 livres ; moyennant quoi la communauté « faisant les derniers efforts d'une impuissance visible », payera la somme de 25,000 livres pour être employée à l'achèvement du bassin. — 4 avril, M. d'Yssel, lieutenant de roi fait connaître que l'occasion se présente la plus favorable qui fut jamais d'obtenir le tarif, M. Méliand ayant bien voulu en parler à M. de Seignelay ; arrêté que Guillaume Paulmier et Jacques Auber, bourgeois de cette ville, partiront incessamment pour solliciter auprès de S. M. l'obtention du tarif et leur sera payé 300 livres. — 16 avril, au sujet du tarif et des travaux du nouveau bassin, arrêté de MM. Paulmier et Auber demeurent autorisés à s'engager au nom de la ville de fournir la somme de 23,100 livres provenant de différents fonds, afin que ladite somme soit employée aux travaux du bassin, évalués suivant le devis de M. de Combes à 37,800 livres, sous condition qu'il plaira à S. M. concéder le tarif sur le pied de 26,000 livres ou sur une moindre somme, eu égard à la misère et à l'impuissance de la communauté. — 18 avril, « sur la remonstrance des négocians et habitans de cette ville et particulièrement de MM. Nicolas Pallier, Me Guillaume Andrieu, Pierre Premord, Guillaume Le Cerf, Jean Le Cordier, François Andrieu et Lucas Bretoc, qu'il est aizé de faire passer la rivière de Risle le long des murailles de cette ville par la disposition où elle est présentement et veu le lit par où elle coule en luy faisant une ouverture ou canal dans les sables qui sera d'une très petite longueur, arresté a esté que tous les bourgeois sans aucune exemption dépendans de l'enseigne du sr Desanclodières [1], iront travailler vendredy prochain pour faire le dit canal aux lieux qui leur seront indiqués ; que samedy tous les dits bourgeois estans sous l'enseigne du sr Barbel-Desgalleville iront faire le même travail, et ainsi successivement le dit travail sera continué par ceux qui sont sous les enseignes des sieurs de La Croix et La Chesnée-Barbel et Godard, à peine de 30 sols d'amende : ce qui a esté ainsi arresté pour éviter que le canal qui reste pour l'entrée de ce port ne se bouche entièrement ainsy qu'il y parroist beaucoup de disposition. Et afin que lors dudit travail il n'y aye de confusion, les bourgeois de l'enseigne dudit sr Desanclodières seront commandez par les sieurs Pallier et Giffard ; sous celle dudit sr Barbel par les sieurs Premord et Montral-Hébert; sous celle dudit sr de La Croix par M. Andrieu et M. Taillefer, sr de la Perrelle ; et sous celle dudit sr de la Chesnée-Barbel par MM. Villey et Vaquet, Et sont tous bourgeois tenus d'y aller en personne ou y placer des gents de travail capables en leurs

---

[1] Jacques Dières sieur des Enclos.

places, lesquels se présenteront et assembleront devant les maisons des dits sieurs Desanclodières, Desgalleville, de La Croix et La Chesnée-Barbel, au son du tambour, pour se transporter sur les sables lors qu'il leur sera commandé... Et pour éviter le retardement que pourroient causer les manœuvres qui seront employez par lesdits bourgeois en leurs places par la demande de gros salaires, arresté que les dits manœuvres seront payez à raison de 10 sols par jour. » — 16 août, les RR. PP. Honoré Chaurand, de Beaulieu et Louis de Castol, de la compagnie de Jésus sont envoyés par l'évêque de Lisieux et M. de Montausier pour établir un hôpital général à Honfleur en conformité de la déclaration du roi de 1662. Arrêté qu'il sera donné avis à Mademoiselle de cet établissement et que S. A. R. sera suppliée qu'il lui plaise que les gouverneur, lieutenant, échevins, les curés des paroisses, l'évêque de Lisieux, le vicomte et le procureur du roi, soient directeurs perpétuels dudit hôpital général, et pour directeurs d'élection : Louis Halley, Jean Giffard, prêtres, Gilles Athinas et Charles Renout, conseillers du roi, contrôleurs au grenier de sel, les sieurs Guillaume Le Cerf, Jacques Auber le Jeune, Hugues Morin, Charles Giffard, Pierre Premord, Hélie Le Chevallier, Grégoire Pellecat, Olivier Le Bouteiller, desquels six serviront pendant deux ans et les six autres pendant trois ans. — 26 septembre, lecture d'une lettre missive de M. Le Pelletier, contrôleur général des finances au R. P. Chaurand, jésuite, en mission à Honfleur. Texte de la lettre. Texte d'un arrêt du Conseil d'Etat portant défenses à toutes personnes de retirer en leurs maisons sous prétexte de charité aucuns religionnaires sous peine de 500 livres d'amende, confiscation des meubles, etc. — 17 oct., pour délibérer qu'il est à propos d'adresser une requête au Roi pour faire expédier l'arrêt relatif au rétablissement du tarif. Texte de la requête : « Sire, les maire, échevins et habitans de la ville de Honfleur remonstrent très humblement à V. M. que leur ville qui est scituée sur les costes de la mer en la province de Normandie est en mauvais estat, que depuis deux ans il n'y peut entrer aucuns vaisseaux qui sont obligez de demeurer à la rade où ils sont en péril, ce qui ruine le commerce des supplians qui estoit autresfois assez considérable, qu'il a esté faict depuis ce tems beaucoup de dépenses qui sont demeurez inutiles et que pour le mettre en bon estat il faudrait encore despenser plus de 60,000 livres, au moyen de quoy ils espèrent que les vaisseaux pourroient entrer facilement dans le port et y estre en tout temps en seureté, etc. » — Etat des droits que les habitants offrent de payer sur les denrées qui entreront ou qui se consommeront dans la ville. Texte de l'arrêt du Conseil d'Etat qui fixe et abonne pour quinze années à la somme de 25,000 livres la taille de la ville et autorise l'établissement d'un tarif. Texte des lettres patentes du Roi touchant l'abonnement à la taille et la création d'un tarif. — 26 déc., élection d'un premier échevin : Charles Giffard.

1er janvier 1685, Charles Giffard prête serment et prend séance. Sommation par le receveur à la communauté de payer la taille, « ne suffisant pas de faire dresser un procez-verbal comme quoy on n'a pas trouvé de biens chez les collecteurs, mais estant nécessaire de faire sceller les coffres, buffets, portes, granges, celiers, bestiaux, de faire dresser un répertoire des meubles et ensuite de faire vendre, mesme de faire constituer prisonniers lesdits collecteurs. — 28 février, contestation entre les capitaines quarteniers. Jacques Dières et Estienne Barbel, sieur de la Chesnée. Jacques Dières expose qu'étant le capitaine de la compagnie de la Haute Rue qui a toujours été à la tête de la milice, c'est mal à propos qu'on l'a empêché de prendre son poste, et que les sieurs Thomas Le Lièvre et Pierre Paon, de la compagnie du sieur de La Chesnée-Barbel, ont donné plusieurs coups de plat d'épée et couché en joue un caporal de sa compagnie. Le dit

Barbel soutient être le plus ancien capitaine et qu'il doit avoir la marche devant ledit Dières sur son quartier, « ce « qui se prouve par ce qui se pratiqua lors de l'arrivée de « M. de Champigny qui fut amené prisonnier de guerre, de « M. le marquis de Monts, de M. le comte d'Harcourt, de « MM. les ducs de Montausier et de Roquelaure. » Acte est donné aux parties de leurs raisons ; l'instance sera jugée par le gouverneur après son retour. — 4 mars, en assemblée générale la communauté s'est engagée de payer la somme de 50,000 livres pour aider aux travaux du bassin ; arrêté qu'il sera nommé un nombre de bourgeois suffisant auxquels il sera donné pouvoir de se constituer en rente en leurs noms envers ceux qui fourniront ladite somme. Plus de cent bourgeois s'engagent au paiement des 50,000 livres, parmi lesquels Charles Giffard se soumet pour 12,000 livres et Nicolas Pallier pour 20,000 livres. — 10 mars, comparution et interrogatoire des témoins cités par Jacques Dières et Etienne Barbel, capitaines quarteniers. Des dépositions de ces témoins au nombre de 17 il résulte qu'une querelle s'était élevée entre Pierre Paon, caporal de la milice, et Jean Deshoulles, au sujet de la place occupée par ledit Paon le jour de l'arrivée de M. de Marillac. « Simon Le Tellier, compagnon cordonnier, de Saint-Martin-aux-Chartrains, âgé de 32 ans, a dit que le jour de l'arrivée de M. de Merillac en ceste ville il était sous les armes au droit de la maison du s^r Barbel avec le reste de la compagnie, ledit Deshoulles voulust faire partir ledit Paon de sa place, ce qu'il auroit refusé à raison de ce qu'il y auroit esté pozé par son capitaine ; sur quoy les parties s'estant injuriez et ledit Deshoulles ayant reproché audit Paon qu'il n'estoit qu'un croupion luy auroit donné en outre un coup de poing dans l'estomac, et ensuitte seroit survenu ledit Le Lièvre qui auroit donné audit Deshoulles un coup de plat d'espée sur les espaulles ; disant en outre ledit déposant qu'il entendit dire à Pierre Langlois, tisserand, que si les choses en alloient plus avant il ne resteroit aucun de St Léonard et au nommé Des Roquettes (Louis Auber, sieur des Roquettes) qui pour lors portoit l'enseigne que s'il mettiot son enseigne bas il mettroit l'espée à la main et donneroit vingt coups à celuy de St Léonard qu'il rencontreroit à ses pieds. » — 13 mars, présence de François de Charlemaigne, sieur du Boulley, conseiller en la Cour des Aides, les bourgeois sont requis de déclarer s'ils consentent ou contredisent l'effet de l'arrêt du 18 novembre 1684 portant commutation de la taille en tarif, les lettres patentes sur icelui données à Versailles le 27 décembre suivant, ainsi que l'arrêt de la Cour des Aides du 14 de février dernier. Sur quoi tous les bourgeois déclarent d'une commune voix à l'effet de l'arrêt du Conseil. — 18 mars, délibérant sur la proposition faite par Mgr. de Marillac de fournir 100,000 livres pour les travaux du nouveau bassin, « sans quoy il est infaillible que la ville sera privée des bénéfices du tarif et que les ouvrages dudit bassin demeureront imparfaicts ce qui ne se peult faire qu'en attirant après soy la ruine entière et immanquable de la ville » ; arrêté vu l'importance de l'affaire que les principaux bourgeois fourniront les 100,000 livres en deux années et que le paiement en sera fait par prêt portant intérêt au denier quinze. Annexé au registre un certificat par lequel M. de Rîvière, ingénieur, reconnaît que le greffier lui a remis 13 feuilles de dessins, plans et profils des travaux. — 1er avril, Louis Dumoussel, bourgeois de Rouen, s'est rendu adjudicataire des droits de tarif par le prix de 26,000 livres. Ordonnance de l'intendant à ce sujet (imprimé). — 5 avril, lecture de l'accommodement conclu entre les curés « pour achever le repos et l'union des habitants ». Texte de la lettre de M. de Marillac, intendant, au sujet des différends « qui sont continuels entre les curés ». Texte du concordat passé entre les curés des deux paroisses. — 27 avril, en assemblée générale lecture de l'arrêt du Conseil qui confirme la délibération du 18 mars, approuve le rôle des sommes avancées par les bourgeois et ordonne que la somme de 100.000 livres sera payée. Texte dud. rôle contenant 288 articles. Textes de l'arrêt du 31 mars et de l'ordonnance de M. de Marillac en date du 19 avril. — 3 juillet, règlement touchant la police des cimetières. — 1er septembre, ordonnance de police interdisant de battre les tambours dans les rues sans la permission du gouverneur. On s'opposera à ce que les ecclésiastiques soient exemptés des droits du tarif. — 20 nov., nomination d'Honoré Pagan à la charge de maître des quais. Texte des lettres de provisions. — 23 nov., sur la requête du sindic et en la présence de Guillaume Andrieu, avocat; Jean Andrieu, avocat; Nicolas Pallier, marchand; Jeanne Andrieu veuve de Philippe Le Cordier et ses deux fils; Marthe de la Roche veuve de Jean Le Prevost et son fils; Tanneguy Bougard, docteur en médecine ; Esther Le Cordier veuve de Jacques Andrieu et ses deux fils.; Nicolas Goupil, maître de navire; David Pallier, marchand et Jacques Frénot, maître de navire, tous de la religion prétendue réformée, est fait défense d'attaquer les bourgeois de cette ville de la R. P. R. a peine de 10 livres d'amende. Et lesdits sieurs sommés de déclarer s'ils sont dans la résolution d'abjurer leur religion demandent huit jours de temps pour délibérer. Le procureur-sindic en leur accordant acte de la délibération proteste de tous dommages qui pourront arriver à la communauté par le logement de gens de guerre faute par iceux de changer de religion. — 26 décembre, nomination d'un échevin : Jacques Duval, sieur du Petitmont,

1er janvier 1686, installation de Jacques Duval. Adjudication de la ferme sur le pied fourché, les draps et toiles, 210 livres ; sur les beurres et suifs, 40 livres. Examen des comptes de l'Hôtel-Dieu. — 5 janvier, sur la demande d'Honoré Pagan, maître des quais et en la présence de Nicolas

Pallier et Pierre Premord, marchands, de Marin Requier, Michel Mallet, Jean Destin, Jean Hardy, Alexandre Pottier, Jean Macé, pilotes lamaneurs, maîtres de bateaux et de heux, arrêté que dans les temps de grandes mers les navires peuvent se faire délester au dessus des terres provenant de l'excavation du nouveau port, « lesquelles ont été portées du côté du havre neuf », et dans les temps de morte-eau les lests peuvent être déchargés le long des murailles entre la Tour Ronde et le bastion de St Nicol. — 17 mai, ordonné qu'au premier temps commode, les habitants et les propriétaires des maisons de la rue de La Chaussée, feront à leurs frais dépaver ladite rue, enlever les terres et ensuite repaver, afin qu'il y ait une sortie facile et commode à la tête du bassin. — 14 juin, texte du rôle contenant les noms et surnoms des bourgeois qui « doivent s'esjouir du privilége du tarif. — 26 juin, ordonnance de l'intendant portant défense aux collecteurs des paroisses voisines de comprendre dans leurs rôles les bourgeois qui possèdent des héritages sur ces paroisses. Texte de l'ordonnance. — 14 juillet, le jardin servant ci-devant à la sépulture des religionnaires, situé rue Barbel et appartenant à l'hôpital, est loué à Guy Patin, sieur de la Garenne, pour le prix de 10 liv. 5 s. — 18 août, nomination aux fonctions de directeurs de l'hôpital de Charles Moulin et Vincent Liestout, prêtres ; Jean Jourdain, avocat ; Nicolas Le Court, notaire royal ; Jacques Le Roy et Charles Lion. — 14 sept., sur le refus de Nicolas Pallier, marchand, de solliciter au conseil de S. Mté le fond nécessaire pour l'achèvement des travaux du nouveau port, « encores bien qu'il eût promis de le faire mais ne pouvant se résoudre d'y vacquer », arrêté que Jacques Duval, premier échevin, partira pour Paris, Versailles et ailleurs où seront les ministres. — 26 déc., nomination d'un échevin : Pierre Premord.

1er janvier 1687, installation de M. Premord. Adjudication des petites fermes : du pied fourché, 180 liv.; des draps,

40 liv.; des beurres, suifs et cuirs, 24 liv. M. Lion, tuteur des enfants Thibault Moulin est envoyé en possession d'une place vide au bas de la Haute Rue pour rebâtir sa maison démolie par la construction du bassin. Les négociants sont autorisés de poursuivre à leurs frais la prétention du receveur de la romaine consistant à vouloir être payé par 100 morues au lieu de 132. — 11 janvier, Julien du Bouley, recteur et receveur général de la forêt de la vicomté d'Auge, déclare consentir à prendre le tarif avec une augmentation de 5,500 livres. — 28 février, nomination d'Antoine de Belleserre à la charge de capitaine de la tour et chaîne. Texte de la commission. — 27 mars, enregistrement d'un acte par lequel Charles Thierry, conseiller du roi, maître des eaux et forêts de la vicomté d'Auge, demeurant à Honfleur, Pierre Habert, auditeur en la chambre des comptes de Paris et Julien du Boulley, receveur général de la forêt de Touque, s'engagent à l'entière exécution de l'adjudication qui leur a été faite sous le nom de Jean Ariste des droits du tarif et promettent le paiement annuel de 31,500 livres. — 5 juin, « sur ce que nous avons remarqué avec plusieurs personnes qui ont assisté comme nous à la procession qui s'est faicte ce matin suivant l'uzage pratiqué de temps immémorial en passans par devant les maisons du sieur Nicolas Paslier, marchand, et de Jeanne Andrieu veufve de Philippes Le Cordier scises en la Haute Rue de ce dict lieu, que le devant desdictes maisons estoit nud, le dit sieur Paslier et ladicte dame veufve par un mespris évident qu'ils font du très St Sacrement de l'autel qu'on portoit à ladicte procession n'ayans pas voulu faire tendre au devant d'icelles commé les autres bourgeois propriétaires des maisons voisines encor bien qu'ils ayent esté advertis de le faire à cause qu'ils estoient tombez trois fois dans la mesme faute dans de pareilles occasions, et parce qu'il n'est pas juste que l'ayans ainsy faict par dérision des mistères de nostre religion et

contre et au préjudice des ordonnances et règlements la chose demeure impunie et ce d'autant plus qu'elle a causé un scandale public, nous avons ledit sieur Paslier condamné en 100 livres d'amende, et la dicte dame veufve en cinquante livres d'amende, le tout sous le bon plaisir de Sa Maiesté, aplicables au proffit de l'hospital général de ce lieu..., enjouint à eux et à tous autres de tendre ou faire tendre au devant de leurs maisons lorsque le St Sacrement sera porté processionnellement, sous les peines et amendes au cas apartenant. » — 18 juin, on propose de faire bâtir de petites boutiques le long du carrefour Ste Catherine et de la rue des Logettes à l'effet de les louer aux marchands. Les propriétaires des maisons s'y opposent disant être en possession desd. maisons de fond en comble. — 23 juin, ordonnance de l'intendant prescrivant au receveur de payer aux Capucins 36 liv. par an. — 24 juillet, ordonné qu'à l'avenir les créanciers de la ville seront payés suivant l'ordre du registre où sont employés les contrats constitutifs. — 21 août, « les réglements pour les hospitaux généraux statuent qu'ils seront gouvernez par un nombre de personnes qui prendront la qualité de directeurs, en conformité de quoy Louis Halley et Jean Giffard, prestres, Charles Giffard, Pierre Premord, Elie Le Chevallier et Hugues Morin ayant servi en qualité de directeurs de l'hospital général pendant trois ans il est à propos de faire choix de six autres personnes : l'affaire mise en délibération et ayant pris et retiré le suffrage des bourgeois présents ont esté nommés pour directeurs pendant deux ans à commencer du 24e de ce présent mois : Henry et Yon, prestres, Constant Rioult, Jean Taillefer, sieur de la Perrelle, Jean Delauney, Thomas Quillet ; et ordonné qu'ils comparaistront à la première assemblée pour prester le serment. » — 25 août, procès-verbal de réparations à exécuter au château ou maison du gouverneur après visite de M. de Chamillard. — 7 octobre, pour délibérer sur « la nécessité de pourvoir

M. de Chamillard, thrésorier des ouvrages du bassin et subdélégué de l'intendant », arrêté qu'en considération des services qu'il rend à la ville et suivant l'ordre verbal de M. Brou, la maison appartenant à la veuve Etienne Vachon qu'il occupe à présent sera louée afin qu'il continue d'y faire sa demeure. On soutiendra contre le fermier du tarif que la ville doit jouir des octrois dans le quartier de La Rivière et que l'on s'opposera à ce que ledit fermier ne lève de droits qui ne lui sont dus. — 21 novembre, procès-verbal constatant qu'une partie du quai du nouveau bassin s'est éboulée avec les terres de la moitié de la rue au devant de l'église St Etienne, sur la longueur de 118 ou 120 pieds, en sorte que s'il n'y est promptement pourvu la mer enlèvera le reste de ladite rue ou quai et fera tomber l'église et les maisons. Le procès-verbal sera présenté à M. l'Intendant afin d'en donner avis au Roi et à son Conseil.—28 nov., on décide qu'un logement sera fourni à l'ingénieur du port. Texte d'un ordre du Roi et d'un mandement de l'intendant à ce sujet. — 8 décembre, les habitants sont tenus à réparer le prétoire. — 11 déc, « par le décez arrivé ces jours derniers de Me Jacques Main, prestre choriste en l'esglise de la parroisse de St Léonard, lequel enseignoit la langue latine aux enfans de la ville, il n'y a à présent aucunes autres personnes qui enseignent ladite langue, si ce n'est Me Guillaume Main, advocat, frère dudit Main, prestre, lequel pendant la longue maladie de son frère a continué à enseigner ladite langue et veut bien se donner la peine de continuer à l'advenir, pourveu qu'il soit à ce auctorisé par une délibération publique. » En conséquence ledit Guillaume Main, avocat, est autorisé à enseigner la langue latine aux enfants de la ville à l'exclusion de tous étrangers. — 26 déc., le sieur Paulmier présente un mémoire tendant à ce qu'il soit nommé un échevin de la paroisse St Léonard, « veu que de tous temps le corps des eschevins a esté composé de personnes de ladite parroisse

St Léonard aussi bien que de celle de Ste Catherine et que les trois eschevins en charge sont de cette dernière paroisse. Pris et retiré l'advis des bourgeois, veu que l'élection d'un échevin est volontaire et que les deux paroisses ne composent qu'une mesme communauté, Me Thomas Cousin a esté élu et nommé pour quatre ans ».

1ᵉʳ janvier 1688, installation de Thomas Cousin aux fonctions de premier échevin. Adjudication des petites fermes: de la boucherie, par 165 liv.; des draps, par 37 liv.; des bières, par 33 liv., des cuirs, par 50 sols. — 29 mai, « sur ce que M. de Seignelay passant par cette ville ces jours derniers, après avoir visité les ouvrages se seroit informé du nombre des bateaux qui partent pour la pesche du harenc et auroit fortement recommandé d'y en envoyer sy on vouloit que S. Mté fist continuer lesdits ouvrages pour mettre le port dans sa perfection, ce que M. de Bercy, maistre des requestes et intendant pour la visite de tous les ports, a réitéré avec l'ordre de lui envoyer dans la huitaine un estat de ceux qui se trouveront dans la résolution d'envoyer des bateaux à la pesche du harenc pour fournir le nombre de douze bateaux ». Les échevins sont de sentiment qu'on mette autant de bateaux qu'on pourra. Mais il ne s'est presenté que Nicolas Pallier qui consente à risquer dans quelques bateaux. — 30 mai, pour délibérer sur le nombre de bateaux qu'on peut envoyer à la pêche du hareng ; Pierre Premord, Charles Giffard, Philippe Le Cordier, Charles Lion, Jacques Lion, Isaac Voisin, Charles Barbel et Guillaume Heusey déclarent qu'ils s'intéresseront à lad. pêche autant qu'ils le pourront, — 31 mai, autre délibération sur le même objet : « Très humbles remontrances seront présentées à M. de Bercy sur l'impossibilité d'envoyer cette année à la pesche du harenc : 1⁰ faute de bateaux et de filets ; 2⁰ sur la saison qui ne donne pas le temps de construire des bateaux; 3⁰ sur les difficultés que font les commis des gabelles de donner des sels, qui a esté cause que les habitants ont presque abandonné l'usage de saller des chairs pour les Isles et ravitaillement de leurs navires ce qui leur est d'un très grand préjudice. Et sera ledit sieur de Bercy suplié de faire considération que les négocians après les grandes pertes qu'ils ont faites revenans à plus de 600,000 liv. et l'avance de 100.000 liv. qu'ils ont passée pour le bassin ne peuvent pas faire plus de négoce qu'ils en font qui est toutefois assez considérable puisqu'ils envoyent 33 navires à la pesche des morües du banc de Terre-Neuve, 3 grands à la coste du Canada pour la pesche de la morüe seiche, 2 aux isles d'Amérique et 1 du port de 250 tonneaux à la pesche de la baleine. — 18 juin, Jean Haguelon, bourgeois, pourvu par lettres du 24 mai 1688 de l'office de receveur ancien, alternatif et triennal des deniers patrimoniaux, communs et d'octroi, est reçu aux fonctions dudit office. Les entrepreneurs des ouvrages du port ne pouvant trouver de manœuvres et s'étant plaints à M. de Brou, intendant, lequel donnera des ordres pour faire venir des soldats; arrêté que pour éviter qu'il ne vienne des troupes « sera fait un roole de tous ceux qui peuvent travailler aux ouvrages, lesquels seront par l'emprisonnement de leurs personnes contraints de se rendre demain matin sur les travaux, parce qu'ils seront payés à raison de 8, 9 et 10 sols; que conformément à l'ordre verbal de M. l'Intendant les officiers du corps de ville visiteront tour à tour les ouvrages pour connoistre et distinguer les bons ouvriers d'avec les mauvais. » Pour engager les négociants à envoyer dès cette année à la pêche du hareng, M. de Bercy a promis de faire obtenir le franc salé ; arrêté qu'il sera représenté que la saison est trop avancée pour se pourvoir de bateaux, de filets et « même de matelots stilez à ceste pesche ceux de cette ville n'y estant propres. » — 21 août, textes des lettres patentes portant règlement de l'hôpital général. Election de directeurs de l'hôpital. Pour l'ornement de l'hôtel-de-ville on décide d'y faire faire un lambris, d'y placer l'image du crucifix et le portrait du Roi. — 30 octobre, devis de réparations aux jetées, quais, Tour Carrée, carrefour du poids du Roi, etc. — 29 novembre, en exécution de la déclaration de S. Mté, les gens de la religion font remise des armes et poudre en leur possession, savoir : Guillaume Andrieu, avocat, une épée, un fusil et deux pistolets ; Philippe Le Cordier, un fusil, cinq vieux canons à mousquet, un mousqueton de fonte, un pistolet crevé, deux vieux mousquets ; Nicolas Pallier, 2 fusils, 2 épées, 6 grosses bombes, 264 grosses balles à main, plus les canons de partie de ses navires, les *Trois Anne*, le *Don de Dieu*, la *Palme*, contenant : 45 fusils boucaniers, 28 pistolets, 12 coutelas, 2 mousquetons, 21 épées, 12 piques ; Madeleine Bretoc, femme de Jacques Frenot, maître de navire, un fusil et une épée ; Lucas Bretoc, un fusil ; David Pallier, un coutelas ; Jean Andrieu, avocat, une épée, un petit fusil et une demi pique ou javelot de sauvage. — 1er décembre, Pierre Pallier déclare ne posséder d'autres armes que celles de l'armement de son navire : 30 fusils, 16 pistolets, 20 coutelas et épées, 24 piques, 6 pierriers et 12 boîtes de fonte.

1er janvier 1689, installation de Pierre Taillefer, sieur de la Perrelle, aux fonctions d'échevin. — 9 janvier, adjudication de la ferme sur le pied fourché par 90 livres. On rend leurs armes à plusieurs religionnaires. — 20 février, réglement de police touchant le pavage des rues mis en adjudication au rabais pour la première fois. — 1er mars, par requête François Delaistre expose que le 25 février 1687 il a été reçu bourgeois et a été autorisé à montrer à danser ; que nonobstant les défenses faites certains coureurs viennent de temps en temps dans cette ville, y séjournent quatre ou cinq mois, montrant à danser à toutes sortes de prix, ce qui lui cause un préjudice notable ; qu'il est obligé d'aller tous les ans à Paris pour y apprendre les airs nouveaux et danses à la mode; en conséquence supplie qu'il soit fait défense à tous coureurs ou autres de montrer à danser. Le gouverneur approuvant cette requête donne une ordonnance portant défenses à toutes personnes de s'immiscer de montrer à danser en salle. — 10 mars, adjudication du pavage des rues au prix de 42 sols 6 deniers la toise. — 7 avril, Pierre Pallier, maître du navire le *Simbole de la Paix*, étant en ce port armé de 14 pièces de canon 6 pierriers, 30 fusils, 16 pistolets, 20 coutelas ou épées, 24 piques, déclare qu'il embarque : 500 livres de poudres, 200 balles à mousquet, 150 boulets à canon, 60 livres de mèche et se soumet de représenter le tout lors de son retour du Canada. — 12 avril, règlement de police interdisant de brûler des pailles pendant la nuit, « ce qui aura aussy lieu pour les pailles provenans des deffuncts. »

CARTON N° 8.

60. *Délibérations* (1686-1695). — Réceptions de personnes qui ont été admises dans le corps de bourgeoisie de lad. ville : Jacques Langlois, Louis Lemonnier, Nicolas Le Seignerre du métier « d'estaimier-plombier », Etienne-Jacob Baillet, François Delaistre, maître à danser, Louis Le Cordier, Jean Bullet, prêtre, Julien de Baonne, Louis Malerne, Etienne de la Roque, Jean Train, docteur en médecine, Jacques Le Comte, etc., etc.

61. *Délibérations* [1] (1689-1695). — 18 avril 1689, nomination de Dominique Sainctgès à la charge de capitaine de la tour et chaîne. — 5 juin, pour délibérer sur des procès pendants à la Cour des Aides. Commission d'officiers quarteniers accordées à Charles Giffard, capitaine; Guillaume Le Cerf, lieutenant ; Charles Le Chevallier, enseigne ; Charles Lion, enseigne ; Guillaume Barbel, capitaine. — 23

[1] Registre incomplet, fait suite au n° 59.

juillet, ordre du marquis de Beuvron aux échevins de loger la compagnie de gentilshommes de l'élection de Pont-Audemer, commandée par M. de Goville-d'Andel et de leur fournir les vivres et le fourrage. Suit l'état des bourgeois, au nombre de 71, lesquels devront loger les gentilshommes. — 14 août, on nomme directeurs de l'hôpital général pour deux ans : Marin Gouley et Pierre Le Duc, prêtres, Jacques Duval, sieur du Petitmont, Michel de la Croix, Pierre Parent et Guillaume Berthelot. — 3 septembre, nomination de Raymond du Cup, seigneur d'Yssel, à la charge de lieutenant des chasses de la vicomté d'Auge et de la baronnie de Roncheville. — 22 novembre, pour la fourniture de 5,000 livres pour l'ustensile de sept compagnies d'infanterie, qui doivent venir en quartier d'hiver, il sera représenté à l'intendant que la plus grande partie des bourgeois n'est composée que de matelots qui sont sur les vaisseaux du roi, lesquels se prétendent exempts de l'ustensile, que les autres habitants ont payé plus de 100,000 livres pour les travaux du bassin et qu'ils se trouvent hors d'état d'acquitter les 5,250 livres par la cessation du commerce. En conséquence l'intendant sera supplié de trouver bon que la taxe de l'ustensile soit prise sur l'excédant des recettes du tarif. — 26 décembre, élection de Me Jacques Hatten, conseiller et procureur du roi au grenier à sel, à la charge de premier échevin. Louis Doublet, ayant servi en qualité de conseiller, est exhorté de se trouver aux assemblées où il aura séance comme conseiller honoraire. Suit le texte de l'édit royal de juillet 1689 portant suppression des offices de receveurs et contrôleurs de deniers communs, d'octrois et tarifs créés en Normandie et leur remplacement par le receveur des tailles de chaque élection.

1er janvier 1690, installation de Jacques Hatten aux fonctions d'échevin. La ve Sanson se plaignant d'être imposée au rôle de l'ustensile est renvoyée vers l'intendant. M.

Chauffer est reçu receveur de la ville. — 15 janvier, en exécution d'une lettre de l'intendant le gouverneur décharge les cinq capitaines quarteniers du paiement de l'ustensile; les lieutenants et enseignes resteront compris dans le rôle, sauf à eux à se pourvoir au conseil. — 12 février, adjudication de la permission de vendre de la viande pendant le carême à 3 sols la livre à ceux qui auront autorisation signée des curés. Charles Le Chevallier est député à Rouen pour obtenir permission d'acquitter du fond des octrois la taxe de 22 livres par mois pour la paye des officiers de milice. — 23 février, au sujet des droits d'amortissement dus sur les nouveaux acquêts, il est déclaré qu'aucune acquisition n'a été faite par la communauté depuis 1640, sauf par contrat du 9 août 1664 « une place de terre avec les maisons sur estans avec la cour au devant scituée en la parroisse de Nostre-Dame » acquise de messire Thomas Benard, chevalier, seigneur de Maisons, subrogé aux droits de Thomas de Sarcilly, sieur du Buc et de Brucourt, chanoine de Bayeux, pour le prix de 2,000 livres et 60 sols de rente domaniale à cause de la baronne de Roncheville. Ordonnance de police portant défenses itératives de couvrir de chaume les maisons. — 5 may, le contrôleur général persistant à accorder au fermier du tarif une diminution sur la ferme malgré les réclamations de la ville, on soutient que le fermier est non recevable dans sa prétention, qu'il ne perd rien, que ses commis ne délivrent aucune quittance des droits perçus, que n'y ayant point de contrôleur lesdits commis portent sur leurs registres ce que bon leur semble. — 14 mai, le fermier du tarif ayant obtenu sur le prix de son bail une diminution de 2,000 livres pour l'année 1689 et de 3,000 livres pour l'année 1690, il sera écrit à M. Haguelon, à Paris, pour lever l'arrêt du Conseil; de plus le fermier sera poursuivi pour remettre sous récépissé ses quittances. Sur la plainte faite que les fenestres et portes du corps de garde ont été enlevées et bruslées par la

3ᵉ escouade de la compagnie de M. Durant Barbel, sieur des Galleville, arrêté a été que le sieur Barbel indiquera ceux qui ont emporté les portes et fenestres ou il sera tenu, avec son lieutenant et son enseigne de faire à leurs frais une autre porte et fenêtre. — 27 mai, réception de travaux de réparation aux fontaines. Election d'officiers quarteniers : Jacques Le Jugeur, sieur de Conteville, capitaine; Jacques du Moulin, sieur de la Mauvillère, enseigne ; Nicolas Le Court, sieur de Chricheveulle (?), lieutenant. — 12 septembre, en 1638, le Roi ayant créé des offices de procureur et de greffier dans tous les hôtels-de-ville, Mᵉ Anthoine Renoult leva la charge de procureur en cet hôtel-de-ville ; sur quoi y ayant eu opposition lors de son installation, il intervint un arrêt du Conseil d'Etat qui maintint S. A. R. Mademoiselle, les échevins et habitants de cette ville dans le privilège de nommer leur sindic et greffier et fit défense au sieur Renoult de faire l'office de procureur du Roi et condamna le traitant en son remboursement. « Depuis lequel temps S. M. auroit révoqué et suprimé l'édit de 1638, mais il est arrivé qu'au commencement de l'année présente Elle a de nouveau créé les dites charges et que celles de cet hostel de ville sont employées sur le rôle des charges, ce qui est contraire audit arrêt du Conseil et très préjudiciable aux privilèges de cette ville »; arrêté a été, en conséquence, qu'il sera obtenu de S. A. R. Mademoiselle, l'autorisation de faire procédures pour faire maintenir la communauté dans ses priviléges. — 26 décembre, nomination d'Elie Le Chevallier, sieur des Essarts, en qualité de premier échevin, le sieur Pierre Premord sortant de charge. Et en ce qui a été remontré que les trésoriers de l'hôpital général en la paroisse St. Léonard n'ont aucune place dans l'église, « ce qui rebute les principaux habitans de faire ladite fonction », arrêté qu'il sera fait un banc pour eux placé dans un lieu honorable. — 28 déc., adjudication de la ferme des octroys à

Jean Haguelon par le prix de 2,000 livres. — 30 déc., la même ferme est adjugée à Le Proux, sergent en l'amirauté qui l'enchérit par tiercement au prix de 2,800 liv.

1er janvier 1691, installation de M. des Essarts pour premier échevin. M. Lenormand pour lui et M. Chauffer demandent qu'il soit procédé à la bannie et adjudication des fermes sur les draps, toilles, beurres, suifs, cuirs et estaux à boucherie, sur quoi M. Haguelon s'oppose à ce que la bannie soit faite sous leur nom, prétendant encore être receveur du patrimoine. Arrêté que les sieurs Pallier et Thierry imposeront les sommes contenues au mandement de l'intendant pour les offices de sergents de milice. — 6 janvier, plainte que fait Nicolas Pottier, bourgeois, maître cordonnier, contre Le Po, tambour, disant que ce dernier ayant battu la caisse pour une levée de soldats dont les sieurs de la Rançonnière, officiers, faisaient une levée, aurait jeté dans la boutique de Jean Le Maistre, aussi maître cordonnier, 61 sols en une pièce, et dans la boutique d'icelui Pottier 6 livres 2 sols, soutenant par là engagé le fils dudit Pottier dans la compagnie de la Rançonnière. Le Po en convient et est interdit. — 3 mars, MM. des Essarts et Cousin sont députés pour aller à Rouen vers M. l'intendant luy remontrer qu'il n'y a point de deniers aux mains des receveurs pour payer les gages des officiers de la ville, et vers M. le procureur général en parlement qui prétendoit faire cesser une procédure faite par les échevins contre un particulier au sujet d'un vol fait dans le corps de garde et luy remontrer que c'est en vertu d'un arrêt du Conseil. — 1er avril, arrêté que M. Haguelon fera ses remontrances à M. l'intendant ainsi qu'il verra bon au sujet de ce que M. De La Chambre s'est taxé de plus grosses épices qu'à l'ordinaire à cause des 5,400 livres restant en ses mains du revenant bon du tarif; et qu'il sera envoyé à M. Premord étant à Paris un placet pour présenter au Conseil touchant l'octroi dont le Roy s'est emparé. — 27 mai, sentence de police prescrivant aux cabaretiers de mettre tous les jours chez le gouverneur ou les sieurs échevins une liste des noms de ceux qui coucheront dans leurs auberges, à peine de 60 s. d'amende. Autre sentence ordonnant de balayer au devant des maisons deux fois par semaine, à peine de 15 s, d'amende. — 15 août, sont nommés directeurs de l'hôpital pour deux ans : MM. Marie et Scelles, prêtres, Brière, apothicaire, Le Roy, Jean Morin et Etienne Bellebarbe. — 4 septembre, ordonné que les chandeliers fonderont leurs suifs, en été, depuis quatre heures du matin jusqu'à dix heures du soir, et, en hiver, depuis cinq heures du matin jusqu'à neuf heures du soir, à peine de 60 sols d'amende. Il a été dénoncé que journellement le feu prend aux cheminées faute d'être nétoyées ; considéré qu'il n'y a pas de remède plus sûr que de condamner en amende les propriétaires ou locataires des maisons aux cheminées desquelles le feu prendra, enjoint à tous bourgeois de faire nétoyer leurs cheminées, et si le feu y prend les propriétaires ou locataires seront condamnés en 10 livres d'amende au profit de l'hôpital. — 12 décembre, arrêté que Thomas Cousin, échevin, prendra un filet d'eau de la grosseur d'une plume d'oye à partir du regard pratiqué pour les eaux qui coulent et se rendent à la fontaine de l'enclos de la ville ; cette concession est faite pour l'indemniser de souffrir ledit regard sur son héritage et d'y donner le passage pour y aller. — 26 déc., il est d'usage que le dernier conseiller sorte de charge et que le quatrième échevin prenne la place de conseiller. Hugues Morin, sieur de Rambu, est élu premier échevin.

26 janvier 1692, arrêté que le fontainier dressera des procès verbaux contre ceux qui lavent sur les fontaines. La meilleure partie des habitants refuse de monter la garde ; un état des défaillants sera remis au premier échevin. — 15 juin, examen des comptes du receveur pour l'année 1689 ; la recette s'élève à 14,796 liv. et la dépense à 13,683 livres.

23 juin, étant nécessaire de nommer un prêtre pour desservir dans l'hôpital général en qualité de chapelain à la place du sieur Perrée qui en a par le passé fait les fonctions, les directeurs dudit hôpital ont remontré que Mᶜ Henry Thierry, originaire de ce lieu, est d'un grand zèle et qu'il s'offre rendre ce service pour 84 livres par an, mais s'il arrive que le revenu de l'hôpital augmente il touchera les 154 liv. de gages qu'on avait coutume de payer au prêtre qui remplissait cette place, avons sous le bon plaisir de Mademoiselle, de l'évêque de Lisieux et du marquis d'Escars, élu et nommé le dit sʳ Thierry, à la charge de célébrer tous les dimanches une messe basse, d'administrer les sacrements aux pauvres et aux dames hospitalières, etc. — 18 juillet, par les sœurs hospitalières a été dit que l'hôpital ne peut plus subsister faute de revenu et qu'ainsy il en faut faire sortir les pauvres gens qui y sont au nombre de 160, sans parler d'un très grand nombre de matelots et soldats qui y viennent journellement pour s'y faire panser; pour quoi il est absolument nécessaire de trouver un fond pour ledit hôpital, et pour y parvenir les dames hospitalières ont dressé un memoire tendant : 1º à l'exemption des droits d'aide, de tarif, de romaine et autres droits ; 2º de faire placer dans un magasin le sel de raport pour le transporter et vendre dans les pays étrangers ; 3º d'obliger à une aumône au profit de l'hôpital les aspirants aux arts libéraux, les maitres de navire, les nouveaux bourgeois et ceux qui obtiendront des lettres de présentation et de maîtrise, etc. La communauté accepte et consent l'effet des articles proposés ; elle autorise les dames hospitalières à présenter, à leurs frais, au Roi, un placet auquel le mémoire sera joint. — 30 novembre, procès-verbal comme il ne s'est trouvé de bourgeois en nombre suffisant pour nommer deux collecteurs pour imposer 6,000 liv. pour l'ustensile de huit compagnies d'infanterie qui doivent venir en cette ville et cependant sont d'avis, les présents, de nommer François

Boissaye et Antoine Le Senécal pour envoyer vers M. l'Intendant. — 23 décembre, on fait lecture des provisions à la charge de gouverneur accordées, le 15 décembre, par le Roi sur la nomination de S. A. R. Mademoiselle, à messire Pierre Puchot, seigneur des Alleurs, capitaine au régiment des gardes françaises, major général des armées, inspecteur général de l'infanterie et gouverneur des ville et château de Laval; on ordonne que lesdites provisions seront registrées Nomination d'un échevin, Jean Robinet. — Règlement de police.

1er janvier 1693, adjudication des petites fermes : sur le boissons, 51 livres; sur la boucherie, 70 livres; sur les cuirs 6 livres; sur le beurre, etc. Pierre Satis, trésorier de l'hôpital, rend son compte [1].

1er janvier 1694, installation de Charles Lion aux fonctions de premier échevin. — 2 janvier, adjudication des petites fermes. — 8 janvier, sur ce qui a été représenté par Pierre Maupoint, curé de St Léonard et de Notre-Dame, et de Jean-Baptiste Prentout, vicaire de Ste Catherine et de St Etienne, que le nombre des pauvres étant augmenté, il s'en trouve dans les deux paroisses 549, à la nourriture desquels il est nécessaire de pourvoir, arrêté a été qu'il leur sera donné du pain en essence et qu'il sera fait un état des pauvres et un autre état des bourgeois qui seront obligés de nourrir un an deux pauvres. Défense est faite de mendier dans les rues à peine de prison. — 28 février, arrêté que Thomas, Jacques et Philippe Le Terrier, collecteurs de l'ustensile, lèveront 28 livres par mois pour la double paie des sergents de milice bourgeoise suivant mandement de l'intendant. — 14 mai, Charles Lion est député à Rouen pour présenter requête à M. d'Ormesson, intendant, aux fins d'obtenir décharge de 630 livres pour la milice bour-

---

[1] Voir plus loin la suite de l'année 1693, registre n° 62.

geoise. On ordonne l'enregistrement d'un arrêt du Conseil, du 19 juin 1691, contenant la liquidation des gages des officiers de la ville. — 25 mai, installation de Michel Bigot, conseiller de S. A. R., vicomte de Roncheville, à la charge de conseiller du Roi, maire héréditaire de Honfleur. Enregistrement de l'acte de réception : « Antoine-François Le Fèvre d'Ormesson, chevallier, conseiller du Roi en ses conseils, maistre des requestes ordinaires de son hostel, commissaire départy pour l'exécution des ordres de S. M. en la généralité de Rouen. Veu les lettres du grand sceau données à Versailles le 29e avril 1694 signées sur le reply, par le Roy, Peret, et scellées du grand sceau sur simple queue, par lesquelles il a plu au Roy pourvoir m^{re} Michel Bigot, vicomte de Roncheville et de Honfleur, de l'office de conseiller de S. M., maire héréditaire de la ville de Honfleur pour en jouir suivant et au désir de l'édit du mois d'aoust 1692, ensemble des droits, priviléges, honneurs exemptions et attributions y expliquez ainsi que le contiennent plus au long lesdites lettres à nous adressantes, l'information par nous faite d'office cejourd'huy des vie, mœurs et religion dudit sieur Bigot, sa requeste à fin de réception audit office, et tout considéré Nous, après serment presté en nos mains par ledit sieur Bigot de bien et fidellement servir le Roy et le public dans l'exercice et fonction de maire de la ville de Honfleur, l'avons sous le bon plaisir de S. M. receu, mis et installé, recevons, mettons et installons audit office pour en faire les exercices et fonctions conformément auxdites lettres et à son édit de création et jouir des priviléges et droits et exemptions y attribuez, à l'effect de quoy il sera reconnu en ladite charge par tous ceux et ainsy qu'il apartiendra. Fait à Rouen le 19e jour de may 1694. Signé Le Fèvre d'Ormesson. Et plus bas, Par Monseigneur, Blanchard, avec paraphe. » — 31 juillet, sur ce qui a été représenté que la flotte ennemie après avoir bombardé et entièrement ruiné la ville de Dieppe est mouillée à la rade du Havre dont elle bombarde la ville et qu'il y a bien lieu de croire que cette ville ne sera pas exempte de leurs hostilités, pour quoi tous les habitants ont déjà fait enlever leurs meubles pour en éviter l'incendie, ce qui donne lieu de réfléchir à l'importance de mettre en sureté les lettres et écritures de cette ville réposées dans les archives d'icelle, a été arrêté que le coffre fermant à quatre clés où partie des écritures sont renfermées ensemble une pouche où le surplus est renfermé, seront incessamment enlevés pour être portés à la maison située sur la ferme de M. Ch. Le Chevallier, située en la paroisse d'Equemauville. Aucun inventaire n'en ayant été fait vu le péril imminent, un cachet aux armes de la ville a été apposé. — 2 août, Guillaume Morel, marchand bourgeois, est commis pour faire les fonctions de l'office de conseiller de S. M., contrôleur des deniers communs, patrimoniaux, dons et octrois des ville et fauxbourgs de Pont-l'Evêque et de Honfleur, en conséquence de l'édit du Roi au mois de mars 1694. — 21 août, MM. Michel Hubert, Guillaume Villey, Constant Rioult, Elie Le Cesne et Thomas Taillefer sont nommés directeurs de l'hôpital pour deux ans; Me Louis Legrand pour receveur dudit hôpital. M. Ch. Le Chevallier est député vers M. l'Intendant pour faire rapporter le jugement par lui rendu entre la communauté et le sieur Ariste, fermier du tarif; ledit jugement condamne la communauté de payer à Ariste la valeur des barrières. M. Le Chevallier, dans le cas où il n'obtiendrait rien de l'intendant, est autorisé d'interjeter appel au Conseil. — 29 octobre, procédure contre Ariste. On envoie M. Lion au Havre, vers l'intendant pour solliciter la décharge d'une somme de 6,000 liv. à laquelle la communauté a été taxée pour le maintien des échevins en la possession de nommer aux charges de capitaine et lieutenant de milice, et d'une autre somme de 3,000 liv. pour le don gratuit : la ville est hors d'état d'acquitter ces deux taxes. — 30 octobre, élection et nomination d'un médecin ordinaire de la ville, Hôtel-Dieu et hôpital, en remplacement de M. Béranger de la Carbonnière, décédé. Adjudication du corps du navire le *Saint-Antoine*, coulé à l'entrée du port lors de l'approche de l'escadre anglaise pour garantir d'incendie les autres navires. — 16 nov., on réclame à la ville 6,000 livres pour l'ustensile de huit compagnies d'infanterie.

14 janvier 1695, sera une requête présentée à M. l'Intendant pour avoir diminution de la taxe de 9,900 liv. à laquelle la communauté est taxée pour le don gratuit et la réunion des offices de quarteniers au corps et communauté de la ville. Pour le paiement de ladite somme une saisie à été opérée sur les meubles de M. Giffard, après la vente qui doit en être faite l'huissier menace de saisir chez d'autres bourgeois, et au cas où la vente des meubles ne suffirait pas il doit arrêter les bourgeois prisonniers. On ordonne qu'il sera effectué un emprunt sur quatre-vingts des plus solvables habitants de la somme de 2,000 liv. pour faire cesser les poursuites. — 14 février, arrêté qu'il sera fait un rôle d'imposition pour les 3,300 liv. de don gratuit où seront employés les exempts et non exempts ; que l'on tâchera de faire payer les 1,800 liv. dues pour les frais faits à l'occasion de l'approche de l'armée navale sur les fonds de S. M. — 16 février, Jean Rioult, marchand de dentelles, Louis Auber, Jean Guerrier, sieur de la Fontaine, François Cotton sont nommés capitaines quarteniers ; Henry Le Villain, Robert Hérault, Gentien des Friches, Jacques Bourdon sont nommés lieutenants quarteniers, à la charge de payer le prix desdits offices. — 13 mars, sera présenté, d'avis unanime, requête à l'intendant pour le supplier d'accorder la permission d'imposer au marc la livre du rôle des offices des quarteniers et don gratuit, 500 liv. qui seront employés à acheter des crocs et sceaux en cas de bombardement. Guillaume Frémont, sieur des Vallées, Jean Pellecat, Gabriel Duval dit du Long Prey et Nicolas Lan-

glois, dit la Vallée sont nommés collecteurs des taxes des quarteniers et du don gratuit. — 30 avril, on consent à ce que Charles Le Chevallier lève la charge de greffier titulaire de l'hôtel-de-ville. — 4 mai, délibération portant que les dames hospitalières atteintes par l'âge et les maladies ne sont plus en nombre suffisant pour soigner les malades ; qu'il se trouve peu de sujets pour entrer dans la communauté ; que si la communauté ne possède plus un nombre suffisant de dames il a été reconnu que cela provient de ce que suivant la délibération du 20 février 1684 il est expressément défendu aux dames de faire des vœux solennels, ce qui rebute les familles d'y placer leurs filles ; enfin que les pauvres recevraient un grand désavantage si le petit nombre desdites dames obligeait celles-ci à abondonner les soins qu'elles en prennent. Arrêté qu'en dérogeant à la clause portée à l'acte de 1684 M. l'Evêque de Lisieux sera supplié de permettre que les dames hospitalières et celles qui viendront fassent des vœux solennels tels qu'ils se font par les religieuses de la Madeleine, de Rouen, afin d'éviter la répugnance qui s'est rencontrée d'entrer dans ladite communauté. — 20 mai, nomination de Vaultier de Volaville à un office de capitaine quartenier.

62. *Délibérations*. (1693-1694.) — Cahier de 21 feuillets détachés du registre n° 61. — 1er février 1693, réception des comptes de l'hôpital. Les directeurs du tarif sont autorisés à faire vendre de la viande pendant le carême. — 7 février, pour délibérer sur la requête du gouverneur pour approcher les fermiers des étaux à boucherie et la comparution des bouchers, sentence est rendue entre lesdits bouchers et M. le gouverneur, demandeur, par laquelle défense est faite d'étaler les viandes ailleurs qu'à la halle, à peine de 10 liv. d'amende. — 15 mars, arrêté que Haguelon continuera ses suites pour empêcher que la ville ne soit imposée dans le rôle du franc-alleu suivant l'édit du mois d'août 1692,

attendu qu'il n'y a dans toute la ville que quatre maisons relevantes du Roy par confiscation. — 10 avril, on décide qu'une requête sera envoyée à M. Haguelon qui la présentera à l'intendant, à laquelle on doit joindre un arrêt rendu en 1674 : « et d'aultant qu'il est bien juste de marquer de
« la reconnaissance des bontez que S. A. R. Mademoiselle
« a eu pendant son vivant pour cette communauté qu'elle a
« toujours protégée, ce qui ne se peut faire à présent qu'elle
« est décédée plus à propos qu'en faisant faire des prières
« publiques pour le repos de son âme, joint qu'en qualité
« de vicomtesse d'Auge et de Roncheville elle estoit dame
« de cette ville, il a esté arresté d'avis uniforme qu'il sera
« faict faire un service public pour le repos de l'âme de
« S. A. R., parce que nous, Eschevins, sommes tenus d'en
« faire frais qui seront pris sur le fonds de 1,000 liv. destinez
« pour les nécessitez de cette ville. » — 8 mai, Jean Haguelon écrit de Paris que Monsieur, frère unique du Roi, légataire universel des meubles et immeubles de Mademoiselle s'est fait envoyer en possession du vicomté d'Auge et que dans une conférence qu'il a eue avec M. d'Yssel il a été trouvé bon que quelqu'un allât à Paris pour, avec ledit sieur Haguelon, faire la révérence à Monsieur et luy demander sa protection ; arrêté que Jean Robinet fera incessamment ce voyage et qu'il travaillera pour empescher le franc alleu. — 1er juin, S. A. R. Monsieur prend possession de la vicomté d'Auge par la lecture que l'on fait publiquement d'un arrêt du parlement de Paris du 21 avril 1693, qui l'envoie en possession de ladite vicomté, lequel arrêt a été présenté par messire Jean de la Barre, écuyer, son secrétaire. — 25 juin, Jean Robinet est député pour aller à Rouen vers M. l'Intendant luy faire remontrance au nom de la communauté pour le franc alleu pour lequel la ville a été taxée à 4,000 liv., et à demander à les lever par imposition comme en 1674. — 16 août, Jean Robinet député vers M. l'intendant pour avoir

on ordonnance au sujet du refus que font les habitants de la Rivière de donner déclaration de leurs maisons attendu qu'ils n'étaient pas dans le rôle de 1674 pour faire la collecte du prêt fait au Roy par le franc alleu. — 11 octobre, a été exposé par requête présentée par le receveur et les directeurs de l'hôpital que la maison n'a que très peu de revenu et que le nombre des pauvres estant grand ce revenu ne peut pas suffire pour les nourrir pendant un mois; que ledit hôpital a subsisté le temps passé par les fréquentes charités de S. A. R. Mademoiselle et de quelques personnes de piété; qu'en l'année dernière ayant été fait quelques instances auprès du Roy pour la nécessité desdits pauvres, S. M. auroit eu la bonté de leur donner une somme de 900 liv. ce qui aurait beaucoup contribué pour passer ladite année, mais à présent que les vivres ont beaucoup augmenté de prix et que les charités de Mademoiselle ont manqué par son décès, celles des particuliers ne continuant pas à raison de la misère où chacun est réduit, le receveur dudit hôpital étant beaucoup en avance de deniers pour l'achat de blés pour les pauvres dont le nombre augmente tous les jours tant pour les renfermés dans l'hôpital que pour ceux qui sont par la ville auxquels on doit subvenir en quelque manière pour éviter qu'ils ne périssent faute de pain, il a été arrêté que M. le lieutenant de roi fera, au moyen de deux archers, expulser de la ville les pauvres étrangers; qu'il sera fait un rôle des pauvres originaires de Honfleur pour en connaître la quantité et ensuite aviser où il sera pris un fond pour la faire subsister. — 9 novembre, lecture des provisions et réception à la charge de maître des quais de Michel Auber, bourgeois de ce lieu. Textes des lettres. — 29 novembre, Hatten et Robinet députés pour aller à Rouen à la dernière publication du tarif et d'aviser auprès de M. l'Intendant des moyens pour acquitter la communauté de taille en cas que les enchères ne se montent à 26,000 liv., prix d'icelle taille.

63. *Délibérations* (1695-1699). — 27 novembre 1695, M. Le Grand est député à Paris pour donner requête au Conseil et prendre l'avis d'un avocat tendant à faire une bannie nouvelle du tarif à la folle enchère, ou fixer la taille sur le prix que le tarif a été adjugé. — 18 décembre, Robert Sanson, fils de Jacques, est reçu à la bourgeoisie. — M. Le Grand donne avis qu'il y a arrêt permettant de proclamer le tarif à la folle enchère. — 26 décembre, Guillaume Villey, greffier, est nommé échevin. — La communauté est d'avis d'offrir à M. Adelin 800 liv. pour la finance de receveur des revenus patrimoniaux et supplie M. l'intendant de faire agréer l'offre.

1er janvier, 1696, installation de Guillaume Villey, échevin. — 8 janvier, contestation entre L. Doublet, commis à l'office de receveur des deniers patrimoniaux et Chauffer, receveur des tailles, à qui requièrera la bannie des fermes du patrimoine suivant les criées faites par Saffrey, huissier. La ferme des boissons adjugées par 136 liv.; des beurres, suifs et cuirs par 13 liv.; des toiles par 72 liv.; du pied fourché et étaux par 55 liv.; la place de l'hôpital par 40 liv. — 8 février, Alexandre de Varin, écuyer, sieur du Bouffey, est reçu capitaine quartenier au quartier de la Rivière, par commission du lieutenant de roi. Texte des lettres de provisions. — 13 avril, procès-verbal du produit du tarif en 1694 et 1695 : 20,457 liv. 19 s. 4 den. et 20,945 liv. 6 s. 4 den. — 15 avril, Charles Bigot ira à Rouen conférer avec l'intendant touchant les augmentations du tarif proposées et pour lui porter une copie du rôle de la capitation. — 24 juin, adjudication de la ferme des poissons. Jean Robinet est député à Rouen pour contester les cautions proposées par le receveur du tarif. — 30 juin, pour délibérer touchant l'arrêt qui autorise l'adjudicataire du tarif de lever certains droits par augmentation. On refuse la caution proposée et on s'opposera à la levée de nouveaux droits de tarif. — 6 juillet, nomination de Charles

Lion à l'office de conseiller et de procureur de la ville. — 9 juillet,-30 décembre, procédures au sujet des droits de tarif. Refus des cautions proposées par le fermier. Autorisation d'informer des exactions commises sur les droits de tarif. On ordonne de représenter tous les mois les quittances délivrées par le receveur au fermier du tarif. Nomination de collecteurs. Réception de Charles Le Chevallier à l'office de greffier.

1er janvier, — 31 déc. 1697, installation de Guillaume Duval pour échevin. Contestation entre le procureur du roi et les receveurs des tailles au sujet de la bannie des fermes. Procédures contre le fermier du tarif. Autorisation à M. Chauffer de vendre l'office de receveur par 1,400 livres. Adjudication des petites fermes. Nomination des directeurs de l'hôpital général. Nomination de Charles Giffard comme échevin.

28 février 1698, les dames hospitalières : Marie-Joseph Dieusy, Marguerite Langlois et Marguerite Gonnor présentent certaines lettres patentes en date des mois de juillet 1682 et 15 janvier dernier, leur permettant de s'établir en communauté pour instruire les jeunes filles à lire, faire de la dentelle et leur apprendre les premiers principes de la religion conformément au traité d'association fait entre elles le 9 décembre 1681 ; elles demandent que ces lettres soient lues en assemblée et qu'elles soient registrées. Retiré l'avis des habitants convoqués qui ont tous déclaré que l'établissement est très utile au public, que l'on a été par le passé très content, comme aussi que lesdites dames sont de très bonnes mœurs et d'une conduite très exemplaire, il est ordonné que les lettres et pièces seront lues et enregistrées. Texte des pièces qui suivent : requête adressée à l'évêque de Lisieux afin qu'il autorise l'association formée dans la paroisse de Saint-Léonard pour l'instruction des jeunes filles. Contrat de société entre Marie Dieusy, Jeanne Le Blanc, Marie Saou-

nier, Marguerite Langlois et Anne Delaumosne qui déclarent vouloir vivre en communauté et se consacrer à l'instruction des jeunes filles. Lettres patentes du Roi portant approbation et confirmation du contrat ci-dessus. Lettres de surannation. Lettres de Philippe d'Orléans autorisant l'établissement en société de Marie-Joseph Dieusy, Jeanne Le Blanc, Marguerite Saounier et Anne Delaumosne. — 21 mai, sur l'avis de M. de Forges, ingénieur du roi, est dressé par les échevins procès-verbal de l'état de la muraille du quai de la place de l'hôpital, Charles Lefebvre, maître bâtisseur de navires ayant, de son propre mouvement, fait démolir une partie de cette muraille pour mettre à l'eau un grand navire de 150 tonneaux. Il est ordonné que ledit Lefebvre fera réparer le dommage à ses frais ; il est en outre autorisé à faire une seconde ouverture à l'opposite d'un second navire nouvellement construit, sous la condition de remettre la muraille en état. — 22 juin, Charles Lion, conseiller et procureur du roi paye 400 liv. pour les finances de cet office. La ferme sur le poisson après contestation entre le procureur et le receveur est adjugée à Jean Brunet par 1640 liv. Les audiences de l'hôtel-de-ville sont fixées au samedi après-midi. — 4 août, nomination de Jean-Baptiste de la Houssaye à la charge de maître des quais et hâvres du port. — 6 décembre, on décide que M. Bigot ira à Rouen solliciter la décharge de la taxe faite pour le talus de Quillebeuf.

64. *Delibérations.* (1699-1701.) — 1er janvier, — 27 décembre, installation de Louis Robinet aux fonctions d'échevin. Adjudication des petites fermes. — Sentences de police concernant le pavage des rues. — Bannie de la ferme du poisson, 2,100 liv. — Nomination des directeurs et du receveur de l'hôpital. — M. le curé de Saint-Léonard propose un règlement pour l'administration de l'hôpital. — M. Guillaume Paulmier, bailli de Grestain, est élu échevin. — 1er janvier 1700, installation de Guillaume Paulmier, aux

fonctions de premier échevin. Adjudication des fermes. Comme il se commet dans la ville des violences par gens sans aveu, on ordonne sur la requête du procureur du roi qu'il soit placé un poteau avec un collier pour les mettre au carcan. — 21 février, délibérant sur les lettres écrites par M. Haguelon, arrêté que ledit sieur sollicitera au conseil la décharge des prétentions pour indemnités du fermier du tarif. — Délibérant sur le mandement de 1946 liv. pour la finance de l'office de jurés-mesureurs de grains, arrêté qu'il sera présenté requête à l'intendant pour enjoindre aux receveurs de payer ladite somme sur les fonds de la communauté. — Arrêté que les bourgeois seront tenus d'apporter à l'hôtel-de-ville les titres de leurs crédits sur la communauté pour en être dressé état. — 17 avril, enregistrement des nouvelles lettres de provisions de lieutenant de roi accordées à M. d'Yssel le 14 avril 1698. Enregistrement d'autres lettres par lesquelles le duc d'Orléans nomme Thomas de Garcelles à l'office de capitaine des portes. — 23 avril, MM. Bigot et Paulmier sont députés à Rouen pour défendre devant l'intendant la prétention d'indemnité demandée par Jean Ariste, fermier du tarif, pour les pertes qu'il a souffertes pendant son bail; pour obtenir une décharge de la taxe faite sur la communauté à propos de l'office de garde-scel; pour faire assigner les receveurs parce que depuis 1690 ils n'ont donné aucune copie des octrois et n'ont rendu compte du patrimoine. — 7 mai, la communauté et le hameau de la Rivière ont été taxés à 1946 liv. pour la réunion à icelle communauté des offices d'experts-priseurs et arpenteurs, de jurés et greffiers de l'écriture et de juré mesureur de grains; il sera présenté requête à l'intendant pour être autorisé de prendre du fond de la ville 1415 liv. pour payer la finance de l'office réuni et se faire décharger de la taxe de 531 liv. pour l'office de mesureur de grains. — 21 juin, Jean-Baptiste de la Houssaye, maître des quais, fait registrer un arrêt du conseil d'Etat daté du 18 juin 1700 qui règle à la somme de 450 liv. les gages attribués à son office. — 15 août, nomination de directeurs de l'hôpital : Michel de la Salle, prêtre, Louis Cousin, commissaire aux revues, Louis Coulon, Roger Benoist, Michel Guillard, Thomas Neveu. — 16 octobre, nomination d'Alexandre Armand, major du régiment de dragons, à la charge de gouverneur. Texte des lettres de nomination. Texte des lettres de provisions. — 26 décembre, élection de Pierre Morin aux fonctions d'échevin.

1er janvier 1701, installation de Hugues Morin. Adjudication des fermes. La suite de la délibération au registre n° 65.

65. *Délibérations* (1701-1702.) — Adjudication des fermes. — Autorisation accordée aux Capucins de faire un parvis devant leur église à la condition qu'ils laisseront autour d'iceluy, un espace de douze pieds au moins à prendre sur le terrain des maisons qu'ils ont achetées et abattues et qu'ils feront paver ledit terrain à leurs frais pour servir de rue. — Le produit des deniers patrimoniaux est monté : en l'année 1691, à 283 liv.; en 1692, à 423 liv., en 1693, à 353 liv.; en 1694, à 258 liv. — Election des directeurs de l'hôpital. — Voyage à Rouen pour saluer Henri-François Lambert d'Herbigny, marquis de Thibouville, nommé intendant de la généralité et lui demander sa protection. — La ville doit fournir treize soldats de milice; il sera représenté à l'intendant que Honfleur a toujours été exemptée de faire une pareille levée, qu'elle fournit chaque année 1000 matelots. Saisie des meubles des échevins à la requête du receveur des tailles pour le recouvrement de la somme de 3,414 liv.

8 janvier 1702, saisie des meubles des échevins à la requête du receveur des tailles aux fins du recouvrement de la somme de 233 liv. affectée aux travaux du talus de Quillebeuf et la construction d'un nouveau quai, et de 3,181 liv. pour la

part du remboursement des taxations accordées aux receveurs généraux des finances; cette saisie a été faite en haine de ce que les échevins ont poursuivi pendant plusieurs années le receveur des tailles et le sieur Chauffer en reddition de comptes et les ont déclarés redevables de plus de 7,000 liv. — 17 janvier.

66. *Délibérations* (1702-1703.) — 17 janvier 1702, les corps de métiers sont assemblés pour fournir des miliciens. Comparaissent cinquante-deux corporations, savoir : apothicaires, chirurgiens, drapiers, merciers, tanneurs, bouchers, chandeliers, toiliers-lingers, barbiers-perruquiers, droguistes, relieurs de livres, trieurs de morues, fripiers, boulangers, maîtres d'école, cordonniers, patissiers, vinaigriers, chapeliers, estaimiers-plombiers, menuisiers, charpentiers, cordiers, couvreurs-plastreurs, tourneurs, pompiers, toilliers, peintres, maréchaux, serruriers-arquebusiers, teinturiers, tonneliers, tailleurs d'habits, chaudronniers, couteliers, vitriers, pelletiers-manchonniers, cornetiers-lanterniers, tisserands, courrayeurs, selliers, sculpteurs, maçons, bastiers-bourreliers, treviers, cloutiers-ferroniers, carleurs, vendeurs de pots de terre et de sabots, cabaretiers-aubergistes, blastiers et vendeurs de grains, marchands en gros et détail qui n'ont pas de jurandes, marchands de dentelles. — 19 janvier, les communautés d'arts et métiers partagées en treize classes, chaque classe fournira un soldat de milice. — 30 avril, on cède deux chambres de l'hôtel-de-ville pour servir de prétoire. — 17 octobre, les négociants sont invités à déclarer s'ils veulent garder ou annuler le concordat passé avec les gabelles touchant le sel de rapport. Texte d'un arrêt du conseil d'Etat qui proroge de neuf années l'abonnement de la taille et permet de lever pendant le même temps les droits portés au tarif. Texte des lettres-patentes rendues en conformité de l'arrêt qui précède. — 21 décembre, la communauté est taxée à 3,800 liv. pour l'ustensile des soldats d'infanterie,

cette taxe doit être payée par les bourgeois soumis à la taille et à l'ustensile. S. M. ayant accordé la liberté d'acquitter par voie de tarif comme par le passé la somme de 26,000 liv. à laquelle la ville est fixée au rôle de la taille, il sera fait imposition de la somme de 3,800 liv. et on empruntera 445 liv. pour retirer l'expédition de l'arrêt du 11 juillet dernier. — 30 décembre, on fait tirer au sort neuf jeunes gens pour la milice; les nommés Guillaume Boudin, Pierre Boudin, Nicolas Carel et Pierre Famette ayant tiré un billet noir sont condamnés à servir le Roi pendant trois ans.

14 janvier 1703, ne se trouvant personne pour enchérir les droits d'entrée portés au tarif à la somme de 26,650 liv. attendu la présente guerre et les pertes considérables que les habitants ont faites par la prise par les ennemis de leurs meilleurs vaisseaux au nombre de huit et la perte de deux autres vaisseaux qui ont péri en mer, il a été arrêté que requête serait présentée au Roi tendante à ce que pour faciliter l'adjudication des 26,650 liv., il plaise à S. M. à l'exemple de ce qui s'est déjà fait dans le passé permettre de lever le quart en sus des droits exprimés au tarif de 1684. — 7 mars, nomination de Charles Thierry, maître des eaux et forêts de la vicomté d'Auge, à l'office de lieutenant de maire. Texte des lettres de provisions. — 24 juin, acte est accordé au lieutenant de maire de l'enregistrement d'une soumission portant qu'il aura ses gages sur les revenus de la ville. — 26 décembre, nomination d'un échevin : Guillaume Paulmier.

67. *Délibérations* (1703-1704.) — 1er janvier 1703. —17 octobre 1704, installation de Guil. Villey, échevin. Adjudication des fermes. Lecture et enregistrement des provisions obtenues par le sr Dominique Le Sainctgès pour l'office de garde-magasin de l'artillerie. Copie du bail du tarif au profit d'Elie Marest, au prix de 27,050 liv. Autre copie du bail du tarif consenti à Adrien Filiastre, au mois de novem-

bre 1693, par le prix de 26,650 liv. Installation de M. Jacques Premord à la charge de premier échevin et enregistrement de ses lettres de provisions. Délibération portant que le lieutenant de maire allant à Rouen consultera si les paroissiens des villages voisins sont bien fondés à imposer les bourgeois à la taille.

68. *Délibérations* (1704-1705.) — 24 juin 1704. — 30 octobre 1705, adjudication des petites fermes. Election de collecteurs pour faire recette de la somme de 3,800 liv. affectée à l'ustensile des soldats et de 2,145 liv. pour le second paiement de l'office de greffier des rôles. Un arrêt du Conseil ordonne que les officiers de l'amirauté seront compris au rôle de l'ustensile, faute par eux d'avoir acquitté leurs taxes. Actes de procédure contre l'adjudicataire du tarif; contre Liétout adjudicataire des octrois. On délivre aux marchands de chaque métier un état de ce que leur corps doit payer. Le receveur du tarif condamné à percevoir les 2 sols pour livre du prix de la taille, en conséquence de l'arrêt du 24 mars 1705. Adjudication de travaux de voirie.

69. *Délibérations* (1705-1707.) — 31 octobre 1705. — 12 décembre 1707, ordonnance prescrivant l'enregistrement des commissions d'inspecteur des capitaineries gardes-côtes depuis Dives jusqu'à Honfleur expédiées par S. M. à M. d'Yssel le 25 juillet dernier, et qu'il lui sera délivré un mandement de 200 liv. partie des 550 liv. à lui attribuées pour ses fourrages. Election de collecteurs de l'ustensile. Visitation et réception d'ouvrage de voirie. Transaction entre la communauté et les receveurs. Enregistrement d'une commission de garde d'artillerie accordée à Pierre Varin. Guillaume Jean, sieur du Perron, est reçu à l'office de lieutenant de maire alternatif. — Requête sera présentée à l'intendant pour être déchargé de la taxe de 667 livres. Texte d'un arrêt rendu contre le receveur du tarif. Texte de la commission de Guillaume Villey à l'office de maire

alternatif et mi-triennal. Enregistrement du nouveau bail du tarif.

70. *Délibérations* (1707-1709.) — 1ᵉʳ janvier 1708, adjudication des fermes : sur les boissons, 74 liv.; sur le pied fourché, 37 liv.; sur les toiles, 65 liv.; sur les cuirs, beurre et suif, 10 liv. — 11 février, nomination de collecteurs pour l'ustensile. — 25 février, Charles Bigot, maire, et Charles Le Chevallier, greffier, iront à Rouen pour obliger M. Chauffer, receveur des tailles de l'élection, à payer la finance de receveur alternatif du patrimoine et pour faire régler ceux des habitants qui sont exempts de l'ustensile. — 9 mars, nomination de Joachim Vastel aux fonctions de maître des quais. — 4 juin, nomination de Pierre Derubé, maître charpentier, aux fonctions d'éclusier. Texte de la commission d'éclusier. Texte d'une instruction pour l'éclusier. — 27 décembre, renouvellement des baux des fermes.

22 janvier 1709, sentence prononcée au sujet de contravention relative aux octrois. — 3 février, adjudication de la permission de vendre de la viande pendant le carême. — 9 février, on accorde acte de la présentaton de l'arrêt touchant l'accord conclu entre la ville et le receveur des tailles. — 15 septembre, on ordonne que les titres des privilèges de Charles Thierry, Jacques Premord, Charles Le Chevallier, tendant à être maintenus dans l'exemption de la taille personnelle et des droits de tarif seront attachés au registre pour valoir d'enregistrement. — 18 septembre, pour empêcher la communication de la peste par mer sera armée une chaloupe de garde qui ira tous les jours à la découverte au-delà de la rade du Havre pour approcher les navires et savoir s'ils viennent des ports de la mer Baltique. — 13 novembre, sera fait voyage à Rouen pour être déchargé de 3,800 livres d'ustensile. — Au registre sont annexées de 12 pièces : requête adressée à M. de Lamoignon par Charles Thierry, Jacques Premord et Charles Le Chevallier pour être main-

tenus dans leurs privilèges. Lettre de l'intendant sur le même objet en date du 23 août 1709. Edit du Roi portant création d'offices d'échevins alternatifs et autres officiers de ville (imprimé). Déclaration du Roi concernant la réunion des maires et lieutenant de maires alternatifs et triennaux aux anciens pourvus des offices de maires (imprimé). Arrêt du conseil d'Etat touchant les maires, échevins qui ont réuni les offices de milice bourgeoise (imprimé). Edit du Roi portant rétablissement des offices de milice bourgeoise et des affranchissements de taille (imprimé). Requête des religieuses hospitalières aux fins d'être exemptées des droits de tarif. Certificat délivré à Charles Le Chevallier. Arrêt de la cour des Aides de Normandie du 19 déc. 1697. Arrêt du conseil d'État relatif à l'exemption de la taille accordée au greffier de la ville d'Alençon. Arrêt portant la même exemption au profit du greffier de Falaise. Extrait des registres du greffe de l'élection de Falaise.

CARTON N° 9.

71. *Délibérations* (1710-1711.) — 1er janvier 1710, requête sera adressée pour obtenir décharge des fournitures faites à la garnison. — 10 janvier, 100 livres seront payées par an au commissaire aux classes pour son logement. — 14 avril, nomination de collecteurs pour l'ustensile. On fixe au lundi, à dix heures du matin, le jour de chaque semaine pour délibérer des affaires ordinaires et des affaires du Roi. — 28 avril, régie du tarif; comptes d'achat de vin pour M. de Luxembourg, de gibier, de liqueurs et de confitures offerts au gouverneur. — 6 octobre, Pierre Premord est pourvu de l'office de contrôleur des Invalides de la marine. — 13 octobre, Jean-François Doublet, capitaine de vaisseau, tuteur des enfants de Me Louis Doublet ayant exercé l'office de conseiller du roi, receveur des deniers, est ajourné pour

être présent à l'examen des comptes. — 5 nov., production et examen des comptes de Louis Doublet. — Texte d'une lettre de M. Le Pelletier prescrivant de remettre les plans et mémoires de feu M. Roland au sieur Le Febvre, ingénieur en chef au Havre.

72. *Délibérations* (1710-1714.) — Registre pour tenir estat des résolutions que MM. les Maire et Echevins de la ville de Honfleur doivent prendre dans leurs conférences et assemblées particulières commençant ce iourd'hui vingt-huit avril mil sept cent dix. — 28 avril, Dominique Senécal sera rayé des rôles de la ville. — 12 mai, le sieur Le Moine sera continué au rôle de l'ustensile; sera acheté à Rouen 36 bouteilles du meilleur vin de Champagne pour présenter à M. de Luxembourg et à M. l'Intendant. — 19 mai, sera fait réponse à la requête présentée par MM. des gabelles pour être exemptés de l'impositon aux rôles d'ustensile que ces exemptions sont limitées à l'exemption de tutelle, curatelle, logements des gens de guerre, guet et garde. Ensuite la copie de la réponse faite à ladite requête. — 2 juin, M. Lion, procureur du roi, remettra les comptes du s^r Le Normand. — 9 juin, un placet sera présenté à S. A. R. pour empêcher qu'on envoie des troupes; on décide que Bottentuit sera déchargé de l'ustensile des soldats. — 7 juillet, résolutions au sujet de l'imposition de plusieurs bourgeois. — 14 juillet, la présentation des comptes est remise à huitaine. — 22 juillet, réponse sera adressée à plusieurs bourgeois au sujet du rôle de la capitation.

28 mars 1711, sera délibéré au sujet du compte qu'il convient faire à les officiers du bataillon de Touraine. — 20 avril, envoi à l'intendant du projet du rôle de la capitation. — 7 mai, on décide la radiation de plusieurs bourgeois du rôle de la capitation. — 19 décembre, pour la confection du nouveau rôle on suivra le précédent.

22 février 1712, réparations à l'hôtel-de-ville; au fait de

l'arrêt de prolongation du tarif on remerciera M. Auber de ses soins ; sera présenté requête à l'intendant au sujet du renouvellement du bail du tarif. — 15 mars, on s'oppose à la prétention des officiers du tarif d'être exempts du tarif. — 3o mai, on décide que M. Le Chevallier se rendra à Rouen pour solliciter la levée d'un sol par somme de bois. — 18 juin, Antoine Eudes, de la paroisse d'Englesqueville, sera continué au rôle de l'ustensile. — 26 septembre, caution donné par Jean Desrubey, éclusier, à Joachim Vastel, adjudicataire des octrois. — 1er octobre, placet à l'intendant au sujet du mal contagieux ; autre lettre à l'intendant au sujet des fournitures nécessaires à la garnison. — 24 octobre, réponse à l'intendant au sujet des fourrages. — 12 novembre, lecture d'un mandement de l'intendant pour l'imposition de la taille ; d'autres lettres pour donner état des maisons des religieuses et de leur valeur en revenu ; d'une ordonnance relative au logement des troupes.

7 février 1713, on informera l'intendant que la meilleure partie des bourgeois estant composée d'officiers-mariniers et matelots on les a compris dans les logements toutes les fois qu'ils n'ont point été au service du Roi ; que l'on a dispensé quelques matelots servant sur les corsaires. — 27 mars, copie d'une lettre de l'intendant sur le logement des gens de guerre. — 19 avril, arrêté que Philippe Guillebert jouira de l'exemption de l'impôt à l'ustensile. — 17 juillet, arrêté que le bail de la ferme des octrois sera retiré des mains des officiers de l'élection ; que l'on fera l'imposition de 3,010 liv., et 4 den. pour livre pour la finance de l'office de contrôleur visiteur des poids et mesures. — 31 juillet, les déclarations que les bourgeois ont faites pour leurs maisons non louées seront remises à Pierre Liestout, sergent, pour en connaître la vérité. — 11 septembre, la ville est taxée au paiement de 150 livres à cause de l'office de garde du scel. — 11 décembre, lecture d'un mandement pour le dixième.

22 janvier 1714, arrêté qu'il sera fait achat de douze bouteilles de vin, au Havre ou ailleurs, pour présenter au lieutenant de roi — 12 mars, signification d'exploit. — 4 juin, lecture d'un mandement de l'intendant portant ordonnance d'imposer sur les habitants 4,580 livres avec 4 deniers pour livre au sujet du logement des officiers de marine et gardecôte, etc. — 13 août, arrêté qu'il sera donné un repas à MM. les Elus lorsqu'ils viendront procéder à l'adjudication des octrois.

73. *Délibérations* (1711-1712.) — 16 mars, 1711, texte d'un arrêt du conseil d'Etat qui rétablit au profit du gouverneur le droit de nommer une personne pour lever et baisser la chaîne du port. — 7 juillet, présentation d'un nouveau tarif des droits sur les marchandises. Ce tarif est approuvé ; sera adressé requête pour en obtenir la levée pendant vingt ans. — 31 août, au registre est attaché un ordre de M. de Lamoignon en date du 28 juillet 1707 et prescrivant de fournir un logement à M. de Combes, directeur des fortifications. — 7 septembre, on choisit la maison de M. Lion. — 29 septembre, la ville est taxée à 20,000 liv. pour le don gratuit. On sollicitera une augmentation sur les octrois. Jean-François Doublet présente ses lettres de provisions à la charge de capitaine-exempt de la compagnie des gardes suisses du duc d'Orléans. Texte desdites lettres. — 10 octobre, la peste est signalée dans les ports de la mer Baltique ; on priera l'intendant d'établir à la rade de la Hogue le lieu propre à faire quarantaine. Des chaloupes iront chaque jour au devant des navires pour savoir d'eux d'où ils viennent, — 21 décembre, nomination d'un fontainier.

74. *Délibérations* (21 janvier-1er octobre 1712). — 4 janvier 1712, sentence entre Jean Legouye, adjudicataire de l'aide de ville sur les petites fermes et Guillaume Guérard ayant triplé, qui refère l'adjudication audit Guérard. Autre sentence qui refère à Jean Lefebvre l'adjudication de la

ferme sur les draps. — 11 janvier, acte portant nomination de Gilles Caresme, droguiste, pour trésorier de l'hôpital. Billet attaché au registre par lequel Lestorey et Langlois ont été saisis du rôle de la petite ustensile des soldats du bataillon de Lorraine. Délibération qui députe M. Fresnel pour aller à Rouen et à Paris soutenir contre l'établissement du sol pour livre sur le poisson. — 21 janvier, remise de délibération pour absence de bourgeois. — 23 janvier, pareille remise. — 24 janvier, pour délibérer de la nomination de collecteurs pour l'impôt de 856 liv. relatif à la voiture des grains; de 100 liv. pour les garçons de la milice; de 2,200 liv. pour l'office d'avocat du roi; de 3,800 liv. pour l'ustensile des troupes; de 7,626 liv. pour les fourrages; de 742 liv. pour achats de blé; de 220 liv. pour le logement attribué aux capitaines généraux des gardes-costes. Arrêté d'écrire à l'intendant de dispenser de la taxe des miliciens; différé d'imposer la finance de l'avocat du roi, et procédé à l'impôt du reste par Michel Guerrier et Nicolas Langlois. — 25 janvier, les officiers des amirautés de Honfleur et de Touque font registrer une ordonnance de M. de Richebourg qui les dispense de contribuer au payement des deniers d'ustensile. — 1er février, Thomas Quillet est reçu premier échevin en titre. Texte des lettres de provisions. Pierre Lomosnier est autorisé de vendre la viande pendant le carême par le prix de 4 s. 6 den. la livre et de donner 100 livres à l'hôpital. — 15 février, ordonnance de M. de Richebourg qui maintient Gilles Saunier au privilège de l'exemption du tarif tant qu'il sera greffier de la subdélégation. Autre enregistrement d'exemption de l'ustensile, des fourrages et autres impositions ordinaires à Jean-François Doublet en qualité de capitaine exempt des gardes suisses du duc d'Orléans. — 3 mars 1712, lettre de M. de Richebourg portant que la communauté payera 100 livres pour les miliciens. — 4 mars, délibération qui députe M. Le Chevallier pour aller à Rouen contre le fermier du tarif. — 7 mars, on accorde 200 liv. à M. Haguelon s'il obtient arrêt qui permette de donner les terres à moitié et les fruits au tiers sans être imposé. Ordonnance de l'intendant qui permet aux échevins de faire régir le tarif en attendant qu'on ait obtenu arrêt de prolongation. — 26 mars, Charles Le Chevallier ira à Rouen conférer avec le traitant de l'office d'avocat du roi et obtenir l'arrêt de prolongation du tarif. — 28 mars, acte entre la communauté et le s^r Chauffer devant le président au bureau des finances pour 1,300 liv. de récépissés. — 3 avril, pour contester l'exemption de l'ustensile prétendue par les officiers de l'amirauté et consentir que Guillaume Duval jouisse de l'exemption du tarif. — 11 avril, on priera l'intendant que les abonnements passés subsistent et que les droits omis au dernier tarif soient augmentés. — 15 mai, délibération qui députe Charles Le Chevallier à Rouen pour offrir 5,500 liv. de don gratuit. On obtiendra un arrêt qui permette aux bourgeois de donner leurs terres à moitié et les fruits au tiers. On décide que l'ordonnance de M. de Miromesnil sur cet objet en 1644 sera registrée. Arrêt du conseil d'Etat concernant le tarif (imprimé.) Ordonnance de M. de Richebourg qui descharge la communauté de la taxe de 100 liv. pour les miliciens. Copie du bail du tarif consenti à Emery Lambert. Copie de l'arrêt du Conseil en date du 10 mai 1712 qui explique certains droits du tarif et en attribue la connaissance à l'intendant. — 30 mai, délibération qui ordonne que copies desdits arrêts seront attachées au registre pour valoir d'enregistrement et les originaux remis à M. Auber. — 6 juin, Charles Le Chevallier est autorisé à présenter requête à l'intendant à l'effet de toucher du fond du tarif 1,832 liv. pour payer l'office d'avocat du roi et réparer les fontaines. Copie de la soumission signée par les sieurs Thierry, Lion, Premord et Le Chevallier de payer 5,500 liv. pour le don gratuit. — 20 juin, pour soutenir que le fermier du tarif prétend mal garantie de ce que le receveur du tabac ne veut payer le droit de son tabac, et pour faire dire que les abonnements seront faits devant M. Thierry en présence des échevins. — 11 juillet, délibération qui autorise Charles Le Chevallier de toucher le produit de la levée du sol par somme de bois et de retenir 150 livres pour lui payer à M. Rameau pour gratification et frais de l'arrêt qui reçoit l'offre de 5,500 liv. pour le don gratuit. Texte du brevet de maître de poste délivré à Paul Resplendy, hôtelier de l'auberge du Cheval Blanc. — 16 juillet, pour donner requête à S. A. R. et le prier de ne pas désapprouver qu'on s'oppose à la levée d'un sol sur le poisson et qui autorise les sieurs Hérault, Revel et Duval à ramasser 50 liv. des bourgeois pour envoyer au sieur Haguelon, afin d'aller à Fontainebleau obtenir un arrêt pour donner les terres à moitié et les fruits au tiers. — 6 août, procès entre la ville et l'adjudicataire des octrois. — 26 septembre, ordonné l'enregistrement de l'arrêt du Conseil au sujet de la levée du sol sur le bois pour le don gratuit. La copie dudit arrêt et les lettres-patentes sur icelui sont attachées au registre. — 1er octobre, pour aller vers l'intendant pour le prier de faire rétablir le pont de Fiquefleur; de faire obtenir arrêt du Conseil pour donner les terres de campagne à moitié et les fruits au tiers afin d'avoir de quoi payer les maisons et écuries des cavaliers du régiment du Roi. Au registre est attachée la copie de l'arrêt du Conseil (4 avril 1713) qui déclare commun avec les bourgeois de la ville de Honfleur l'arrêt du Conseil rendu en faveur de ceux des villes d'Argentan, Falaise et Pont-Audemer pour le fait des baux des terres de campagne. — Imprimé de l'arrêt obtenu par la ville d'Argentan au même fait. Autre copie du même arrêt. Copie d'un bail consenti par un sieur Fessier, d'Argentan. Copie d'une sentence rendue par les élus d'Argentan au bénéfice dudit Fessier.

75. *Délibérations* (1713-1717.) — 1er janvier 1713, renouvellement des baux sur les boissons, le pied fourché, etc.

— 7 janvier, « les officiers de cet hôtel-de-ville ayant de tout temps droit de banc dans l'église Sainte-Catherine, ce qui est mesme conforme aux édits de la création desdites charges, le banc qui y est estant rompu, arresté qu'il y sera fait construire une tribune partant de la balustrade du chœur jusqu'à l'autel Saint-Jean derrière lequel sera placé le degré. » Contestations avec le fermier du tarif. — 10 février, nomination de collecteurs. — 18 février, pour délibérer sur le remboursement réclamé par le receveur ; sur la suppression de l'office de receveur; les réparations à faire aux barrières. — 23 février, pour répondre à la requête de Guillaume Bellet nommé collecteur de l'ustensile pour en être déchargé. — 1er mars, délibération qui reçoit les collecteurs à avoir voix de délibération pour nommer d'autres collecteurs. — 8 mars, on donne acte à Paul Resplendy de la présentation d'un arrêt du Conseil confirmant son privilège d'exemption de droits de tarif. — 9 mars, on nomme Guillaume Duneveu collecteur principal comme plus haut imposé. Texte de l'arrêt qui décharge Paul Resplendy des droits de tarif et d'une commission sur ledit arrêt. — 1er avril, mandement de la capitation et autres deniers montant à 7,113 l. 12 s. Examen d'un compte des deniers patrimoniaux pour 1711. — 10 avril, les contrats de la ville seront mis en état pour avoir prétexte d'en écrire à l'intendant. Il sera fait construire un pupitre dans l'église Sainte-Catherine. Ordonnance de police pour les boutiques ouvertes le dimanche et la police des rues. — 15 mai, sentence condamnant à 30 s. un marchand pour avoir vendu de la graine de lin le jour de dimanche. — 22 mai et 29 may, autres sentences pour vente faite le dimanche. — 1er juillet, placard pour la publication de la paix. — 7 août, pour faire imposer les finances de l'office de contrôleur visiteur des poids et mesures. — 14 août, bail de la ferme du poisson. — 21 août, sentence qui adjuge ladite ferme à 525 liv. — 3 septembre, lecture d'une lettre de M. Roujault pour veiller contre le mal contagieux. Copie de la lettre de M. des Marets écrite à l'intendant à la même fin. — 11 septembre, l'intendant autorise de faire valoir les fruits sans dérogeance. — 2 octobre, touchant les précautions à prendre contre la peste. Lettres de M. Roujault à ce sujet. Ordonnance du Roy au même sujet. Autre lettre de M. Roujault au même fait. Autre ordonnance du Roy au même sujet. — 9 octobre, ordonné d'afficher les ordonnances. — 24 décembre, délibération qui députe Charles Le Chevallier pour aller à Rouen, l'autorise de porter toutes les pièces qu'il croira nécessaire pour instruire l'intendant des affaires de la ville; d'y rendre compte du don gratuit. On défendra les intérêts de la communauté contre le sieur vicomte d'Auge sur le fait de la police.

15 janvier 1714, délibération qui autorisa Le Chevallier de solliciter M. Roujault de faire rendre arrêt qui évince les receveurs de leurs taxations sur les revenus du tarif. Ordonnance relative au rétablissement du commerce avec le Nord. — 15 janvier, arrêté que lad. ordonnance sur le commerce sera registrée. — 22 janvier, acte de réception de l'ouvrage de la tribune, dont Jean Dorenge était adjudicataire pour 210 livres. — 5 février, bannie des petites fermes de la ville. — 10 février, la permission de vendre de la viande de carême à 4 s. 6 d. la livre adjugée à Henri Haguelon qui paiera à l'hôpital 150 livres. — 18 mars, procès entre Charles Louesdin et Jean Cotin au sujet des droits sur le hareng. — 19 mars, nomination de collecteurs pour l'ustensile. — 28 mars, ordonnance pour enregistrer les provisions de M. de Matharel à la charge de lieutenant de roi. Texte desd. provisions et de l'acte de réception devant M. de Luxembourg. — 22 avril, on demandera à l'intendant d'avoir commission pour assigner les receveurs; on le priera de décharger la communauté de 2,154 livres pour taxations attribuées à l'office de sindic. — 14 mai, les receveurs seront assignés devant l'intendant. — 21 may, ordonné d'afficher

l'ordonnance du Roi pour la paix avec l'Empereur. Michel Bigot, maire, ira à Paris pour solliciter S. A. R. de faire maintenir les échevins dans leurs honneurs de marche et droite de police. — 5 juin, délibération pour imposer au sol la livre de l'ustensile 4,580 livres demandées suivant mandement de l'intendant. — 15 août, délibération des bourgeois qui approuve la proposition faite d'obtenir le rétablissement des anciens priviléges d'exemption de toute taille moyennant 100,000 livres et 10,000 livres de gratification pour celui qui fera obtenir cet arrêt, par quoi les échevins sont autorisés de faire dresser une requête pour la présenter et d'y faire employer une permission de continuer la levée du tarif jusques à ce que lesd. 100,000 livres soient acquittées ainsi que les 10,000 livres. Sont pareillement autorisés d'emprunter les deniers au denier six ; les bourgeois promettent toute garantie. — 25 août, nomination de collecteurs pour la capitation. — 15 octobre, acte qui enjoint aux collecteurs de l'ustensile d'imposer au marc la livre de son rôle la somme de 2,042 livres à quoi la communauté est taxée pour fourrages, remboursement des offices et autres. — 17 novembre, acte de réception de M. de Blanville à l'exercice de l'office, receveur ancien des revenus patrimoniaux de la ville, et acte accordé de la présentation de ses provisions. Une copie desd. provisions est attachée au registre. — 27 octobre, on empruntera 300 liv. pour la réparation des fontaines et on permet à Adrien Le Moine, fontainier, d'ouvrir les robinets près le Soleil d'Or et ceux de la poissonnerie en présence du procureur du roi et du greffier. On écrira aux échevins de Pont-Audemer pour savoir d'eux les moyens et raisons qu'ils croiraient propres pour tâcher de s'exempter de la capitation. — 3 décembre, on présentera requête à l'intendant pour se faire décharger de la capitation. — 26 décembre, on fera venir de Rouen seize marches pour la ruelle Giffard. On reçoit l'offre d'Etienne Le Mercier de continuer l'occupation de la place de l'hôpital par 15 l. 15 s. — 31 décembre, sentence au sujet des droits d'aide sur le pied fourché.

5 janvier 1715, pour délibérer sur la lettre missive de M. Roujault, on arrête qu'on écrira à l'intendant que l'on travaille à la recherche des anciens titres de la ville au sujet de son affranchissement. — 6 janvier, une feuille de papier non timbré attachée au registre porte autorisation accordée à MM. Premord, Lion, Le Chevallier, de faire un projet de rôle d'imposition sur ceux de la capitation et de l'ustensile, aux fins de savoir si en 4 ou 5 ans on pourroit remplir 140,000 livres ; lesdits sieurs pourront en conférer avec qui ils jugeront à propos. — 17 janvier, projet d'imposition de la somme de 35,000 livres sur les habitants. On portera à Rouen les anciens titres et les députés sont autorisés de gratifier le secrétaire de l'intendant de 100 louis d'or, s'il peut obtenir un arrêt du Conseil pour la prolongation pendant une année de la levée des droits de tarif. — 26 janvier, sur le voyage à Rouen de MM. Le Chevallier et Hatten ; sur l'offre de Louesdin d'acquitter la communauté du payement de la taille au moyen qu'on obtiendra sous son nom un arrêt de prolongation du tarif ; sur ce que le sieur Doublet ne voulant entrer dans les assemblées publiques, me Guillaume Duval délibérera à son lieu et place. — 18 février, lecture des lettres de nomination d'Augustin de Matharel à la charge de gouverneur. Texte desd. lettres. — 23 février, pour prendre 100,000 livres en rente pour, à la faveur du s^r Capet qui sera gratifié de 14,000 livres, obtenir un arrêt du Conseil qui rétablisse la ville dans l'exemption de toute taille. — 4 mars, délibération qui commet M. Le Chevallier pour prendre soin des affaires de la ville aux gages de 200 liv. Arrêté qu'on fera le rôle de la capitation de 5,830 livres. — 10 mars, acte qui autorise les bourgeois d'emprunter 12,000 livres pour payer au receveur des tailles. Consente-

ment donné par plus de cent habitants de remettre le quart de leurs rentes pour employer à l'exécution de l'arrêt du 27 janvier 1714 et de donner quittance de quatre quarts de leurs rentes lorsqu'on leur en payera trois, sans demander aucun compte. Autre pièce portant ordre d'écrire au sr Capet pour lui promettre 15,000 livres, lorsque l'arrêt des anciens priviléges sera accordé. — 17 mars, emprunt de 13,000 livres à Mme de Versel pour payer le receveur des tailles. — 31 mars, pour trouver les moyens de rembourser les finances des officiers en titre de l'Hôtel-de-Ville, et pour donner un état des dettes de la communauté. Remise faute de bourgeois. Ordonnance de l'intendant qui permet de continuer la levée des droits de tarif en attendant l'obtention d'un arrêt du Conseil. Trois procès-verbaux et un devis touchant les réparations des fontaines. — 6 avril, pour trouver des fonds et rembourser les maire et échevins. — 8 avril, bannie des petites fermes d'aide. — 22 avril, députation à Rouen pour le rétablissement des anciens priviléges. — 8 juillet, les adjudications du revenu patrimonial ne seront point remises à M. de Blanville qu'il n'ait rendu compte comme héritier de M. Chauffer. — 5 août, MM. Fresnel et Hatten sont députés à Paris pour solliciter le rétablissement des anciens priviléges. — 2 septembre, sentence qui défend aux trieurs d'acheter les morues qu'ils trient et des navires où ils auront intérêt à peine de privation de faire fonction de trieur. — 14 octobre, réquisitoire du procureur du Roi pour faire nommer des députés pour aller saluer S. A. R. sur son élévation à la régence du royaume, et présenter ensuite un placet pour obtenir les anciens priviléges. — 19 octobre, délibération qui députe MM. Quillet et Fresnel pour aller saluer S. A. R. sur son élévation. Au registre sont attachées : deux adjudications des réparations faites aux fontaines; certificat du sieur du Trou, ingénieur; deux procès-verbaux d'affichage; copie d'une lettre au sujet de la maladie de

Siam. — 15 octobre, le sr Auber pourvu de l'office de garde du corps français de S. A. R. Mme la duchesse de Berry présente ses lettres de nomination. — 3 novembre, députation de M. Le Chevallier à Rouen pour les affaires de la ville. — 7 novembre, sera écrit au conseil de marine pour faire travailler au bassin et havre-neuf. — 18 novembre, délibération afin que MM. Quillet et Fresnel mandent si leur députation a été visée de M. Roujault; s'ils ont retiré des srs Arnoult et Capet les billets montant à 15,000 liv.; s'ils ont salué M. le duc d'Orléans; s'ils ont présenté requête pour travailler au havre-neuf; que si le rétablissement des anciens priviléges ne peut réussir en donnant 100,000 livres au Roi, ils ont obtenu une continuation perpétuelle du tarif et l'abonnement à la taille à un prix moindre. La compagnie demande en outre à connaître les personnes qui ont agi contre les intérêts de la ville. — 30 novembre, texte du placet présenté au duc d'Orléans pour obtenir décharge de la taille et rétablissement des anciens priviléges : « A S. A. R. Mgr le duc d'Orléans, régent du royaume. Les maire, échevins et habitants de la ville de Honfleur qui a l'honneur d'estre de l'apartenance de V. A. R. prennent la liberté de luy représenter le triste et déplorable estat où ladicte ville se trouve à présent réduite par les grands malheurs qui viennent de lui arriver. Ses habitants avoient envoyé trente navires à la pesche de la morue sur le banc de Terre-Neuve, et par un accident qui est sans exemple la maladie scorbutique s'est mise dans ces vaisseaux qui a fait mourir dans quelques-uns un tiers des matelots, dans d'autres moitié, et dans quelques-uns plus des trois quarts; cela a interrompu la pesche de ces vaisseaux dont partie sont revenus au quard de leur charge, d'autres à moitié, trois des plus grands dont un est de 400 tonneaux n'ayant plus de matelots pour les amariner ont péri au mois de novembre 1715 aux costes d'Angleterre et France et on est informé qu'il en a plusieurs autres qui sont en dérive sur la mer au gré des vents dont conséquemment la perte est inévitable. La perte que les habitants de ladite ville en souffrent est estimée à plus de 500,000 livres ;... il pouvoit y avoir 600 matelots sur ces vaisseaux, en voilà plus de 300 de morts et partant 300 familles de ladite ville réduite à la mendicité... Le produit de son tarif cesse depuis un mois et ne donne pas le tiers de ce qu'il avoit accoustumé,... cependant les suplians sont imposez par mandement des tailles pour l'année 1716 à 31,570 livres. Comment payer cette somme par un tarif qui ne donnera pas 12,000 livres ? Comment la payer par imposition puisqu'il ne reste pas 300 familles de la première, seconde et troisième échelle qui ne participent à ces grands malheurs ?... Ce considéré, Mgr., et veu ces grands malheurs il plaise à V. A. R. faire aux suplians la justice de les descharger de leur taille pour l'année 1716 et les rétablir dans leurs anciens privilèges d'exemption de toute taille dans laquelle ils ont été pendant plusieurs siècles, comme ils l'ont justifié par un placet qu'ils ont présenté au feu Roy de glorieuse mémoire au mois de mars 1713, puisque c'est l'unique moyen de tirer de la mendicité les habitans de ladite ville et d'en rétablir le commerce sans lequel le débit des denrées de toutes les vicomtez voisines ne peut se faire, et ils prieront Dieu pour la conservation de V. A. R. — Signé, Armand, Le Bourguois, Paulmyer, Vicquelin, Vion, Coulon. » — 21 décembre, délibération qui renvoie la nomination des collecteurs faute d'assistance. Engagement d'aucuns bourgeois vers M. Morel de lui rendre 15,000 livres en deux lettres de change qu'il a baillées sur M. Arnout, de Paris. — 27 décembre, nomination d'un collecteur.

7 janvier 1716, arrête que chaque bourgeois contribuera à faire une somme de 10,000 livres pour en employer le montant à obtenir une diminution de l'impôt à taille de la ville ou rétablissement des anciens privilèges d'exemption

de taille. — 15 janvier, pour aviser des moyens de faire un foud pour l'obtention d'un arrêt du Conseil qui rétablisse la communauté dans son ancien privilége. Quatre bourgeois sont nommés pour recevoir les soumissions des habitants. — 22 janvier, on porte à Pont-L'Evêque 7,892 l. 10 s. pour le dernier quartier de la taille de 1715. — 17 février, sentence par défaut contre M. de Blanville pour lui interdire la recette du patrimoine jusques à ce qu'il ait rendu compte. — 24 février, sera présenté requête à l'intendant pour avoir main-levée d'une saisie requise par M. de Blanville des meubles de M. Premord. On ne communiquera point au directeur des aides les titres concernant la possession des octrois. — 25 février, on autorise l'envoi à Paris de l'original de l'arrêt du Conseil obtenu contre les receveurs de la ville. — 2 mars, contestation avec le receveur. — 12 mars, différend avec le directeur des aides. — 19 mars, pour aller à Rouen porter les pièces de S. A. R. relatives à la charge de vendeur de poisson frais et d'autres pièces que les receveurs des tailles ont produites au greffe de l'intendance contre l'arrêt du Conseil. — 25 mars, nouvelle sommation de payer le second quartier de la taille. — 25 mars, la ville est autorisée à continuer par provision la levée du tarif. — 29 mars, on déclarera à M. de Blanville qu'on veut le payer de mois en mois, et s'il le refuse l'argent sera déposé. — 4 avril, M. Le Chevallier représente certains titres produits pour l'affaire de l'office de vendeur de poisson frais. Arrêté qu'on se défendra contre le fermier des aides. — 6 avril, renouvellement du bail des fermes de la ville. Le P. Flin, capucin irlandais, aura une pension de trente livres sur les revenus de la ville. — 15 avril, un arrêt du Conseil accorde au gouverneur 200 livres par an à prendre sur les revenus de la ville pour les réparations de sa maison. Texte dud. arrêt. M. Quillet revenant de Paris fait récit à l'assemblée que l'on a été évincé du rétablissement des anciens priviléges, mais qu'on lui a promis un abonnement à 16 ou 18,000 livres. Arrêté qu'on dressera un placet à cette fin. — 22 avril, M. Quillet ira à Paris pour obtenir un abonnement. M. Fresnel continuera ses soins pour l'office de vendeur de poisson; on décide de s'en rapporter à ce sujet à la décision du conseil de S. A. R. — 11 mai, le procureur du roi demande la communication du registre du contrôle des mandements, un état année par année des adjudications des petites fermes, de la ferme des octrois et un état des charges. — 18 juin, enregistrement de la commission de Goubard, maître des quais. — 19 juin, on autorise la production d'un état du produit du tarif année 1715 et des charges de la régie. — 11 juillet, le conseil de S. A. R. ne voulant point décider pour l'office de vendeur de poisson, on représentera à l'intendant le droit de la ville, et à cet effet le greffier communiquera les vieux registres des délibérations. — 15 août, procès contre le fermier des aides. — 14 septembre, adjudication de la ferme du poisson. Examen de trois comptes des années 1687, 1688, 1689. Sera délivré un extrait des comptes de l'année 1687. — 28 septembre, le s^r Langlois représente un paquet de papiers, la plupart lettres missives écrites à défunt Louis Cousin, échevin, et concernant les affaires de la ville. — 24 octobre, bois de lits et tours de lits (59 en nombre) envoyés au Havre par ordre de l'intendant. — 7 novembre, nomination de collecteurs. — 13 novembre, réquisitoire du s^r Lion pour empêcher : que le greffier continue à recevoir le produit d'un sol par somme de bois à brûler ; qu'il prenne la qualité d'avocat du roi ; et pour qu'il rende le sceau de la ville. Arrêté qu'il sera fait droit. — 14 décembre, le s^r Le Chevallier proteste contre la délibération ; il consent à remettre dans les archives les pièces qui en ont été tirées « pour par luy en dresser un inventaire en le payant de ce qui luy est deub pour ce sujet. » Remise de délibération à ce sujet. Défense est faite aux bateaux passagers de prendre pour les bestiaux plus grands droits que ceux à eux attribués.

2 janvier 1717, nomination d'un quatrième collecteur de l'ustensile par ordonnance de l'intendant jointe au registre. — 18 janvier, les directeurs du tarif décident qu'il sera fait assemblée publique. — 15 mars, deffenses sont faites aux bourgeois de louer leurs maisons à des étrangers sans être autorisés des échevins. — 27 avril, enregistrement de la commission d'éclusier. — 10 mai, sept compagnies du régiment de Laval arrivent demain en quartier d'hiver. — 22 mai, sera emprunté de l'argent pour avancer la petite ustensile des soldats. On mettra en adjudication le restant de la ferme des octrois. Sera nommé deux collecteurs pour imposer 2,198 liv. pour l'office de contrôleur-visiteur de poids et mesures. — 31 mai, délibération pour mettre les soldats malades dans l'hôpital. Sera travaillé à dresser le rôle de la capitation. — 1er juin, on s'opposera à ce que les acquits de droits de tarif au-dessous de cinq sols seront délivrés sur papier timbré. — 28 juin, on demandera au s^r Braquehays, adjudicataire de la ferme des octroys un estat des biens de Jean Dérubé par lui offert pour caution. — 2 juillet, remise de délibération. — 5 juillet, M. Robinet ira à Paris solliciter une diminution de taille. — 12 juillet, bannie des petites fermes. — 2 août, délibération pour emprunter des deniers et donner à chaque soldat 1 sol par jour, suivant ordonnance jointe au registre. — 9 août, le procureur du roi demande qu'il soit travaillé à la réparation des fontaines. — 16 août, défenses seront faites aux trieurs de morues de reconnaître pour juges les officiers de l'amirauté. — 6 septembre 1717, acte de réception de Charles Chuffés pour trieur. — 13 septembre, enregistrement d'une ordonnance qui déboute Mme Desmeliers de son exemption des droits de tarif. — 20 septembre, acte à M. Armand, gouverneur, de la représentation d'un brevet nommant à

l'office d'éclusier. Enregistrement dud. brevet. On décide que pour ce qui reste deub pour les octrois, le procureur du roi fera diligence contre les débiteurs. — 4 octobre au 8 novembre, pour délibérer au sujet des affaires de la ville avec le receveur des aides ; le receveur des octrois ; l'adjudicataire des fermes. — 22 novembre, acte à Louis Robinet de la représentation des anciens statuts produits par les tanneurs au Conseil, et mis aux mains des échevins pour les examiner. — Le mandement des tailles pour 1718 monte à 33,800 livres. — 27 novembre, délibération au sujet des statuts que demandent les tanneurs. — 6 décembre, lettre de l'intendant qui accorde l'exemption des droits de tarif à Mme Desmeliers. Au-dessous est un acte signé du procureur du roi portant qu'il n'empêche lad. exemption.

76. *Délibérations.* (1718-1721.) — 1er janvier 1718, Guillaume Morel, Pierre Lion, Robert Hérault, échevins nouvellement élus prêtent serment. — 10 janvier, adjudication des petites fermes. — 14 février, enregistrement des lettres de provision de porte-clefs délivrées à Jacques Le Jugé. — 28 mars, on décide des travaux de réparation aux fontaines. — 9 avril, versement de 8,450 livres pour acquitter le premier quartier de la taille. — 2 mai, il convient de faire faire une armoire pour mettre les chartes, papiers, écritures, lesquels sont confusément dans deux vieux coffres. Lecture d'une ordonnance royale portant suppression des étapes et des logements de gens de guerre. — 13 juin, les dames hospitalières seront priées de représenter leurs titres concernant la fontaine et le terrain qu'elles veulent s'approprier. — 25 juillet, lecture des lettres portant nomination d'Alexandre Vautier de Volaville à la charge de lieutenant de roi. Texte desd. lettres. — 8 août, pour le bien de la communauté on décide d'envoyer à Paris dix-huit pièces tirées du chartrier : une charte de Henri III en date de juin 1575 ; un arrêt du Conseil qui change les priviléges

en un abonnement; une copie des priviléges de Cherbourg en date de l'année 1574; idem, de Granville, 1674; un certificat du gouverneur portant que ses appointements sont de 3,180 livres; un certificat d'ingénieurs du roi en date de 1715 disant que le banc de sable formé devant le port peut s'enlever; un certificat constatant qu'il entre dans le port des navires de 500 tonneaux; quatre requêtes présentées au Roi et au duc d'Orléans pour le rétablissement des priviléges. — 5 septembre, on obligera Charles Le Chevallier, ancien greffier, qui possède quantité d'écritures de la ville, à remettre à son successeur lesd. écritures. — 24 octobre, procès au sujet des droits de police et de juridiction avec Pierre Premord, vicomte d'Auge. — 26 décembre, élection aux fonctions de premier échevin : Jean-Baptiste de Brèvedent, écuyer, sieur de Saint-Nicol.

23 janvier 1719, la capitation à asseoir sur les bourgeois s'élève à 6,820 livres. — 19 mars, lecture d'une lettre de l'intendant donnant avis de l'arrivée du 3e bataillon du régiment de Champagne. — 15 avril, pour délibérer sur le choix d'une personne entendue pour toucher les deniers du tarif. — 4 septembre, lecture d'un arrêt du Conseil d'État qui rétablit Charles Thierry à l'office de lieutenant de maire ancien, alternatif et triennal. Texte de l'arrêt. Copie du règlement de l'hôtel-de-ville du Havre touchant les trieurs de morues. — 26 décembre, élection d'un échevin : Guillaume-Étienne Quillet.

2 février 1720, élection d'un échevin à la place de Guillaume-Étienne Quillet; d'un autre échevin à la place de Guillaume Morel, décédé. — 27 mars, au sujet du procès intenté par les dames hospitalières pour la propriété et possession du trou Miard, au bas de la rue des Fresnes, on décide d'indemniser l'hôpital afin que les habitants du Neufbourg conservent le droit de puiser de l'eau. — 1er août, pour délibérer sur la requête présentée à l'intendant par

Nicolas Pallier aux fins d'établir une manufacture de tabac, on consent que led. Pallier et ses associés puissent établir lad. manufacture, mais on estime que l'offre de payer 6,000 livres chacun an de droit de tarif n'est pas suffisante eu égard à l'ancienne consommation. — 26 décembre, nomination d'un premier échevin : Robert Hérault. Pour permettre aux marchands de Dieppe, Saint-Valery, Fécamp, Boulogne et Calais d'envoyer des harengs, on décide que l'ancien droit de 20 sols par baril sera perçu.

1er janvier 1721, adjudication des petites fermes. — 10 mars, lecture du mandement fixant le don gratuit à 5,500 livres. — 17 mars, la ville paiera 6,646 livres pour tenir lieu de l'ustensile.

77. *Délibérations*[1]. (1715-1717.) — Règlements concernant la régie du tarif. Abonnement au tarif par famille : 100 liv., 40 liv., 15 liv., 10 liv. ; un cabaretier de Saint-Sauveur, 80 livres. Ordre au tambour de ville de sonner la retraite à dix heures de Pâques à la Saint-Michel, à neuf heures de la Saint-Michel à Pâques. Cachet aux armes du roi portant « tarif d'Honfleur » pour marquer les marchandises à leur sortie. Direction du tarif, commissaires du tarif chargés de la perception et du contrôle. — La ville a pris en main la gestion du tarif.

78. *Délibérations*. (1721-1726.) — 30 avril, la communauté est en procès avec les dames hospitalières au sujet de la fontaine vulgairement appelée le trou Miard, on décide que si l'on peut trouver un moyen pour conserver autant d'eau dans cet endroit, on abandonnera le procès. — 18 juin, plaintes seront portées à la cour du parlement pour insultes faites aux échevins par le s^r Premord, vicomte d'Auge, au *Te Deum* pour la prise de Fontarabie. — 27 décembre, nomination de Nicolas Dutac aux fonctions de maire et de

---

[1] Incomplet.

premier échevin. Nomination de deux trésoriers de l'hôpital. « Après quoy s'est présenté Charles Thierry, lequel a protesté de nullité de la qualité de maire donnée au premier échevin en l'acte de ce jour. »

1er janvier 1722, Nicolas Dutac prête serment. On décide que les séances du lundi depuis que la communauté régit le tarif ne sont pas pour le tarif seul, mais spécialement pour rendre la police, répondre aux requêtes, juger des affaires concernant la ville. — 6 août, lecture d'un brevet de porteclefs accordé à Paul Resplendy. — 31 août, pour délibérer sur l'adjudication des droits de tarif, on estime après avoir examiné combien il y a à craindre que l'adjudicataire ne porte pas la ferme au prix à quoi la taille monte, qu'il y a nécessité d'en continuer la régie, d'autant que le commerce est ruiné par les grands droits de tarif, perte de non pêche et prise de navires par les forbans, sur quoi la ville espère qu'elle obtiendra une diminution proportionnée à son malheureux estat. — 7 septembre, lecture des lettres portant nomination de François-Alexandre-Augustin de Matharel à la charge de gouverneur des ville et château de Honfleur. Texte desd. lettres. — 12 septembre, lecture d'un compromis entre Pierre Premord, vicomte d'Auge, Thomas Quillet, vicomte de Roncheville, Charles Thierry, maître des eaux et forêts, et les échevins au sujet des contestations que les parties avaient ensemble. — 17 décembre, accord avec les dames hospitalières au sujet de la fontaine vulgairement appelée le trou Miard. — 27 décembre, nomination d'un maire et premier échevin : Jacques Coulon.

5 juillet, 1723, pour délibérer sur les travaux de réparation à faire aux canaux des fontaines. — 16 août, lecture des lettres portant nomination de Charles Thierry à l'office de major. Texte desd. lettres.

13 mars 1724, enregistrement des lettres portant nomination de Jean Fonterel à l'office de lieutenant de maire

alternatif mi-triennal. — 19 avril, pour délibérer sur les affaires du tarif. — 26 mai, pour répondre au sujet du compromis entre les anciens échevins électifs d'une part, les officiers de la vicomté d'Auge et ceux de la baronnie de Roncheville. D'autre part touchant les droits, prérogatives et prééminences dud. hôtel-de-ville, on déclare ratifier ledit compromis et on suppliera S. A. R. de faire donner un jugement qui constate les droits des uns et des autres et rétablir le bon ordre et la tranquillité qui depuis longtemps n'y règnent plus. — 1er juin, délibération sur le même sujet; elle est remise à cause de l'absence des échevins. — 5 juin, « issue des vespres, » les bourgeois sont assemblés devant la porte de l'hôtel-de-ville au sujet de la ratification du compromis ; « et ayant trouvé les portes fermées à clef » la délibération est remise. — 7 juin, les bourgeois se sont assemblés au sujet de la ratification du compromis et sont d'avis de l'accepter. Les anciens échevins électifs et conseillers déclarent protester de nullité contre les deux précédentes délibérations. — 30 novembre, pour délibérer principalement du procès pendant au Conseil du Roi entre le feu sieur Premord, vicomte d'Auge, par démembrement de la sergenterie d'Honfleur, le sieur Quillet, vicomte de Roncheville pour les sièges de Honfleur et de Beaumont et ladite communauté. On décide, « la mort ayant enlevé led. s^r Premord de ce monde, » d'obtenir de Mgr le duc d'Orléans la réunion de la vicomté d'Auge et des autres offices qui sont de peu de conséquence aux officiers de lad. vicomté de Roncheville : tout ce qui concerne la police et préséance étant réglé la paix et la tranquillité depuis si longtemps bannies de lad. ville par les nouveautés qu'y a voulu introduire led. feu s^r Premord y seraient entièrement rétablies. Sur quoi on est d'avis que deux échevins iront à Paris poursuivre la réunion des deux charges.

28 janvier 1725, en présence de M. Boutar de Pré-

magny, écuyer, sieur de Vauville, procureur domanial du duc d'Orléans, pour nommer et proposer des sujets capables de remplir l'office de maire et deux échevins aux fins d'être choisis par Mgr sont d'avis les habitants assemblés nommer et proposer : Jean-Baptiste de Brèvedent, écuyer, sieur de Saint-Nicol, du Boscage et du Plessis, capitaine gardecôtes ; m^e Guillaume Villey, avocat fiscal en la haute justice de Blangy et le sieur Jean-François Doublet, capitaine-exempt des cent suisses de feu Mgr le duc d'Orléans, pour remplir la place de maire pour un an ou pour trois ans ainsi qu'il plaira à S. A. R. — 17 février, lecture d'une lettre du duc d'Orléans portant nomination de Guillaume Villey aux fonctions de maire. Texte de lad. lettre. — 22 février, lecture faite du brevet portant nomination du maire : Guillaume Villey, et des échevins : Nicolas Duneveu, Thomas Paumier de la Monchellerie. Au registre est attachée, en original, la lettre de M. d'Argenson, du 24 décembre 1724, qui prescrit de convoquer les bourgeois pour procéder à l'élection de trois sujets entre lesquels Mgr fera choix d'un maire. — 26 février, on décide que le maire présidera les délibérations avec les échevins en l'absence du gouverneur et du lieutenant de roi. — 4 septembre, pour délibérer sur l'établissement d'un ponton propre à caréner les navires, on décide d'obtenir un arrêt du Conseil qui autorise l'établissement dudit ponton avec les rats, manœuvres, poulies et cordages nécessaires, « lequel arrest portera ce qu'il faudra payer par ceux qui fairont caresner leurs navires, sçavoir : 4 sols par tonneau pour chaque jour de travail pour les vesseaux au-dessus de 100 ton., et 5 sols pour les vesseaux de 100 ton. et au dessoubs. Suit l'extrait de la délibération du bureau de l'hôpital au sujet de l'offre faite par Pierre Rosney, marchand à Rouen, de faire établir un ponton. — 19 octobre, plaintes du s^r Vallet, entrepreneur général de la voiture des sels, contre les marchands qui s'emparent des places pour leurs navires. Il demande qu'on lui accorde la moitié du bassin. — 26 décembre, les bourgeois s'étant assemblés pour nommer trois sujets afin par S. A. S. en être désigné un à la place du premier échevin, d'avis uniforme sont élus : Jean-Baptiste Auber, officier de feue la duchesse de Berry, Pierre Boudard, bailli de Hennequeville, Constantin Renoult, greffier aux gabelles.

14 janvier 1726, lecture du brevet portant nomination de Jean-Baptiste Auber aux fonctions de premier échevin. — 2 janvier, pour délibérer sur l'état des cinq compagnies de milice. — 15 avril, M. de Volaville présente une lettre du ministre de la guerre portant que les habitants doivent obéir audit sieur « jusqu'à ce que M. de Matharel, gouverneur, ait atteint l'âge pour pouvoir remplir les fonctions de sa charge. » Vu un exploit du gouverneur portant défenses de faire aucun enregistrement, on renvoie le gouverneur et le lieutenant de roi devant le ministre pour être fait droit et ordonné ce qu'il appartiendra. — 19 août, lecture des lettres portant nomination de Charles Thierry, sieur du Bucquet, à la charge de major de la ville. Texte des lettres de présentation et du brevet. — 3 octobre, pour délibérer sur la proposition de réunir au corps de ville les charges de receveur et de contrôleur des deniers ; la finance de ces offices montent à 80,300 livres. La ville n'étant pas en état d'accepter, on répondra que la misère dans laquelle la communauté se trouve l'empêchera de profiter des bontés de Mgr. — 9 décembre, on propose pour remplir la place de maire : Jean-Baptiste de Brévedent, Jean-François Doublet et Gentien Le Chevallier, lieutenant général en la haute justice de Blangy. Texte de la lettre de M. de Breteuil touchant les fonctions de commandant de la ville. Texte de l'acte concernant l'achat par le duc d'Orléans des offices de receveur et de contrôleur des deniers qui se lèvent au profit des villes de son apanage. — 30 décembre, versement de 3,000 livres au receveur des tailles.

CARTON N° 10.

79. *Délibérations.* (1727-1728.) — 1ᵉʳ janvier 1727, lecture du brevet portant nomination de Gentien Le Chevallier aux fonctions de maire. — 22 janvier, on sollicitera à Paris un nouvel arrêt de prorogation du tarif pendant six années. — 19 février, copie d'une délibération du 12 décembre 1660 portant qu'il existe un usage établi depuis très longtemps et suivi jusqu'à présent de faire des gratifications à Messieurs de l'état-major. En conformité de cette ancienne délibération, on décide que chaque navire revenant de la pêche donnera au gouverneur six poignées de belles morues, deux au lieutenant de roi et deux au major. — 16 mars, pour délibérer particulièrement sur la proposition de M. Delanney, vicomte d'Auge et de Roncheville, qui n'a traité de ces deux offices réunis par S. A. S. que dans l'espérance que le corps de justice et celui de l'hôtel-de-ville vivraient dans l'union et dans la concorde, on est d'avis pour terminer les contestations qui restent à régler entre ces deux corps de remettre entre les mains de M. de Farcy toutes les pièces de l'affaire, afin que les commissaires nommés en 1724 puissent juger souverainement et sans retour. — 1ᵉʳ août, sur la demande d'un logement par Charles Thierry, sʳ du Bucquet, faite en sa qualité de major, on remontrera que la religion de S. A. S. a été surprise, qu'il n'y a jamais eu de major en lad. ville, « estant seulement vray que feu le marquis de Monts établit de son propre mouvement, en 1649, le sʳ de la Rivière pour son lieutenant au gouvernement, sous lequel titre en l'absence du gouverneur il présidait aux assemblées de la ville, que le marquis de Monts donna au même le titre de commandant de la tour et chaîne du port, mais ces titres n'avaient pour fondement que l'autorité simple dudit gouverneur. Le sʳ de la Rivière n'ayant aucuns droits ni revenus sur la ville, le sʳ Thierry qui veut lui

succéder ne peut en prétendre aucun, et quant au logement led. sieur possède plusieurs corps de logis considérables où il est logé très agréablement. Cependant on recevra avec toute la soumission possible les ordres qu'il plaira à S. A. S. donner à ce sujet. — 15 décembre, on présente trois bourgeois pour les fonctions de premier échevin : Pierre Boudard, bailli de Hennequeville, Jacques Paulmier, lieutenant particulier au bailliage de Blangy et Olivier Moullin, marchand. Texte de l'arrêt qui proroge pendant six années la perception des droits de tarif.

4 janvier 1728, lecture d'un arrêt du Conseil privé, ensemble de la commission du grand sceau au sujet des contestations mûes entre les officiers de justice et les officiers du corps de ville. On ordonne que led. arrêt sera registré. Le texte de cet arrêt ne se trouve point au registre n° 79. Nomination de Pierre Boudard à la charge de premier échevin.

80. *Délibérations.* (1728-1729.) — 5 janvier 1728, pour délibérer au sujet de contestations avec les habitants d'Equemauville. — 28 mai, réclamations de Paul Lefebvre, hôtelier du Soleil-d'Or. — 29 mai, le curé de Sainte-Catherine représente que ses prédécesseurs ont toujours joui d'un petit filet d'eau partant du regard de la grande fontaine étant dans la rue du Puits ; il consent pour jouir de nouveau dud. filet d'eau continuer à la ville 4 liv. de rente. Sa demande est accordée aux charges de la rente et de faire les travaux nécessaires. On sollicitera l'abaissement des droits de tarif sur le hareng et le lin. La ville est autorisée à prendre dans la forêt de Touque, pour la réparation de l'hôtel-de-ville, vingt chênes : au triage du Val-Chuquet, aux fossés du Theil, aux Hauts-Champs, au Petitmont, au Chesne-Morin, aux Aulnettes. — 18 décembre, sont présentés pour remplir la charge de maire : Guillaume Villey, avocat fiscal, Olivier Vacquet, bailli de Grestain et Jean-François Doublet.

1er janvier 1729, adjudication des petites fermes. —

28 janvier, lecture du brevet portant nomination d'Olivier Vacquet à la charge de maire et de Charles Boudin, marchand, aux fonctions de premier échevin.

81. *Délibérations.* (1729-1731.) — 10 novembre 1729, en l'assemblée générale des bourgeois et des habitants, lecture d'un arrêt du Conseil d'État qui ordonne de rembourser au duc d'Orléans 44,793 livres pour la finance des offices de receveur et de contrôleur des deniers d'octroi, revenus et biens patrimoniaux, créés en 1725 et acquis par S. A. S. dans les terres domaniales de ses apanages. Pour tâcher de détourner un coup dont les conséquences sont si à craindre, on fera avec un respect infini de très humbles remontrances à M. le duc d'Orléans, en le supliant de jeter des yeux favorables sur la misère de la ville et ne pas la réduire aux extrémités de payer une si grosse somme. — 18 décembre, sont proposés pour premier échevin : Jacques Paulmier, lieutenant particulier de Blangy, Nicolas Vata, Guillaume Renoult des Isles.

1er janvier 1730, lecture du brevet portant nomination de Nicolas Vata aux fonctions de premier échevin. Adjudication des petites fermes. — 26 mars, pour délibérer sur la requête présentée à Mgr le garde des sceaux par les épiciers, droguistes, ciriers, chandeliers, graissiers établis en cette ville pour obtenir des lettres patentes sur certains articles de leurs statuts, on approuve la requête à la réserve de fixer à 21 ans au lieu de 24 ans l'âge auquel un apprenti pourra être reçu maître. Sur la proposition de plusieurs marchands de faire venir du Levant des marchandises pour les entreposer dans leurs magasins, on décide que les défenses portées dans l'arrêt de l'établissement du tarif ne permettent pas d'accepter cette proposition ; une requête sera présentée à l'intendant à ce sujet. — 3 avril, lecture d'une ordonnance du duc d'Orléans portant que dans les assemblées générales et publiques toutes les fois que le vicomte entrera à l'hôtel-de-ville, il sera assisté du procureur du roi. Texte de l'ordonnance. — 11 avril, pour délibérer sur la réunion au corps de la ville des offices de receveur et de contrôleur des deniers, et pour écouter la proposition faite par deux particuliers de satisfaire aux engagements auxquels la ville est obligée. On suppliera Mgr le duc d'Orléans d'agréer que les susd. particuliers soient employés sur les états de ses finances l'un pour 2,900 livres, l'autre pour 2,100 livres de rente viagère, le corps de communauté s'engageant à payer annuellement la somme de 5,000 livres entre les mains du trésorier de Monseigneur jusqu'au décèds des acquéreurs desdits offices. Texte d'une requête présentée à l'intendant à l'effet de la création d'un entrepôt de toutes marchandises. — 24 juin, ordre aux capitaines quarteniers de réunir les bourgeois aux lieux qui leur seront indiqués pour travailler par corvées à réparer et aplanir le grand chemin tendant du pont de Saint-Sauveur à la grève du Buttin, pour faciliter le passage aux carosses et équipages de leurs A. A. S. S. Mgr le duc et Mme la duchesse qui passent par Honfleur. — 24 août, un arrêt du Conseil d'État a autorisé la communauté à traiter avec qui elle aviserait relativement au remboursement de la finance des offices de receveur et contrôleur des deniers des octrois et revenus patrimoniaux. Jean-François Doize, seigneur de Vinsobre, sindic honoraire du pays de Vivarais et Louis Ticquet de Montlouis, sous-brigadier de la première compagnie des mousquetaires du roi, ont proposé à Mgr le duc d'Orléans d'acquitter la ville de la somme à laquelle elle a été imposée à condition que S. A. S. leur en payerait une rente viagère de 5,000 livres. Tous les habitants s'engagent à verser lesd. 5,000 livres au moyen de quoi la ville demeure propriétaire desd. offices. Texte de l'arrêt du Conseil d'État qui autorise la communauté à traiter relativement aux offices de receveur et de contrôleur des deniers. — 9 octobre, on décide qu'on sollicitera la création d'une nouvelle capitainerie garde-côtes qui sera la capitainerie de la ville de Honfleur et dépendances. — 30 octobre, lecture de deux arrêts qui autorisent l'établissement d'un ponton de carénage. — 17 décembre, on suppliera Monseigneur de continuer M. Vacquet aux fonctions de maire considéré ses bons offices.

7 janvier 1731, lecture du brevet qui continue M. Vacquet à la charge de maire. Adjudication des petites fermes. — 2 février, lecture du brevet portant nomination de Guillaume Gaspard à la charge de porte-clefs ; d'un autre brevet de maître de poste délivré à Anne de la Croix, veuve de Paul Resplendy.

82. *Délibérations.* (1731-1732.) — 10 mars 1731, lecture du brevet royal accordé à Charles Thierry pour exercer l'office de président au grenier à sel ; d'un autre brevet de garde au gouvernement à Jean Groult, bourgeois. — 26 novembre, on décide qu'un service sera fait pour M. de Matharel, gouverneur, décédé à Paris. — 1er décembre, versement au trésor de S. A. S. de la partie des 5,000 livres de rente viagère due à MM. Doize et de Montlouis. — 15 décembre, sont présentés pour la place de maire : Guillaume Villey, fils ; Jean-Baptiste Auber, écuyer, officier de feue Mme la duchesse de Berry ; Pierre Vion, marchand.

1er janvier 1732, lecture du brevet portant nomination de Guillaume Villey à la charge de maire — 11 mars, lecture d'une ordonnance de l'intendant portant permission de choisir une personne sûre qui fasse le recouvrement des impositions de capitation, fourrages et autres subsides au lieu et place des collecteurs. On fait choix de Gabriel Duval, sieur du Long Prey, à qui il sera payé annuellement outre les 4 deniers pour livre la somme de 300 livres. On propose de remplacer la fonction alternative de collecteur par un receveur perpétuel soumis à l'agrément de l'intendant. — 17 mai, lecture des lettres de présentation et de nomination de Marie-

Joseph de Mätharel à la charge de gouverneur. Texte desd. lettres. — 7 juillet, Pierre du Mesnil présente sa nomination aux fonctions de garde du gouvernement. — 13 octobre, pour délibérer sur les travaux de réparation et d'entretien nécessaire aux fontaines.

83. *Délibérations.* (1732-1734.) — 14 décembre 1732, sont proposés pour la place de premier échevin : René le Bonc, conseiller et procureur du roi au grenier à sel; Guillaume Renoult des Isles; Pierre Michault.

6 janvier 1733, lecture du brevet portant nomination de Guillaume Renoult à la charge de premier échevin. — 30 mars, pour délibérer sur les instances à poursuivre à l'effet d'obtenir un arrêt qui décharge la ville de la milice de terre.

3 juillet 1734, Nicolas Gamare, écuyer, huissier du cabinet de feue la duchesse de Berry, seigneur et patron de Vasouy, requiert l'enregistrement de provisions par lesquelles il est pourvu aux charges et offices de conseiller, maire ancien, mi-triennal et alternatif mi-triennal de la ville et communauté de Honfleur, ce qui lui est accordé « aux obéissances dud. Gamare d'obtenir des lettres d'agrément de S. A. S. Texte des lettres de provisions. — 10 juillet, on a reçu avis que le duc d'Orléans s'oppose à l'exécution des provisions obtenues par Gamare. — 6 octobre, lecture d'une lettre de cachet de S. A. S. adressée aux maire et échevins, par laquelle le duc d'Orléans défend d'admettre le sieur Gamare à faire aucune fonction de maire, de l'y recevoir ni le reconnaître de quelque manière que ce puisse être; « sur quoy, soumis aux ordres du prince avec le respect qui lui est deub nous les acceptons avec une parfaite soumission et nous nous proposons de l'en asseurer accusant la réception de sa lettre de cachet qui sera régistrée et exécutée. » Texte de la lettre du duc d'Orléans. — 24 octobre, malgré les dépenses considérables qui ont été faites pour garantir les murs du

cimetière, le grand corps de bâtiment de l'hôpital et le mur qui règne le long de la mer, celle-ci a détruit tous les travaux, renversé les murs du cimetière, emporté les corps des pauvres et creusé sous les fondations du grand appartement. Sera dressé un procès-verbal de l'état des lieux auquel M. Castaing, ingénieur, sera suplié d'assister, et comme il n'est pas possible de distraire du revenu de l'hôpital, on aura recours aux bontés et charités du duc d'Orléans.

84. *Délibérations.* (1734-1736.) — 18 décembre 1734, versement par le greffier de la somme de 492 livres donnée libéralement par les bourgeois pour avoir une pompe à incendie.

1er janvier 1735, adjudication des petites fermes d'aide. — 23 janvier, remise de la délibération touchant la requête du sr Oleary et les blés pillés. — 28 janvier, Daniel Oleary a demandé une condamnation solidaire sur toute la bourgeoisie pour les blés pillés par la populace le 27 novembre dernier. On priera l'intendant de différer de statuer jusqu'après la décision de l'instance criminelle. — 27 mars, le rôle de la capitation, des fourrages et de l'ustensile monte à 24,683 livres. — 11 avril, les ruines causées par la mer aux maisons de l'hôpital augmentent tous les jours ; il est urgent d'y travailler, mais on est dans l'impossibilité de trouver des fonds pour y satisfaire. On sollicitera de mettre les réparations à faire dans le nombre de celles des quais comme étant une suite et une continuation et on espère que S. M. voudra bien faire réparer à communs frais avec les propriétaires. — 3 juillet, adjudication des petites fermes sur le poisson vert, sec et salé. — 27 août, pour délibérer sur l'état présent des maisons de l'hôpital. On a tout lieu d'espérer quelque secours du directeur des fortifications, mais on a remarqué que le galet se rassemble le long des maisons et en recouvre les fondations, de manière qu'on peut croire qu'elles ne sont point en danger. On décide en conséquence que les sommes prêtées et aumônées seront appliquées à la perfection du ponton. Texte d'un arrêt à Nicolas Gamare de rapporter ses provisions à l'office de maire.

85. *Délibérations.* (1736-1737.) — Charles Delanney a obtenu les provisions des offices de maire ancien et mi-triennal, alternatif et. mi-triennal réunis en un seul corps d'office ; il a été versé 6,600 liv. pour la finance. Louis-Gabriel Le Monnier du Buc est pourvu de l'état et office de lieutenant en la maréchaussée de France. Travaux de réparation et d'entretien aux fontaines.

86. *Délibérations.* (1737-1738.) — Adjudication des fermes d'aide. Le contrôleur général a renvoyé de nouveau à l'intendant le mémoire présenté au roi pour le rétablissement des anciens priviléges. On fournira à l'appui de la requête les éclaircissements demandés. Charles Delanney et Gentien Le Chevallier iront à Rouen en députation. Délibération relative à la même affaire. Les députés rendent compte de leurs voyages à Rouen. Les originaux des chartes et lettres patentes concernant l'exemption des tailles seront envoyées à Paris. Trois bourgeois sont proposés pour les fonctions de premier échevin : Constantin Renoult, François Liestout et Jacques Deshoulles.

87. *Délibérations.* (1738). — Lecture du brevet accordé à Constantin Renoult pour l'office et charge de premier échevin. Adjudication de la ferme sur la boucherie. Adjudication des autres petites fermes.

88. *Délibérations.* (1738-1740.) — 13 octobre 1738, on priera l'intendant de procurer quelque modération sur le taux de la taille, une partie des navires étant allés cette année faire le déchargement de leurs morues à Dieppe. — 9 novembre, le chevalier des Varets du Bosc est nommé major en remplacement de M. Deshayes démissionnaire en sa faveur. — 16 novembre, on sollicitera la liberté de continuer la perception des droits de tarif pendant six années

« et d'autant que la ville est quant à présent sujette à l'augmentation et à la diminution de la taille chaque année comme toutes les paroisses de l'élection, ce qui doit rendre sa condition égalle, S. M. sera priée de permettre de recevoir dans la communauté telles personnes qui voudront par translation de domicile y venir faire leur demeure. » — 7 décembre, sont proposés pour remplir la place de premier échevin : Jacques Paulmier, François Liestout, Jacques Deshoulles.

1er janvier 1739, lecture du brevet portant nomination de François Liestout aux fonctions de premier échevin. Adjudication des petites fermes. — 31 mai, le premier et le second se rendront « à Cesny pour saluer au nom de toute la ville M. le gouverneur et Madame son épouse, les complimenter sur leur mariage et demander à M. le gouverneur la continuation des bontez que MM. Armand et de Matharel ont eues pour toute la bourgeoisie. » — 10 juillet, enregistrement des lettres portant nomination de Thomas-Etienne Quillet à la charge de grand messager juré de l'Université de Paris pour l'évêché de Toul. Texte desd. lettres. — 8 décembre, sont proposés pour faire les fonctions d'échevin : Jacques Deshoulles, Adam Guillebert, Philippe Guillebert, lieutenant des eaux et forêts. On autorise le marquis de Saint-Jullien à fermer la ruelle qui existe entre sa maison et celle de Paul Resplendy. — 10 décembre, nomination d'un greffier secrétaire : Louis Canteleu, ancien tabellion.

1er janvier 1740, adjudication des petites fermes. — 3 janvier, lecture du brevet portant nomination de Jacques Deshoulles aux fonctions de premier échevin. — 14 avril, pour délibérer de l'état présent du port dont l'entrée se ferme de plus en plus par les bancs, il a été unanimement arrêté que Charles Delanney et Gentien Le Chevallier iront à Paris présenter des mémoires au duc d'Orléans, au directeur général des fortifications, au contrôleur général et aux ministres pour obtenir de faire joindre aux dépens du Roi la rivière de Fiquefleur à celle de Saint-Sauveur, les faire passer l'une et l'autre devant le port, ouvrir le long de la Haute Rue un nouveau canal ; « sont priez également (les députés) de tout intéresser pour obtenir en mesme temps la continuation et la perfection du havre neuf, Honfleur ne peut espérer de voir l'entrée de son port sûre et facile que lorsque cet ouvrage sera finy. »

89. *Délibérations*. (1740-1744). — 15 mai 1740, pour délibérer par continuation sur l'état du port. Récit des députés de retour de Paris : ils ont été honorés d'une audience du duc d'Orléans qui leur a fait voir toutes les marques d'affection pour la ville qu'on pouvait souhaiter ; qu'il a été arrêté que deux ingénieurs viendraient examiner le port et prendre avec M. de Caligny le parti le plus convenable. L'un des ingénieurs, M. de Ramsaut, est venu et après avoir conféré avec M. de Caligny et M. Ricard, ingénieur à Dieppe, il n'a été trouvé d'autre expédient que de joindre les deux rivières, de les faire passer devant le port, d'ouvrir à la pointe de la jetée de pierre, le long des quais des bourgeois, un nouveau chenal de 15 toises de large sur 450 toises de long. Le devis monte à une très-grosse somme. MM. Delanney et Le Chevallier renouvelleront leurs sollicitations pour obtenir les fonds nécessaires. — 21 juin, récit des députés de retour de Paris : ils ont eu l'honneur d'avoir plusieurs audiences du duc d'Orléans qui a écouté favorablement leurs représentations sur l'état fâcheux du port, qu'à la suite d'un conseil tenu en présence de M. de Ramsaut, ingénieur, du cardinal de Fleury, de M. de Maurepas, du Contrôleur général et de M. Amelot, on avait décidé de faire démasquer le port, que les meures étaient prises pour exécuter le projet de l'ingénieur, que les ordres étaient donnés pour délivrer 80,000 livres, que l'intendant donnerait des ordres pour commander les paysans des paroisses

circonvoisines en nombre suffisant de se trouver à Honfleur aux fins du travail projeté ; lesd. Delanney et Le Chevallier ont été loués et approuvés de leurs sages et prudentes démarches et ont été assurés de la plus vive reconnaissance de toute la ville. — 4 décembre, « frapez de l'accident arrivé à 2 maisons sises Haute Rue qui furent entièrement bruslées et qui sans un coup du ciel devoient occasionner l'incendie entière de la ville, les bourgeois soussignez se sont engagez d'avoir chacun une petite pompe foulante et six mannes d'osier enduites de goudron, de les garder dans leurs maisons et de les donner à la première reclamation publique pour le feu. M. Quillet fils, négociant, déclare qu'il donne 700 livres, « pour avec les 500 liv. de l'ancienne queste acheter une ou plusieurs pompes à incendie, parce que on luy formera aucune contestation sur les privilèges de sa charge de grand messager, qu'il jouira et sa veuve des exemptions des logements des gens de guerre, ustensiles et droits de tarif pour la consommation de leur ménage seulement » ; ce qui ayant été jugé très avantageux a été unanimement accepté. — 12 décembre, Thomas de Bonnechose, écuyer, sieur de Bonneville, originaire de la paroisse de Courson et demeurant en celle de Quetteville, déclare qu'il entend transférer son domicile à Honfleur. — 18 déc., sont proposés pour les fonctions de premier échevin : Adam Guillebert, Philippe Guillebert, Jean Deshayes.

5 janvier 1741, 8 janvier, lecture du brevet portant nomination de Jean Deshayes aux fonctions de premier échevin. — 19 mars, ordonné que tous les garçons devront s'assembler à l'Hôtel-de-Ville et tirer pour la milice. — 25 mars, lecture de l'ordonnance concernant la milice et confection de la liste des garçons de cette ville. — 7 juillet 1741, texte des lettres portant nomination de Charles Delanney à la charge de maire ancien et mi-triennal, alternatif et mi-triennal. Texte du brevet de porte-clefs accordé à Jacques Premord.

— 3 décembre, sont proposés pour la fonction de premier échevin : Philippe Guillebert, Jacques Boudin et Pierre Ernoult.

1er janvier 1742, lecture du brevet portant nomination de Philippe Guillebert à la charge de premier échevin. — 9 avril, enregistrement des provisions accordées à Marie-Joseph Le Blanc, institué greffier de la communauté des maîtres-chirurgiens. — 22 juin, Gabriel Duval est nommé receveur de la capitation. Versement de 700 livres en diminution du prix de la pompe à incendie. — 5 août, adjudication finale de la ferme d'aide sur le poisson. — 28 novembre la taille monte à 33,799 livres pour l'année 1740. — 16 décembre, ont été proposés pour la charge de premier échevin: Jacques Boudin du Long Prey, Pierre Ernoult, Pierre Pellecat. On décide que des ouvrages de perfectionnement seront faits à la pompe à incendie. On nomme le sr Delusse pour avoir soin de ladite pompe aux conditions de l'exemption des droits de tarif pour la consommation de son ménage, etc.

1er janvier 1743, lecture du brevet portant nomination d'un premier échevin. Adjudication des petites fermes. — 31 mars, les administrateurs et directeurs de l'hôpital général ont présenté une requête pour obtenir des lettres de surannation. Enumération des différents actes relatifs à la fondation de l'hôpital. Constatation de son état actuel : les revenus sont augmentés; la chapelle est grande et solidement bâtie, les bâtiments et maisons sont considérables, leur situation est avantageuse et au bon air ; ils ont été élevés et construits en partie des bienfaits de M. le duc d'Orléans et des aumônes des personnes charitables : la cale pour caréner les navires, les travaux des pauvres à la dentelle et à l'étoupe, les terres et matières propres pour le salpêtre brut que led. hôpital est en possession de ramasser par préférence et de convertir en cendres qu'il vend aux salpêtriers, l'usage où sont les maîtres de navire de lui destiner la première morue pêchée le dimanche sur le banc de Terre-Neuve et de lui donner au retour, les quêtes que font les trésoriers, les legs, les aumônes, toutes ces parties réunies permettent de loger et nourrir plus de 100 pauvres et orphelins qui sont soignés par des religieuses hospitalières. Le bureau de l'hôpital sollicitera des lettres confirmatives des lettres patentes de 1687 en vertu desquelles l'hôpital est régi. — 8 déc., ont été proposés pour la fonction de premier échevin : Pierre Ernoult, Jacques Lion et Laurent Morin.

1er janvier 1744, lecture du brevet portant nomination de Pierre Ernoult à la fonction de premier échevin. — 19 avril, pour délibérer sur la déclaration de guerre faite à l'Angleterre et les tristes conséquences que la cessation du commerce va produire. On implorera les bontés de l'intendant et on lui exposera qu'il est sorti depuis le mois de janvier 45 navires pour les îles et la pêche, qu'étant sans la moindre défense leur sort n'est que trop certain, que les mises dehors et la valeur de ces navires font une perte de plus de 500,000 livres sans compter l'argent placé à la grosse aventure. Il y a plus de 30 bateaux tant pour la pêche que pour le cabotage exposés à pourrir. Honfleur est sans manufacture, il ne subsiste que par la mer ; presque tous les ouvriers sont pour la marine, ils sont sans ouvrage ; les femmes des mariniers sont sans travail et sans pain ; on fait de continuelles levées; les matelots partent pour le service du Roi ; les bourgeois qui ont un petit bien fuient à la campagne ; on ne voit que misère et désolation ; enfin il n'y a nulle apparence qu'on puisse acquitter la taille et payer les autres impositions. — 14 juin, l'intendant a eu la bonté d'écouter les doléances de la ville ; il demande de faire des efforts pour payer les impositions courantes et promet d'obtenir une modération pour l'année prochaine. On discute la question de savoir si on adjugera le tarif ou si on continuera à le régir. On députera quelqu'un vers l'intendant pour qu'il accepte soit l'adjudication du tarif soit la continuation de la régie en fixant la taille à une somme qui ne peut en temps de guerre aller à plus de 20,000 livres. — 21 juin, Charles Delanney et Olivier Vacquet sont priés de se rendre auprès de l'intendant et de le supplier d'accorder une diminution proportionnée à la situation misérable de la ville. — 3 juillet, récit de Charles Delanney de retour de Rouen : l'intendant est rempli d'affection pour la ville ; il a promis le plus de modération possible sur la taille de l'année prochaine et sur les impositons de capitation et dixième denier. — 11 septembre, le montant de la capitation pour l'année 1742 a été de 14,391 liv.; des fourrages, 6,598 liv.; de l'ustensile, 3,985 liv.; des autres impositions, 1,098 liv. — 18 sept., adjudication de travaux de réparation et d'entretien aux fontaines.

90. *Délibérations* (1744-1747). — 15 novembre, pour délibérer sur le recouvrement des impositions on est d'avis qu'il n'est pas possible de payer la grosse somme à laquelle la ville est imposée pour l'année 1745, soit qu'on adjuge le tarif, soit qu'on en continue la régie ; les habitants décident d'une voix unanime « que le tarif soit anéanty, qu'il plaise au Roy permettre d'établir la somme imposée en taille proportionnelle sur les différents corps et métiers de la ville. — 13 décembre, pour délibérer sur le parti de demander la taille proportionnelle. Le maire a dit qu'il est effrayé au seul nom de la taille et que ne croyant pas que la ville soit en état de payer par elle-même ses impositions il pense que dans l'état des choses le seul expédient est de faire adjuger le tarif pour un bref temps qui ne peut faire de mal tant que la guerre durera. On rejette l'avis du maire et on décide la répartition sur chaque corps de métier.

22 janvier 1745, lecture du brevet portant nomination et choix du sieur Beauval-Morin pour remplir la charge de premier échevin. — 12 février, 17 février, etc., délibérations

au sujet de la répartition des impositions. Deux échevins s'opposent à la taxation. Contestations avec le subdélégué. — 3 mars, on demande la convocation d'une assemblée générale des habitants pour délibérer sur le parti de la régie ou de l'adjudication du tarif. Lecture d'une lettre de l'intendant prescrivant l'assemblée générale. Un s^r Maumenet, orfèvre, offre de prendre l'adjudication du tarif pour neuf années par 28,000 liv. par an; il se charge de la rente viagère de 8,400 liv. due au duc d'Orléans sur la tête de M. Doize; il s'engage à décharger pendant la paix les principales marchandises pour l'avitaillement et l'équipement des navires ; de plus il donnerait tous les ans au retour de la paix et tant qu'elle durerait 3,000 livres pour les besoins de la ville. On procède au vote : pour la continuation de la régie, 16 voix ; pour l'adjudication du tarif, 36 voix. Le maire fait précéder sa signature de ces mots : « dans la situation où sont les choses, le bien, le repos et la sûreté de la ville demandent de préférer l'adjudication sur le pied des offres à la régie. » — 4 mars, les sieurs Ernoult et Guillebert, échevins, sont mis publiquement en demeure de travailler à l'assiette de la capitation. Ils déclarent qu'ils sont prêts d'y travailler. — 10 mars, touchant une contestation soulevée par le s^r Ernoult père, qui conserve les idées d'éloigner et retarder la confection du rôle de la capitation, ordonné que la lettre de l'Intendant sera registrée et le s^r Ernoult obligé de s'y conformer. Texte de la lettre : « Je vois avec peine pour touttes ces pièces et par tout ce que j'ay sceu d'ailleurs ce qui se passe à Honfleur, que cette ville est pleine de discension, d'animosité et d'esprit de party qui ne peuvent faire que grand tort au bien public et à celuy des affaires ; au surplus il y a de la mauvaise humeur à prétendre que le sieur Delanney ne doit pas assister à la confection du roolle de la capitation ou que sa charge de maire n'est pas compatible avec celle de subdélégué, etc. » — 19 mars, ordonnance de l'intendant prescrivant le paiement de 200 liv. par an au commissaire aux revues pour son logement.— 2 avril, nomination de Charles-Thomas Soullier aux fonctions de garde des magasins d'artillerie. — 9 avril, la capitation monte à 14,046 livres pour l'année 1743; la taxe des fourrages à 6,443 liv.; l'ustensile à 4,368 liv. — 2 mai, l'adjudication du tarif est fixée au 13 du courant devant l'intendant. — 23 mai, l'adjudication n'a pu être faite par la modicité des offres qui n'ont été portées qu'à 16,000 livres. On fixera de nouveau les conditions de l'adjudication du tarif dont les droits seront perçus tels et de la manière qu'ils l'ont été par le passé. — 11 avril, enregistrement du brevet de lieutenant de frégate accordé au sieur Tabary. — 24 juin, destitution de Bernard Lallier, greffier secrétaire, pour ses négligences, omissions, mauvais ordre de ses écritures. Le scellé sera apposé sur les coffres et armoires et on dressera un inventaire et procès-verbal des archives et papiers. Le maire proteste contre la destitution. Le gouverneur, les échevins et habitants persistent dans leur résolution « vu que les prévarications dudit Lallier leur sont bien connues. » — 23 juillet, texte de l'adjudication de la ferme des octrois de la ville faite en 1744.— 26 septembre, la perception des droits de tarif adjugée à Jean Rosée par le prix de 24,300 livres. — 29 septembre, on accepte les cautions proposées par l'adjudicataire. — 31 octobre, les deux négociants de Rouen acceptés pour cautions font une avance de 15,000 livres. — 5 décembre, sont proposés pour l'échevinat : Benoist Fresnel, Bernard Le Bourgoys, Charles-Jean-Thierry de Beauvais. Remise de la délibération pour savoir les intentions du duc d'Orléans.

1er janvier 1746, adjudication des petites fermes. — 23 janvier, enregistrement des provisions de Jacques-Robert Boüet, avocat au Parlement, nommé à l'office de greffier-secrétaire. — 15 mars, enregistrement de la commission à la charge de maire délivrée à Olivier Vaquet, conseiller et procureur du Roi en l'amirauté de Touque, bailli de la haute justice de Grestain. Texte de la commission. Texte de l'acte de réception devant Pierre de la Roque de Bernières, seigneur de Montfort, lieutenant général au bailliage d'Auge. — 20 juin au 3 septembre, inventaire, estat et description des titres, lettres, escritures et documents appartenant à la ville (fol. 69-106). — 21 novembre, enregistrement des lettres portant nomination de Claude-Thomas de Nollent d'Harcourt à la charge de major. Texte des lettres de nomination. Texte de la commission. Confection du rôle pour les milicîens.

91. *Délibérations.* (1747-1748). — 30 juillet, lecture d'une lettre autorisant la ville à présenter comme par le passé trois sujets pour échevins. Sont proposés : Guillaume Bertrand du Long Prey, Charles-Jean Thierry sieur de Beauvais, Louis Le Monnier sieur du Buc. — 27 août, brevet à la charge de premier échevin délivré à Guillaume Bertrand du Long Prey. Enregistrement des provisions de l'office de conseiller contrôleur des guerres accordées à Pierre Piquenot. — 31 décembre, enregistrement et texte des provisions de Bernard-Ennemond de Bressac, lieutenant de roi.

1er janvier 1748, enregistrement des petites fermes. Examen des comptes de l'hôpital. Nomination de trésoriers. — 28 janvier, adjudication de la boucherie de carême. — 18 février, touchant la commission de maire d'Olivier Vaquet ; une lettre adressée à M. de Saint-Oüen, ingénieur ; les provisions de Jacques-Jean-Etienne Deshayes ; la commission de Pierre Ernoult, pour ces pièces être enregistrées. Lecture d'une lettre de l'intendant contenant l'affranchissement des deux sols ou quatre sols pour livre de capitation. Texte d'une lettre de M. d'Argenson à M. de Saint-Oüen, ingénieur en chef, portant avis de la nomination de M. Gourdon de Léglisière à la direction des fortifications de Normandie. Texte des provisions de Jacques-Jean-Etienne Deshayes à l'office de conseiller-secrétaire du Roy près le Parlement de Rouen. Texte de la commission de Pierre Ernoult, fils, à la direction et recette des droits, revenus et émoluments des ports de lettres, aux appointements de 300 liv. par an, y compris les frais de régie, loyer de bureau et distribution.

Carton n° 11.

92. *Délibérations.* (1748-1749). — 18 novembre, acte de présentation de Charles Baillet pour apprendre le métier de trieur de morues. — 26 novembre, même acte concernant Jacques Taveau. — 9 décembre, sont proposés pour la fonction de premier échevin : Charles-Jean Thierry, sieur de Beauvais; Louis Le Monnier, sieur du Buc; Guillaume Goubart, négociant.

1er janvier 1749, adjudication de petites fermes. — 12 janvier, installation de Charles-Jean Thierry de Beauvais aux fonctions de premier échevin. — 6 mars, pour délibérer sur la publication de la paix en exécution d'une ordonnance de l'intendant. — 31 août, on autorise M. de Bressac à prendre un volume d'eau de deux lignes de diamètre pour sa maison aux regards des fontaines de la ville situées rue du Puits au droit de l'auberge le Soleil. — 13 octobre, enregistrement et texte des lettres patentes du Roi portant réunion au corps de ville de différents offices municipaux réunis en un seul office. Enregistrement et texte de brevet portant nomination de Jean-Baptiste-Jacques Premord à la charge de porte-clefs.—23 nov., sont proposés pour premier échevin : Guillaume Goubard, Jean Foutrel, Jean-Baptiste-Marie Cuvellier.

93. *Délibérations.* (1750). — Adjudication des petites fermes. Commission donnée à Olivier Vaquet pour remplir les fonctions de maire pendant trois ans. Installation de Guillaume Goubard. Adjudication de la ferme d'aide sur le

poisson. Acte concernant le triage des morues. Un arrêt de la Cour des comptes de Normandie maintient les nobles en exemption des droits de tarif pour les denrées à l'usage de leur ménage.

94. *Délibérations.* (1750-1751). — 13 décembre 1750, sont proposés pour la fonction de premier échevin : Jean Foutrel, Jean-Baptiste-Joseph Cuvellier, Philippe Rigoult. Les rôles de capitation, des fourrages, ustensiles, taillon, logement des suisses s'élevant à 25,564 liv. — 27 décembre, adjudication des petites fermes sur : les boissons, les cuirs, les beurres, l'aunage des toiles, le pied fourché, etc.

24 janvier 1751, installation de Jean Foutrel à la fonction de premier échevin. Réception des comptes de la capitation, fourrages, ustensiles, corps de garde, taillon, logement des Suisses, montant à 26,532 liv. — 20 juin, adjudication de la ferme d'aide sur le poisson. — 22 août, touchant l'obtention des lettres de requête civile pour le procès contre les habitants d'Equemauville. — 16 novembre, touchant les travaux du vieux et du nouveau canal, Le chevalier de Saint-Oüen, ingénieur, est prié de travailler dès aujourd'hui à barrer le vieux canal, « à quoy tous messieurs les bourgeois et habitants sont convenus d'un commun accord et sans exception de s'employer avec le zèle dont ils ont déjà donné des preuves. »

95. *Délibérations.* (1752-1753). — 23 janvier 1752, installation de Jean-Baptiste-Joseph Cuvellier à la fonction de premier échevin. Lecture d'une ordonnance prescrivant d'enregistrer l'arrêt de la Cour des Comptes, Aides et Finances de Normandie concernant les privilèges et exemption de taille des ecclésiastiques de Honfleur et rendu contre les adjudicataires du tarif. Texte de l'arrêt. Les impositions: capitation, fourrages, taillon, logement des Suisses montent à 25,261 liv. — 9 juin, touchant le règlement fait entre les trieurs de morues. Brevet accordé par le gouverneur à Jac-

ques Taveau pour remplir « l'aide-majorité des compagnies bourgeoises de milice », en considération de l'expérience qu'il a acquise dans le régiment de Royal-Cavalerie et de sa valeur pendant cinq campagnes. — 29 novembre, touchant le triage des morues du navire *Saint-Denis*, capitaine Le Lièvre. Le cent trié de morues valait 227 liv. — 10 décembre, enregistrement des provisions de l'office d'archer délivrées au s^r Frigard.

21 janvier 1752, installation de Philippe Rigoult en qualité de premier échevin.

96. *Délibérations.* (1753-1754). — 19 avril 1753, lecture des lettres portant nomination aux fonctions de maire de Jean-Baptiste Quillet, sieur de Fourneville. Le procureur-sindic demande de différer l'enregistrement des lettres. Led. Quillet dit qu'il ne connaît pas le motif de différer ledit enregistrement ; il soutient être suffisamment receu, admis et installé. Les échevins s'opposent également à l'enregistrement des lettres disant qu'ils ne s'attendaient point qu'un officier de justice vint présider à l'assemblée de l'hôtel-de-ville. — 14 juillet, lecture d'un extrait des registres du conseil du duc d'Orléans qui prescrit la réception et l'installation de Jean-Baptiste Quillet de Fourneville, aux fonctions de maire. Texte de l'extrait. — 25 août, délibération touchant la même affaire. — 24 septembre, réjouissances pour la naissance du duc d'Aquitaine. — 9 octobre, enregistrement des provisions portant nomination du sieur de Saint-Marc à la charge de major. — 13 octobre, on décide qu'en signe de réjouissances un feu sera allumé sur la place d'armes, lequel sera fait par Bellon, charpentier. — 29 octobre, adjudication des ouvrages de la fontaine publique de Notre-Dame. — 30 décembre, sont proposés pour la fonction de premier échevin : Philippe Le Monnier, Jean Boüet, Mathurin Charlemaine.

17 janvier, installation de Philippe Le Monnier à la place de premier échevin.

97. *Délibérations.* (1754). — 27 janvier, pour délibérer sur l'expiration prochaine du bail du tarif; on considère la faculté de faire régir le tarif comme un bien réel et dont il est important de solliciter la reprise auprès de l'intendant. — 31 janvier, on proposera à l'intendant de permettre de solliciter l'abonnement de la taille qui se perçoit au moyen d'un tarif érigé en 1684 moyennant 25,000 liv. que la ville payerait, paix ou guerre, pendant vingt-cinq années. — 15 avril, le maire étant allé à Rouen et à Paris fait le récit de son voyage : il a vu M. de la Bourdonnaye, intendant de la généralité, M. Le Moine de Belle-Isle, intendant de S. A. S., M. de Matharel, gouverneur, M. Roussel, avocat, et il a été présenté au duc d'Orléans. Grâce à la protection du prince il a obtenu la régie du tarif. Le corps municipal, toutes affaires cessantes, marquera à Mgr., à son Conseil, et à M. l'intendant la reconnaissance de la ville dans les termes les plus respectueux. Texte de la requête adressée à M. l'intendant. Texte de la requête présentée au duc d'Orléans pour l'obtention de la régie du tarif. — 21 avril, texte de l'ordonnance qui a autorisé la régie du tarif. Election d'un receveur du tarif : Jacques Le Cesne, — 20 juin, pour délibérer sur le choix des sujets pour la régie du tarif. Même jour, on décide qu'il sera fait des réjouissances pour le rétablissement de la santé de la duchesse d'Orléans « n'y ayant point de ville dont les habitants soient plus étroitement obligés à la reconnoissance envers S. A. S. » On célébrera une grande messe en la chapelle de Notre-Dame-de-Grâce, à l'issue de laquelle sera chanté un *Te Deum* ; il sera fait sur ladite montagne un feu de joie le plus élevé que faire se pourra qui, avant qu'il soit allumé, sera précédé de canon ; le son des cloches des quatre églises ainsi que les décharges de canon annonceront cette fête au lever de l'aurore ; on

partira de l'hôtel-de-ville sur deux colonnes précédées de fifres, tambours et corps musical ; le corps des volontaires rouges et bleus sera invité à se joindre au cortège ; il sera demandé un très léger détachement de la compagnie des Invalides pour prévenir le désordre dans cette réjouissance purement bourgeoise ; et d'autant que le feu ne sera allumé que le soir fort tard, les Pères Capucins seront engagés à prêter leur salle d'hôte pour y dîner. — 23 juin, adjudication de la ferme d'aide sur le poisson.

98. *Délibérations.* (1754-1755). — 17 juillet 1754, pour délibérer sur les travaux nécessaires au nettoiement du port. La ville avancera les fonds si on veut bien ordonner que le remboursement sera fait sur les deniers destinés aux travaux de l'année prochaine. Deux députés iront vers le directeur général des fortifications pour le prier d'être favorable. — 18 août, réjouissances à l'occasion de la Saint-Louis : feu d'artifice dans un bateau placé derrière l'hôtel du gouvernement. — 8 septembre, touchant des travaux de réparation à l'habitation du gouverneur. — 16 septembre, touchant les nouvelles bornes de l'hôtel commun aux fins de la confection d'un nouvel aveu : au levant, Thomas Gloquel, charpentier, représentant le nommé Duval ; au couchant, la place publique dite place d'armes ; au midi, le cimetière de Notre-Dame ; au septentrion la rue tendante du bassin au rempart, vulgairement dite la ruelle de la Halle. — 23 septembre, réjouissances pour la naissance du duc de Berry.

1er février 1755, installation d'Olivier Vaquet aux fonctions de maire pour deux années. Exemption de droits de tarif accordée aux sieurs Premord et Quillet. — 16 février, installation de Jean Bouët l'aîné à la place de premier échevin. — 4 mai, acte concernant la nomination de Jean-Baptiste-Joseph Cuvellier à l'emploi de receveur des deniers.

99. *Délibérations.* (1755-1756). — 26 mai, nomination d'un contrôleur du tarif. — 29 juin, adjudication de la ferme d'aide sur le poisson. — 14 juillet, deux députés iront à Rouen saluer M. Feydeau de Brou, intendant et demander pour la ville l'honneur de sa protection. — 7 décembre, sont proposés pour premier échevin : Mathurin Charlemaine, Jacques Caresme et Nicolas de la Coudre dit Lacoudrais, négociant.

1er janvier 1756, enregistrement des brevet et nomination de Mathurin Charlemaine aux fonctions de premier échevin. — 16 août, Jacques Taveau, aide-major, est exempté des droits de tarif.

100. *Délibérations.* (1756-1758). — 12 décembre 1756, élection de trois bourgeois pour les fonctions de premier échevin.

1er janvier 1757, installation de Jacques Caresme en qualité de premier échevin. Examen des comptes de l'hôpital. — 7 février, touchant la régie du tarif et l'assiduité des commis. — 10 février, nomination d'Adrien-Jean-Baptiste Quesney à la charge de maire. — 1er avril, pour délibérer sur la réponse de M. Le Moine de Belle-Isle au mémoire présenté par M. Premord sur la triste situation de la ville. On priera M. Premord de s'employer utilement au bien de la ville. — 12 avril, le maire et les échevins ne croient pas devoir laisser ignorer aux bourgeois la situation fâcheuse où les circonstances les plongent afin de remédier aux maux sous lesquels la ville succombe : la prise par les Anglais avant la déclaration de guerre de tous les navires ; les équipages conduits prisonniers en Angleterre, le logement de garnisons onéreuses ; la ruine des maisons par la tempête ; la cessation du commerce ; le taux de la taille qui s'éléve à 29,508 liv.; la capitation et les fourrages montent à 25,000 liv.; les fournitures pour la garnison d'une valeur de 4,925 livres, etc. On décide que M. Premord qui en tous temps a donné à la ville des marques de son zèle et de vrai citoyen et dont la capacité et la prudence dans la négociation des affaires est connue, sera prié de se jeter aux pieds de S. A. S. Mgr le duc d'Orléans pour implorer sa protection. Il sollicitera décharge et diminution sur la capitation, réduction de la taille avec liberté de régir le tarif. — 13 mai, lecture d'une lettre de M. Premord informant les échevins que le dossier de la ville mis au contrôle général, il y a environ dix-huit ans, a été retrouvé. — 19 juin, M. Premord rend compte de ses démarches et donne lecture des différents mémoires par lui composés. Il n'a point de termes assez énergiques pour exprimer les bontés de S. A. S. « qui l'ont portée jusqu'à prendre la peine de parler elle-même au contrôleur général, de façon à ne laisser aucun doute sur la protection dont elle honoroit la ville. » On doit également beaucoup de reconnaissance à MM. de Breteuil, de Belle-Isle et autres officiers du Conseil. On prie M. Premord de continuer de donner ses soins à l'affaire. « L'assemblée voulant donner audit sieur des marques de sa satisfaction a signé lesdits mémoires et a arrêté qu'un double d'iceux demeurera aux archives en forme de monument à la postérité » — 24 juin, M. Premord est prié, par réitération, de se rendre à Rouen auprès de l'intendant pour lui représenter que la ville ne peut payer le quartier de la taille qui va échoir, et le supplier de donner un avis favorable pour le rétablissement des anciens privilèges. — 26 juin, adjudication de la ferme d'aide sur le poisson. — 9 octobre, lecture d'une lettre de M. Premord portant que le Roi a rétabli la ville dans la franchise et exemption de taille dont elle fut avantagée par le roi Louis XI en 1465. « Toute l'assemblée a ressenti une joye sans égale et est convenue que c'est à la puissante protection de S. A. S. Mgr le duc d'Orléans qu'elle est redevable d'un si grand avantage. » — 18 décembre, sont proposés pour la fonction de premier échevin : Nicolas de La Coudre dit

Lacoudrais, négociant ; Charles-François Liétout ; Jacques de La Salle.

19 janvier 1758, lecture d'une lettre de M. Le Chevallier, écuyer, conseiller en la cour des Monnaies, portant que les lettres patentes obtenues sont scellées et qu'il en sollicite l'expédition. On priera M. Premord d'aller à Rouen aux fins de faire enregistrer lesd. lettres. Feuillet blanc. — 26 janvier, délibération sur la même affaire. — 22 janvier, adjudication de la boucherie de carême. — 10 février, élection de Jean Duperron aux fonctions de receveur général de la ville. — 12 février, enregistrement des provisions de Pierre-Philippe Piquenot, à l'office de contrôleur des guerres. — 13 février, enregistrement de la commission de maître des quais délivrée à Jean-Guillaume Goubard.

101. *Délibérations.* (1758). — 6 mars 1758, le maire se rendra à Rouen pour y présenter le nommé Dubois, milicien de la dernière levée et fournir les avances nécessaires à son équipement. — 20 mars, examen des comptes du tarif. — 13 avril, délibération touchant le même examen. — 17 avril, délibération par continuation touchant l'examen des mêmes comptes. — 21 avril, deux échevins se rendront au château de Cesny vers le gouverneur pour le prier de venir en cette ville augmenter la juste joye des habitants lors de l'enregistrement de l'arrêt du Conseil et des Lettres patentes ; ils se rendront aussi au château de Castillon, chez M. de Bressac pour l'engager de se rendre ici. — 1er mai, travaux aux fontaines. Remise par le receveur de plusieurs registres d'abonnement. Remise du rôle de capitation. — 21 mai, enregistrement de l'arrêt du Conseil et des Lettres patentes par lesquels le Roi a confirmé les chartes accordées à la ville en 1465 et 1575 et en conséquence a maintenu les habitants à perpétuité dans les privilèges de franchise et exemption de toutes tailles. Lesd. titres seront transcrits sur le registre et placés ensuite aux archives ; il ne sera perdu

aucun temps pour faire mettre en l'hôtel de ville les portraits de Sa Majesté et de S. A. S. Mgr le duc d'Orléans, « comme aussi de faire élever en un lieu éminent un obélisque sur lequel seront gravées les armes du Roi, celles de S. A. S., celles de la ville avec une inscription. L'assemblée prie M. Premord d'agréer que la ville se charge toujours des contributions dont lui, sa veuve et ses descendants pourroient se trouver susceptibles ; elle lui concède une ligne d'eau dans la maison qu'il habite, et dans la niche où sera placée la saillie de ladite ligne d'eau, décemment ornée, les armes de la ville seront placées avec une inscription convenable. » La délibération porte la signature du gouverneur et de 80 bourgeois. Jean-Baptiste Premord fit précéder sa signature des lignes qui suivent : « Je reçois avec la reconnaissance la plus respectueuse les marques de bienveillance que la ville a la bonté de me donner, mais je la suplie de trouver bon que je n'agrée pas l'exèmption de mes impositions dont elle a témoigné vouloir se charger. » Texte de l'arrêt du Conseil (9 août 1757) qui attribue à l'intendant la connaissance des contestations qui peuvent naître à l'occasion des deniers patrimoniaux. Texte de l'arrêt (22 novembre 1757) qui confirme les chartes de la ville! Texte des lettres patentes (13 janvier 1758) obtenues sur cet arrêt. Texte de la sentence rendue à Pont-l'Evêque touchant l'enregistrement desd. arrêts et lettres patentes. Texte de lettres de : l'abbé de Breteuil; M. Fontaine ; le chevalier de Saint-Mars ; Le Moine de Belle-Isle ; d'Ormesson ; de la Monnoye. — 5 août, le maire ira à Rouen pour la reddition des comptes du tarif et des octrois. — 19 septembre, enregistrement d'une commission d'éclusier. — 28 septembre, touchant l'enregistrement de l'arrêt concernant les revenus patrimoniaux. Texte dud. arrêt (25 août 1758) qui ordonne que les anciens droits patrimoniaux demeureront convertis en nouveaux droits de la même nature sur un pied plus fort (imprimé).

102. *Délibérations.* (1758-1759) — 1ᵉʳ octobre 1758, au sujet de la contagion dont le vaisseau de guerre le *Royal Georges* est infecté. — 16 oct., brevet de garde au gouvernement.—19 novembre, touchant l'arrangement à faire pour le bien général de la ville et des fermes générales. Annexé au registre un mémoire pour MM. les fermiers généraux concernant la régie des droits d'octroi et revenus patrimoniaux. — 18 décembre, lecture d'une lettre du maréchal de Belle-Isle portant que le roi a disposé de la direction des fortifications en faveur de M. Duportal. — 18 déc., brevet de garde au gouvernement. — 26 déc., sont proposés à la fonction de premier échevin: Charles-François Liestout, Jacques de la Salle, Pierre Coulon.

14 janvier 1759, installation de Jean-Baptiste Quesney à la charge de maire par continuation. On délibère sur la gratification accordée aux négociants qui feraient venir du blé pour la subsistance du public. — 21 janvier, adjudication de la boucherie de carême. — 8 février, touchant le don gratuit et les droits à lever en conséquence. On en sollicitera le rachat. Texte du traité fait entre les fermiers généraux et Jean-Baptiste-Jacques Premord, député de la ville, au sujet de la régie des droits et revenus patrimoniaux. — 17 février, touchant le service solennel à ordonner pour la duchesse d'Orléans. — 14 février, arrêté qu'on procèdera au dénombrement de la population « pour entrer dans une connaissance exacte du nombre des habitants et de leurs facultés. » — 12 mars, touchant la perception des droits du don gratuit; les démarches n'ayant pu encore procurer le rachat, on percevra certains droits sur les denrées. — 26 mars, ordonnance relative au logement des troupes. — 7 mai, touchant un emprunt de 16,000 livres consenti par Nicolas Buchère, commensal du duc d'Orléans, demeurant paroisse Notre-Dame. — 1ᵉʳ juillet, M. Premord rend compte de sa députation pour le don gratuit fixé d'abord à 52,000 livres

et réduit par ses soins à 33,000 livres payables en deux termes égaux. — 6 juillet, touchant la cuisson du pain pour les habitants du Havre bombardé par la flotte anglaise. Texte de l'arrêt du Conseil d'Etat qui fixe à 33,000 livres le montant du don gratuit et autorise un emprunt. — Texte des Lettres patentes portant abonnement et rachat du don gratuit.

103. *Délibérations*. (1759-1761). — 6 août 1759, payement de la somme de 10,500 livres pour solde du don gratuit. — 16 décembre, sont proposés pour la fonction de premier échevin : Jacques de la Salle, contrôleur au grenier à sel; Pierre Coulon, officier quartenier; Jacques-Jean-Guillaume Goubard, négociant. — 31 déc., touchant la réduction de 6,000 livres sur le don gratuit.

3 janvier 1760, la capitation monte à 14,400 livres plus 880 livres pour les frais du service de la garde-côte ; l'ustensile s'élève à 4,400 livres. Lecture d'un projet de requête tendant à obtenir une modération. — 13 janvier, installation de Jacques de la Salle aux fonctions de premier échevin. Pouvoir donné aux maire et échevins de présenter requête à l'effet d'obtenir la décharge de l'imposition à taille du hameau de la Rivirée. — 28 janvier, le maire donne avis de la modération obtenue sur la capitation. — 6 mai, présentation et examen des comptes des revenus patrimoniaux. — 22 mai, acte concernant le règlement des appointements des employés du don gratuit.—21 juillet, récit de M. Quesney, maire, de retour de Rouen ; il a rendu compte des dernières recettes du tarif et sollicité la décharge de l'imposition du hameau de La Rivière. — 1er septembre, touchant l'établissement et le perception du sol pour livre sur les droits et revenus patrimoniaux. — 7 sept., nomination de Bertrand-Barthélemy Ducasse Duchesne de Saint-Marc à la charge de lieutenant de roi. Texte des lettres de nomination et des provisions. La ville témoigne sa joie du choix fait ayant reçu

de M. de Saint-Marc mille bons offices. — 14 sept., enregistrement des provisions de Jean-Maurice de Gascq pourvu de la charge de major. — 29 sept., le compte des dépenses pour l'obtention et rétablissement des anciens privilèges et exemption de taille, expédition d'arrêts, lettres patentes, etc., obtention d'autres Lettres patentes pour le don gratuit, voyages, séjours, achat de marbres, inscriptions, etc., s'élève à 47,535 livres 4 sols, laquelle est payée à M. Premord.

1er janvier 1771, reddition des comptes des trésoriers de l'hôpital. — 18 janvier, adjudication de la boucherie de carême.

Carton N° 12.

104. *Délibérations.* (1761-1764). — 21 janvier 1761, installation de Pierre Coulon à la fonction de premier échevin. — 31 janvier, touchant l'enregistrement de la quittance des 31,000 livres du don gratuit versées au trésor royal. — 15 février, on sollicitera que M. Quesney soit continué à la charge de maire. — 8 mars, touchant la nomination de M. Quesney et l'enregistrement de son brevet. Lecture d'une lettre annonçant la nomination du marquis de Brassac pour commander depuis la rive gauche de la Seine jusqu'au Cotentin. — 5 avril, pour délibérer sur la requête présentée au Roy à l'effet d'obtenir la franchise du sel. On ordonne l'enregistrement de l'extrait mortuaire de M. Doize de Vinsobre et de la quittance de la rente que la ville lui faisait. — 15 avril, les troupes de la milice bourgeoise monteront la garde à leur tour et rang, vu le départ de la garnison. — 6 octobre, on donnera des ordres pour faire relever la garde bourgeoise et relever les postes occupés par la garnison à l'instant de son départ. — 26 décembre, nomination d'un échevin. Réception des comptes du receveur : recettes, 17,782 liv.; dépenses, 21,255 liv.

1er janvier 1762, examen des comptes des trésoriers de l'hôpital. — 17 janvier, installation de Jean-Jacques-Guillaume Goubard aux fonctions de premier échevin. — 7 février, adjudication de la boucherie de carême dont le prix doit revertir aux pauvres de l'hôpital. — 9 mars, il est défendu à tous bourgeois de reconnaître d'autre autorité ni commandement touchant le service de la place et la discipline de la milice bourgeoise que ceux des maire et échevins. Texte de l'ordonnance du duc d'Harcourt à ce sujet. — 10 septembre, touchant le principal et le doublement de la capitation. Texte de la requête présentée à l'intendant tendante à obtenir modération du taux de la capitation. — 11 novembre, pour délibérer sur les ordres du duc d'Harcourt concernant le service de la place par la bourgeoisie. Départ des soldats du régiment de Noailles-cavalerie. On suppliera l'intendant d'épargner des garnisons à la ville. — 29 novembre, réception des comptes des droits et revenus patrimoniaux. — 19 décembre, nomination d'un premier échevin.

1er janvier 1763, M. Quesney est nommé maire par continuation. Enregistrement du brevet. — 16 janvier, Charles-François Liétout est continué aux fonctions de premier échevin. — 4 juillet, touchant la publication de la paix. Lecture des lettres du duc de Choiseul et du duc d'Harcourt prescrivant des réjouissances. Edit du Roi portant rétablissement des offices de gouverneurs, lieutenants de roi, majors, maires, lieutenants de maires et autres officiers des hôtels de ville. — 9 juillet, on décide qu'un *Te Deum* sera chanté à l'occasion de la paix, que la publication en sera faite aux places publiques, qu'il sera fait distribution de dragées et de menues monnaies selon l'usage, qu'il sera dressé un feu de joie, fait les illuminations ordinaires et distribution de pain aux pauvres. — 11 juillet, touchant le principal et le doublement de la capitation. Texte de la requête présentée à l'intendant à ce sujet. — 18 juillet, lecture d'une lettre de l'intendant relative au logement des ingénieurs des ponts et chaussées. Il sera payé 200 livres à M. Dubois, ingénieur. — 12 septembre, enregistrement du brevet de Claude Morel dit Beaulieu, maître de la poste courante.

15 janvier 1764, acte de réception de Louis-Gabriel de La Houssaye aux fonctions de premier échevin. Enregistrement du brevet.

105. *Délibérations*. (1764-1766). — 5 février, délibération touchant la capitation des mariniers, les précautions que les maîtres de navires doivent prendre à ce sujet, et les propriétaires des maisons données à loyer aux étrangers. — 4 mars, pour délibérer sur ce que l'hôpital du Havre a sollicité et obtenu un arrêt du Conseil portant confirmation du droit de passage du Havre à Honfleur et de Honfleur au Havre. On s'opposera à l'exécution de cet arrêt qui porte préjudice au droit des barques passagères de Honfleur. Texte de l'arrêt qui limite le privilège de l'hôpital du Havre.

1er janvier 1765, réception des comptes du trésorier de l'hôpital et du receveur des revenus patrimoniaux. — 20 janvier, touchant du maire et des échevins en leurs fonctions. — 27 janvier, adjudication de la boucherie de carême. — 24 février, la ville admise au rachat et abonnement du don gratuit moyennant la somme de 33,000 livres prise à constitution de rente et qui devait être remboursée au moyen du produit des droits perçus pendant six années. Ces produits ne se sont élevés qu'à 25,612 livres, il en résulte que la communauté reste chargée de 400 livres de rente. — 17 avril, lecture de l'édit portant extinction perpétuelle et irrévocable de la Compagnie de Jésus. Texte de l'édit et des arrêts rendus en conséquence. — 16 septembre, ordonné que la grande fontaine sera démolie. — 14 novembre, touchant un règlement à intervenir sur le triage des morues, vu que l'éloignement de ce port des navires venant de Terre-Neuve provient de la différence du triage usité en cette ville avec celui de Dieppe. Texte du règlement.

1er janvier 1766, réception des comptes de l'Hôtel-Dieu et nomination de trésoriers. Lecture de la lettre portant continuation de M. Goubard aux fonctions d'échevin. Texte de la lettre. — 31 mars, pour délibérer sur le privilège du franc salé et l'agrandissement du port. Jean-Baptiste-Jacques Premord qui, « après avoir donné à la ville des preuves de son zèle et attachement dans l'obtention de l'arrêt de rétablissement des privilèges, a bien voulu négocier une décision sur ces deux chefs, » fait le récit de ses démarches. M. de Trudaine fera rendre un arrêt concernant le privilège du franc salé. Ce ministre a l'espérance que le Roi consentirait à l'agrandissement du port, mais la ville devra contribuer pour moitié à la dépense. On décide d'accepter les propositions de M. de Trudaine tant pour le privilège du franc salé que pour l'agrandissement du port auquel la ville contribuera jusqu'à concurrence de 150,000 livres. M. Premord est prié de vouloir bien continuer ses bons soins et offices pour consommer cette importante affaire et, à cet effet, il est autorisé à signer tous actes nécessaires. Texte des lettres de M. de la Michodière et de M. Premord. Texte de la soumission de la ville de Honfleur touchant l'agrandissement du port : le plan et le devis communiqués portent la dépense à 418,589 livres. — 28 mai, compte-rendu des démarches de M. Premord auprès de M. de Trudaine; lecture de sa correspondance par laquelle il conseille de ne plus balancer à entrer pour moitié dans la dépense des travaux; néanmoins il prie le maire d'envoyer une autre personne pour traiter de l'affaire. L'assemblée interprétant la délibération du 31 mars et par addition à icelle autorise M. Premord à passer soumission de payer 209,294 livres. Texte d'une lettre de M. de la Michodière. Texte d'une lettre de M. Premord. — 20 juin, lecture d'une lettre de l'abbé de Breteuil portant que la nomination de l'éclusier est à l'avenir réservée au duc d'Orléans. La lettre originale est attachée au registre. — 21 juillet, lecture d'une lettre de M. de la Michodière autorisant la ville à prélever sur les octrois la somme de 396 livres pour l'équipement des miliciens. — 17 août, récit de ce qui a été fait par M. Premord envoyé vers M. de Trudaine. M. Premord a obtenu la franchise du sel comme aussi l'agrandissement du port moyennant la contribution d'une somme de 209,294 livres. Il a en outre obtenu la liberté de verser de bord à bord les marchandises venant de l'étranger pour être portées à Rouen et d'acquitter les droits dans cette dernière ville. Lecture est faite des arrêts et Lettres patentes concernant ces affaires. « Les maire, échevins et habitants pénétrés de reconnaissance se réunissent pour offrir leurs vœux et prières au ciel pour la conservation des précieux jours du plus grand, du meilleur et du plus chéri des rois et de toute la famille royale. » Remerciements respectueux au duc d'Orléans, à M. l'abbé de Breteuil, à M. de Trudaine, au contrôleur général, etc.; « et enfin ledit sieur Premord a été remercié de ses peines, soins et services rendus à la patrie, à laquelle il a donné des preuves de son zèle, de sa capacité et attachement dont le ville en général et en particulier conservera toujours le souvenir..... » Texte du « compte que rend le sieur Premord à la ville de Honfleur assemblée de la conduite qu'il a tenue à Paris tant auprès du Conseil de S. M. que de celuy de S. A. S. Mgr le duc d'Orléans pour solliciter en qualité de député de la ville l'obtention du privilège de franc-salé et l'agrandissement et augmentation du port. » Texte de l'arrêt du Conseil concernant la franchise du sel, des Lettres patentes données sur cet arrêt et de l'enregistrement desd. lettres à la Cour des Aides de Normandie. Texte de la soumission. Texte des mémoire et décision concernant le transit.

106. *Délibérations.* (1766-1768). — 16 septembre,

nomination de Jacques Taveau, aide-major de la milice bourgeoise à l'emploi d'éclusier et portier des portes havres et bassins. — 24 novembre, enregistrement des Lettres patentes du Roi qui autorisent la réparation, construction et agrandissement du port et qui acceptent les offres faites de contribuer pour moitié à la dépense. Texte desd. lettres. — 1er décembre, « sur ce qu'il seroit à propos de faire choix de sujets capables et d'une solvabilité connue pour faire tant la recette de la franchise du sel que le payement de lad. franchise, » est nommé et élu Pierre-Jean Duperron.

1er janvier 1767, réception des comptes des trésoriers de l'hôpital et nomination de trésoriers. — 25 janvier, adjudication de la boucherie de carême. — 25 février, enregistrement de l'arrêt qui maintient la liberté des lamaneurs de passer les personnes et marchandises de Honfleur au Havre. Texte de l'arrêt du Conseil, de la sentence d'enregistrement en l'amirauté et de deux exploits délivrés aux administrateurs de l'hôpital du Havre. — 2 mars, nomination de François-André Pottier aux fonctions de fontainier. — 16 juin, on décide le paiement du transport des pierres provenant de Ranville et nécessaires pour les travaux de l'avant-port. — 1er décembre, « considérant que la destruction de ce qui reste des anciens murs et fortifications ainsi que de la porte de Rouen est utile aux travaux du nouveau port, M. Rolland, ingénieur, est prié de lever le plan tant desd. murs et fortifications et nouveau port que l'ancien port, ses environs, les parties de la ville reignante du costé du havre neuf et de l'hospital afin que la postérité eust à jamais devant les yeux la situation des choses actuelles et en mesme temps les embellissements qui auront été faits et que ce fust un monument qui retracast sans cessé à la ville et à l'âge futur le souvenir de la magnificence et des grâces dont Sa Majesté les a favorisés. » Ce plan sur toile a 7 pieds 1/2 de long sur 3 pieds 1 pouce de hauteur. — 4 déc., assemblée aux fins de nommer 14 notables conformément aux édits et lettres patentes du Roi. Sont choisis et élus pour notables : François Hébert, curé de Notre-Dame et de Saint-Léonard ; Jean-François Dupin, curé de Saint-Etienne et de Sainte-Catherine ; Jean-Jacques-Etienne Deshayes ; Louis-Guillaume Renoult ; Louis Le Monnier ; Jean-François Liétout ; Jacques Duhault, avocat ; François Le Griel ; Jean Louvet ; Jean-Baptiste-Jacques Premord ; Nicolas Lion de Saint-Thibault ; Jean-Baptiste de La Mule, Jacques Goubard et Jacques Heuté. — 7 déc., pour procéder à l'élection de sujets capables aux fins d'être présentés à S. A. S. et choisis pour exercer les fonctions de maire. Sont proposés : Michel de la Croix de Saint-Michel, avocat au Parlement ; Jacques Vaquet et Guillaume Villey, doyen des avocats du bailliage. — 19 déc., nomination de Michel de la Croix de Saint-Michel aux fonctions de maire. Texte du brevet. Arrêté que les notables seront convoqués aux fins de procéder à l'élection des officiers municipaux. — 22 déc., assemblée des notables pour procéder à la nomination de douze sujets ; quatre d'entre eux rempliront les fonctions d'échevin.

5 janvier 1768, installation et réception de MM. Goubard, Vaquet, Deshayes et Le Carpentier aux fonctions d'échevin. Texte du brevet. — 7 janvier, nomination pour notable de Charles Guillebert du Canet, écuyer. — 8 janvier, élection et nomination de conseillers de ville au nombre de dix-huit sujets qui seront présentés à S. A. S. aux fins d'en choisir six pour faire et exercer la fonction de conseiller. — 19 janvier, enregistrement du brevet portant nomination de six conseillers de ville. Election de cinq notables. — 22 janvier, assemblée des notables pour choisir trois sujets aux fins d'élire un sindic-receveur. — 24 janvier, pour délibérer sur les moyens de procurer aux deux barques passagères les mêmes avantages dont jouissent celles de l'hôpital du Havre. On se pourvoiera vers S. M. afin qu'elle ordonne que la

concurrence aura lieu dans l'un et l'autre port indistinctement en faveur des barqnes des deux hôpitaux. — 29 janv., touchant les émoluments et remises à accorder au receveur-sindic.—4 fév., enregistrement du brevet portant nomination de Pierre Jean, sieur du Perron à la charge de receveur-sindic. — 5 fév., on règle le nombre des officiers subalternes et serviteurs de la ville.—28 mars, deux marchands déclarent leur intention de faire de grosses salaisons et d'obtenir du sel en franchise. — 9 avril, examen des revenus et des charges de la ville : recettes, 65,840 ; dépenses, 48,808 liv.—3 juin, délibération pour faire part à la postérité que les fondations des travaux du nouveau port ont été jetées hier, jour de la Fête-Dieu, sous la direction des ingénieurs. — 4 juillet, prières publiques pour la santé de la Reine. — 14 sept., nomination d'un notable dans la classe des nobles.—26 septembre, enregistrement des lettres de vétérance de l'office de conseiller-secrétaire-honoraire en la chancellerie près le Parlement de Rouen, accordées à Jean-Jacques Deshayes, écuyer, sieur de Manerbe, échevin, — 29 octobre, emprunt de 30,000 liv. — 22 novembre, règlement de voirie. — 5 déc., adjudication du nettoyage des rues.

107. *Délibérations.* (1768-1772). — 27 décembre 1768, élection de six sujets pour être présentés à S. A. S. aux fins d'en choisir deux pour échevins.

1er janvier 1769, réception des comptes des trésoriers de l'hôpital. — 8 janvier, adjudication de la boucherie de carême. — 13 janvier, installation et réception de Jean-François Liétout et de Guillaume-Bertrand du Long Prey aux fonctions d'échevin. Texte du brevet. Enregistrement d'un arrêt du Conseil qui autorise la ville à emprunter 40,000 liv. en rente viagère. Texte de l'arrêt. — 19 janvier, élection de 3 sujets pour être présentés à S. A. S. aux fins d'en choisir un pour conseiller-de-ville. — 1er février, installation et réception de Nicolas Buchère en qualité de conseiller. —

2 fév., nomination de notables : Thomas-Etienne Quillet et Pierre Grenguet. — 16 fév., pour donner un témoignage des sentiments de reconnaissance dont la ville est pénétrée à l'égard de M. de Trudaine, décédé, on fera faire un service solennel auquel les différents corps seront invités. — 15 mars, déclaration de ceux qui sont dans l'intention de faire de grosses salaisons en poisson. — 11 septembre, pour autoriser l'enregistrement d'un extrait concernant les officiers de la vénérie du Roy et la suppression de la charge de valet de chiens dont était pourvu le sieur Buchère. — 28 septembre, nomination à la charge de lieutenant de roi de Louis-Gaspard-Balthazar-Nicolas Bernier de Pierrevert, colonel d'infanterie. Texte de la quittance de finance dudit office montant à 4,000 livres. Texte des provisions à ladite charge. — 29 novembre, réception des comptes du receveur. On autorise le pavage de la place devant la porte de Caen et l'achèvement de l'inventaire des titres des archives. — 29 décembre, élection de six sujets pour être présentés à S. A. S., aux fins d'en choisir deux comme échevins.

1er janvier 1770, réception des comptes de l'hôpital; nomination de trésoriers. — 15 janvier, installation et réception de MM. Lacoudrais et Buchère aux fonctions d'échevin. Texte du brevet. — 11 février, installation et réception de MM. Thomas-Etienne Quillet, trésorier des Invalides, et Dupin, curé de Sainte-Catherine aux fonctions de conseiller. Texte du brevet. — 5 mars, on autorise l'enregistrement du brevet portant nomination de Picquefeu de Bermon, négociant, à l'office de vice-consul de la nation espagnole. Déclaration de ceux qui veulent faire des salaisons de poisson. — 19 mars, pour autoriser la continuation de la perception du don gratuit. — 15 mai, délibération qui ordonne l'enregistrement des Lettres patentes portant que dans les assemblées des notables des villes de Normandie, ceux du clergé et de la noblesse auront rang avant tous les autres ;

l'achat de matériel pour les pompes à l'incendie ; l'adjudication du sel de franchise ; la construction de remises et de magasins pour l'emplacement du sel; le paiement aux maire et échevins de la somme de 1,000 livres pour satisfaire aux menues dépenses qu'occasionne le nouveau port. Texte des Lettres patentes et de l'arrêt concernant les rangs et séances des notables du clergé et de la noblesse.—29 mai, assemblée générale au sujet de la nécessité de faire un quai de halage. On suppliera le duc d'Orléans de céder à la ville les maisons, jardin et terrains dont l'usufruit est abandonné au gouverneur ; de consentir à la suppression du droit de chaîne ; de donner au gouverneur pour lui tenir lieu de logement les place et maisons destinées au lieutenant de roi, etc. — 25 juillet, on ordonne que les négociants s'assembleront pour s'engager à aider la ville d'une certaine somme de deniers.— 4 septembre, délibération qui autorise un emprunt de 50,000 livres en rente viagère.

1er janvier 1771, réception des comptes de l'hôpital; nomination de trésoriers. — 3 janvier, installation et réception de Jean-François Liestout aux fonctions de maire. Texte du brevet. — 4 janvier, élection de six sujets pour être présentés à S. A. S. aux fins d'en choisir deux pour faire les fonctions d'échevin. — 23 janvier, pour délibérer au sujet des comptes des frais de Jean-Baptiste Premord employés à l'obtention du franc salé, du transit et de l'agrandissement du port. Ces déboursés s'élèvent à la somme de 16,260 livres. On autorise le payement de cette somme et on remerciera M. Premord « avec bien de la reconnaissance des peines qu'il s'est données à l'égard des privilèges, franchise de sel, augmentation du port et transit qu'il a obtenues au nom de la ville pour le bien et avantage de sa patrie. » — 4 février, on ordonne l'enregistrement du brevet portant nomination de Jean-François Le Chevallier à la charge de chirurgien du duc d'Orléans. — 16 février, installation et réception de MM.

Hébert, curé de Saint-Léonard, Picquefeu de Bermon, Louvet, comme conseillers. Texte du brevet. Nomination de quatre notables. — 22 avril, pour délibérer sur les travaux nécessaires au chenal devenu très étroit. — 20 décembre, Robert Deshayes, originaire de cette ville et demeurant à Paris depuis nombre d'années est nommé député d'Honfleur, « pour solliciter, poursuivre et défendre toutes les affaires que la ville aura. »

25 janvier 1772, installation et réception de deux échevins. — 29 janvier, délibération qui reçoit les comptes des revenus patrimoniaux pour les années 1766, 1767 et 1768, et qui autorise le receveur à les faire approuver au bailliage. Il résulte de l'examen de ces comptes que le receveur est en avance de 15,176 liv. — 6 fév., on autorise l'enregistrement des provisions portant nomination de Nicolas Lacoudrais à l'office d'archer-garde de la connétablie et maréchaussée à la suite du duc de Biron. Texte desd. provisions. — 1er mars, lecture et enregistrement de l'édit portant rétablissement des offices municipaux et des lettres patentes concernant les privilèges des officiers du Conseil supérieur de Rouen. Texte des deux pièces. — 23 mars, on autorise l'enregistremeut des provisions accordées à Louis-Pierre Le Carpentier en qualité de grand messager juré de l'Université de Paris pour la ville et évêché de Lectoure. Texte desd. provisions. — 2 avril, on décide la perception de nouveaux sols pour livre sur les octrois et revenus patrimoniaux établis par édit de novembre 1771. On présentera une requête pour obtenir décharge des anciens et nouveaux sols pour livre. Texte de la requête adressée à l'abbé Terray, contrôleur général des finances. — 28, 30 mars, examen de comptes relatifs à des dépenses faites au nom de la ville au sujet d'un emprunt. — 21 avril, délibération qui autorise la ville de réunir à son corps les charges municipales, fixe le nombre des officiers

municipaux, sollicite une modération sur la finance desdits offices et la suppression des droits municipaux.

108. *Délibérations.* (1772-1777). — 28 septembre 1772, on destitue Jean Tabary, inspecteur des droits patrimoniaux; il est remplacé par Charles-Elie-François Le Lièvre. — 16 novembre, on ordonne l'enregistrement des lettres de naturalité obtenues par Guillaume Andrieu, marinier, originaire de Londres. Texte desd. lettres. — 20 décembre, adjudication de la place de l'hôpital : 100 liv. par an.

1er janvier 1773, réception des comptes de l'hôpital; nomination de trésoriers. — 28 mars, pour délibérer au sujet de la réunion au corps et communauté de la ville des charges municipales et sur la suppression des droits qui se perçoivent sous le nom d'octrois. On offrira au Contrôleur général de payer 10,000 livres aux parties casuelles de S. M. pour le montant des finances desd. offices qui demeureront réunis au corps de la communauté; quant à la remise des droits on n'insistera pas. — 29 mars, enregistrement de la commission de Jean-Baptiste-Jacques Cuvelier-Delanney aux fonctions de receveur des droits de contrôle et de parisis des poids à Honfleur. — 22 avril, enregistrement des lettres portant nomination de Pierre-Guillaume-Jean-Baptiste Picquefeu de Bermon à la charge d'aide-fourrier de la maison de Mme la Dauphine. — 27 juillet, pour délibérer au sujet du choix de trois personnes pour chacune des places des offices municipaux. On autorise la dépense convenable pour recevoir M. de Crosne et autres seigneurs qui doivent venir faire la visite des travaux du nouveau bassin. — 27 déc., pour délibérer sur le passage de la nouvelle route d'Honfleur à Pont-l'Evêque. 85 bourgeois sont d'avis qu'il sera plus utile et plus agréable que cette route passe par les prés Saint-Martin pour ouvrir sur la place de la Contrescarpe où est la croix rouge. 12 autres bourgeois protestent contre la délibération ; ils proposent de faire arriver la route par la barrière Bavolle autrement dite de Saint-Nicol. On décide que la délibération signée du plus grand nombre sera exécutée et envoyée au duc d'Orléans. Texte de la lettre prescrivant la réunion de ladite assemblée.

1er janvier 1774, réception des comptes de l'hôpital, nomination de trésoriers. — 23, 30 janvier, adjudication de la boucherie de carême. — 31 janvier, on autorise l'enregistrement des lettres portant nomination de Nicolas-Louis-Guillaume Coudre-Lacoudrais, fils, négociant, à l'office de grand messager de l'Université de Paris pour la ville et évêché de Liége. — 14 mai, procès-verbal de ce qui s'est passé entre le corps municipal et M. Quillet, juge, pour annoncer la mort du Roi. — 11 juillet, on ordonne qu'un service pour l'âme du feu roi Louis XV sera fait en l'église Sainte-Catherine quoi qu'on ait reçu aucun ordre de la cour; qu'un catafalque décent avec un luminaire convenable sera élevé dans le chœur de l'église et qu'il sera distribué aux pauvres le pain de cinq à six sommes de blé. — 20 septembre, délibération qui contient ce qui s'est passé à cause de la mort du roi Louis XV et autorisé l'enregistrement des décission qui donnent au corps de ville le droit de commander les marques de joie et de douleur. Texte de quatre pièces concernant cette affaire.

31 janvier 1775, installation d'échevins. Texte d'un placet du maire et des échevins au duc d'Orléans pour que S. A. S. nomme d'autres officiers municipaux à leur place. Texte du brevet continuant M. Liestout aux fonctions de maire et nommant aux fonctions d'échevin MM. Guillebert, Duhault, Rigoult et Goubard. — 19 juin, délibération qui autorise l'enregistrement des lettres d'anoblissement accordées à Robert Deshayes, écuyer, originaire de cette ville, député de l'île de la Guadeloupe et aussi député de la ville de Honfleur. Texte desd. lettres et de l'acte de règlement d'armoi-

ries. — 2 août, délibération générale qui autorise la ville à réclamer le terrain qui lui appartient le long du mur de la contrescarpe (rue des Logettes et rue de la Chaussée). — 3 août, procès-verbal dressé contre MM. Quillet des Faudes, juge au bailliage et Quillet-Capet, ancien échevin, de ce qui s'est passé lors de la délibération du jour d'hier.

1er janvier 1776, réception des comptes de l'hôpital ; nomination de trésoriers. — 22 janvier, installation et réceptoin de M. de la Croix de Saint-Michel aux fonctions de maire à la place de M. Liestout, décédé. Texte du brevet. —7 mars, délibération générale qui autorise la ville à traiter et réunir à son corps de communauté les charges municipales créées par l'édit de 1771 parce que les droits municipaux qui se perçoivent demeureront supprimés au dernier septembre 1777. — 15 mars, on autorise l'achat d'une grande et petite pompe pour servir aux incendies avec cent paniers d'osier. — 6 avril, réception et examen des comptes des droits et revenus patrimoniaux pour les années 1769, 1770 et 1771. — 11 avril, réception et examen des mêmes comptes pour les années 1772, 1773 et 1774.—6 avr., réception des mêmes comptes pour les années 1774 et 1775.— 1er juil., on accepte les pompes à incendie achetées à Rouen. On reçoit le compte de la franchise du sel depuis l'année 1768. Texte du marché conclu avec Nicolas Thillaye pour l'achat des pompes à incendie. —8 juillet, arrêté que l'ancienne pompe à incendie restera déposée dans le clocher de Sainte-Catherine, que les deux nouvelles seront placées dans la salle de l'hôtel-de-ville. Organisation du service des pompiers. — 16 septembre, on autorise l'enregistrement du brevet portant nomination de Thomas-Etienne Quillet aux fonctions de trésorier de la marine. — 21 octobre, délibération générale qui autorise un emprunt de 10,000 livres pour l'achat et la réunion des offices municipaux, et qui ordonne l'enregistrement de l'arrêt permettant ledit emprunt. Texte de l'arrêt du Conseil d'Etat. — 2 décembre, délibération générale qui autorise la ville à se pourvoir au Conseil du Roi contre la nomination des sieurs du Mesnil et Pellecat, commissaires garde-halles. On accorde l'enregistrement de la commission de Jean-Baptiste Hamelin des Essarts, apothicaire, à la place de greffier de la communauté des maîtres en chirurgie. Texte de la commission.

1er janvier 1777, réception des comptes de l'hôpital; nomination de trésoriers.

109. *Délibérations.* (1777-1787). — 5 janvier, adjudication du privilège exclusif de vendre de la viande pendant le carême. — 3 février, adjudication de la fourniture des bois et lumières pour le corps de garde. — 6 mars, délibération qui autorise de retirer du bureau de M. d'Ormesson les titres de la ville fournis dans le procès pendant au Conseil entre elle et le hameau de la Rivière qui a fait de tout temps partie de la ville et qui en a été distrait et imposé à la taille. — 10 mars, réception des comptes du receveur pour les années 1766-1775. — 15 mars, déclaration faite par les marchands de saline pour faire de grosses salaisons en poisson. — 16 avril, on autorise M. de La Croix, maire, à se rendre à Paris pour suivre et solliciter la suite de différentes affaires. — 2 juin, Joseph II, roi des Romains et Empereur, accompagné du général Colloredo et du comte Belgiojoso, son ambassadeur, « est arrivé à Honfleur à six heures du matin, a fait le tour du port suivi de tout le peuple, est entré à l'hôtel du Cheval Blanc où il a pris une tasse de chocolat et est parti à dix heures pour se rendre à Caen avec deux voitures et douze chevaux. Il a eu le bonté de rester debout dans son carrosse en passant une partie de la Haute Rue et de saluer toutes les personnes qui étoient aux portes et aux fenêtres. Ce Prince a donné icy comme partout ailleurs des marques de simplicité, de politesse, de grandeur d'âme et de bienfaisance. » — 7 juillet, sentence portant condamnation

à la prison pour tapage nocturne et rebellion à la garde bourgeoise. — 29 juillet, M. d'Hoüel de la Pommeraye communiquera les titres concernant la propriété et possession d'un terrain situé au havre-neuf.

1ᵉʳ janvier 1778, réception des comptes de l'hôpital ; nomination de trésoriers. On autorise la ville à intervenir dans le procès pendant en la Cour entre le procureur général et le sieur Pellecat dans l'affaire concernant les commissaires garde-halles. — 23 janvier, on réclamera au nom de la ville le terrain du havre-neuf fait enclore par M. de la Pommeraye. — 8 février, adjudication du privilège de la boucherie de carême. — 24 septembre, on autorise l'achat de 36 muids de sel pour l'approvisionnement de la franchise de la ville. — 15 décembre, on s'opposera à la perception des droits d'octrois municipaux dans les fauxbourgs.

1ᵉʳ janvier 1779, réception des comptes de l'hôpital; nomination de trésoriers. — 4 janvier, on autorise l'enregistrement du congé d'un fourrier d'infanterie admis à l'hôtel des Invalides. — 17 janvier, adjudication du privilège de la boucherie de carême.— 15 mars, déclaration des marchands de saline. — 22 mars, enregistrement du brevet de major délivré à Charles Desparts. Texte du brevet. — 26 avril, on sollicitera pour les propriétaires des maisons bâties sur le mur de contrescarpe l'autorisation de reconstruire lesd. maisons avec des saillies solides et régulières. — 15 sept., on ordonne le dépôt aux archives d'un plan et devis dressé par M. Rolland, ingénieur, auxquels les propriétaires des maisons bâties sur la contrescarpe seront tenus de se conformer. Les plan et devis ont été déposés au greffe du bailliage. Texte du projet d'alignement pour les maisons bâties sur le mur de contrescarpe du côté du quai Sainte-Catherine.

1ᵉʳ janvier 1780, réception des comptes de l'hôpital ; nomination de trésoriers. — 16 janvier, adjudication du privilège exclusif de vendre de la viande pendant le carême, tant en cette ville qu'en la parroisse de Saint-Thomas de Touque et autres lieux ressortissans du bailliage. — 10 février, délibération générale qui autorise la ville d'intervenir dans le procès concernant les droits municipaux dans les écarts de la ville. On suppliera le directeur général des finances de permettre que la ville se rachète desd. droits par forme d'abonnement. — 15 mars, déclaration des marchands de saline. — 17 mars, on interviendra dans le procès pendant en parlement au sujet du terrain enclos par M. de la Pommeraye. — 11 juillet, on s'opposera à la clôture du terrain qui est devant le principal portail de l'église Notre-Dame; dans le cas où ledit terrain appartiendrait en propriété à ladite paroisse Notre-Dame il serait payé à la fabrique telle indemnité qui sera jugée convenable. — 7 août, délibération générale qui accorde à François-Paul-Pierre Motard, capitaine de navire, l'exemption de guet et garde, de logement des gens de guerre et de capitation, au sujet du combat qu'il a soutenu en vue d'Ostende, contre la frégate anglaise l'*Apollon*. Texte d'une lettre de M. de Sartine : « J'ay vu avec plaisir cette délibération qui fait autant d'honneur à la ville d'Honfleur qu'à celui qui en est l'objet. » — 20 nov., enregistrement du brevet de lieutenant de frégate accordé à François Motard. Texte du brevet.

1er janvier 1781, réception des comptes de l'hôpital; nomination de trésoriers. — 8 janvier, enregistrement des provisions portant nomination de M. de Valencay à la charge de gouverneur. Texte desd. provisions. — 28 janvier, adjudication du privilège de la boucherie de carême. — 9 mars, pour délibérer sur la nécessité de détruire l'hôtel du gouvernement, les jardins et bâtiments pour faire un quai de halage. Lettre originale de M. Tassin de Villepion annexée au registre. — 12 mars, renvoi de l'adjudication du privilège exclusif de l'enlèvement des boues. — 15 mars, déclaration des marchands de saline. — 25 mai, délibération par laquelle la communauté « convaincue de la probité, capacité et du zèle de M. Auzoux » l'a nommé député de la ville, à Paris, au lieu et place de feu M. Deshayes. — 30 juillet, réception des comptes des octrois des années 1763-1774. — 8 oct., réception de Claude Liestout des Londes en qualité d'échevin. Texte du brevet accordé aud. Liestout.

1er janvier 1782, réception des comptes de l'hôpital ; nomination de trésoriers. — 13 janvier, renvoi de l'adjudication de la boucherte de carême. — 20 janvier, adjudication de ladite boucherie. — 15 mars, déclaration des marchands de saline. — 22 juillet, on annonce que l'intendant des ponts-et-chaussées a donné l'ordre d'ouvrir la route d'Honfleur à Pont l'Evêque par la vallée vis à vis le port conformément au projet dressé par M. Chambry, ingénieur. — 8 octobre, on sollicitera l'acquisition de 25 à 30 pieds de terrain de chaque côté de la route dans la vallée de Saint-Nicol, aux fins d'y faire planter quatre rangs d'ormes pour former un cours ou promenade dans la longueur d'environ cinq cents toises, et à acquérir les terrains nécessaires pour former une grande place où les jeuues gens puissent jouer et s'accoutumer aux exercices du corps. — 5 novembre, invitation aux propriétaires des maisons de la Haute Rue à faire de suite des réparations pour éviter la chute des murs et maisons.

1er janvier 1783, réception des comptes de l'hôpital ; nomination de trésoriers. — 9 février, adjudication de la boucherie de carême. — 10 février, tiercément de la boucherie de carême. — 15 mars, déclaration des marchands de saline. — 5 avril, on décide d'acquérir de Robert Dupont, marchand, 817 toises de terrain dans la vallée de Saint-Nicol à raison de 50 sols la toise. Autres cessions de terrains, au même lieu, par Jean-Baptiste-Philippe Auber et Jean Laisné. — 15 avril, cessions de terrain au même lieu, par Michel-Benjamin Grenguet, Jacques Gallois, Germain Cazier, Marie Fouesnare, Louis-Thomas Hurel. — 18 avril, cessions de terrain, au même lieu, par Jacques Vaquet, procureur du roi, Jacques-Augustin Lion. — 19 décembre, ordonnance prescrivant des réjouissances pour le rétablissement de la paix. Texte de l'ordonnance (imprimé). Lettre originale du duc d'Harcourt annexée au registre. — 24 décembre, nomination de M. de Saint-Seine en qualité de député de la ville : il sollicitera la suppression de l'octroi ; l'autorisation de faire un emprunt ; une imposition ou taxe pour remplacer le droit d'octroi. On suppliera M. de Crosne d'accorder son portrait à la ville et de le placer dans la salle de l'hôtel-de-ville.

1er janvier 1784, réception des comptes de l'hôpital ; nomination de trésoriers. — 1er février, adjudication du privilége exclusif de la boucherie de carême. — 4 mai, pour délibérer sur l'établissement d'une école sous la direction des Frères des Ecoles chrétiennes. Une personne qui veut rester ignorée quant à présent est disposée à donner à la ville une maison et jardin pour servir audit établissement et en outre la somme de 3,000 livres. L'assemblée autorise le maire à faire rédiger pardevant notaire le projet dudit établissement et sur l'avis qu'un habitant aurait aussi le dessein de donner une maison, en la paroisse Saint-Léonard, pour servir d'école aux Frères, on autorise les officiers municipaux à s'entendre avec le donateur. — 7 août, on décide l'ouverture d'une rue pour faire participer les rues des Buttes et Bavole à l'ouverture de la grande route : la valeur des terrains à acquérir est de 3,763 livres l'arpent. On sollicitera la suppression des douze directeurs électifs de l'hôpital chargés de faire chaque mois dans la ville une quête au profit des pauvres, les administrateurs-nés dudit hôpital étant. assez nombreux pour conduire ses affaires. — 6 décembre, enregistrement des lettres d'honneur accordées par le Roi à Jacques de la Salle, contrôleur au grenier à sel, « pour les services qu'il a rendues au public depuis près de trente-quatre ans dans son dit office. » Texte desdites lettres d'honneur et d'un arrêt de la cour des Aides.

1er janvier 1785, réception des comptes de l'hôpital ; nomination de trésoriers. — 9 janvier, adjudication de la boucherie de carême. — 10 janvier, tiercement de ladite adjudication. — 13 juillet, pour délibérer sur l'abandon fait à la ville de l'hôtel et du jardin du gouverneur et du « boullevart qui est au-dessus de la porte de Caen sur lequel existait le corps de garde de la milice bourgeoise ». On approuve les dispositions pour cet abandon et l'engagement de payer 1,400 livres par an au gouverneur tant pour indemnité de logement que pour le droit de chaîne. On décide que pour reconnaître les services essentiels rendus à la ville par M. de Chambry, ingénieur, on lui offrira une boîte en or d'une valeur de 1,600 livres. — 28 novembre, lecture d'une lettre donnant avis de la mort du duc d'Orléans. On ordonne qu'un service solennel sera fait dans l'église Sainte-Catherine avec toute la pompe convenable. Texte de la lettre.

1er janvier 1786, réception des comptes de l'hôpital ; nomination de trésoriers. — 16 janvier, on ordonne l'enregistrement du résultat du conseil du duc d'Orléans, concernant la cession des bâtiments qui servaient de logement aux gouverneur et lieutenant de roi. Texte dudit acte. — 18 janvier, délibération qui admet le sieur Pierre-Jean Duperron, fils, aux fonctions de receveur de la ville conjointement avec son père. — 5 février, adjudication de la boucherie de carême. — 11 février, adjudication définitive. — 15 mars, délibération qui nomme Jean-César Famin, négociant, pour député de la ville « aux fins de faire toutes les démarches nécessaires à l'obtention du privilège d'entrepôt. » — 31 mars, pour délibérer sur l'état de la cale de carénage. Il sera établi un ponton pour abatre les navires en carène. — 28 juin, délibération concernant le passage du roi Louis XVI. — 7 août, on autorise les poursuites pendantes entre les régisseurs des droits de gabelle et un de leurs préposés ; le paiement du loyer de la maison, située rue Boudin, destinée à servir de classes pour les jeunes gens qui apprennent le latin sous l'enseignement de M. Normand, prêtre. — 11 octobre, on décide que les officiers municipaux feront toute diligence pour faire ouvrir deux nouvelles rues. On plantera d'ormes le cours nouvellement ouvert. On suppliera le duc d'Orléans que le premier arbre du cours soit planté au nom de S. A. S. — 20 novembre, procès-verbal de ce qui s'est passé à l'occasion de la plantation du premier arbre du cours d'Orléans : « ce jourd'huy lundy, deux heures après midy, 20e jour de novembre 1786, en l'hôtel de M. de la Croix de Saint-Michel, maire de la ville d'Honfleur, où était présent messire Jérôme-Joseph Geoffroy de Limon, chevalier, seigneur de Drubec, Drumare, Blonville, Aiguillon, Crèvecœur, Thillard et autres lieux, conseiller du roi en ses conseils et aux conseils de monseigneur le duc d'Orléans, contrôleur général des finances de S. A. S.... Les officiers municipaux désirant remplir le vœu de tous les habitants exprimé par leur délibération générale du 11 octobre dernier prirent la liberté d'adresser au conseil de S. A. S. Monseigneur le duc d'Orléans une expédition de cette délibération et de supplier le prince de consentir à ce que le premier arbre du cours fut planté cette année au nom de S. A. S. par telle personne qu'elle jugeroit à propos de nommer et à ce que ce cours fut nommé *cours d'Orléans* et fût un monument qui transmis à la postérité la vénération et le profond respect des habitants pour S. A. S.... M. de Limon sans considérer la difficulté des chemins ny la rigueur de la saison s'est rendu en cette ville cejourd'hui sur les onze heures du matin précédé et suivy d'un nombreux cortège composé de plusieurs officiers de la maîtrise des eaux et forêts, des officiers et cavaliers de maréchaussée et des gardes de la forêt du prince, tous à cheval et l'épée à la main, et est descendu au bruit du canon chez M. de la Croix, maire, où après avoir reçu le vin d'honneur qui lui a été présenté par le corps municipal et les visites des différents corps de la ville, il s'est rendu à pied, suivy du même cortège, et accompagné des officiers municipaux et du baillage, tous en habit de cérémonie, de M. le Pelletier de la Pelleterie, procureur domanial de S. A. S. Monseigneur le duc d'Orléans pour son domaine d'Auge, de MM. les curés de Saint-Etienne et de Sainte-Catherine, de Notre-Dame et de Saint-Léonard, de M. Le Chevallier, subdélégué de M. l'Intendant au département d'Honfleur, de M. Cachin, ingénieur du roy, de M. Lion, procureur du roy de l'amirauté de cette ville, de tous les négocians de la place, et d'un nombre considérable de personnes de distinction, sur la grande route de cette ville à Pont-l'Evêque où étoit assemblé un peuple immense, et étant parvenu à l'entrée du cours, à droite, il lui a été présenté le premier arbre qu'il a bien voulu tenir jusqu'au moment où les racines ayent été couvertes. A cet instant il a été fait une descharge de la batterie de vingt-un canons qui avoit été établie sur cette grande route, toutes les cloches de la ville ont sonné en vollée et le peuple par ses cris et ses acclamations a donné des preuves de la satisfaction la plus vive que lui causoit un évènement aussi glorieux pour la ville, et pour en perpétuer la mémoire à la postérité il a été élevé à côté de cet arbre un poteau portant les armes du prince avec cet inscription : *Cours d'Orléans.* »

1er janvier 1787, réception des comptes de l'hôpital; nomination de trésoriers. — 2 janvier, ordonnance qui nomme deux trieurs de morue. — 8 janvier, réception d'un trieur de morue. — 14 janvier, première adjudication de la boucherie de carême. — 15 janvier, adjudication définitive de la boucherie de carême. Registre incomplet de deux feuillets.

110. *Délibérations* (1787-1790). — 11 avril 1787, on

décide que la ville, avec l'agrément du marquis de Valençay, gouverneur, ayant repris la possession des boucheries il sera accordé une pension viagère de 150 livres au sieur Corbel, dernier concierge de l'hôtel du gouvernement qui jouissait comme ses prédécesseurs de certains droits sur les étaux des boucheries. — 27 septembre, on autorise l'aliénation par bail emphytéotique la partie de l'emplacement où était situé le corps de garde de la bourgeoisie, à la porte de Caen, l'autre partie du même terrain sera employé à des usages publics.

1er janvier 1788, réception des comptes de l'hôpital et nominations de trésoriers. — 13, 14, 15, 16 et 19 janvier, adjudication de la boucherie de carême et renvoi après tiercement et triplement. Adjudication définitive. — 6 mars, la ville ayant accepté les donations des sieurs Lefebvre et Paulmier, prêtres, les officiers municipaux sont autorisés à faire construire un bâtiment destiné à servir d'école, d'employer à la construction les 8,000 livres données par Lefebvre, les 1,038 liv. provenant des quêtes et d'emprunter 8,000 liv. — 7 mars, enregistrement du brevet portant nomination de Jean-Baptiste Voisard au titre d'horloger du duc d'Orléans, à Honfleur. — 28 avril, installation de Picquefeu de Bermon à la place d'échevin en remplacement de Jacques Duhault, avocat. Texte du brevet. — 18 août, au sujet de l'usage de se servir de la place du puits pour le dépôt des bois de construction. — Adjudication des différentes places, édifices, petits bâtiments et étaux à usage de boucherie.

1er janvier 1789, réception des comptes de l'hôpital ; nomination de trésoriers. — 8, 9, 14 février, adjudication de la boucherie de carême. — 16 février, on ordonne l'enregistrement d'une décision du conseil du duc d'Orléans concernant l'élection des officiers municipaux. — 17 février, on consent à l'exécution de ladite décision en ce qui concerne ladite élection mais on formule des réserves au sujet des autres dispositions tendant à anéantir les droits et privilèges de la ville. — 20 février, contestations entre Henri-Thomas Quillet de Fourneville, lieutenant au bailliage, et Michel de la Croix, maire, au sujet de leurs droits respectifs de présider les assemblées générales. — 21 février, les officiers municipaux se réunissent par sommation d'huissier pour nommer quatorze notables. — 24 février, réunion des notables des différents corps et communautés pour procéder à l'élection du maire et des échevins. — 18 février, lecture d'une ordonnance du Roi portant expresse défense aux officiers du bailliage de convoquer ni présider aucune assemblée générale ni de troubler en aucune manière les officiers municipaux. Texte de l'ordonnance et de la lettre d'envoi. — 2 mars, différents habitants des trois ordres se présentent pour prendre communication de l'ordonnance du 19 février. Lecture de ladite ordonnance. Ont signé : Poterat de Saint-Sever; Berthelot, prêtre; Le Mercier du Veneur; des Clozest, juge; Le Bourgoys, avocat; Chevalier, chirurgien; Flahaut, chirurgien; Pierre Le Lièvre, capitaine de navire. — 22 mars, on ordonne la lecture de la lettre du Roi convoquant les Etats généraux; la réunion des corporations des arts et métiers pour choisir huit députés, « et vu qu'en cette ville les différents corps de magistrature : avocats, médecins, chirurgiens, notaires, négociants, armateurs, sont composés d'un trop petit nombre de membres pour former des députations particulières, lesdits corps seront invités à nommer deux députés par cent individus. — 26 mars, cent douze habitants, ne tenant à aucune corporation, nomment quatre députés pour les représenter à l'assemblée du jour suivant : Pierre-Jacob Testu, Nicolas-Louis-Guillaume Coudre-Lacoudrais, Pierre-Paul Le Lièvre. — 27 mars, les représentants des différentes corporations, corps et communautés s'occupent de la rédaction de leur cahier de doléances, et de suite ont élu et choisi pour député : Michel de la Croix de Saint-Michel, maire; Picquefeu de Bermon, échevin; Nicolas

Louis-Guillaume Coudre-Lacoudrais; Bruneaux, négociant; Victorin Rigoult; Jacques Le Carpentier; Nicolas Lion de Saint-Thibault; Guillaume-Noël Mallet, notaire, afin de porter devant le lieutenant général au bailliage le cahier de doléances. — 31 mars, on nomme députés : Pierre-Jacob Testu et Amand Premord, au lieu et place de Victorin Rigoult et Guillaume-Noël Mallet « qui ne pourront se joindre à la députation. » — 8 avril, touchant la nomination de députés aux Etats généraux. Les différents corps de magistrature ayant prétendu qu'ils devraient nommer leurs députés séparément ont adressé leurs représentations à M. de Barentin, garde des sceaux. Mais le corps municipal ayant été informé de cette démarche a cru devoir de son côté faire à ce ministre ses très-respectueuses observations. Lecture de la lettre du garde des sceaux qui approuve la conduite des officiers municipaux. Texte de ladite lettre. — 18 juillet, on décide que « vu les circonstances extraordinaires, le besoin urgent du peuple, les besoins de la classe indigente qui sont parvenus à un point qui exige un prompt secours, les dangers de la fermentation qui peut tout faire craindre, » la communauté tiendra compte aux boulangers de l'indemnité convenable pour procurer la diminution du pain. — 23 juillet, le bureau de la ville assemblé considérant les différents désordres déjà arrivés, le danger des émeutes populaires et les représentations des notables bourgeois de la nécessité de pourvoir à la tranquillité et à l'approvisionnement de la ville, on ordonne que tous les bourgeois depuis l'âge de 18 ans jusqu'à 70 ans prendront les armes et feront eux-mêmes un service régulier. — 8 août, sur le rapport que des gens mal intentionnés refusent le payement des droits du Roi et des octrois de ville, considérant que ces mêmes gens ont cherché à troubler la perception et que de tels excès sont criminels, le corps municipal défend de troubler le commis chargé de la perception, de s'attrouper, soit dans l'intérieur, soit à l'extérieur de la ville, et il décide que la force sera repoussée par la force. — 22 août, délibération touchant la création d'une onzième compagnie bourgeoise et fixant les limites du service des patrouilles. On décide en outre que les capitaines, seconds capitaines, le major et l'aide-major, conjointement avec les officiers municipaux, sous la présidence du maire, continueront de former, sous le nom de Comité national, un bureau qui s'assemblera tous les jours pour délibérer sur le service militaire et la sûreté publique. — 11 septembre, la bourgeoisie composant la milice paraissant désirer que leurs officiers soient élus au scrutin on convoque les compagnies bourgeoises pour procéder aux élections. — 2 octobre, on ordonne la publication des arrêts concernant la libre circulation des grains. — 14 novembre, procès-verbal constatant qu'après avoir fait battre la générale pour assembler la garde nationale, les officiers municipaux, accompagnés du secrétaire greffier et de trois archers de la maréchaussée à cheval, ont fait déployer le drapeau rouge sur la place d'Armes et fait lire à haute voix la loi martiale du 22 octobre; que suivis de la garde nationale ils ont fait halte dans tous les carrefours et ont fait la même lecture. — 23 novembre, en exécution des lettres patentes du Roi portant sanction d'un décret de l'Assemblée nationale sur la réformation de quelques points de jurisprudence criminelle sont nommés cinq bourgeois pour adjoints parmi les notables.

1er janvier 1790, réception des comptes de l'hôpital; nomination de trésoriers. — 2 janvier, Antoine Vesque, prêtre, ancien curé de la paroisse de Saint-François d'Herbigny, titulaire de la chapelle Saint-Nicolas de Corneuil, diocèse d'Evreux, donne déclaration des biens et revenus de ce bénéfice. — 18 janvier, le P. Firmin, gardien des Capucins, donne sa déclaration des biens et effets appartenants à la communauté. — 24, 25, 31 janvier, adjudication de la boucherie de carême. — 3 février, convocation des habitants pour l'élection des membres de la municipalité. Tout citoyen payant la valeur de 3 liv. et au-dessus en imposition directe sera considéré comme électeur. Tout citoyen payant en impôt direct la valeur de dix livres et au-dessus sera éligible. La ville est divisée en trois sections : la première tiendra ses séances en l'église Saint-Léonard ; la seconde en l'église Notre-Dame ; la troisième en l'église Sainte-Catherine. — 4 février, Jean-Baptiste d'Albiac, titulaire de la chapelle régulière de Saint-Nicolas du Val-de-Claire, donne sa déclaration des biens et revenus de ladite chapelle. — 18, 19, 20, 21, 22, 23, 24 et 25 février, élection des officiers municipaux. 411 votants prennent part au premier tour de scrutin ; 374 votants aux second et troisième tours. Sont élus : maire, Michel de la Croix ; officiers municipaux, Maharu, Picquefeu de Bermon, Lacoudrais, aîné, Mallet, notaire, Causmans, commissaire de marine, Letorey, marchand de vin, Le Testu, négociant, Renoult, marchand drapier ; élu procureur de la commune, Le Carpentier-Bruneaux, négociant ; plus dix-huit notables. — 27 février déclaration des biens et revenus appartenants au bénéfice des paroisses de Saint-Etienne et Sainte-Catherine ; de Notre-Dame et de Saint-Léonard ; de la chapelle Saint-Clair. Même jour, réception et examen des comptes du receveur pour les années 1783-1789. — 28 février, les officiers municipaux accompagnés des présidents des trois sections assemblés, sur la place d'Armes, se réunissent au milieu de la garde nationale sous les armes. Ils prononcent le serment « de maintenir de tout leur pouvoir la constitution du royaume, d'être fidèles à la Nation, à la Loy et au Roy et de bien remplir leurs fonctions. » Des cris d'allégresse prouvent la satisfaction du peuple. On tire le canon et un *Te Deum* est chanté en actions de grâce de la séance du Roi à l'Assemblée Nationale et de son adhésion à la Constitution.

SÉRIE CC.

Comptabilité. — Comptes des deniers.

Carton n° 13.

(11 cahiers papier).

1581-1583. — Comptes des deniers communs, rendus par Antoine Lemonnier. « C'est le compte de la recepte et mise faicte par honorable homme Anthoine Lemonnyer des denyers communs et d'octroy appartenantz aux bourgoys et habitantz de la ville de Honnefleu à eulx donnez et octroyez par la maiesté du Roy notre sire pour estre employez aux repparations. fortiffications, » etc. — Recette totale, 4,088 liv. 11 s. 10 d. — Dépenses : maçonnerie du havre-neuf commencé à faire; ouverture d'un canal ou rigole « le long de la jetée de par l'amont, du costé de l'est, vys à vys de la chaisne barrant l'entrée dudit havre » ; réparations aux murailles, au quai devant la Tour Carrée, au houlevard de la porte de Caen. aux degrés de l'hôtel commun ; aux rues et carrefours ; construction « d'ung esseau et éventel dedens ung vieil mur sepparant les fosseez de lentour de la ville au devant du nof du moullin de Mme la duchesse de Longueville et d'Estouteville pour plus facilement faire que les bares coureussent pour servyr d'ayde à la vidange des vazes » ; reconstruction d'une portion de muraille de l'enclos « vys à vys et à l'endroit du carrefour de devant la croix de l'église Saincte Catherine joignant et contigue une tourelle estant auxd. murailles appellée la Cave ou le fort Fleury » ; reconstruction « du pont levys de devant les deux boullevertz de la grande porte » ; construction d'une barre ou écluse « au derrière et vys à vys du pont levys de la porte de Caen affin de faire des rétentions d'eau aux fossez de ladite ville » ; gages des officiers : à Jacques de Moy, seigneur de Pierrecourt, vice-amiral de France, gouverneur, 175 liv,; à Guillaume Hurel, contrôleur des deniers, 27 liv. 11 s. ; à Pierre Gonnyer, procureur-sindic, 25 liv.; à Pierre Saffrey, greffier, 12 liv. 10 s.; à Jehan Decquetot, sergent, 6 liv. 5 s.; à Guillaume Lefebvre dit Morainville, pour clore, fermer et ouvrir les portes, 37 liv. 10 s.; à Guillaume Anquetil, serrurier, pour avoir entretenu et fait sonner la grosse horloge, 15 liv.; à Melchior Faveril, pour avoir nettoyé les rues, 8 liv. 15 s.; à Guillaume Durenys pour avoir fait courir les barres, 12 liv. 10 s.; à Pantallyon Malleys, armurier, pour avoir fourbi, nettoyé, entretenu les armes estant dans la maison du roi, 100 s. Total des dépenses : 5,190 liv.

1582-1583. — Comptes des deniers communs rendus par Jean Laisney, pour trois quartiers de l'année 1582 et pour toute l'année 1583. — Recette totale, 5,712 liv. 10 s. 7 d. — Dépenses concernant : les réparations aux murailles proche la tour de la Chauguette autrement dite la loge Fleury ; les travaux aux quais, aux écluses, au canal ou rigole commencé au pont de Fiquefleur, « afin de faire venyr et tomber lad. rivière de Ficquefleu et l'eaue du moullin de Bailleul dedens la rivière du lieu de Sainct-Saulveur; les gages des officiers et serviteurs de la ville ; « payé au gardien de l'hospital, 8 écus 20 s. et donné une robbe de drap pers merchée au devant et dereyère ensemble sur les manches de grandes croix blanches pour démontrer au peuple que led. gardien visitoit et fréquentoit aux lieux et maisons estantz pestiffereez. » Dépense totale, 8,432 liv. 16 s. 6 d.

1582-1583. — Comptes des deniers patrimoniaux rendus

par Jean Laisney. — Recettes pour l'année 1583 : la ferme sur les vins, 277 liv.; la ferme sur les menus boires, 183 liv.; la ferme de la grande boucherie, 118 liv.; la ferme sur les poissons verts, secs et salés, 403 liv.; la ferme des petits étaux, 28 liv.; la cave du boulevard hors la porte de Caen, louée 22 sols ; les deux, trois et quatriesme ouvreurs (?) hors le boulevard de la grande porte, adjugés 22 liv.; la cave près du moulin de l'enclos, 20 s.; les vins et vinages des fermes, 46 liv. 9 s.; la chambre étant sur les petits étaux, louée 20 s. — Recette totale, pour trois quartiers de l'année 1582 et pour l'année 1583, 3,258 liv. 14 s. 9 d. — Dépenses concernant : les gages des officiers ; le vin clairet distribué aux officiers les jours et fêtes de la Toussaint, Noël, les Rois, Pâques, Jour de l'An ; le service dit et célébré en l'église paroissiale de Notre-Dame pour et à l'intention de feu monseigneur le duc de Montpensier ; la dépense de bouche qui se fait en la maison des receveurs par les officiers et bourgeois en procédant à l'audition des comptes, etc. Dépense totale, 845 liv. t.

1584. — Comptes des deniers communs, rendus par Jacques Vion. — Recette totale, 1,369 écus 15 s. — Dépenses concernant : le remboursement de deniers avancés par le receveur, 906 écus; les travaux au quai de la Tour Frileuse, au canal de la rivière de Fiquefleur, à la halle de la grande boucherie, au corps de garde proche la grosse tour, aux écluses, aux murailles. Travaux d'entretien « à l'entrée et embouchure du havre de l'enclos ayant esté besoing mettre nombre de pionniers pour faire ouverture d'une basture qui s'estoit formée le long et travers de la jectée contynuant jusques à la Tour Carrée, affin que les navires grandz et petitz voullantz y venir peussent entrer pour charger leurs marchandises. » Les pionniers sont payés à raison de 6, 7, 8 et 12 sols par jour. Pour avoir faict ung batardeau devers l'entrée et embouchement des havres dudit lieu de Honnefleur, ayant de long huict toises et viz à viz de la jectée de par d'amont affin de remettre l'eau des rivièresde Ficquefleur et Sainct Sauveur ensemble l'eaue des bares de devant icelle entrée et embouchemeut », 12 écus. « Pour avoir travaillé à coupper avec des besches et pelles plusieurs buttes et couldes de vazes et sables que les flotz, marées et verhaules avoient apporté à l'embouchement, rigolle et canal des havres de lad. ville depuis l'an passé 1583, tellement que aulcuns navires tant grands que petitz venantde la mer ne mesme les passagers passans de ce lieu au Havre-de-Grâce et coste du nort n'avoient moien d'entrer ny sortir desd. havres si lesd. buttes et couldes n'eussent esté couppez pour rendre l'embouchement fort parfond et droict. » Les travaux se continuent pendant les mois de juillet, août et septembre ; la dépense monte à sept vingt six écus 18 sols y compris la confection des bâtardeaux. — Travaux à la fontaine bouillante ; à la ruelle d'entre la maison de Jean Rebut et la maison Pierre Thurry ; à la rue Saint Léonard pour trouver et remettre en son plein cours l'eau de la fontaine de l'enclos ; aux quais et murailles du havre-neuf. Gages des officiers : une note marginale fait défensede porter en compte, à l'avenir, les gages de M. de Pierrecourt, gouverneur ; à Guillaume Hurel, contrôleur des deniers, 34 écus 15 s. 3 d.; à Pierre Gonnyer, procureur sindic, 6 écus 40 s.; à Charles Saffrey, greffier, 3 écus 20 s., etc. Deniers payés à cause de la peste : à Jehan Harenc, licencié en médecine, choisi pour médicamenter les malades de la contagion, 10 écus pour une année de ses gages à Estienne Dallifard, « esleu et nommé garde de l'hospital pour recepvoir les bourgeois qui pourroient tomber à la contagion de peste, les visiter, tenir ladite maison nette, faire les fosses, porter les corps morts en terre, porter des vivres aux mallades, » 8 écus 20 sols par an. La dépense totale est de 2,462 écus 59 s. 9 d.

1584. — Comptes des deniers patrimoniaux rendus par

Jacques Vion. — Recette totale, 3,159 liv. 11 s. 11 d. — Dépenses concernant : « à Mᵉ Pierres Gonnyer, procureur-sindic, la somme de 112 livres 16 sols tournois pour le rembourser de pareille somme qu'il avoict payée et déboursée pour cause d'ung oyseau perrocquet présenté par les habitantz et bourgeoys de Honnefleu à monseigneur le duc de Jouyeuse, pair et admiral et France, lieutenant général pour le Roy en Normendye, lors de son arrivée en ce lieu, mesmes pour le poelle de taffetas à luy présenté pour recepvoir et honorer sa venue que mesmes pour le vin de la ville à luy présenté et à aultres seigneurs estantz de sa suitte et conseil. » — Dépense totale, 475 liv. 5 s. 6 d.

1585. — Comptes des deniers communs, rendus par Adam Pepin. — Recette totale, 1,375 écus 50 s. 9 d. — Dépenses concernant : le remboursement à Louis de la Chandre, capitaine en la marine de France, bourgeois demeurant à Honfleur, de la somme de 20 écus payée et avancée par lui pour l'obtention des lettres de suppression de l'état et office de receveur des deniers communs obtenu en titre d'office par Mᵉ Thomas le Cavelier, et pour avoir fait incorporer au corps et communauté de la ville ledit état ; les réparations aux quais depuis la Roque pisseuse jusques à la grande jetée, aux fontaines, au fossé devant la rue de la Chaussée, aux bastions et aux murailles ; l'installation de 39 pièces d'artillerie ; le remontage d'arquebuses ; l'achat de munitions ; le transport sur les murailles « de gros gaux de mer pour jecter du hault en bas le cas advenant ; » le transport hors de l'enclos du moulin à eau ; les personnes qui ont assemblé les bourgeois sujets à faire la garde ordonnée par le sieur de Carrouges. — Dépense totale, 2,494 écus 48 s. 5 d.

1585. — Double des comptes précédents.

1586. — Comptes des deniers communs rendus par Valleren du Bosc. — Recette totale, 1,372 écus 59 s. 8 d. — Dépenses concernant : la maçonnerie à faire à la maison et moulin en construction près l'ancien abreuvoir dans l'étang et vivier de Mme de Longueville et d'Estouteville ; les répations aux jetées, à la muraille au droit et vis à vis d'une fausse porte étant près la Tour frileuse, laquelle fausse porte sera bouchée de bon bloc et mortier pour éviter que aucuns en eussent connaissance et que nuitamment on y mit le feu pour entrer en la ville. — Dépenses concernant les travaux au cours des rivières de Fiquefleur et de Saint-Sauveur, « mesmes aux rives des petites rivières, sources et ruisseaux provenans des costes et montagnes du long et dessus du bourg et village de la Rivière dudict lieu de Honnefleu, et le tout ensemble remis dans leur antien cours de ladicte ville commençant depuis les vazes de la mer à l'endroict et vis à vis du coing des maisons de la Dalbonne ». —Dépense concernant les ouvrages « à faire une place dedans les terres du havre neuf au droict et vis à vis et au dessoubs du chemin d'icelluy du costé du jardin et tenement d'Estienne Le Blanc à raison que aucuns charpentiers et maistres de navires ne pouvoient trouver aucun lieu pour édiffier navires, à cause que les places où l'on avoit auparavant accoustumé en bastir estoient occuppez de maisons et cloz de murs apartenans aux habitans et les autres ruinez par l'impétuosité de la mer. » — Dépenses concernant : les anneaux et le bacul de la cloche de la grosse tour de la ville, « à cause que les personnes qui sont posez en garde et sentinelle à ladicte tour sonnent et tintent à chaque heure de la nuict ladicte cloche pour respondre à celle du corps de garde de dessus la porte de Caen pour réveiller et donner advertissement aux autres sentinelles posez sur les murailles de ladicte ville et aux corps de garde des faulxbourgs d'icelle. » — Dépenses concernant : un voyage fait à Paris par Pierre Gonnier, sindic des bourgeois, pour obtenir la prolongation du don des octrois, « auquel il auroit vacqué estant de cheval accompagné d'ung homme de pied. » — Dépense totale, 2,320 écus, 23 s. 2 d.

1587. — Comptes des deniers communs rendus par Martin Le Lou. — Recette totale, 1,133 écus 45 s. — Dépenses concernant : les dégradations et démolitions survenues aux quais, boulevards et jetées ; la construction de chambres communes au dessous du pavillon et maisons des écluses du havre neuf, « afin que le peuple et autres passants ayllent auxdites chambres pour y rendre leurs infections naturelles sans les mettre le long des rues et carrefourgs;» l'achat d'une horloge ; les gages des officiers. — Dépense totale, 2,599 écus 22 s. 1 d.

1588. — Comptes des deniers communs rendus par Guillaume Gy. — Recette totale, 1.128 écus 13 s. 4 d. — Dépenses concernant les réparations et fortifications : « à plusieurs personnes nommez et déclarez en certain roolle en parchemin signé et arresté par lesdits sieur gouverneur et eschevins de ladite ville, la somme de 28 escuz 43 sols 4 deniers à eux ordonnée par Guédon de Mouchy, chevallier de l'ordre du roy, gentilhomme ordinaire de sa chambre, lieutenant de la compagnie d'hommes d'armes du comte de Sainct-Pol et lieutenant pour Sa dite Maiesté audit lieu de Honnefleur, y ayant esté envoyé par Sa dite Maiesté pour conserver et fortifier ladite ville pour évister qu'elle ne fust prinse des ennemys de Sa dite Maiesté, suyvant commission donnée à Rouen le premier juillet mil v^e quatre vingtz huict dont extrait prins sur le registre de l'hostel commung est cy rendu, et de l'ordonnance du dit sieur de Mouchy et eschevins signée de leurs mains le 20e de juillet 1588, pour avoir par eulx baillé des facynes, mannes, fustailles et plusieurs autres choses nécessaires pour faire des terraces et petits fortz avec des baricades aux lieux et places des rues et advenues des faulxbourgs de ladite ville que sur le quay du havre-neuf d'icelle pour mieux soustenir et résister contre les venues et effortz de plusieurs compaignyes de gens de guerre estans logez le long du rivage de la mer et aux paroisses circonvoisines de ladite ville, qu'on disoit estre ennemys de Sa Maiesté, qui voulloient et continuellement de jour en jour entrer et surprendre lesdits fauxbourgs et enclos d'icelle ville ; et pour avoir par les personnes nommez en ce dit roolle baillé de la planche, pièce de bois, ferraille, clou, clouterye, employez par des charpentiers et autres manouvriers pour boucher et clore les ruettes de la grand'rue du faulxbourg de Saincte-Catherine avec les quays de plusieurs maisons tombez en ruyne où l'on a peu passer aysément.... et aussy pour avoir reffect par lesdits charpentiers les portes de l'advenue de l'hospital qui estoient tombez en décadence affin de les clore et fermer comme il estoit accoustumé faire en temps de guerre pour mieux résister et soustenir l'alarme que on peut donner par lesdits lieux et mesme pour esviter que aucunes personnes tant de pied que de cheval n'eussent moien de passer par ladite porte non plus que par lesdits quays et advenues ; avec plusieurs voiages faictz tant par mer que par terre, etc. » — Dépenses concernant : les ouvrages faits aux forts et boulevards des rues de l'Homme-de-Bois, de La Bucaille, du Puits, de la Seraine, etc. — Paiement à des mariniers pour deux voyages faits dans une barque et avoir porté des paquets à M. de Serquigny, capitaine du château de Tancarville; pour un autre voyage pour faire venir la recrue de la compagnie du sieur de Montz, lieutenant pour le Roi en la ville de Honfleur. — Autres dépenses pour munitions mises en magasin : 6 mousquets avec leurs fourchettes, au prix de 4 écus 10 s. la pièce; 6 bandoulières fournies de 12 charges chacune, à raison de 40 s. la pièce; 40 liv. de poudre grève à 22 s. 6 d. la livre ; 50 brasses de mèches à mousquet, à 12 d. la brasse ; un cent de grosse poudre à canon, à 12 s. la livre; 100 brasses de mèche à arquebuse; 100 liv. de plomb en balles ; une douzaine de grenades de bronze ;

un demi cent de piques en fer, etc.— Autres dépenses : pour couvrir de maroquin noir huit chaires étant en la maison de ville ; pour travaux d'entretien à la ruelle Sainte-Barbe, à la plate forme du boulevard de la Rocque, aux barrières des rues du Puits et des Buttes « pour esviter que aulcuns gens à cheval n'eussent le moien d'entrer aux faulxbourgs » aux bavolles des portes de la ville ; à la rue Saint Antoine ; à la ruelle venant de la rue de l'Homme-de-Bois à la Grand-Rue ; « à Robert Mouchel, canonnier, pour son sallaire à cause de son estat de canonnier de s'estre tenu en lad. ville tant de jour que de nuit sans en partir... 6 écus 20 s. par an, du bruit qui estoit lors par le pays des estrangers qui voulloient venir en la Normandye, et pour lequel bruit avoit esté faict mettre des canons et menues pièces d'artyllerie sur les murailles, tours et quay de l'encloz de lad. ville pour la deffence de la place et pour esviter aux surprises et s'en ayder le cas offrant. » — Dépense totale, 1,339 écus, 3 s. 4 d.

1588. — Double des comptes prècédents.

CARTON N° 14.

(13 cahiers papier).

1589. —Comptes des deniers communs, rendus par Guillaume Varin. — Recette totale, 1,129 écus, 27 s. 3 d. — Dépenses concernant : le pavage ; les réparations des murailles, des ravelins de la Tour Carrée, du moulin à bras étant dans la Tour-Carrée ; les mandements envoyés aux paroisses sujettes au guet. Autres dépenses concernant : la démolition d'un navire espagnol ; la construction de guérites, la construction de neuf barrières et palissades aux rues et avenues du faubourg Saint-Léonard, d'autres barrières aux quatre ruelles de la grande rue Sainte-Catherine, de deux barrières à la rue du Puits et à la rue de Hobelin, d'un affût de canon, d'une barrière à la rue Bruslée ; les ouvrages de fortification exécutés aux remparts et aux boulevards. Dépense totale, 340 écus 50 s. 6 d. — En marge de ces comptes à l'article ouvrages et réparations tant ordinaires qu'extraordinaires on lit l'annotation suivante : « pour cette partie et l'ensuivante rapporté les actes de délibération sur ce faites en l'hostel commun de lad. ville, les proclamations et adjudications au rabais contenant les devis desd. ouvrages, visitation des experts, le thoisage, ordonnances des échevins et quittance ainsi qu'il est dict au texte. Touttefois appert que le lieutenant de Pierrecourt tenant le party des rebelles a commandé en lad. ville depuis la Pentecotte jusques 14ᵉ de juing qu'elle auroit esté remise en l'obéissance du Roy et du depuis reprinse par lesd. ennemis le 10ᵉ d'aoust ensuivant, le tout en l'année de ce compte, durant laquelle soubz l'authorité desdits ennemis la pluspart desd. ouvrages et repparations auroient esté faictes, partant soict ordonné : Attendu que lad. ville n'estoit en l'obéissance du Roy et que lesd. eschevins pour lors n'avoient quallité ny pouvoir d'ordonner ceste partie et l'ensuivante, ensemble toutes celles par eux ordonnez depuis le 15ᵉ jour de febvrier audit an jusques 14ᵉ jour de juing ensuivant sont raiez purement et à recouvrer tant sur lesdicts eschevins ordonnateurs que sur ceulx qui ont signé lesd. ordonnances. De l'ordonnance de la Chambre. »

1589. — Comptes des deniers patrimoniaux, rendus par Guillaume Varin. — Recette totale, 723 écus 10 s. 10 d. — Dépenses : pour le voyage de huit bourgeois « lesquels avoient esté délesguez pour aller trouver monseigneur le duc de Montpensier, lieutenant général pour le Roy en ce pays, qui était pour lors en la ville de Caen. » — « De l'ordonnance desd. officiers dabtée du 21ᵉ jour de juing 1589, contenant comme le comptable avoict payé à noble homme Jehan Dareez, cappitaine des gardes de monseigneur le duc de Montpensier et de son chasteau de Toucque, lors commandant soubz son autorité et puissance au gouvernement dudict Honnefleu, la somme de 216 escus ung tiers qui lui avoient esté advancez des denyers de lad. ville pour payer soixante soldats arquebouziers lors tenant garnison en ceste dicte ville avec promesse qu'il avoict faite d'iceulx rendre et restituer. » — Dépense totale, 748 écus.

1590. — Comptes des deniers communs, rendus par Richard Guillebert. — Recette totale y compris la somme de 4648 écus 20 s. « à laquelle les bourgeoys, manantz et habitantz dud. lieu de Honnefleur ont esté cottisez et taxez par forme de prest à lad. ville en attendant que le revenu d'icelle peut estre mis en valleur, 1,031 écus 25 s. 6 d. — Dépenses concernant : les réparations et les fortifications ; l'envoi de mandements aux 70 paroisses sujettes au guet pour faire venir les paroissiens d'icelles au pionnage ; le transport en poste de paquets aux gouverneurs de Lisieux, de Pont-Audemer et de Caen, au premier président étant à Caen ; les publications des commandements du Roi et du duc de Montpensier ; les feux de joie à l'occasion de la bataille gagnée par S. M.; les ouvrages faits à la Basse rue étant sur la mer et à la rue de la Geôle ; l'achat de munitions ; le salaire des canonniers, etc. — Dépense totale, 1,067 écus 51 s. 8 d.

1590. — Comptes des deniers patrimoniaux, rendus par Richard Guillebert. — Recette totale, 140 écus 23 s. 7 d. — Dépenses concernant les gages des échevins : le prédicateur de Carême ; le prédicateur de l'Avent ; l'achat de 7 pots de vin distribués aux officiers de la ville le jour et fête de Saint-Martin ; la récompense payée à Jean Gorge, marinier, et à son équipage « pour l'advertissement que led. Gorge avoict faict aux habitantz de l'entreprise et conspiration que le gouverneur et aultres estants au Havre-de-Grâce tenantz le party contraire de Sa Maiesté avoient sur la place dudit Honnefleu » ; les frais faits chez Thomas Fresbert, hôtellier, par le sieur de Bourgeauville et autres de sa compagnie venus à

Honfleur pour la conservation de cette ville ; la dépense de bouche « acoustumée estre payée par les recepveurs lorsque la révision de leurs comptes se faict. » — Dépense totale, 124 écus 12 s. 8 d.

1591. — Compte des deniers communs, rendus par Sylvestre Patin. — Recette totale, 518 écus 40 s. 2 d. — Dépenses concernant : la construction d'une barre ou écluse dans une chambre et voûte de pierre des murailles; l'ouverture d'une rigolle jusqu'au cours de la Seine; le paiement fait « au tambour du capitaine La Sablonnière pour avoir battu la caisse et fait des bans affin de faire aller le peuple de la ville travailler à la rigolle et. tranchée » ; les réparations aux murailles, aux boulevards, à la grande porte, aux ponts. — Dépense totale, 596 écus 43 s. 8 d.

1591. — Comptes des deniers patrimoniaux, rendus par Silvestre Patin. — Recette totale, 93 écus 42 s. 7 d. — Dépenses concernant : les gages de quatre échevins, 6 écus 40 s.; le prédicateur de Carême ; le vin distribué aux officiers de la ville le jour et fête de Pâques ; la dépense de bouche faite par les officiers et bourgeois de la ville en procédant à l'audition de ce présent compte, 10 écus. — Dépense totale, 49 écus 37 s. 6 d.

1592. — Comptes des deniers communs, rendus par Silvestre Patin. — Recette totale, 1,138 écus 13 s. — Dépenses concernant : les fontaines ; le pavage du quai de l'enclos ; la plateforme et bâtardeau devant l'écluse d'entre les deux jetées ; l'entretien de la grande rigolle faite dedans les bancs ; les fortifications, etc. — Dépense totale, 1,383 écus 50 s.

1592. — Comptes des deniers patrimoniaux, rendus par Silvestre Patin. — Recette totale, 173 écus 56 s. 5 d. — Dépense totale, 55 écus 15 s. 6 d.

1593. — Comptes des deniers communs, rendus par Jean Villou. — Recette totale, 1,638 écus 38 s. 11 d. — Dépenses concernant : l'entretien du canal ; la construction d'un quai au lieu où était le moulin de l'enclos; les réparations aux portes, ponts, murailles et bastions ; l'achat d'une bourse de cuir pour mettre les clefs de la ville; l'achat de plomb pour faire des méreaux et les bailler aux bourgeois, etc.—Dépense totale, 1,835 écus 14 s. 2 d.

1593-1594.— Comptes des deniers patrimoniaux rendus par Jean Villou. — Recette totale, 193 écus 50 s. 8 d. — Dépenses concernant : les gages des échevins, du sergent de la capitainerie, du prédicateur de Carême; l'achat d'une barrique de vin d'Orléans pour être distribuée aux officiers les jours et fêtes de Noël et des Rois; les réparations au charpentage, couverture, plâtrage, ferraille, vitres, ferraille, vitres, serrures, meubles, etc., faites aux maisons de l'enclos de la ville par ordre du commandeur de Crillon ; la démolition d'un fort de terre bâti par le sieur de Villars sur la grande jetée. — Dépense totale, 390 écus 5 s. 8 den.

1594. — Comptes des deniers patrimoniaux, rendus par Guillaume Saffrey pour le temps de six mois. — Recette totale, 934 écus 10 s. 7 d., y compris 300 écus d'or versés par dix-sept bourgeois pour les réparations de la Tour Ronde et de l'hôtel commun ruinés lors de la réduction de la ville.— Dépenses concernant : la reconstruction de l'hôtel-de-ville brisé et ruiné par le canon ; les réparations des brèches de la Tour Ronde et des bastions; l'obtention des lettres de prolongation des octrois ; les gages des officiers. — Dépense totale, 1228 écus 26 s. 10 d.

1595. — Comptes des deniers communs, rendus par Guillaume Saffrey. — Recette totale, 1,287 écus 20 s. — Dépenses concernant : les réparations et fortifications à la Tour Ronde, avoir refait les trois cheminées des trois étages, augmenté l'épaisseur de la muraille qui aura neuf pieds de roi, rebâti au haut d'icelle tour une voûte de pierre, rétabli un parapet de pierre de taille avec des canonnières et avec cinq ou six machicoulis et corbeaux pour voir et découvrir au pied de la tour, « qui avoit esté abattue â coups de canon lors que monseigneur de Montpensier avoit rendu la ville à l'obéissance du Roy »; la construction de deux ponts-levis pour clore la porte de Rouen, « d'aultant que ceulx qui estoient lors de la réduction de lad. ville avoient esté rompus de coups de canon »; les gages des officiers. — Dépense totale, 769 écus 7 s. 2 d.

1595. — Double des comptes précédents.

Carton n° 15. *(19 cahiers papier).*

1596. — Comptes des deniers communs, rendus par Guillaume Saffrey. — Recette totale, 1,284 écus 6 d. — Dépenses concernant: la réparation du bastion de la Chaussée; la construction d'une casemate entre le bastion et la grande écluse; les gages des officiers. — Dépense totale, 750 écus 29 s. 6 d.

1596. — Double des comptes précédents.

1597. — Comptes des deniers communs, rendus pas Nicolas Le Duc. — Recette totale, 1.289 écus 5 s. — Dépenses concernant : le bastion commencé dedans le fossé de la ville devant la Chaussée; les gages des officiers.— Dépense totale, 957 écus 50 s.

1597. — Double des comptes précédents.

1597. — Comptes des deniers patrimoniaux, rendus par Nicolas Le Duc. — Recette totale, 206 écus 40 s. — Dépenses : à Pierre Troussel, pour une année de ses gages d'avocat de la ville, 3 écus 20 s.; à Guillaume Hurel, licencié ès droits, contrôleur des deniers, 5 écus 6 d.; à Guillame Morin, Louis Otton, Jean Hobey, Jacques Guérard. échevins, la somme de 6 écus 40 s. pour l'année de leurs gages d'avoir exercé ladite charge d'échevins. — Dépense totale, 94 écus 48 sols.

1597. — Double des comptes précédents.

1598. — Comptes des deniers communs, rendue par Nicolas Le Duc. — Recette totale, 1,190 ecus 55 sols 3 den. — Dépenses concernant : le remboursement de 500 écus fait à Guillaume Varin, écuyer, sieur de Saint-Quentin; les réparations aux corps de garde, à la chaîne qui ferme l'entrée du port, au bastion de derrière la maison Chaudet, aux serrures des portes auxquelles sont mises des clefs à la raison du changement du gouvernement de ladite place, aux armoiries du Roi étant dans la chambre et salle de l'hôtel commun; la construction d'un pavillon, d'un logement et d'une guérite sur les murailles proche de la porte de Caen ; les ouvrages « à reffaire de neuf une ruine et plusieurs bresches qui étoient au parapet des murailles du costé de la mer estant depuis la Tour Ronde jusques à l'hostel-de-ville, lesquelles bresches et ruines avoient esté faictes par le canon du seigneur duc de Montpensier lorsqu'il avoict réduit ladicte ville en l'obéissance du Roy au mois de juing 1594 »; les travaux « à vuider les terres qui estoient au passage du pont et poterne de la porte de Caen qui avoit esté remplie et sur icelle faict ung grand boullevert qui avoit bouché le passage de la jectée du suest, ce pendant en ladite ville le sieur commandeur de Crillon lors rebelle à S. M., lequel bouchement portoit grand préjudice »; la reconstruction du petit pont qui avoit été rompu par le commandeur de Crillon pour faire des sorties de ladite ville étant assiégé ; les réparations à la Tour Carrée dont le comble avait été rompu par le canon, aux deux ponts qui sont sur l'étang qui servent à passer du faubourg de Saint-Léonard aux faubourgs de Sainte-Catherine et sans l'usage desquels lesdits faubourgs seraient inaccessibles à la charge. — Dépense totale 1551 écus 46 s. 6 d.

1598. — Double des comptes précédents.

1598. — Autres comptes des deniers communs, dons et octrois. Cahier incomplet.

1598. — Comptes des deniers patrimoniaux, rendus par

Nicolas Le Duc. — Recette totale, 290 écus 3 s. 1 d. — Dépense totale, 351 écus 44 s.

1599. — Comptes des deniers communs, rendus par Yves Patin. — Recette totale, 1178 écus 40 s. 3 d. — Dépense totale, 1386 écus 36 s. 1 d.

1599. — Double des comptes précédents.

1599. — Comptes des deniers patrimoniaux rendus par Yves Patin.

1600. — Comptes des deniers communs, rendus par Jacques Lion. — Recette totale, 1179 écus 53 s. 3 d. — Dépense totale, 1346 écus 4 s. 6 d.

1600. — Double des comptes précédents.

1601. — Comptes des deniers communs, rendus par Jacques Guérard l'aîné. — Recette totale, 1256 écus 50 s. — Dépenses concernant : le remboursement du prêt fait par les bourgeois en l'année 1590 pour subvenir aux pionniers qui travaillaient aux fortifications; d'un autre prêt fait en l'année 1594 pour réparer les brèches de la Tour Ronde; les réparations aux murailles et au corps de garde; les feux de joie pour la naissance du Dauphin, etc. — Dépense totale, 1147 écus 42 s. 9 d.

1601. — Double des comptes précédents.

1601. — Extrait des comptes des deniers communs.

1601. — Comptes des deniers patrimoniaux, rendus par Jacques Guérard. — Recette totale, 263 écus 12 s. — Dépense totale, 301 écus 32 s. 6 d.

CARTON N° 16. *(22 cahiers papier)*.

1602. — Comptes des deniers communs rendus par Guillaume Morin, bourgeois. — Recette totale, 3773 liv. 2 s. 6 d. — Dépenses concernant : la couverture de la Tour Carrée; le quai des passagers; le pavage des rues; les gages des officiers, etc. — Dépense totale, 3806 liv. 8 s. 6 d.

1602. — Double des comptes précédents.

1602. — Comptes des deniers patrimoniaux, rendus par Guillaume Morin. — Recette totale 669 liv. — Dépense totale, 521 liv.

1603. — Comptes des deniers communs, rendus par Jean Hobey. — Recette totale, 3794 liv. 6 s. 9 d. — Dépenses concernant : la réparation d'une tranchée faite par dessus le courant de l'écluse passant le travers de la muraille du havre de l'enclos suivant l'ordre du sieur de Crillon occupant la ville contre le service de S. M.; la reconstruction des chambres communes ruinées « par les orages et tempestes des guerres civiles ». — « Met aussy en mise icelluy comptable la somme de 768 liv. 14 s. par luy déboursez et payez comptant *à cause de la venue de Sa Majesté à ladicte ville du dict Honnefleur le jeudi vingtiesme jour du mois de septembre mil six centz et trois.*—Dépense totale, 4654 liv. 12 s. 7 d.

1603. — Double des comptes précédents.

1603. — Autres comptes des deniers communs, rendus par Jean Hobey. — Recette totale, 4167 liv. 4 s. 9 d. — — Dépense totale, 4749 liv. 3 s. 7 d.

1603. — Comptes des deniers patrimoniaux, rendus par Jean Hobey. — Recette totale, 742 liv. 7 s. — Dépense totale, 532 liv. 17 s. 2 d.

1604. — Comptes des deniers communs, rendus par Louis Otton. — Reeette totale, 3902 liv. 16 s. 3 d. — Dépense totale, 4317 liv. 11 s. 6 d.

1604. — Double des comptes précédents.

1604. — Autres comptes des deniers communs, rendus par Louis Otton. — Recette totale, 3902 liv. 16 s. 3 d. — Dépense totale, 4439 liv. 4 s.

1605. — Comptes des deniers communs, rendus par Thomas Blanvillain. — Recette totale, 3901 liv. 4 s. 9 d. — Dépenses concernant : la construction d'un canal et bâtardeau « à cause que le courant de la rivière de Saine qui, le passé, donnoit contre les murailles, et jecteez a depuis sept ou huict ans pris son cours du costé du nort, à raison de quoy un banc et grand amas de vases s'est fait depuis l'hospital voir jusques au delà de l'abbaye de Notre-Dame-de-Grestain distante de deulx lieues, en plus tellement que le canal et courant des bares prenant du boult de la jectée du hâvre aux passagers donnant en travers dudict banc jusques à la basse eau ne pouvant à cause de la distance estre entretenu en un cours par le moien desd. barres s'estoit rendu tellement oblicque et tortu tendant vers le costé du nort que les navires, basteaux et chalouppes tant de ce lieu de Honnefleur que d'ailleurs, allantz et venantz, apportantz et remportantz ordinairement des marchandises n'avoient moien de tenir le dict canal ny passer par dessus lesd. terres et poulliers soit de morte eau ou grande mer... le besoing est en toutte dilligence faire ung aultre canal tirant le long des quais de la Haulte Rue, de la largeur de perche et demie sur telle haulteur qui conviendra, depuis la teste de la jecttée de par d'amont et de là continuer à droicte ligne jusques à la basse eau proche dud. hospital, et que affin de destourner ledict courant ainsy tortu besoing estre faict ung bastardeau en ung coulde estant droict à droict de la maison apartenant à Me Jehan de Conty, conseiller du roi au bailliage et siège présidial de Caudebec, de longueur de 200 pieds et de 12 pieds de largeur. » Le travail est adjugé par 4780 livres — Dépense totale, 5377 liv. 12 s. 7 d.

1605. — Double des comptes précédents.

1605. — Autres comptes des deniers communs, rendus par Thomas Blanvillain. — Recette totale, 3901 liv. 4 s. 9 d. — Dépense totale, 5548 liv. 12 s. 6 d.

1605. — Comptes des deniers patrimoniaux, rendus par Thomas Blanvillain. — Recette totale, 792 liv. 3 d. — Dépense totale, 460 liv. 18 s. 9 d.

1606. — Comptes des deniers communs, rendus par Romain Delamare. — Recette totale, 3896 liv. 18 s. 2 d. — Dépense totale, 4700 liv. 15 s. 10 d.

1606. — Double des comptes précédents.

1606. — Double des comptes précédents.

1606. — Comptes des deniers patrimoniaux, rendus par Romain Delamare. — Recette totale, 941 liv. 12 s. 9 d. — Dépense totale, 799 liv. 9 d.

1607. — Comptes des deniers communs, rendus par Jean du Bosc. — Recette totale, 3978 liv. 14 s. 6 d. — Dépense totale, 4195 liv. 2 s. 4 d.

1607. — Double des comptes précédents.

1607. — Comptes des deniers patrimoniaux, rendus par Jean du Bosc — Recette totale, 1246 liv. 13 s. 6 d. — Dépense totale, 1195 liv. 9 s. 6 d.

1607. — Double des comptes précédents.

CARTON N° 17. — *(29 cahiers, papier)*.

1608. — Comptes des deniers communs, rendus par Nicolas Regnoult. — Recette totale, 3925 liv. 18 s. 6 d. — Dépenses concernant : la construction d'une écluse proche le bastion de la porte de Rouen, 400 liv.; les réparations nécessaires à la Tour Ronde, aux murailles; le courant et ouverture du canal fait en 1605; le rétablissement de neuf du premier pont servant à sortir de la porte de Rouen; les gages des officiers, etc. — Dépense totale, 3786 liv, 4 s. 9 d.

1608. — Double des comptes précédents.

1608. — Comptes des deniers patrimoniaux, rendus par Nicolas Regnoult. — Recette totale, 1317 liv. 12 s. 4 d. — Dépenses : « à Dominique Denys, docteur et professeur en théologie et prieur du couvent des Jacobins de la ville de Caen la somme de 76 livres tant pour sa peyne et sallaire que pour le sallaire des chevaux l'ayant reporté de ce dict lieu de Honnefleur en la dicte ville de Caen. » — « A nobles hommes Jacques et Guillaume ditz de Varin, frères, enffantz et héritiers de deffunct Guillaume de Varin, luy vivant escuyer, sieur de Sainct-Quentin, la somme de huict vingt-six livres tournoiz pour la vente et cession par eulx faicte au corps et communauté de lad. ville d'une portion de terre en jardin avec les murailles et arbres dessus estantz située et assise dans l'enclos de lad. ville de Honnefleur, suivant contrat passé le 21e de juillet 1608. » — Dépense totale, 1287 liv. 14 s. 9 d.

1608. — Double des comptes précédents.

1609. — Comptes des deniers communs, rendus par Jean Hobelin. — Recette totale, 4149 liv. 15 s. 5 d. — Dépense totale, 4781 liv. 5 s.

1609. — Comptes des deniers patrimoniaux, rendus par Jean Hobelin. — Recette totale, 1358 liv. 3 s. 6 d. — Dépenses pour l'achat fait à Paris de plusieurs armures « reposez au magasin de lad. ville de Honnefleur pour la conservation d'icelle, » 750 liv. — Dépense totale, 1266 liv. 13 s. 1 d.

1609. — Double des comptes précédents.

1610. — Comptes des deniers communs, rendus par Nicolas Eude. — Recette totale, 4166 liv. 8 s. 9 d. — Dépense totale, 4319 liv. 9 s. 11 d.

1610. — Double des comptes précédents.

1610. — Comptes des deniers patrimoniaux, rendus par Nicolas Eude sieur des Vallées. — Recette totale, 1175 liv. 12 s. 1 d. — Dépense totale, 958 liv. 4 s. 8 d.

1610. — Double des comptes précédents.

1610. — Autres comptes des deniers communs, rendus par Nicolas Eude, bourgeois demeurant dans l'enclos de la ville. — Recette totale, 4166 liv. 8 s. 9 d. — Dépense totale, 4226 liv. 3 s. 5 d.

1610. — Double des comptes précédents.

1611. — Comptes des deniers patrimoniaux, rendus par Jean Langlois. — Recette totale, 1014 liv. 11 s.

1611. — Double des comptes précédents.

1611. — Comptes des deniers communs, dons et octrois, rendus par Jacques Langlois pour luy et pour Jean et Yves dits Langlois, frères, enfants et héritiers de Jean Langlois, l'aîné. — Recette totale, 4152 liv. 10 s. 6 d. — Dépense totale, 4195 liv. 16 s. 3 d.

1611. — Double des comptes précédents.

1611. — Autres comptes des deniers communs, rendus par Jean Langlois.

1612. — Comptes des deniers patrimoniaux, rendus par Jacques Barbel.

1512. — Double des comptes précédents.

1612. — Comptes des deniers communs, dons et octrois, rendus par Jacques Barbel. — Recette totale, 19 liv. — Dépense totale, 4149 liv. 1 s. 3 d.

1612. — Double des comptes précédents.

1612. — Double des comptes précédents.

1613. — Comptes des deniers communs, dons et octrois, rendus par Michel du Bosc. — Recette totale, 4136 liv. 15 s. 6 d. — Dépense totale, 4174 liv. 10 s. 9 d.

1613. — Autres comptes des deniers communs, rendus par Michel du Bosc. — Recette totale, 4136 liv. 16 s. — Dépenses concernant : la reconstruction de la jetée du havre de dedans l'enclos de la ville, les gages des officiers, etc. — Dépense totale, 4136 liv. 16 s.

1613. — Double des comptes précédents.

1614. — Comptes des deniers patrimoniaux, rendus par Michel du Bosc. — Recette totale, 1788 liv. 5 s. 5 d.

1614. — Comptes des deniers communs, rendus par Michel du Bosc. — Recette totale, 4378 liv. 12 s. 9 d. — Dépense totale, 4378 liv. 12 s. 9 d.

1615. — Comptes des deniers communs, rendus par Olivier de Valsemé. — Recette totale, 4,380 liv. 9 s. 6 d. — Dépenses concernant : le pavage des rues, la porte de Rouen, l'entretien du canal, etc. — Dépense totale, 4364 liv. 3 s. 11 d.

CARTON N° 18. *(30 cahiers, papier).*

1615-1617. — Comptes des deniers communs, rendus par Olivier de Valsemé. — Recette totale, 13140 liv. 18 s. 11 d. — Dépense totale, 13604 liv. 4 s.

1617. — Comptes des deniers communs, rendus par Olivier de Valsemé. — Double. — Payé à Vincent Bernour maître maçon, 535 liv. pour réparations aux murailles ruinées « par les coups de canon tirez contre les tours, murailles et deffences de lad. ville lors de la dernière réduction d'icelle en l'obéissance de Sa Mté. »

1621. — Comptes des deniers communs, rendus par Jean Hobey. — Recette totale, 4378 liv. 13 s. 6 d. — Dépense totale, 4019 liv. 4 s. 7 d.

1621. — Comptes des deniers patrimoniaux, rendus par Jean Hobey. — Recette totale, 1236 liv. 0 s. 6 d. — Dépense totale, 1079 liv. 4 s. 6 d.

1622. — Comptes des deniers patrimoniaux, rendus par Jean Hobey, sieur de la Vallée. — Recette totale, 1047 liv. 13 s. — Dépense totale, 1016 liv. 15 s.

1623. — Comptes des deniers communs, rendus par Jean Hobey, sieur de la Vallée. — Recette totale, 4379 liv. 13 s. 6 d. — Dépense totale, 4045 liv. 10 s.

1623. — Comptes des deniers patrimoniaux, rendus par Jean Hobey, sieur de la Vallée. — Recette totale, 1105 liv. 6 s. 5 d. — Dépense totale, 1080 liv.

1624. — Comptes des deniers communs, rendus par Jacques Auber. — Recette totale, 4379 liv. 11 s. 8 d. — Dépenses concernant : les réparations aux quais, tours et murailles ; le curage du chenal ; les ouvrages d'entretien de la fontaine Dorenge, du bastion de la porte de Caen vers la mer, la rivière de Ficquefleur, la Tour Carrée, etc. — Dépense totale, 4733 liv. 2 s. 6 d.

1625. — Comptes des deniers communs, rendus par Jacques Auber. — Recette totale, 4381 liv. 16 s. 2 d. — Dépense concernant : les ouvrages et réparations au canal, aux bastions; la construction d'un pavillon sur la voûte de la porte et corps de garde de la porte de Rouen ; les réparations aux jetées, à l'affût d'un gros canon de fonte verte « qui estoit sur la terrasse proche de la Tour Ronde », aux vitres de plomb de la maison royale, à la couverture de la porte de Caen, à la muraille de la Tour Carrée, à la chaîne qui traverse le pont de la porte de Caen, à la porte de la sommellerie de la basse-cour, aux quais du havre-neuf, etc. — Dépense totale, 4805 liv. 4 s. 3 d.

1626. — Comptes des deniers communs, rendus par Jacques Auber. — Recette totale, 4462 liv. 7 s. 5 d. — Dépenses concernant : le curage et entretien du canal fait en 1605. — Dépense totale, 4138 liv. 8 s. 5 d.

1627. — Comptes des deniers communs, rendus par Jacques Auber. — Recette totale, 4318 liv. 12 s. 9 d. — Dépenses concernant : le curage et l'entretien du canal, les écluses, la maison royale, l'hôtel-de-ville, la rivière de Fiquefleur, la Tour Carrée, la fontaine bouillante, etc. — Dépense totale, 4430 liv. 2 s. 5 d.

1628. — Comptes des deniers communs, rendus par Jacques Auber. — Recette totale, 4319 liv. 0 s. 8 d. — Dépenses concernant : le curage et l'entretien du canal, les ouvrages de massonnerie faite à la jetée du havre, « au costé de la maison de Robert Fremont, » la construction d'un corps de garde, les réparations aux jetées, bastions, tours, portes, ponts, chaussées, le transport sur le rempart de quatre canons avec leurs affûts, l'achat de tonneaux et barriques remplis de terre et campés sur la contrescarpe, etc. — Dépense totale, 3477 liv. 16 s. 10 d.

1629. — Comptes des deniers communs, rendus par Jacques Auber. — Recette totale, 4787 liv. 9 s. 2 d. — Dépense totale, 5929 liv. 12 s. 4 d. — Dépenses concernant :

la construction d'un glacis et quai de pierres de taille faite proche du fort et plateforme anciennement construits au bas de la Haute Rue vers la mer, à cause que la grève avait été depuis trois ou quatre ans par la tempête de la mer totalement minée et le chemin royal tendant à Caen rendu inaccessible.

1630. — Comptes des deniers communs, rendus par Jacques Auber. — Recette totale, 4786 liv. 8 s. 2 d. — Dépense totale, 4008 liv. 2 s. 6 d.

1631. — Comptes des deniers communs, rendus par Jacques Auber. — Recette totale, 4,787 liv. 9 s. 2 d. — Dépense totale, 4790 liv. 8 s. 8 d.

1632. — Comptes des deniers communs, rendus par Jacques Auber. — Recette totale, 4764 liv. 5 s. 9 d.—Dépense totale, 4251 liv. 6 s. 10 d.

1633. — Comptes des deniers communs, rendus par Jacques Auber. — Recette totale, 4751 liv. 6 s. 3 d. — Dépenses concernant : l'entretien du canal, la construction d'un plancher en l'hôtel royal, les réparations aux quais, havres et jetées, à la plateforme de la Tour Carrée, aux tours, portes, guérites, pavillons, etc.— Dépense totale, 1235 liv. 8 s. 6 d.

1637-1640. — « Octrois du tarif de la ville de Honnefleur pour trois années. » Comptes rendus des deniers pris à rente par les échevins, habitants et communauté pour satisfaire au paiement de la somme de 30,000 liv. à quoi la ville a été taxée pour sa part de l'emprunt ordonné par le Roi être levé sur les villes franches, villes taillables ou qui paient la subvention, etc., pour subvenir à la nécessité des affaires de la guerre et entretenement des maisons royales. — Deniers pris à rente : de Guillaume Allais, demeurant à Paris, 7000 liv.; de Charles Houël, sieur de Berville, demeurant à Paris, 8,000 liv.; de Pierre Bourgeot, sieur des Hormeaulx, bourgeois de Honfleur, 350 liv.; de Pierre Sansson, sieur de la Fosse, 1050 liv.; de Jacques Campion, tanneur 350 liv.;

de Pierre du Bosc, sieur des Illes, 350 liv.; de Charles Jean, sieur du Perron, 560 liv.; de Jean le Cerf, sieur de la Charrière, 350 liv.; de Pierre Thierry, maître de navire, 350 liv.; de Daniel Gaultier, de Honfleur, 900 liv.; de Pierre Sansson sieur de la Fosse, ci devant nommé, 350 liv.; de Phillebert le Roux, échevin, 1840 liv.; d'Adam Estièvre, de Honfleur, 350 liv.; de François Andrieu sieur de la Fosse, 700 liv.; de Durand Patin, lieutenant général en la vicomté de Roncheville, 1400 liv.; du Trésor de l'église Saint-Léonard, 500 liv.; d'Etienne Le Lou, sieur de la Garde, bourgeois de Honfleur, 1400 liv. — Recettes à cause des octrois imposés sur les denrées et marchandises, 17,800 liv. — Deniers comptables payés pour la taxe de l'emprunt à David Danviray, receveur général des finances en la généralité de Rouen, 30,000 liv. — Frais de voyages faits pour essayer d'obtenir quelque modération de la taxe, 2055 liv. 8 s. — Deniers payés tant pour les arrérages de rentes que racquits d'aucunes d'icelles, 5,459 liv. 16 s, 10 d.

1638. — Comptes des deniers communs, rendus par Jacques Auber. — Recette totale, 5408 liv. 19 s. 6 d. — Dépense totale, 5771 liv. 18 s. 7 d.

1639. — Comptes des deniers communs, rendus par Jacques Auber. — Recette totale, 4622 liv. 17 s. 3 d. — Dépense totale, 3878 liv. 14 s.

1640. — Comptes des deniers communs, rendus par Jacques Auber. — Recette totale, 4625 liv. 15 s. — Dépense totale, 7994 liv. 13 s. 7 d.

1641. — Comptes des deniers communs, rendus par Jacques Auber. — Recette totale, 4636 liv. 5 s. — Dépense totale, 1960 liv. 8 s.

1641. — Double des comptes précédents.

1641-1643. — Compte particulier des octrois levés en la ville de Honfleur durant trois années pour le remboursement de l'argent pris à rente par les habitants. — Recette totale, 14,130 liv. — Dépense totale, 10,514 liv. 15 s. 6 d.

1642. — Comptes des deniers communs, rendus par Jacques Auber. — Recette totale, 4634 liv. 12 s. 4 d.—Dépense totale, 4005 liv. 11 s. 7 d.

1643. — Comptes des deniers communs, rendus par Jacques Auber. — Recette totale, 4619 liv. 14 s. 4 d. — Dépense totale, 5203 liv. 18 s. 1 d.

1643. — Double des comptes précédents.

1644. — Comptes des deniers communs, rendus par Jacques Auber. — Recette totale, 4157 liv. 17 s. 6 d. — Deniers payés au trésorier des parties casuelles pour le droit de confirmation deu à S. M. à cause de son avènement à la couronne, 2248 liv. — Autres deniers payés à cause des taxes ordonnées par le roi être faites sur la ville de Honfleur pour être déchargée du retranchement du quart de ses octrois, 2250 liv. — Dépense totale, 4989 liv. 17 s. 10 d.

1645. — Comptes des deniers communs, rendus par Jacques Auber. — Recette totale, 4152 liv. 12 s. 9 d. — Dépense totale, 3731 liv. 17 s. 2 d.

1645-1646. — Comptes des deniers patrimoniaux rendus par Jacques Auber. — Recette totale, 5123 liv. 15 s. — Dépenses concernant : le logement des soldats, 450 liv.; la confirmation des octrois, 1750 liv.; les épices de la chambre des Comptes, 205 liv. 8 s. 5 d.; le prédicateur de l'Avent, 18 liv.; les gages de l'horloger de la ville, 45 liv.; les torches des feux de joie de Rocroy, Gravelines et feux Saint-Jean, 6 liv.; la chapelle ardente du service de M. de Fours, gouverneur, 10 liv.

CARTON N° 19. (*60 cahiers papier*).

1644-1646. — Compte particulier du tarif et octrois levés en la ville de Honfleur durant trois années pour le remboursement de l'argent prêté à rente par les habitants, rendu par Olivier de Valsemé. — Recette totale, 18615 liv. 14 s. 6 d, Recette totale, 16442 liv. 3 s. 2 d.

1646. — Comptes des deniers communs, rendus par Jacques Auber. — Recette totale, 4171 liv. — Dépense totale, 4172 liv. 10 s. 1 d.

1646-1647. — Comptes des deniers patrimoniaux, rendus par Jacques Auber. — Recette totale de 4213 liv. 3 s. pour l'année 1646 et de 4582 liv. 8 s. pour l'année 1647. — Dépenses concernant : le prédicateur de l'Avent ; la gratification du fils de M. de Fours, 330 liv.; le bois fourni aux corps de garde ; la taxe des communautés, 1300 liv.; les gages de l'horloger et de l'hospitalier ; la gratification de M. de Gardane, 330 liv., etc. — Dépense totale de 4742 liv. 11 s. 3 d. pour l'année 1646 et de 4378 liv. 14 s. pour l'année 1647.

1647. — Comptes des deniers communs, rendus par Jacques Auber.—Recette totale, 3883 liv. 7 s. 4 d. — Dépense totale, 3619 liv. 16 s.

1647. — Double des comptes précédents.

1648. — Comptes des deniers communs, rendus par Jacques Auber. — Recette totale, 3868 liv. 13 s. 6 d.—Dépense totale, 1951 liv. 8 s. 4 d.

1648-1650. — Comptes des deniers patrimoniaux, rendus par Jacques Auber. — Recettes de l'année 1648, 4786 liv. 5 s. 6 d.; de l'année 1649, 4264 liv. 6 d.; de l'année 1650, 3995 liv. 15 s. — Dépenses de l'année 1648, 3513 liv. 16 s.; de l'année 1649, 3219 liv. 13 s. 6 d.; de l'année 1650, 4338 liv. 7 s. 9 d.

1649. — Comptes des deniers communs, rendus par Jacques Auber. — Recette totale, 3888 liv. 6 s. 4 d.— Dépense totale, 8130 liv. 15 s. 6 d.

1650. — Comptes des deniers communs, rendus par Jacques Auber. — Recette totale, 3012 liv. 12 s. — Dépense totale, 4986 liv. 1 s. 6 d.

1651. — Comptes des deniers communs, rendus par Jacques Auber. — Recette totale, 3014 liv. 9 s. 3 d.—Dépense totale, 3223 liv. 11 s. 9 d.

1649-1651. — Double des comptes précédents en un cahier.

1652. — Comptes des deniers communs, rendus par Jacques Auber. — Recette totale. 3024 liv. 4 s. 6 d.—Dépense totale, 3249 liv. 15 s. 9 d.

1653. — Comptes des deniers communs, rendus par Jacques Auber. — Recette totale, 3420 liv. 4 s. 9 d.—Dépenses à cause de la première moitié des octrois de la ville que S. M. a ordonné être portée à l'Espargne, 1650 liv. — Dépense totale, 3306 liv. 19 s. 1 d.

1654. — Comptes des deniers communs, rendus par Jacques Auber. — Recette totale, 3404 liv. 4 s. — Dépense totale, 4146 liv. 16 s. 11 d.

1653-1654.—Comptes des deniers patrimoniaux, rendus par Jacques Auber. — Recettes de 3712 liv. 13 s. pour l'année 1653; de 3693 liv. 5 s. pour l'année 1654. — Dépenses de 3703 liv. 5 s. pour l'année 1653 et de 3558 liv. 9 s. pour l'année 1654.

1655. — Comptes des deniers communs, rendus par Jacques Auber. — Recette totale, 3404 liv. 4 s. — Dépense totale, 1262 liv. 3 s. 11 d.

1655-1656. — Comptes des deniers patrimoniaux, rendus par Jacques Auber.

1656. —Comptes des deniers communs, rendus par Jacques Auber. — Recette totale, 3423 liv. 2 s. — Dépense totale, 2649 liv. 9 s. 2 d.

1657. — Comptes des deniers communs, rendus par Jacques Auber. — Recette totale, 3066 liv. 10 s. — Dépense totale, 3768 liv. 14 s.

1658. — Comptes des deniers communs, rendus par Jacques Auber le jeune. — Recette totale, 3031 liv. 10 s. — Dépense totale, 3408 liv. 19 s. 3 d.

1657-1659. — Comptes des deniers patrimoniaux, rendus par Jacques Auber le jeune.

1659. — Comptes des deniers communs, rendus par Jacques Auber le jeune. — Recette totale, 3037 liv. 7 s. 6 d. — Dépense totale, 2701 liv. 12 s. 3 d.

1660. — Comptes des deniers communs, rendus par les héritiers de Jean Moullin. — Recette totale, 3042 liv. 14 s. 6 d. — Dépense totale, 4882 liv. 9 s. 9 d.

1661. — Comptes des deniers communs, rendus par les héritiers de Jean Moullin. — Recette totale, 3295 liv. 3 s. 6 d. — Dépense totale, 3821 liv. 19 s. 9 d.

1661. — Double des comptes précédents.

1662-1663. — Comptes des deniers patrimoniaux, présentés par les héritiers de Jean Moullin, vus et examinés le 2 août 1667.

1662. — Comptes des deniers communs, rendus par les héritiers de Jean Moullin. — Recette totale, 3331 liv. 18 s. 6 d. — Dépense totale, 2164 liv. 7 s. 9 d.

1663. — Comptes des deniers communs, rendus par la veuve et les héritiers de Jean Moullin. — Recette totale, 3305 liv. 13 s. — Dépense totale, 3614 liv. 14 s. 6 d.

1664. — Comptes des deniers communs, rendus par la veuve et les héritiers de Jean Moullin. — Recette totale, 4305 liv. 13 s. — Dépense totale, 4582 liv. 8 s. 9 d.

1665. — Comptes des deniers communs, rendus par François Liestout. — Recette totale, 4272 liv. 3 s. — Dépenses concernant les réparations faites au pont de la porte Saint-Léonard; à la grande muraille qui ferme la maison du roi; aux appartements, salle de billard, chambre du gouverneur, chambre des pages, cuisine et écurie de la maison du roi; aux portes de la ville; à la maison du sieur de Brucourt, etc. — Dépense totale, 4817 liv. 12 s. 6 d.

1666. — Comptes des deniers communs, rendus par Louis Doublet. — Recette totale, 4266 liv. 16 s. — Dépenses concernant : la maison du roi, les fontaines, le pavage des rues, les magasins et portes de la ville, etc. — Dépense totale, 4372 liv. 7 s.

1667. — Comptes des deniers communs, rendus par Charles Otton. — Recette totale, 4406 liv. 16 s. 6 d. — Dépense totale, 4120 liv. 16 s. 3 d.

1667. — Comptes des deniers patrimoniaux, rendus par Charles Otton.

1668. — Comptes des deniers communs, rendus par Jacques Auber le jeune. — Recette totale, 4424 liv. 3 s. 6 d. — Dépense totale, 5031 liv. 10 s. 9 d.

1668. — Comptes des deniers patrimoniaux, rendus par Jacques Auber le jeune.

1669. — Comptes des deniers communs, rendus par André Goubard. — Recette totale, 4424 liv. 3 s. — Dépense totale, 5002 liv. 5 s. 9 d.

1669. — Comptes des deniers patrimoniaux, rendus par André Goubard.

1670. — Comptes des deniers communs, rendus par Hugues Morin. — Recette totale, 6212 liv. 6 d. — Dépense totale, 6706 liv. 16 9 d.

1370. — Comptes des deniers patrimoniaux, rendus par Hugues Morin.

1671. — Comptes des deniers communs, rendus par Jacques Auber l'aîné. — Recette totale, 6212 liv. 6 d. — Dépense totale, 6526 liv. 2 s. 3 d.

1671. — Comptes des deniers patrimoniaux, rendus par Jacques Auber. — Recette totale, 1588 liv. — Dépense totale, 1598 liv, 10 s.

1672. — Comptes des deniers communs, rendus par Louis Auber. — Recette totale, 7092 liv. 7 d. — Dépense totale, 7101 liv. 18 s. 9 d.

1673. — Comptes des deniers communs, rendus par Charles Barbel. — Recette totale, 7994 liv. 2 s. 6 d. —

Dépenses concernant : les écluses, le bassin, le logis du roi, les fontaines, le pont de la porte de Rouen, les jetées, les tours, magasins, portes et bastions, etc. — Dépense totale, 7521 liv. 8 s.

1674. — Comptes des deniers communs, rendus par Pierre Vata. — Recette totale, 7094 liv. 2 s. 6 d. — Dépenses concernant : les réparations au logis du roi, au petit quai, à la fontaine du presbytère Saint-Léonard et Notre-Dame, les tours, magasins et portes, les torches, poudres à canon pour feux de joie faits pour marques de la réjouissance des combats et victoires remportés sur les ennemis.—Dépense totale, 8114 liv. 16 s. 7 d.

1675. — Comptes des deniers communs, rendus par Pierre Vata. — Recette totale, 4074 liv. 2 s. — Dépense totale, 4770 liv. 6 s. 7 d.

1675. — Comptes des deniers patrimoniaux, rendus par Pierre Vata.

1676. — Comptes des deniers communs, rendus par Pierre Vata. — Recette totale, 2963 liv. 2 s. — Dépense totale, 2834 liv. 2 s. 10 d.

1677. — Comptes des deniers communs, rendus par Pierre Vata. — Recette totale 4434 liv. 3 s. — Dépense totale, 2988 liv. 12 s.

1677. — Comptes des deniers patrimoniaux, rendus par Pierre Vata.

1678. — Comptes des deniers communs, rendus par Pierre Vata. — Recette totale, 4461 liv. 8 s, 8 d. — Dépense totale, 4111 liv. 5 s. 7 d.

1678. — Comptes des deniers patrimoniaux, rendus par Rioult, échevin.

1679. — Comptes des deniers communs, rendus par Pierre Vata. — Recette totale, 4461 liv. 8 s. 8 d.—Dépense totale, 6396 liv. 12 s. 3 d.

1679. — Comptes des deniers patrimoniaux rendus par Pierre Vata.

1680 — Comptes des deniers communs, rendus par Pierre Vata. — Recette totale, 4452 liv. — Dépense totale, 4452 liv.

1683-1686. — Comptes des deniers communs, rendus par Pierre Vata. — Recette totale, 16092 liv. 6 s. 3 d. — Dépenses faites en conséquence des ordonnances du sieur de Marillac, commissaire départi pour l'exécution des ordres du Roi en la généralité de Rouen : « aux sieurs Le Cerf et Rioult, marchands bourgeois, la somme de 5515 liv. 2 s. 6 d. pour estre par eux distribuée sur les mandements du sieur de Marillac. » « A Me Charles Giffard, ancien échevin, préposé au recouvremont des sommes ordonnées par S. M. être délivrées pour la construction du bassin, la somme de 4689 liv. 17 s. 3 d. » — Autre dépense faite en conséquence de l'arrêt du Conseil du 2 mai 1682 qui liquide les dettes de la ville et qui règle la dépense à faire des octrois d'icelle, 141 liv. — Gages d'officiers suivant ledit arrêt, 3040 liv. 6 d. — Dépense totale, 16146 liv. 4 s. 9 d.

1687. — Comptes des deniers communs, patrimoniaux et d'octroi, rendus par Jean Haguelon. — Recette totale, 13545 liv. 4 s. 5 d. — Dépenses concernant : l'achat de deux tableaux représentant l'un un crucifix, l'autre le portrait du Roi, placés dans l'hôtel-de-ville, 55 liv.; les arrérages de rente, 5351 liv. 15 s. 10 d. — Dépense totale, 12296 liv. 9 s. 6 d.

1688. — Comptes des deniers communs, patrimoniaux, d'octroi et de tarif, rendus par Jean Haguelon. — Recette totale, 14,666 liv. — Dépense totale, 11569 liv. 6 s, 2 d.

1689. — Comptes des deniers communs, rendus par Jean Haguelon. — Recette totale, 12632 liv. 15 s. 6 d. — Dépenses à cause des droits de cire et bougies accordés par l'arrêt du 2 mai 1682 aux gouverneur, échevins, conseillers de ville et autres officiers de la communauté, 36 liv.— Gages d'officiers, 1289 liv. 6 d. — Autre dépense à cause des augmentations de gages attribués à aucuns officiers de l'hôtel-de-ville et gages de nouvelles attributions à plusieurs autres par arrêt du Conseil du 14 avril 1688, 2316 liv. — Dépenses concernant : la construction d'un pont de bois au bout de la rue de la Chaussée vers Saint-Léonard ; les présents offerts à M. de Chamillard, intendant, à M. de Louvigny, intendant de la marine et à plusieurs personnes de considération qui ont passé par la ville ; la visite du sieur Daubigny, inspecteur des ouvrages de la ville ; le logement du sieur Roger, ingénieur des ouvrages de la ville, 220 liv.; les arrérages de rentes, 1264 liv. 6 s. 9 d. — Cahier incomplet.

1690. — Extrait du compte-rendu de la chambre des Comptes à Rouen par Isaac Chauffer, conseiller du roi, receveur ancien des tailles de l'élection de Pont-l'Evêque, tarif, octrois et autres deniers de la ville de Honfleur, des deniers provenant de la taille de lad. élection et de ceux des tarif et octrois de lad. ville, suivant l'édit et déclaration de S. M. du mois de juillet 1689 [1]. — Recette totale, 36,787 liv. — Dépense totale, 36,760 liv.

[1] Portant suppression des offices de receveurs et contrôleurs des deniers communs, d'octrois et tarifs et leur remplacement par le receveur des tailles de chaque élection.

SÉRIE EE.

Marine.—Papiers des amirautés de Honfleur et de Touque.

AMIRAUTÉ DE HONFLEUR.

CONGÉS (20 *registres*. 1636-1719).

1636-1649, 1 registre de 150 feuillets. — Congés concédés pour Terre-Neuve, le Canada, l'île Saint-Christophe : à Pierre Robinet, Olivier Moulin, Jacob Andrieu, Antoine Le Cesne, Pierre Houzard, Antoine Richard de Vatteville, etc. — Congé concédé à François Pellerin, sieur de Beaulieu, de faire armer en guerre et marchandises le vaisseau nommé le *Saint-Nicolas*, du port de cent tonneaux, pour naviguer aux Indes orientales et occidentales « sy avant que la navigation pourra permettre. » — Copie d'une commission délivrée à M. d'Oysonville, chargé de visiter les places maritimes de Normandie. — Commission d'interprète des langues anglaise et flamande donnée à Pierre Le Cordier. — Copie des lettres de grâce accordées à Cardin Mahiel, natif de Cherbourg, condamné pour piraterie par les juges de l'amirauté de Honfleur. — Copie d'un arrêt du Conseil d'Etat qui ordonne que les paroisses sujettes au guet et garde des costes de la mer en la province de Normandie jouiront de l'exemption du logement des gens de guerre et de la contribution des étapes. — Congé « pour faire la guerre » concédé à François de Valsemé, capitaine du brigantin le *Saint-Nicolas*. — Copie de la commission délivrée à François Regnoult, en qualité d'huissier-audiencier. — Congé concédé à Thomas Jourdain, capitaine du navire l'*Espérance*, de 80 tonneaux, « pour aller aux Indes occidentales porter des passagers et faire traiste. » — Placet par lequel Claude de Lestoile sollicite l'autorisation d'établir le passage ordinaire pour vaisseaux et bateaux entre Honfleur et le Havre : « par ledit établissement on ne voudra que 2 sols pour personne, 5 sols pour bœuf, 4 sols pour vache, 1 sol pour chacun mouton ou brebis, 3 sols pour cheval, etc. — Extrait du registre du Conseil d'Etat qui ordonne d'informer sur les fins du placet de Claude de Lestoile. — Autre extrait des registres du Conseil d'Etat au sujet d'un nouveau placet tendant à obtenir aussi le passage pour Touque et la Rivière. — Congé concédé à Jean Lefebvre, de Honfleur, pour aller avec le navire nommé le *Saint-Louis*, de 140 tonneaux, tant à Tadoussac, Québec, dans le fleuve Saint-Laurent que dans l'Acadie et autres lieux du pays de la Nouvelle-France. — Congés pour le Canada, Terre-Neuve, Saint-Christophe. — Copie de l'arrêt du Conseil d'Etat qui ordonne que par les juges des amirautés du Havre et de Honfleur l'établissement des bateaux pour le passage sera fait aux conditions et droits qu'ils jugeront estre le plus utile au public : « Louis, par la grâce de Dieu, roy de France et de Navarre, aux juges de l'admirauté du Havre-de-Grâce et de Honfleur, salut. Suivant l'arrêt cy-attaché sous le contrescel de notre chancellerie cejourd'huy en nostre conseil sur la requeste à nous présentée par Claude de Lestoile et Théodore Ferey, Nous vous mandons et ordonnons procéder incontinent et sans délay à l'establissement desdits batteaux pour passer et repassèr les marchandises qui se transportent ordinairement desdits lieux du Havre-de-Grâce, Honfleur, Toucques et la Rivière aux conditions et droictz que vous jugerez estre le plus utile pour le public pour ce fait et rapporté en notre dit Conseil en estre expédié audit suppliant toutes lettres-patentes confirmatives dudit establissement, de ce faire Nous vous donnons pouvoir, commission et mandement spécial nonobstant oppositions ou appellations quelconques pour lesquelles ne sera par vous différé; commandons à nostre huissier ou sergent sur ce requis faire pour l'exécution de nostre dit arrest toutes significations, commandements, deffenses, actes et exploitz requis et nécessaires sans demander autre congé ou permission, car tel est nostre plaisir; et nonobstant aussi clameur de haro, chartre normande prins à parties et lettres à ce contraires. Donné à Paris le 18e jour de janvier, de nostre règne le 29e. Par le Roy, en son conseil. Signé, de Creil. » — Procuration donnée par Claude de Lestoile, demeurant à Paris rue des Noyers et Théodore Ferey demeurant au Petit-Luxembourg, à Philippe Herier pour percevoir pendant six ans les émoluments du passage. — Requête de Claude de Lestoile, écuyer, qui prie le lieutenant de l'amirauté de procéder à l'établissement du passage. — Sentence du lieutenant de l'amirauté du Havre autorisant Claude de Lestoile et Théodore Ferey à établir bureau sur les quais, à percevoir les droits fixés par arrêt et leur enjoignant de fournir le nombre suffisant de bateaux et chaloupes. — Copie d'un édit portant création des offices de vendeurs de poisson de mer frais, sec et salé. — Copie d'autres pièces concernant le même sujet. — Congé au sieur de Fours, capitaine de la ville et château de Honfleur, de faire armer en guerre le navire la *Madeleine* de 80 tonneaux, pour courir sus aux sujets du roy d'Espagne et autres ennemys de l'Estat, leur faire la guerre tant sur mer que sur terre, les prendre et emmener prisonniers. » — Copie d'un arrêt du Conseil d'Etat qui décharge les habitants de Honfleur des droits de vingt sols pour cent de morues, harengs et autres poissons de mer, etc. — Pièces concernant la nomination de François Le Cocq en qualité de procureur du roi en l'amirauté. — Copie d'un arrêt du Conseil d'Etat qui maintient Jacques Caresme, sieur de Beaulieu, en son office de vendeur de poisson mer frais. — Copie d'une lettre du Roi adressée à M. de Petit-Mont et portant ordre de veiller à la garde de la côte. — Copie d'une ordonnance pour la levée des matelots. — Congés pour Terre-Neuve ; pour armer en guerre et en course. — Commission, lettres de nomination et lettres de provision données à Laurent Ameline, avocat, en qualité de lieutenant de l'amirauté de Honfleur, office à lui résigné par Pierre Troussel, sieur de Mousseaulx. — Congés pour le Canada et Terre-Neuve. — Lettres de provision de Jean-Baptiste Auber à l'office de procureur du roi en l'amirauté. — Gervais Lévesque cède l'office de vendeur de poisson à Anne Le Vaillant, chevalier, capitaine d'une compagnie de chevau-légers. — Ordonnance qui permet à François du Guay, marchand à Rouen, de transporter en Angleterre des armes et des munitions. — Copie d'un arrêt du Conseil d'Etat concernant la réception d'Anne Le Vaillant, baron de Rebays, à l'office de priseur-vendeur de poisson frais. — Ordonnance relative à la levée des matelots. — Arrêt qui maintient à l'office de vendeur de poisson frais le baron de Rebays, lieutenant des gardes du corps de S. M. — Les 44 derniers feuillets du registre contiennent des expéditions de sentences judiciaires. — Nombre de congés délivrés : 217 pour Terre-Neuve et le Canada ; 4 pour les Indes ; 6 pour les Isles ; 7 pour la course.

1681-1688, 1 reg. de 303 feuillets. — Commission ou passeport à Pierre Duval, capitaine du navire le *Saint-Antoine*, d'aller aux îles d'Amérique, en celles de Cayenne, la Tortue et côtes de Saint-Domingue, à la charge de porter 12 fusils auxdites îles. — Congé accordé à Jacques de Bellemare pour aller faire la pêche des morues, « et ce faisant faire la guerre aux ennemis de l'Estat, à tous corsaires, pirates et gens sans aveu ». — Congé à David Pallier pour aller le long des côtes du Canada faire la pêche des morues, « à la charge de ne faire par luy ny par ceux de son équipage aucune traite ny eschange de pelleteries ès pays de la Nouvelle-France à peine de confiscation des vaisseaux et marchandises ». — Congé à Michel Martin pour la pêche des baleines au Groënland. — Congé à Jean Maret « d'aller à Angole, côte de Guinée, faire la traite des nègres et ensuitte en l'île de Cayenne et à la coste de Saint-Domingue, à condition qu'il ne pourra traiter des naigres en aucun autre endroit de la coste de Guinée qu'au dit Angole. »

1693-1694. — Armement en course des navires : l'*Etienne*, le *Charles*, de 200 tonneaux ; le *Saint-Paul* ; la *Joyeuse*, de 400 tonneaux.

1694-1698. — Armement en course des navires : la *Sainte-Clotilde*, capitaine Jacques Auber ; le *Henry* ; le *Lion* ; le *Harcourt*, de 500 tonneaux ; le *Saint-Nicolas* ; le *Saint-Jean-Baptiste* ; le *Saint-Raymont* ; le *Saint-Guillaume* ; la *Sainte-Françoise* ; les *Armes de Grancey* ; le *Pontchartrain*.

RAPPORTS DE MER. (18 *reg. ou cahiers*, 1665-1719).

1665-1667. « Registre des raports du greffe de l'admirauté de Honfle r et des environs. » — Déclarations : de Jacques Dieusy, Jean Boursier, Jacques Martel, Robert Le Gril et Gillet, mariniers d'Abbeville, Abraham Terry, de Dieppe, Geoffroy Pain, de Rouen, David Pallier, Thomas Goubard, Guillaume de la Bie, de Calais; Jacques Sanson, Charles Barbel, Pierre Pallier, Guillaume Cabot, abordés et pillés en mer par des navires anglais; d'Henry Peullevey qui a rencontré en mer, à 150 lieues du banc de Terre-Neuve une chaloupe ou se trouvaient trois nègres et un sauvage qui disaient venir de La Bermude; de Vincent Fouterel, Jacques Postel, Jean Varin, Jacques Sanson, pillés en mer par les Anglais; de plusieurs matelots qui ont aperçu au-dessous du port, le long de la Haute Rue, des gros poissons en forme de baleine ; de Gillebert Pape, qui a rapatrié plusieurs officiers prisonniers ; de Jacques Dieusy, arrêté en Irlande avec son équipage et retenu prisonnier. — Nombre des rapports enregistrés, 292.

1668-1670, 1 registre de 147 feuillets. — Rapports ou déclarations : de Michel Martin ayant perdu à la Martinique plusieurs matelots par maladie ; de Hélie Cazier ; de Jean Liébart ; de Pierre Mettifeu, Jean Roux, Martin Bled, Jean Roux, venant de Brouage avec les sels de la gabelle ; de Louis Dalbée, commissaire général de la marine aux iles de l'Amérique, de retour d'un voyage de traite pour la compagnie des Indes occidentales. — Nombre des rapports enregistrés, 412.

1674-1681, 1 registre de 394 feuillets. — Rapports ou déclarations : de Charles Giverville, écuyer, seigneur de Vasouy, au sujet d'une caisse de savons jetée sur le galet et qui lui appartient à droit de varech ; — de Joseph Harris, maître de barque, pillé par un capre d'Ostende vers le travers de Caen ; — des capitaines Pierre Pallier, Charles Postel, David Pallier, rencontrés par l'escadre de Hollande, pillés et faits prisonniers avec leurs équipages ; — de Jean Bérenger, capitaine du navire le *Chasseur* : séparé de son convoi par des navires hollandais il a continué sa route vers le Sénégal où il a embarqué 84 nègres ; — de Jean de Brèvedent, écuyer, capitaine garde-côte, au sujet de la prise à l'abordage d'un capre d'Ostende, par lui faite avec quelques matelots ; d'un maître de barque portant son « moullage » à Rouen ; il s'échoue sous Dives pour éviter d'être pris par un corsaire d'Ostende, l'équipage se rend à terre, revient avec des fusils et repousse les Hollandais qui s'efforçaient de mettre le feu au bateau ; — de Nicolas Le Grain de Barfleur, Julien Dupont, Pierre Gaspard, rançonnés par des navires hollandais ; de Moïse Morin de Calais, Jacques de

Bellemare, maitre du navire l'*Elisabeth*, du port de 200 tonneaux, au sujet de combats soutenus contre une frégate hollandaise ; — de Vincent Moullin, Guillaume Gaspard, Nicolas Picquot, Jacques Bretoc, Jacques Mesnier, tous capitaines de navires attaqués, pillés et faits prisonniers par les corsaires de Flessingue ; — de Charles Barbel, concernant le combat qu'il a soutenu contre deux frégates de Flessingue de 40 et 44 canons : après un combat dans lequel dix-sept hommes de son équipage sont tués ou blessés, il est obligé de se rendre ; — de Thomas Frontin capturé par trois frégates de Flessingue et mis à terre à Plymouth avec son équipage qui est obligé de mendier sa vie ; — de Pierre Duval, Edmond de la Salle, Jacques Sanson, Jacques Postel, Pierre Le Long, Guillaume Guillebert, Vincent Duval, capturés à leur retour de Terre-Neuve au large de Fécamp ; — de Jean Periès de Herigoyen, maître du navire le *Saint-François*, de Saint-Jean-de-Luz, arrivé de Groënland où il a pêché quatorze baleines ; — d'un autre capitaine arrivé du Groënland où il a pêché seize baleines ; — de Guillaume Heusey abordé par trois navires hollandais qui l'ont pillé et fort maltraité personnellement ; — de Lucas Bretoc, maître du navire le *Daniel*, de 130 tonneaux : rencontré par deux frégates d'Ostende de 20 canons et 130 hommes d'équipage il s'est battu pendant quatre à cinq heures, a eu 13 à 14 matelots tant tués que blessés, mais ne pouvant résister n'étant armé que de 8 pièces de canon, 4 pierriers, 12 piques avec quelques pistolets et 26 hommes d'équipage il a été obligé de se rendre ; — de Jacques Fresnot, parti à dessein de faire le voyage de Terre-Neuve et capturé dans la Manche par deux frégates ennemies de 30 et de 16 pièces de canon ; — de Philippe Pierre parti de ce lieu chargé de « moullage » pour Saint-Malo et capturé par un capre ostendois ; — de Pierre Duval de retour de Saint-Domingue avec une cargaison composée de bois de campêche, 1500 cuirs, tabacs, coton et camphre : il dit « qu'auparavant son voyage le nommé La Violette, du Pont-l'Evesque, avoit parlé à luy affin d'embarquer et conduire à lad. isle une fille de bonne maison, laquelle il disoit avoir par sa mauvoise vie déshonoré ses parents et qui vouloit bien aller en lad. isle mais qu'elle ne vouloit voir ny parler à personne avant de s'embarquer tant elle avoit de confusion de sa vie passée ; que led. La Violette lui avoit remis une attestation du curé de Saint-Jean, de Caen, et de la dame veuve du feu sieur de Bois-Guillebert laquelle portoit que personne ne seroit inquiété de conduire lad. fille à Saint-Domingue, comme aussy que n'ayant peu voir ny parler lad. fille, qu'après que ledit La Violette l'avoit fait embarquer au moyen d'une chaloupe du Havre-de-Grâce où elle estoit dans son navire qui estoit lors à la voile et ayant fait entendre à lad. fille qu'il alloit à Saint-Domingue il apprit d'elle que ledit La Violette l'avait fait embarquer disant qu'il alloit à Rouen..., estant arrivé dans lad. isle il informa le gouverneur qui lui fit remettre un ordre de reconduire lad. fille à Honfleur, ce qu'il a faict ; » — de Nicolas Doublet, expert en la langue hollandoise ; — de Guillaume Gaspard ayant mouillé l'ancre en la rade de Pennedepie, chargé de 2,400 rôles de tabac, « affin de payer les tant pour cent deubz au fermier du domaine d'Occident et en après prendre la routte de Hollande » : déclare en outre avoir 150 cuirs, 20 bûches de campêche et 150 andouilles aussi de tabac pour le compte de plusieurs particuliers ; — du maître d'un navire de Siboure venu du Groënland chargé de 440 barriques d'huile de baleine ; — de Guillaume Gaspard attaqué sur la côte de Saint-Domingue, au lieu dit le Marne-Rouge, par un navire espagnol ; — de Jean Doublet, maître du navire le *Saint-Antoine*, ayant fait voyage à Lisbonne. — Nombre des rapports enregistrés : pour l'année 1679, 295 ; pour l'année 1680, 410 ; pour l'année 1681, 405. — Navires capturés par les corsaires hollandais : en l'année 1674, l'*Espérance ;* en l'année 1675, le *Saint-Pierre*, la *Bonne-Pensée ;* en l'année 1676, le *Saint-Pierre*, l'*Elisabeth*, le *Don-de-Dieu*, l'*Espérance*, la *Marie ;* en l'année 1677, le *Saint-Louis*, le *Grand-Saint-Pierre*, le *Henry*, le *Saint-Nicolas*, le *Saint-Jacques*, l'*Olivier*, la *Petite-Marie*, le *Saint-Louis*, le *Saint-Guillaume*, la *Notre-Dame-de-Grâce*, le *Daniel;* en l'année 1678, le *Don-de-Dieu*, les *Trois-Frères.*

1692-1719, 15 reg. — Rapports de mer réunis en deux liasses.

Minutes des actes et sentences, *35 registres des années :* 1665-1694, *21 registres.* — 1705-1731, *7 registres.* — 1733-1771, *7 registres.*

Plumitifs des causes d'audience, 9 *registres des années* 1697-1755, *en deux liasses.*

Registre des expéditions judiciaires, 5 *registres des années* 1669, 1670, 1671-1672, 1694-1703, 1732-1738.

Année 1669, permission à Jean Le Grand d'exercer la médecine aux voyages qu'il pourra faire ; même permission à Jacques Patin, chirurgien ; à Nicolas Gaspard de conduire les navires à Terre-Neuve, au Canada et îles d'Amérique en qualité de pilote ; — à François Desente de travailler du métier de maitre charpentier calfat ; — à Jacques Auber le jeune d'interpréter les langues flamande et hollandaise. — Achat par Nicolas Pallier d'un navire anglais du port de 300 tonneaux, équipé de 24 canons de fer, appelé la *Marie-Catherine*, pour le prix de 12000 florins de principal et 100 florins de chapeau.—Demandes en payement de gages ; en exécution de charte-parties ; en apurement de comptes ; en règlement d'avaries, etc. — *Année* 1670, plaintes des habitants de Condé-sur-Risle au sujet du guet et garde des côtes auxquels M. de Monts, gouverneur de Honfleur, veut les soumettre bien qu'ils en aient été exemptés depuis nombre d'années. — David Pallier, maître du navire l'*Aigle-d'Or*, s'engage à payer à son retour de Saint-Domingue cinq pour cent de la valeur de toutes les marchandises qu'il apportera. — Enregistrement des provisions de Louis Doublet, chirurgien-juré. — Réclamation du sieur Lamare, prêtre, pour messes dites sur le navire de Jean Liesbard allant à Terre-Neuve, « à raison de quoy il luy estoit deub 23 liv. 16 s. t. » — Achat par Jacques Barbel, à Rotterdam, d'un navire de 143 tonneaux pour le prix de 4,564 florins. — Sentence condamnant à 10 livres d'amende le nommé Pontoise, soldat, gendre du nommé Gaillard dit La Gaillardière, « lequel aiant l'espée au costé auroit troublé notre juridiction avec blasphèmes du saint nom de Dieu lorsque nous nous sommes transportés au lieu de Saint-Sauveur où radent à présent les vaisseaux venant de la mer pour monter la rivière de Seine, afin de procéder à la visite de plusieurs navires holandois estant en ladite rade, » en conformité des ordres du roi donnés à Chambord le 2 octobre 1669. — *Années* 1694-1703, lecture a été faite à l'audience d'une ordonnance prescrivant l'embarquement d'un aumônier sur tous les navires dont les équipages seront au-dessus de 25 hommes. — Trois charpentiers sont poursuivis pour travail le dimanche. — Election de gardes du métier de charpentier de navire. — Guillaume Morel, marchand, est saisi de la somme de 460 livres montant de la rançon d'un matelot anglais. — Permission audit matelot de faire son retour en Angleterre. — Vente d'une gribane anglaise prise par Germain Poittevin. — Autre vente du navire la *Sainte-Anne* pris sur les Hollandais par led. Poittevin. — Autre vente d'un heu ou galiote pris en mer sur les Ostendois par led. Poittevin dit La Pommeraye. — Défense de percevoir les droits sur les blés qui s'apportent dans les vaisseaux s'ils ne sont portés à la halle. — Installation de Guillaume

Duval à la charge de lieutenant général en l'amirauté. — Election de gardes pour la visite des filets. — Election de gardes du métier de charpentier-calfateur. — Défense de prendre des cailloux à la grève pour servir de lest. — Règlement pour la vente du poisson de mer : avant de vendre aux marchands étrangers, les pêcheurs doivent mettre en vente le tiers de leur poisson pour les bourgeois sous peine de confiscation et de 10 livres d'amende. — Acte relatif à la perception du droit de balise. — Ordonnance concernant les charpentiers « qui ne vont travailler que pour les personnes qui leur conviennent. » — Vente de morues de Terre-Neuve : 66 liv. le cent. — Le nombre des maîtres charpentiers et calfateurs est de 55 dans la ville et les faubourgs. — « Sur l'advis qu'il nous a esté donné que le sieur Dumont-Pallier (Nicolas), il y a quelques jours, eut des emportemens en une compagnie célèbre où parlant de la jurisdiction de l'admirauté de ce lieu il avoit traitté les officiers de bestes et qu'ils donnoient des sentences comme les plus ignorants du monde et autres termes et injures calomnieuses contre l'honneur du corps de justice, nous avons du réquisitoire du procureur du roi (Pierre Lion) ordonné qu'il en sera informé. » — En exécution des déclarations du Roi concernant les religionnaires, il est enjoint à Liestout, huissier, de faire une visite exacte dans tous les navires pour empêcher la sortie du royaume aux personnes de la religion prétendue réformée. — Règlement concernant la place que les navires doivent occuper dans le port. — Election des gardes-côtes des paroisses de Fatouville, Fiquefleur et Equainville. — « Nous étant transportés au prétoire ordinaire pour tenir la jurisdiction nous l'avons trouvé en totale ruine ce qui nous a obligé de nous en retirer et de chercher un autre lieu ; pourquoy nous avons trouvé une salle faisant partie d'une maison où pend pour enseigne le *Plat d'Estain* dans laquelle nous avons ordonné que la jurisdiction sera tenue jusqu'à ce que ledit prétoire soit rétably. » — Louis Doublet, apothicaire, refuse son attestation de visite du coffre d'un chirurgien de mer, en raison de ce que le capitaine du navire (David Pallier) et le pilote sont de la religion réformée. — Installation d'Etienne Benoist de Fresnel à la charge de lieutenant général de l'amirauté. — Sentence qui condamne le maître des quais comme prévaricateur en ses fonctions. — Différends entre les voiliers et les gardes du métier. — Défenses à tous maîtres de navire et marchands de vendre ni acheter aucunes marchandises de marins qu'après les vingt-quatre heures de l'arrivée des vaisseaux. — Jean-François Doublet, maître de navire, est choisi pour interprète de la langue espagnole « n'y en ayant d'autre en ce lieu qui parle ladite langue ». — Un Espagnol, arrivé sur le navire du capitaine Jacques Gaspard venant de Saint-Domingne, expose qu'il a été dépouillé à lad. côte par un navire français nommé l'*Europe* « dont le commandant se servoit en qualité de forban »; le gouverneur de Saint-Domingue n'ayant point accueilli ses plaintes il est venu en France pour s'adresser au Roi. — Pierre Remy, « intéressé et faisant pour la compagnie de la petite Ile Percée où il a demeuré cinq ans », expose qu'il est revenu en France sur le navire le *Repos-de-la-Patrie*, commandé par Jean-François Doublet, « parce qu'il avoit esté laissé et abandonné sans vivres et sans asile dans lad. isle Percée par le sieur Auber de Forillon, fils du principal intéressé de lad. compagnie, lequel après que les hardes, nippes et effets avoient été embarqués à son bord dans l'intention de se rendre à Québec avait mis à la voile sans attendre led. Remy. »

Requêtes diverses. Pièces de procédure. Jugements. Comptes de navires. Procès-verbaux d'officiers de port. 1674-1666, 1 *liasse*.

Enquêtes et informations criminelles. — 1673-1723, 3 *liasses*.

Actes de propriété. Contrats de vente, de construction, de radoub et d'équipement. — 1681-1790, 16 *registres*.

Minutes de décrets de navires et États de deniers. — 1682-1718, 3 *liasses*.

Journaux de navigation ou Journaux de bord. — 497 *cahiers*.

1684-1699, 1 liasse de 77 journaux de bord.
1700-1719, 1 — 104 —
1720-1729, 1 — 80 —
1730-1739, 1 — 104 —
1740-1757, 1 — 105 —
1763-1776, 1 — 27 —

Déclarations du roi, « Registre des déclarations du Roy » — 1 reg.

1694-1697. — Enregistrement et copie de commissions et provisions d'office. — Nomination de maîtres de navire ; — de courtiers maritimes ; — de greffiers de l'amirauté. — Provisions du comte de Toulouse à la charge d'amiral de France. — Provisions de M. Du Trousset de Valincourt à la charge de secrétaire général de la marine : « Louis-Alexandre de Bourbon, comte de Toulouse, duc de Damville, commandeur des ordres du Roy, gouverneur et lieutenant général pour Sa Majesté en sa province de Guyenne, pair et admiral de France, à nostre amé et féal le sieur du Trousset, escuier, sieur de Valincour, secrétaire de nos commandemens, maison et finances, salut. Estant besoin d'establir un secrettaire général pour signer touttes les expéditions de la marine, et la provision de ladite charge estant dépendante de nous en laditte qualité d'admiral Nous avons estimé ne pouvoir faire un meilleur ny plus digne choix que de vous pour l'exercer tant à cause de l'expérience que vous vous en estes acquise par l'exercice que vous en avez fait depuis plusieurs années que de la satisfaction qui nous revient des services que vous nous rendez depuis longtemps auprès de nostre personne, et de la connoissance particullière que nous avons de vostre capacitté, diligence, loyauté, prudhomye, bonne conduitte et soins qui peuvent estre requis en laditte charge, à ces causes et autres bonnes considérations à ce nous mouvans, Nous vous avons commis, ordonné et establi, commettons, ordonnons et establissons par ces présentes signées de nostre main en laditte charge de secrettaire général de la marine de Levant et Ponant pour en laditte qualité assister aux conseils qui seront tenus pour les affaires de la marine, signer les jugemens qui y seront rendus en nostre nom et tous congez, passeports et autres expéditions quelconques concernant laditte charge, la tenir et exercer aux honneurs, autorittez, prérogatives, prééminences, franchises, libertez, apointemens, droits, fruits, profits, revenus et esmoluments y appartenant et acoustumez, tels et semblables qu'en ont joui ou dû jouir ceux qui vous ont précédé dans l'exercice de laditte charge, de ce faire vous donnons pouvoir, commission et mandement spécial par ces présentes, mandons à tous les officiers du Roy et les nostres en laditte marine de Levant et Ponant de vous reconnoistre en laditte qualité ainsy qu'il appartiendra. En témoin de quoy nous avons signé ces présentes de nostre main, icelles fait sceller du sceau de nos armes et contresigner. A Versailles le second jour de janvier de l'an mil six cents quatre vingt quinze. Signé, Louis Alexandre de Bourbon. Et sur le reply, par monseigneur, de Malézieux. Et scellé en cire rouge des armes dudit seigneur. Collationné à l'original par nous secrétaire général de la marine et des commandemens, maison et finances de Monseigneur l'admiral. Signé de Valincour. » — Règlements de l'instruction à suivre pour les jugements sur les prises. — Ratification du traité de bonne correspondance entre les habitans naturels des villes et gouvernement de Bayonne et pays de Labour et ceux de la province de Guipuscoa et seigneurie de Biscaye. — Ordonnance permettant d'armer en course (17 mars 1696). — Ordonnance concernant la manière de juger sur l'échouement des vaisseaux. — Ordonnance portant autorisation de rançonner les petits bâtiments ennemis. — Ordre de l'amiral d'établir des écrivains sur les navires armés en course.

RÉCEPTIONS DE PILOTES HAUTURIERS ET LAMANEURS, DE CHIRURGIENS, etc. 1694-1752, 5 *registres*.

RÔLES D'ÉQUIPAGE. 1713-1790. 3 *liasses composées de 500 rôles d'équipage environ et non classées*.

GROSSES DE DIFFÉRENTS DÉCRETS DE NAVIRES ET ÉTATS DE DENIERS. 1718-1791, 1 *liasse*.

VISITE DES FILETS. 1734-1783, 6 *pièces qui sont des procès verbaux de visite*.

RÉCEPTIONS DE MAITRES DE NAVIRES, DE MAITRES PILOTES, DE CHIRURGIENS, DE CHARPENTIERS-CALFATS, etc. — 1717-1776, 7 *liasses de registres ou cahiers*.

INVENTAIRES, COMPTES D'ARMEMENT ET PROCÈS-VERBAUX DE VISITE. 1753-1790, 1 *liasse*.

MAINLEVÉES. 1766-1791, 2 *liasses*.

NAUFRAGES, PROCÈS-VERBAUX ET PIÈCES DE PROCÉDURE. 1760-1791, 1 *liasse*.

INVENTAIRES DES GENS MORTS EN MER. 1724-1777, 2 *liasses*.

VISITE DES NAVIRES, PROCÈS-VERBAUX. 1745-1776, 1 *liasse et* 31 *registres*.

AVARIES, PROCÈS-VERBAUX. 1720-1735, 1 *liasse*.

PIÈCES DE PROCÉDURE, 36 *liasses*.

PERCEPTION, 4 *reg. in-folio*.

AMIRAUTÉ DE TOUQUE.

Congés, 1694-1785, 38 *registres ou cahiers.*

Déclarations du roi, 1697-1701, 1 cahier de 22 feuillets. « Registre pour registrer les édits et déclarations du Roy qui seront adressées au greffe de l'amirauté de Touque. » — Ordonnance portant deffenses aux officiers commandant les vaisseaux armés en course d'arrêter les navires des Provinces-Unies des Pays-Bas. — Acte de réception de Jean-Henry Vaquet à l'office de conseiller et procureur du roi. — Ordonnance interdisant la sortie des blés. — Nomination de Jean-Baptiste Langlois, lieutenant de l'amirauté de Touque. Règlement concernant les milices gardes-côtes. — Commission expédiée par M. de Villerville, colonel garde-côte commandant depuis Touque jusqu'à Honfleur, à Pierre de Mire nommé capitaine de la paroisse de Canapville. — Ordonnance portant fermeture des ports depuis Dunkerque jusqu'à Bayonne vu le grand nombre de frégates sorties des ports d'Angleterre et de Hollande. — Commission de clerc du guet expédiée à Gilles le Héribé, sieur de la Fortune, par de Bautot, sieur de Meautrix, lieutenant de M. de Villerville. — Nomination de M. de la Rançonnière-Plainchesne à la charge de colonel garde-côtes à la place de feu le marquis de Villerville. — Arrêt du conseil d'Etat et Lettres patentes qui règlent la compétence des officiers de l'amirauté et confirme le droit de l'amiral de France sur les amendes et confiscations. — Nomination d'Alexandre Le Maignen, écuyer, seigneur de Houlbec et Castillon à la charge d'enseigne garde-côtes.

Rapports de mer, 1698-1778, 18 *registres ou cahiers.*

Plumitifs des causes d'audience, 1704-1786, 4 *registres,*

REGISTRES DES EXPÉDITIONS JUDICIAIRES, 1704 1 *registre*.

CAPITAINERIES GARDES-CÔTES, 1702-1752, 55 *pièces* et 8 *cahiers*. — Rôles de la revue de 1708 ; — de 1711 ; — de 1752 ; — de 1756. — Nomination de M. Le Goueslier, écuyer, sieur du Valdoré, major garde-côte de la capitainerie de Villers ; — de M. du Theil, major de la capitainerie de Touque ; — d'Antoine de Hébert, écuyer, sieur de Bailleul, lieutenant de la capitainerie de Villers : — de M. du Mesnil, sieur du Bouffey, capitaine garde-côtes ; — de M. d'Equemauville, capitaine garde-côtes.

VISITES DE NAVIRES ET RÉCEPTIONS DE PILOTES, 1710-1776, 6 *cahiers* et 1 *liasse*.

PROCÈS (1711-1737) soutenu par les évêques de Lisieux au sujet des droits de coutume du port de Touque, 30 pièces.

ORDONNANCES, 1 *reg.* 1726. — Ordonnance concernant la coupe du varech ; — la pêche ; — les gardes pêcheurs, etc.

REGISTRE DES PRÉSENTATIONS DE L'AMIRAUTÉ DE TOUQUE, année 1742.

PIÈCES DE PROCÉDURE, 1 *liasse*.

SÉRIE GG.

Registres provenant des paroisses. — Etat-civil.

1643-1651. — Baptêmes, mariagés et sépultures des paroisses Saint-Léonard et Saint-Etienne (1 reg. de 91 feuillets.) — « Le premier jour de décembre 1616, Françoys de Goert fils de noble homme Claude de Goert sieur des Maretz et de damoizelle Jeanne Gravey fut baptisé et nommé par haute et puissante dame Renée Le Compte, femme et espouse de messire Estienne de la Roque et François Gravey sieur du Pont. » — « Le lundy septiesme jour de novembre 1616, Louys Boert, fils Louys sieur de Heurtebize et de sa femme, a esté baptizé et nommé par Louys de Petitgas, escuyer, sieur de la Guérinière et Christine Martin femme de monsieur du Pont-Gravey, parrain et marine. » — « Le vendredi 17e jour de janvier 1618, Christine fille de André Fourrey et de Isabeau du Glas, ses père et mère, a esté baptizée et nommée par Guillaume du Glas, capitaine de navire, et par honneste femme Cristine Martin, parrain et marraine, » — Le 29 novembre 1627, baptême de Jacques de la Feuillade; marraine, Charlotte de Tournebu, femme de M. de la Pommeraye. — « Le 7 may un enfant pour Charles Hoüel, escuyer, sieur de la Pommeraye et de Morainville et de noble damoiselle Charlotte Tournebu sa femme, a esté baptizé et nommé Antoine. » — Le 9 octobre 1629, baptême de François Hoüel fils de Charles Hoüel, sieur de la Pommeraye et de Charlotte Tournebu. — Le 29 octobre 1630, baptême de Charlotte fille de M. de la Pommeraye. — Le 12 juin 1631, inhumation de Charles Hoüel, sieur de la Pommeraye en l'église de Berville-sur-Mer. — « Louys de la Haye filz de noble homme Jacques de la Haye, escuyer, sieur du Thuy-Hébert a esté exercé, praticqué et administré les cérémonies de l'Eglize en cette paroisse de Saint-Estienne de Honnefleur par Hélie le Monnier, curé et recteur d'icelle églize, en la présence de Francois Mesnier son vicaire en icelle paroisse ; ledit Louys nommé par hault et puissant seigneur messire Louys de Moy, seigneur de la Mailleraye, gouverneur de Honnefleur et du Viel-Pallays; le tout fait le 25e jour de janvier 1637; ledit Louys aagé pour lors de neuf ans et vingt-cinq jours. »

1629-1647. — Baptêmes des paroisses Notre-Dame et Saint-Léonard (1 reg. de 139 feuillets). — « Du 3e jour de juing 1629, Charlotte Le Jugeur, fille de messire Jehan Le Jugeur a esté baptizée et nommée par dame Charlote de Semontville femme de M. de Fermanville et honorable homme Guillaume de la Mare, lieutenant général de la vicomté de Blangy. »

1641-1647. — Baptêmes et sépultures de la paroisse Notre-Dame (1 reg. de 21 feuillets),

1647-1658. — Baptêmes, mariages et sépultures des paroisses Saint-Etienne et Sainte-Catherine.

1647-1666. — Baptêmes et sépultures de la paroisse Notre-Dame (1 reg.). — « Le 20e de mars 1649, a esté baptisé Jean filz Guillaume Costard et Françoise Danetot; le parrain, noble homme Jean de Costard, escuier, sieur du Plainchesne, la marraine damoiselle Magdelaine Le Baron. » — Le 29e d'octobre 1652 a esté baptisé Jean filz Charles Poisant et Jeanne Villey ses père & mère; son parrain Jean de Brèvedent, escuier, sa marraine damoiselle Marguerite Troussel. »

1658-1667,—Baptêmes et sépultures de la paroisse Notre-Dame (1 reg.) — Abjuration d'hérésie par Nicolas Le

Moyne de la paroisse de Sandouville, diocèse de Rouen. — Inhumation de Catherine Le Nantier, fille de Louis Le Nantier, écuyer, sieur de la Rocquerie.

1658-1661. — Baptêmes et mariages des paroisses Notre-Dame et Saint-Léonard (1 reg.) — Le 30 novembre 1658, mariage de noble homme Claude des Marest, sieur du Val, et de Charlotte de Varin, fille de feu Jacques de Varin, écuyer, sieur de Saint-Quentin.

1658-1673, — Baptêmes de la paroisse Notre-Dame (1 reg.)

1658-1673. — Baptêmes de la paroisse Saint-Léonard (1 reg. de 145 pages).

1659-1663. — Baptêmes de la paroisse Sainte-Catherine. — Le 21 juin 1660, baptême de Jeanne, fille de Me Charles Thierry, élu en l'élection de Pont-l'Evêque. — « Le 6 mai 1661 a esté donné le nom de Marie à la fille de Gabriel Eulde, escuyer, sieur de Colleney et de damoyselle Marie des Acres. »

1662-1667. — Baptèmes et mariages de la paroisse Saint-Léonard (1 reg.) — Le 15 septembre 1662, baptême de Pierre de Montalent fils d'André de Montalent, écuyer, sieur des Houssayes.

1662-1667. — Sépultures de la paroisse Saint-Léonard (1 reg.) — Le 2 janvier 1663, inhumation d'Elisabeth de Varin, femme de Robert Caresme, sieur de Beaulieu. — Le 13 février 1667, inhumation de Guillaume de Varin, sieur de Beauchamp.

1664-1668. — Sépultures de la paroisse Sainte-Catherine, (1 reg.)

1664-1668. — Baptêmes de la paroisse Sainte-Catherine, (1 reg.) — Le 22 janvier 1666, baptême de Jacqueline, fille de François Doublet, apothicaire et de Madeleine Fontaine.

1664-1668. — Mariages de la paroisse Sainte-Catherine (1 reg.) — Le 26 février 1660, mariage d'Olivier Le Grand, écuyer, sieur de Drumare, de la paroisse de Quetteville, et d'honnête fille Anne Taillefer, fille de Jean Taillefer, sieur de la Champagne.

1668. — Baptêmes, mariages et sépultures de la paroisse Sainte-Catherine, (1 reg. de 93 feuillets).

1668. — Baptêmes, mariages et sépultures de la paroisse Saint-Léonard (1 reg. de 50 feuillets.)

1668. — Double du registre précédent.

1668. — Baptêmes, mariages et sépultures de la paroisse Notre-Dame (1 reg. de 26 feuillets).

1668-1700. — Baptêmes, mariages et sépultures de la paroisse Notre-Dame (1 reg.) — Le 13 juillet 1668, inhumation de Charles de Grieu, écuyer, âgé de 75 ans. — Le 17 avril 1671, inhumation de Robert de Bonnechose, écuyer, sieur de Bonneville, âgé de 18 ans. — Le 29 mai 1682, inhumation de François de Brèvedent, écuyer, sieur de Saint-Nicol, âgé de 58 ans.

1669. — Baptêmes, mariages et sépultures de la paroisse Sainte-Catherine, (1 reg. de 92 feuillets).

1669. — Baptêmes, mariages et sépultures de la paroisse Saint-Léonard (1 reg. de 46 feuillets).

1670. — Baptêmes, mariages et sépultures de la paroisse Sainte-Catherine, (1 reg. de 92 feuillets).

1670. — Baptêmes, mariages et sépultures de la paroisse Saint-Léonard, (1 reg. de 37 feuillets).

1671. — Baptêmes, mariages et sépultures de la paroisse Saint-Léonard, (1 reg. de 44 feuillets).

1671. — Baptêmes, mariages et sépultures de la paroisse Sainte-Catherine, (1 reg. de 47 feuillets),

1672. — Baptêmes, mariages et sépultures de la paroisse Notre-Dame (Double).

1672. — Baptêmes, mariages et sépultures de la paroisse Saint-Léonard, (1 reg. de 46 feuillets, quatre feuillets lacérés).

1672. — Baptêmes, mariages et sépultures de la paroisse Sainte-Catherine, (1 reg. de 48 feuillets.)

1672. — Baptêmes, mariages et sépultures de la paroisse Sainte-Catherine. (Double).

1672. — Baptêmes, mariages et sépultures de la paroisse Saint-Léonard, (1 reg. de 46 feuillets).

1673. — Baptêmes, mariages et sépultures de la paroisse Saint-Etienne, (1 reg. de 7 feuillets).

1673. — Baptêmes, mariages et sépultures de la paroisse Sainte-Catherine, (1 reg. de 54 feuillets). — Le 9 avril 1673, baptême d'Aymé fils de noble homme Guillaume Badoulleau et de Marie Layon, nommé par messire Aymé Sols, conseiller et secrétaire du roi et noble dame Marguerite de Godet, baronne de Morainville.

1673. — Baptêmes, mariages et sépultures de la paroisse Sainte-Catherine. (Double).

1673. — Baptêmes, mariages et sépultures de la paroisse Saint-Léonard, (1 reg. de 48 feuillets).

1674. — Baptêmes, mariages et sépultures de la paroisse Sainte-Catherine, (1 reg. de 49 feuillets.) — Le 6 novembre 1674, mariage entre Jean de Borel, écuyer, sieur de la Viparderye, et damoiselle Marie Gibouin, fille de Maurice Gibouin sieur de la Héronnière, gentilhomme ordinaire de la chambre du roi.

1674. — Baptêmes, mariages et sépultures de la paroisse Sainte-Catherine. (Double.)

1674. — Baptêmes, mariages et sépultures de la paroisse Saint-Léonard, (1 reg. de 22 feuillets.) — Le 16 septembre 1674, inhumation de Susanne de Thieuville femme de Jean de Borel, écuyer, sieur de la Viparderye, âgée de 50 ans.

1675. — Baptêmes, mariages et sépultures de la paroisse Sainte-Catherine, (1 reg. de 39 feuillets.)

1675. — Baptêmes, mariages et sépultures de la paroisse Sainte-Catherine. (Double ; le premier feuillet manque.)

1675. — Baptêmes, mariages et sépultures de la paroisse Saint-Léonard, (1 reg. de 36 feuillets.)

1676. — Baptêmes, mariages et sépultures de la paroisse Saint-Léonard, (1 reg. de 32 feuillets.)

1676. — Baptêmes, mariages et sépultures de la paroisse Sainte-Catherine, (1 reg. de 32 feuillets.)

1676. — Baptêmes, mariages et sépultures de la paroisse Sainte-Catherine. (Double.)

1677. — Baptêmes, mariages et sépultures de la paroisse Saint-Léonard, (1 reg. de 26 feuillets.) — Le 2 décembre 1677, baptême d'Alexandre fils de Jean de Borel, écuyer, sieur de la Viparderye et de damoiselle Marie de Gibouin.

1677. — Baptêmes, mariages et sépultures de la paroisse Sainte-Catherine, (1 reg. de 28 feuillets).

1678, — Baptêmes, mariages et sépultures de la paroisse Notre-Dame, (1 reg. de 10 feuillets).

1678. — Baptêmes, mariages et sépultures de la paroisse Saint-Léonard, (1 reg. de 20 feuillets.)

1678. — Baptêmes, mariages et sépultures de la paroisse Saint-Léonard. (Double.)

1678. — Baptêmes, mariages et sépultures de la paroisse Sainte-Catherine, (1 reg. de 30 feuillets.) — Le 23 février 1678, baptême de François Nicolas fils de Nicolas Ladoubé et de Marie Bougard, messire François Malet de Graville, chevalier, seigneur de Saint-Martin et Marie-Catherine Le Jumel, dame de Barneville (Mme d'Aulnoy), parrain et marraine qui ont signé. — Le 8 septembre 1678, mariage de Jacques de Naguet, écuyer, sieur de Saint-Georges et de damoiselle Françoise-Thérèse Athinas.

1678. — Baptêmes, mariages et sépultures de la paroisse Sainte-Catherine. (Double).

1679. — Baptêmes, mariages et sépultures de la paroisse Sainte-Catherine, (1 reg. de 26 feuillets.)

1679. — Baptêmes, mariages et sépultures de la paroisse Sainte-Catherine. (Double).

1679. — Baptêmes, mariages et sépultures de la paroisse Saint-Léonard, (1 reg. de 17 feuillets.)

1680. — Baptêmes, mariages et sépultures de la paroisse Saint-Léonard, (1 reg. de 19 feuillets). — Le 10 octobre 1680, mariage de Henry de Morin, chevalier, seigneur des Essarts, de la paroisse de Saint-Thomas de Touque et de damoiselle Marie Caresme âgée de 35 ans.

1680. — Baptêmes, mariages et sépultures de la paroisse Saint-Léonard. (Double).

1680. — Baptêmes, mariages et sépultures de la paroisse Sainte-Catherine, (1 reg. de 34 feuillets.)

1680. — Baptêmes, mariages et sépultures de la paroisse Sainte-Catherine. (Double.)

1680-1687. — Baptêmes, mariages et sépultures de la paroisse Saint-Etienne, (1 reg. de 13 feuillets.) — « Le 19 d'avril 1682 a esté inhumé en ceste esglise messire Anthoine de Villeneuve, seigneur et marquis de Mons, gouverneur des villes et chasteau d'Honfleur, Pontlevesque et autres; aagé d'environ quatre-vingt-quinze ans [1]; ce qu'ont signé discrette personne me François Henry prestre et Thibaut Moulin. »

1680-1681. — Baptêmes, mariages et sépultures de la paroisse Sainte-Catherine, (1 reg.)

1680-1681. — Baptêmes, mariages et sépultures de la paroisse Sainte-Catherine. (Double.)

1681. — Baptêmes, mariages et sépultures de la paroisse Notre-Dame, (1 reg. de 8 feuillets.)

1681. — Baptêmes, mariages et sépultures de la paroisse Saint-Léonard, (1 reg. de 18 feuillets.) — Le 27 avril 1681, mariage d'Henry de Naguet, écuyer, sieur de Hélins, fils

---

[1] Le marquis de Monts est décédé à l'âge de cent huit ans.

d'Henry de Naguet et de Françoise Le Cerf, et de damoiselle Marie-Anne de Varin.

1681. — Baptêmes, mariages et sépultures de la paroisse Saint-Léonard. (Double.)

1682. — Baptêmes, mariages et sépultures de la paroisse Sainte-Catherine, (1 reg. de 29 feuillets.)

1682. — Baptêmes, mariages et sépultures de la paroisse Sainte-Catherine. (Double).

1682. — Baptêmes, mariages et sépultures de la paroisse Notre-Dame, (1 reg. de 10 feuillets.)

1682. — Baptêmes, mariages et sépultures de la paroisse Saint-Léonard, (1 reg.) — « Messire Jacques de Varin, escuyer, sieur de Beauchamp, conseiller du roy, lieutenant au bailliage et vicomté du Pontlevesque, aagé d'environ 66 ans, décédé au mesme lieu du Pontlevesque du 4e jour de septembre 1682, a esté inhumé dans ceste esglise le 6e du mesme mois. »

1682. — Baptêmes, mariages et sépultures de la paroisse Saint-Léonard. (Double).

1683. — Baptêmes, mariages et sépultures de la paroisse Sainte-Catherine, (1 reg.)

1683. — Baptêmes, mariages et sépultures de la paroisse Sainte-Catherine. (Double.)

1683. — Baptêmes, mariages et sépultures de la paroisse Notre-Dame, (1 reg. de 8 feuillets.)

1683. — Baptêmes, mariages et sépultures de la paroisse Saint-Léonard, (1 reg. de 19 feuillets.) — Le 12 octobre 1683, mariage de Guillaume de Varin, sieur de Beauchamp et d'Anne de l'Omosne.

1683. — Baptêmes, mariages et sépultures de la paroisse Saint-Léonard. (Double,)

1684. — Baptêmes, mariages et sépultures de la paroisse Sainte-Catherine, (1 reg.)

1684. — Baptêmes, mariages et sépultures de la paroisse Sainte-Catherine. (Double.)

1684. — Baptêmes, mariages et sépultures de la paroisse Notre-Dame, (1 reg. de 8 feuillets.)

1684. — Baptêmes, mariages et sépultures de la paroisse Saint-Léonard, (1 reg. de 19 feuillets.)

1684. — Baptêmes, mariages et sépultures de la paroisse Saint-Léonard. (Double).

1685. — Baptêmes, mariages et sépultures de la paroisse Sainte-Catherine, (1 reg.) — « Le vingt-cinq de may 1685, Jacques le Vavasseur aagé de 30 ans a fait abjuration de l'hérésie en ceste esglise et a reçu l'absolution par nous curé sous l'authorité de monseigneur l'evesque de Lysieux, présence de monseigneur René de Marillac, conseiller d'Estat, de Charles de Boislevesque, escuier et seigneur de Saint-Martin, M. Gille Athinas et M. Robert Thierry, lequel Vavasseur nous a fait présenter son fils Jacques aagé de dix ans, qui ont tous signé avec nous : De Marillac, Jacob le Vavasseur, Athinas, de Boislevesque, Thierry, Dutertre, curé. » — « Le dix [novembre 1685], nous curé soussigné, sous l'authorité de monseigneur de Lisieux à nous addressée en date du huict, avons donné l'absolution de l'hérésie à Isaac de la Londe et Marie Fouache qui devant nous et les tesmoings soussignés ont fait l'abjuration de lad. hérésie. » — « Le douze [novembre 1685], vertu de la commission à nous donnée par monseigneur de Lysieux après l'abjuration faite par Charles Fouache et Ester de Brey je leur en ay donné l'absolution. » — « Le 20 de novembre, vertu du pouvoir reçeu de monseigneur de Lysieux, j'ay curé soussigné donné l'absolution de l'hérésie à Jeanne de la Londe, aagée de 25 ans, laquelle a fait son abjuration. » — « Le vingt-six, sous l'authorité de monseigneur de Lysieux, nous curé soussigné avons receu lad. abjuration des dames Ester Le Cordier et Marthe de la Roche, Marthe et Judith Le

Prevost sœurs, et d'honnestes hommes Guillaume Andrieu, Guillaume Le Prevost et André Fouache auxquels j'ay donné l'absolution après avoir renoncé à l'hérésie et promis d'embrasser la religion romaine et professer la croyance universelle de lad. église. » — « Le 27 novembre, j'ay receu l'abjuration de l'hérésie de Calvin du sieur Danois, de sa femme et d'Ester Regarde-en-Bas par l'authorité de monseigneur de Lysieux. » — « De suitte, sous l'authorité de monseigneur de Lysieux, j'ay receu l'abjuration de David Pallier et de la dame sa femme. » — « De suitte, je me suis transporté chez M. Bougard, médecin, que j'ay trouvé malade en son lict lequel m'a déclaré qu'il est prest avec la dame sa femme de faire son abjuration sitost qu'il pourra venir en l'église. » — Promesse d'abjuration de tous les soussignés : « De suitte, pour obéir à la volonté du Roy nous nous réunissons à l'église catholique, apostolique et romaine dans laquelle nous voulons vivre selon sa doctrine ; contre laquelle église nous ne voulons jamais rien faire, que avons soussigné, scavoir : Me Guillaume Andrieu, avocat, et Judith Routier son épouse ; Susanne Telles, veuve de Lucas Andrieu ; Me Jean Andrieu, avocat, et son fils ; Nicolas Paslier et Elisabeth Andrieu son épouse, Nicolas Paslier, Susanne Paslier, Magdelaine et Judith Paslier ses enfants et Judith Moitté leur servante ; Pierre Paslier, maistre de navire, et Rachel Poittou son épouse ; Judith Paslier, veuve de Jacob Le Febvre ; Jeanne Andrieu, veuve de Philippe Le Cordier et Philippe Le Cordier, son fils ; Jacques Fresnot, maistre de navire, et Magdelaine Bretocq son épouse ; Jean Andrieu fils de Jacques et Jeanne Andrieu, sa sœur ; Nicolas Goupil, maistre de navire.

1685. — Baptêmes, mariages et sépultures de la paroisse Sainte-Catherine, (Double).

1685. — Baptêmes, mariages et sépultures de la paroisse Notre-Dame, (1 reg. de 10 feuillets.)

1685. — Baptêmes, mariages et sépultures de la paroisse Saint-Léonard, (1 reg. de 23 feuillets.) — A la page 44, acte d'abjuration de Jean Richer, natif de la ville de Harfleur.

1685. — Baptêmes, mariages et sépultures de la paroisse Saint-Léonard. (Double.)

1686. — Baptêmes, mariages et sépultures de la paroisse Sainte-Catherine, (1 reg. double.)

1686. — Baptêmes, mariages et sépultures de la paroisse Notre-Dame, (1 reg. de 10 feuillets.)

1686. — Baptêmes, mariages et sépultures de la paroisse Saint-Léonard, (1 reg. de 20 feuillets.)

1687. — Baptêmes, mariages et sépultures de la paroisse Sainte-Catherine. (1 reg.)

1687. — Baptêmes, mariages et sépultures de la paroisse Sainte-Catherine. (Double.)

1687. — Baptêmes, mariages et sépultures de la paroisse Notre-Dame, (1 reg. de 10 feuillets.)

1687. — Baptêmes, mariages et sépultures de la paroisse Saint-Léonard, (1 reg. de 20 feuillets.)

1687. — Baptêmes, mariages et sépultures de la paroisse Saint-Léonard. (Double.)

1688. — Baptêmes, mariages et sépultures de la paroisse Sainte-Catherine, (1 reg. de 24 feuillets.)

1688. — Baptêmes, mariages et sépultures de la paroisse Sainte-Catherine. (Double.)

1688. — Baptêmes, mariages et sépultures de la paroisse Notre-Dame, (1 reg. de 8 feuillets.) — Le 10 avril 1688, inhumation de damoiselle Charlotte de Brévedent, âgée de 62 ans.

1688. — Baptêmes, mariages et sépultures de la paroisse Saint-Léonard, (1 reg. de 20 feuillets.)

1688. — Baptêmes, mariages et sépultures de la paroisse Saint-Léonard. (Double.)

1689. — Baptêmes, mariages et sépultures de la paroisse Saint-Catherine, (1 reg. double).

1689. — Baptêmes, mariages et sépultures de la paroisse Notre-Dame, (1 reg. de 8 feuillets.)

1689. — Baptêmes, mariages et sépultures de la paroisse Saint-Léonard. (1 reg. de 20 feuillets).

1689. — Baptêmes, mariages et sépultures de la paroisse Saint-Léonard. (Double.)

1690. — Baptêmes, mariages et sépultures de la paroisse Sainte-Catherine, (1 reg. de 20 feuillets.)

1690. — Baptêmes, mariages et sépultures de la paroisse Sainte-Catherine. (Double.)

1690. — Baptêmes, mariages et sépultures de la paroisse Notre-Dame, (1 reg. de 8 feuillets.) — Le 25 janvier, baptême d'Anne Renondeau tenue sur les fonts par noble seigneur messire Annet d'Escars, gouverneur des villes et châteaux de Honfleur, Pont-l'Evesque et pays d'Auge.

1690. — Baptêmes, mariages et sépultures de la paroisse Saint-Léonard, (1 reg. de 20 feuillets.)

1690. — Baptêmes, mariages et sépultures de la paroisse Saint-Léonard. (Double.)

1691. — Baptêmes, mariages et sépultures de la paroisse Sainte-Catherine, (1 reg. de 20 feuillets.)

1691. — Baptêmes, mariages et sépultures de la paroisse Sainte-Catherine. (Double.)

1691. — Baptêmes, mariages et sépultures de la paroisse Notre-Dame, (1 reg. de 8 feuillets.) — Le 21 février, inhumation de Philippe de Houël, fils de Philippe, écuyer, sieur de la Pommeraye.

1691. — Baptêmes, mariages et sépultures de la paroisse Saint-Léonard, (1 reg. de 20 feuillets.)

1692. — Baptêmes, mariages et sépultures de la paroisse Sainte-Catherine, (1 reg. de 25 feuillets.)

1692. — Baptêmes, mariages et sépultures de la paroisse Notre-Dame, (1 reg. de 6 feuillets.)

1692. — Baptêmes, mariages et sépultures de la paroisse Saint-Léonard, (1 reg. de 22 feuillets.)

1693-1694. — Baptêmes, mariages et sépultures de la paroisse Saint-Léonard, (1 reg. de 21 feuillets.)

1693. — Baptêmes, mariages et sépultures de la paroisse Sainte-Catherine, (1 reg. incomplet.) — Le 8 septembre, baptême de Jeanne Raimonde fille de messire Jean de Boisseret, chevalier, marquis de Sainte-Marie, seigneur de Malassis et de dame Marie-Anne Estièvre ; la marraine dame Marie-Madeleine de Boisseret épouse de messire Henri de Saint-Pierre, chevalier, seigneur de Saint-Julien ; le parrain Raymond du Cup d'Yssel, lieutenant de roi en la ville et château de Honfleur.

1694. — Baptêmes, mariages et sépultures de la paroisse Sainte-Catherine, (1 reg. de 51 feuillets.)

1694-1696. — Baptêmes, mariages et sépultures de la paroisse Saint-Etienne, (1 reg.)

1694. — Baptêmes, mariages et sépultures de la paroisse Saint-Léonard. (1 reg. de 26 feuillets.)

1695-1698. — Baptêmes, mariages et sépultures de la paroisse Sainte-Catherine, (1 reg.)

1695-1698. — Baptêmes, mariages et sépultures de la paroisse Sainte-Catherine, (Double.)

1695. — Baptêmes, mariages et sépultures de la paroisse Saint-Léonard, (1 reg. de 28 feuillets.)

1695. — Baptêmes, mariages et sépultures de la paroisse Saint-Léonard. (Double.)

1695. — Baptêmes, mariages et sépultures de la paroisse Notre-Dame, (1 reg. de 4 feuillets.)

1696. — Baptêmes, mariages et sépultures de la paroisse Saint-Léonard, (1 reg. de 26 feuillets.)

1697-1698. — Baptêmes, mariages et sépultures de la paroisse Saint-Léonard, (1 reg. de 30 feuillets.)

1697-1698. — Baptêmes, mariages et sépultures de la paroisse Saint-Léonard. (Double.)

1697-1698. — Baptêmes, mariages et sépultures de la paroisse Notre-Dame, (6 feuillets).

1698. — Baptêmes, mariages et sépultures des paroisses Sainte-Catherine et Saint-Etienne, (1 reg. de 24 feuillets.)

1699-1700. — Baptêmes, mariages et sépultures des paroisses Saint-Etienne et Sainte-Catherine, (1 reg.) — Le 13 février 1699 a été baptisée Angélique de Boisseret, fille de Jean de Boisseret, écuyer, chevalier et marquis de Sainte Marie, seigneur de Malassis et de dame Marie Estièvre.

1700. — Baptêmes, mariages et sépultures de la paroisse Notre-Dame, (1 reg.)

1700-1755. — Baptêmes, mariages et sépultures des paroisses Notre-Dame et Saint-Léonard, (1 reg.)

1701-1702. — Baptêmes, mariages et sépultures de la paroisse Sainte-Catherine, (1 reg. de 3 cahiers.) — Le 3 de février 1701 a été baptisé Antoine-Jacques, fils de Jean de Boisseret marquis de Sainte-Marie et de dame Marie-Anne Estièvre.

1701. — Baptêmes, mariages et sépultures des paroisses de Notre-Dame et Saint-Léonard, (1 reg.)

1703.-1704. — Baptêmes, mariages et sépultures des paroisses Saint-Etienne et Sainte-Catherine, (1 reg.)

1705. — Baptêmes, mariages et sépultures des paroisses Saint-Etienne et Sainte-Catherine. (1 reg.)

1706-1721. — Baptêmes, mariages et sépultures des paroisses Saint-Etienne et Saint-Léonard, (1 reg.)

1706. — Baptêmes, mariages et sépultures des paroisses Saint-Etienne et Saint-Léonard, (1 reg.)

1707. — Baptêmes, mariages et sépultures des paroisses Saint-Etienne et Saint-Léonard, (1 reg.)

1708-1709. — Baptêmes, mariages et sépultures des paroisses Saint-Etienne et Saint-Léonard, (1 reg.)

1709-1710. — Baptêmes, mariages et sépultures des paroisses Saint-Etienne et Sainte-Catherine, (1 reg.)

1710-1711. — Baptêmes, mariages et sépultures des paroisses Saint-Etienne et Saint-Léonard, (1 reg.) — Le 12 décembre 1710, inhumation de M. de Foncermois, capitaine au régiment de Touraine.

1711-1712. — Baptêmes, mariages et sépultures des paroisses Saint-Etienne et Saint-Léonard, (1 reg.) — Le 18 octobre 1711, inhumation de damoiselle de Varin, fille d'Alexandre de Varin, écuyer, et de dame Françoise Olivier de Prélabé, âgée de 23 ans. — Le 13 mars 1712, mariage de Thomas Quillet fils de Thomas Quillet et de Marguerite Duvrac, et, d'autre part, Jeanne Doublet, fille de Jean-François Doublet et de Françoise Fossard.

1712-1713. — Baptêmes, mariages et sépultures des paroisses Saint-Etienne et Saint-Léonard, (1 reg.)

1713-1714. — Baptêmes, mariages et sépultures des paroisses Saint-Etienne et Saint-Léonard, (1 reg.) — Décès d'Elisabeth de Blanvilain, femme de M. Armand, gouverneur de Honfleur.

1714-1715. — Baptêmes, mariages et sépultures des paroisses Saint-Etienne et Sainte-Catherine, (1 reg.) — Le 18 février 1715, mariage de messire Augustin de Matharel, chevalier, sous-lieutenant des chevau-légers d'Orléans, mestre de camp de cavalerie, lieutenant de roi des villes et châteaux de Honfleur et Pontlevesque, et demoiselle Marie-Henriette Armand, fille de messire Alexandre Armand, chevalier de l'ordre de Saint-Louis, gouverneur des villes et châteaux de Honfleur, Pontlevesque et pays d'Auge et de noble dame Catherine-Henriette-Genneviève de Malfillâtre. Ont signé : messire Alexandre Armand, gouverneur ; Michel Audran, docteur de Sorbonne et curé de Pennedepie;

Jean Le Duc, curé de Saint-Benoît ; Catherine de Lescot, comtesse de Verceil (?) ; Françoise-Henriette-Elisabeth Vaultier de Volaville ; messire Alexandre Voltier ou Vaultier de Volaville ; Marie du Tronchay de la Fortemaison ; etc.

1715-1716. — Baptêmes, mariages et sépultures des paroisses Saint-Etienne et Sainte-Catherine, (1 reg.) — Le 10 février 1716, baptême de François-Alexandre-Augustin de Matharel. — Le 28 novembre 1716, mariage entre François Apparoc, sieur de Sainte-Marie du Theil et damoiselle Anne-Marguerite Vicquelin.

1716-1717. — Baptêmes, mariages et sépultures des paroisses Notre-Dame et Saint-Léonard, (1 reg.)

1717-1718. — Baptêmes, mariages et sépultures des paroisses Saint-Etienne et Sainte-Catherine, (1 reg.) — Baptême de Marie-Gabrielle-Henriette de Matharel, le 9 octobre 1717.

1718-1719. — Baptêmes, mariages et sépultures des paroisses Saint-Etienne et Sainte-Catherine, (1 reg.) — Le 31 octobre 1718 a été baptisé Henri-Claude de Brèvedent, fils de messire Jean-Baptiste de Brèvedent, écuyer et de dame Françoise le Doyen. — Le 19 janvier 1719 a été inhumé le corps de M. de Jacquemotte, ingénieur ordinaire du roi à la résidence de Honfleur, âgé environ de 30 ans. — Le 13 juillet 1718, baptême de Jean-Baptiste-Jacques Premord.

1718. — Baptêmes, mariages et sépultures de la paroisse Notre-Dame, (1 reg.)

1718-1719. — Baptêmes, mariages et sépultures de la paroisse Saint-Léonard, (1 reg.)

1719-1720. — Baptêmes, mariages et sépultures des paroisses Saint-Etienne et Sainte-Catherine, (1 reg.) — Le 2 juillet 1720, décès d'Antoine-Gaspard-Henri de Matharel, âgé de 20 mois.

1719. — Baptêmes, mariages et sépultures de la paroisse Notre-Dame, (1 reg.)

1719-1720. — Baptêmes, mariages et sépultures de la paroisse Saint-Léonard, (1 reg.)

1720-1721. — Baptêmes, mariages et sépultures de la paroisse Saint-Léonard, (1 reg.)

1720. — Baptêmes, mariages et sépultures de la paroisse Notre-Dame, (1 reg.)

1720-1721. — Baptêmes, mariages et sépultures de la paroisse Sainte-Catherine, (1 reg.)

1721-1722. — Baptêmes, mariages et sépultures de la paroisse Sainte-Catherine, (1 reg. incomplet.)

1721-1730. — Baptêmes, mariages et sépultures de la paroisse Saint-Léonard, (1 reg.)

1721. — Baptêmes, mariages et sépultures de la paroisse Notre-Dame, (1 reg.)

1721. — Baptêmes, mariages et sépultures de la paroisse Sainte-Catherine, (1 reg.) — « Le 12 de may, les cérémonies du baptême ont été suppléés au fils de messire Alexandre Armand le Voltier écuyer, seigneur de Volaville, lieutenant de roy des villes et châteaux de Honfleur, Pontlevesque et pays d'Auge, et de noble dame Marie-Honorée de Fransini, »

1722, — Baptêmes, mariages et sépultures de la paroisse Saint-Léonard, (1 reg.)

1722. — Baptêmes, mariages et sépultures de la paroisse Notre-Dame, (1 reg.)

1722-1723. — Baptêmes, mariages et sépultures de la paroisse Sainte Catherine, (1 reg.) — Le 14 mars, inhumation dans l'église Saint-Etienne du corps d'Antoine-Augustin de Matharel, écuyer, sieur de Montreuil, Cesny et Quatrepuits, cy devant chevalier de l'ordre de Saint-Jean de Jérusalem, ancien capitaine des chevau-légers d'Anjou, brigadier des armées du roi, gouverneur des villes et châteaux de Honfleur, Pont-l'Evêque et pays d'Auge, âgé environ de

55 ans.— Le 19 avril, baptême de Marie-Antoinette Armand de Matharel, fille de feu Antoine-Augustin de Matharel, gouverneur, et de dame Marie-Henriette Armand.

1723-1724. — Baptêmes, mariages et sépultures de la paroisse Sainte-Catherine. (1 reg.) — Le 4 avril 1723, a été baptisée Françoise-Léonore de Sarcus, fille de Léonor Maximilien de Sarcus, chevalier, seigneur de Courcelles, ingénieur ordinaire du roi.

1723. — Baptêmes, mariages et sépultures de la paroisse Saint-Léonard, (1 reg.)

1723. — Baptêmes, mariages et sépultures de la paroisse Notre-Dame, (1 reg.)

1724-1725. — Baptêmes, mariages et sépultures de la paroisse Sainte-Catherine, (1 reg.)

1724. — Baptêmes, mariages et sépultures de la paroisse Saint-Léonard, (1 reg.)

1724. — Baptêmes, mariages et sépultures de la paroisse Notre-Dame, (1 reg.)

1725-1726. — Baptêmes, mariages et sépultures de la paroisse Sainte-Catherine, (1 reg.) — Le 13 mai 1725, abjuration de Jean de Vaucourt, âgé de 17 ans, originaire de Guernesey, né dans la religion protestante. — Le 24 janvier 1726, mariage de Charles du Bosc, sieur des Varets, et de Charlotte-Louise Thierry du Bucquet.

1725. — Baptêmes, mariages et sépultures de la paroise Saint-Léonard, (1 reg.)

1725. — Baptêmes, mariages et sépultures de la paroisse Notre-Dame, (1 reg.)

1726-1727. — Baptêmes, mariages et sépultures de la paroisse Sainte-Catherine, (1 reg.)

1726. — Baptêmes, mariages et sépultures de la paroisse Notre-Dame, (1 reg.)

1727. — Baptêmes, mariages et sépultures de la paroisse Sainte-Catherine, (1 reg.)

1727. — Baptêmes, mariages et sépultures de la paroisse Notre-Dame, (1 reg.)

1728-1729. — Baptêmes, mariages et sépultures de la paroisse Sainte-Catherine, (1 reg.)

1728. — Baptêmes, mariages et sépultures de la paroisse Notre-Dame, (1 reg,)

1729-1730. — Baptêmes, mariages et sépultures de la paroisse Sainte-Catherine, (1 reg.)

1729. — Baptêmes, mariages et sépultures de la paroisse Notre-Dame, (1 reg.)

1730. — Baptêmes, mariages et sépultures de la paroisse Notre-Dame, (1 reg.)

1730-1741. — Baptêmes, mariages et sépultures de la paroisse Saint-Léonard, (1 reg.)

1731. — Baptêmes, mariages et sépultures de la paroisse Sainte-Catherine, (1 reg.)

1732-1733. — Baptêmes, mariages et sépultures de la paroisse Sainte-Catherine, (1 reg.)—Le 3 janvier 1732, décès de Charles de Moy, sieur de Saint-Aignan.

1733-1734. — Baptêmes, mariages et sépultures de la paroisse Sainte-Catherine, (1 reg.) — Acte de naissance de François Motard, capitaine de vaisseau : « Le trente de juin 1733, Francois-Paul-Pierre Motard, fils légitime de Guillaume et d'Anne Fleury, né d'hier, a été baptisé par nous prêtre vicaire, et nommé par François Langlois et Angélique Motard, soussignez avec nous. »

1734-1735. — Baptêmes, mariages et sépultures de la paroisse Sainte-Catherine, (1 reg.)

1735-1736. — Baptêmes, mariages et sépultures de la paroisse Sainte-Catherine, (1 reg,)

1736-1737. — Baptêmes, mariages et sépultures de la paroisse Sainte-Catherine, (1 reg.)

1737-1738. — Baptêmes, mariages et sépultures de la paroisse Sainte-Catherine, (1 reg.)

1738-1739. — Baptêmes, mariages et sépultures de la paroisse Sainte-Catherine, (1 reg.)

1739-1740. — Baptêmes, mariages et sépultures de la paroisse Sainte-Catherine, (1 reg.) — Le 6 novembre 1739, inhumation dans l'église des Capucins de Jean-Charles de Boisseret, marquis de Sainte-Marie.

1740-1741. — Baptêmes, mariages et sépultures de la paroisse Sainte-Catherine, (1 reg.)

1741-1751. — Baptêmes, mariages et sépultures de la paroisse Saint-Léonard, (1 reg.) — Le 14 décembre 1747, acte de naissance de Georges Desgarceaux, capitaine de vaisseau.

1741-1742. — Baptêmes, mariages et sépultures de la paroisse Sainte-Catherine, (1 reg.)

1742. — Baptêmes, mariages et sépultures de la paroisse Sainte-Catherine, (1 reg.)

1743. — Baptêmes, mariages et sépultures de la paroisse Sainte-Catherine, (1 reg.)

1744. — Baptêmes, mariages et sépultures de la paroisse Sainte-Catherine, (1 reg.) — Le 24 juillet 1744, mariage de François de Manissy, comte de Ferrières, et de Marie-Antoinette-Armande de Matharel.

1745. — Baptêmes, mariages et sépultures de la paroisse Sainte-Catherine, (1 reg.)

1746-1747. — Baptêmes, mariages et sépultures de la paroisse Sainte-Catherine, (1 reg.)

1747-1748. — Baptêmes, mariages et sépultures de la paroisse Sainte-Catherine, (1 reg.) — Le 12 septembre 1747, inhumation d'Alexandre Vaultier de Volaville, lieutenant de roi à Honfleur.

1747. — Baptêmes, mariages et sépultures de la paroisse Sainte-Catherine, (1 reg.)

1748-1749. — Baptêmes, mariages et sépultures de la paroisse Sainte-Catherine, (1 reg.)

1748-1749. — Sépultures de la paroisse Sainte-Catherine, (1 reg.)

1749-1750. — Baptêmes, et mariages de la paroisse Sainte-Catherine, (1 reg.) — Le 19 avril 1749, acte de naissance de Charles-Louis Thirat, contre-amiral.

1749-1750. — Sépultures de la paroisse Sainte-Catherine, (1 reg.)

1750-1751. — Baptêmes, mariages et sépultures de la paroisse Sainte-Catherine, (1 reg.)

1750 1751. — Sépultures de la paroisse Sainte-Catherine, (1 reg.)

1751-1761. — Baptêmes, mariages et sépultures de la paroisse Saint-Léonard, (1 reg.) — Acte de naissance de Pierre-Ange Romain, aéronaute, mort'le 15 juin 1785 avec Pilastre de Rosier : « Pierre-Ange Romain, fils légitime de Nicolas-Pierre-Jacques et de Marie-Françoise Beaufils, né d'hier, a esté cejourd'hui 31e octobre 1751 baptisé par nous prestre habitué de cette paroisse. »

1751-1752. — Baptêmes, mariages et sépultures de la paroisse Sainte-Catherine, (1 reg.)

1751-1752. — Sépultures de la paroisse Sainte-Catherine, (1 reg.)

1752-1753. — Baptêmes, mariages et sépultures de la paroisse Sainte-Catherine, (1 reg.)

1752-1753. — Sépultures de la paroisse Sainte-Catherine, (1 reg.)

1753-1754. — Baptêmes, mariages et sépultures de la paroisse Sainte-Catherine, (1 reg.)

1754. — Baptêmes, mariages et sépultures de la paroisse Sainte-Catherine, (1 reg.) — Le 29 avril, acte de naissance de Catherine-Françoise Louvet, auteur de divers romans.

1754. — Baptêmes, mariages et sépultures de la paroisse Saint-Etienne, (1 reg.)

1755-1783. — Baptêmes, mariages et sépultures de la paroisse Notre-Dame, (1 reg.)

1755-1756. — Baptêmes, mariages et sépultures de la paroisse Sainte-Catherine, (1 reg.)

1755-1756. — Baptêmes, mariages et sépultures de la paroisse Saint-Etienne, (1 reg.)

1756-1757. — Baptêmes, mariages et sépultures de la paroisse Sainte-Catherine, (1 reg.)

1756. — Baptêmes, mariages et sépultures de la paroisse Saint-Etienne, (1 reg.)

1757-1758. — Baptêmes, mariages et sépultures de la paroisse Sainte-Catherine, (1 reg.)

1757. — Baptêmes, mariages et sépultures de la paroisse Saint-Etienne, (1 reg.)

1758-1759. — Baptêmes, mariages et sépultures de la paroisse Sainte-Catherine, (1 reg.)

1758. — Baptêmes, mariages et sépultures de la paroisse Saint-Etienne, (1 reg.)

1759-1760. — Baptêmes, mariages et sépultures de la paroisse Sainte-Catherine, (1 reg.)

1759. — Baptêmes, mariages et sépultures de la paroisse Saint-Etienne, (1 reg.)

1760-1761. — Baptêmes, mariages et sépultures de la paroisse Sainte-Catherine, (1 reg.) — Le 31 juillet 1760, acte de naissance de Charles-Léonor Premord, vicaire-général de Strasbourg.

1760. — Baptêmes, mariages et sépultures de la paroisse Saint-Etienne, (1 reg.)

1761-1771. — Baptêmes, mariages et sépultures de la paroisse Saint-Léonard, (1 reg.) — Le 13 décembre 1763, acte de naissance de Timothée-Benjamin Pestel, directeur des constructions navales à Toulon.

1761-1762. — Baptêmes, mariages et sépultures de la paroisse Sainte-Catherine, (1 reg.)

1761. — Baptêmes, mariages et sépultures de la paroisse Saint-Etienne, (1 reg.)

1762-1763. — Baptêmes, mariages et sépultures de la paroisse Sainte-Catherine, (1 reg.)

1762. — Baptêmes, mariages et sépultures de la paroisse Saint-Etienne, (1 reg.)

1763-1764. — Baptêmes, mariages et sépultures de la paroisse Sainte-Catherine, (1 reg.)

1763. — Baptêmes, mariages et sépultures de la paroisse Saint-Etienne, (1 reg.) — Le 31 janvier, mariage de messire Philippe-Henry d'Hoüel de la Pommeraye, écuyer, seigneur de la Pommeraye, Berville et autres lieux, mousquetaire de la garde ordinaire du roi, fils de feu Philippe d'Hoüel, écuyer et de feue noble dame Marie-Susanne de Philippe, âgé d'environ 27 ans, d'une part; et noble demoiselle Marguerite-Victoire Lestorey de Boulogne, fille de messire Jacques Lestorey de Boulogne, écuyer, seigneur d'Angerville et de feue noble dame Louise-Françoise Le Vavasseur, âgée d'environ 28 ans, d'autre part.

1764-1765. — Baptêmes, mariages et sépultures de la paroisse Sainte-Catherine, (1 reg.)

1764-1765. — Baptêmes, mariages et sépultures de la paroisse Saint-Etienne, (1 reg.)

1765-1766. — Baptêmes, mariages et sépultures de la paroisse Sainte-Catherine, (1 reg.) — Le 6 janvier 1765, acte d'abjuration de Jacques Laperrelle, de la paroisse de Saint-Sauveur de Caen, tailleur de profession. — Acte de naissance du capitaine de vaisseau Morel-Beaulieu : « Le même jour (8 avril 1765), Claude-Pascal Morel-Beaulieu, fils de Jean-Claude-François Morel, maître des postes et de Marie-Anne-Françoise Fortin, né d'aujourd'hui et baptisé par nous curé de cette paroisse soussigné. »

1765. — Baptêmes, mariages et sépultures de la paroisse Saint-Etienne, (1 reg.)

1766. — Baptêmes, mariages et sépultures de la paroisse Sainte-Catherine, (1 reg.) — Acte de naissance du baron Chauvel, maréchal de camp : « Le vingt-trois (décembre 1766), a été baptisé par nous vicaire soussigné François-Pierre Chauvel né d'hier fils de François, marinier, et de Jeanne Piquet; le parein Pierre Chauvel, la mareine Marie Piquet, soussignés en leur marque ordinaire. »

1766. — Baptêmes, mariages et sépultures de la paroisse Saint-Etienne, (1 reg.)

1767-1768. — Baptêmes, mariages et sépultures de la paroisse Sainte-Catherine, (1 reg.)

1767. — Baptêmes, mariages et sépultures de la paroisse Saint-Etienne, (1 reg.)

1768. — Baptêmes, mariages et sépultures de la paroisse Sainte-Catherine, (1 reg.) — Acte de naissance du contre-amiral baron Hamelin : « Le quatorze (octobre 1768), Jacques-Félix-Emmanuel né d'hier, fils de maître Jean-Baptiste Hamelin des Essarts et de Françoise-Marie-Catherine Duval, a été baptisé par nous vicaire de cette paroisse. »

1768. — Baptêmes, mariages et sépultures de la paroisse Saint-Etienne, (1 reg.)

1769. — Baptêmes, mariages et sépultures de la paroisse Sainte-Catherine, (1 reg.)

1769. — Baptêmes, mariages et sépultures de la paroisse Saint-Etienne, (1 reg.)

1770-1771. — Baptêmes, mariages et sépultures de la paroisse Sainte-Catherine, (1 reg.)

1770. — Baptêmes, mariages et sépultures de la paroisse Saint-Etienne, (1 reg.)

1771. — Baptêmes et mariages de la paroisse Sainte-Catherine, (1 reg.) — Acte de naissance du contre-amiral baron Motard : « Le vingt-sept (juillet 1771) Léonard-Bernard Motard né de ce jour, fils de François-Paul-Pierre, capitaine de navire, et de Madeleine Faucon de la Couture, a été baptisé par nous, prêtre soussigné; le parein Léonard Odièvre, la mareine Anne Fortin veuve Faucon de la Couture. »

1771. — Sépultures de la paroisse Sainte-Catherine, (1 reg.)

1771. — Baptêmes et mariages de la paroisse Saint-Etienne, (1 reg.)

1771. — Sépultures de la paroisse Saint-Etienne, (1 reg.)

1771-1780. — Baptêmes, mariages et sépultures de la paroisse Saint-Léonard, (1 reg.)

1772-1773. — Baptêmes et mariages de la paroisse Sainte-Catherine, (1 reg.)

1772. — Sépultures de la paroisse Sainte-Catherine, (1 reg.)

1772. — Baptêmes et mariages de la paroisse Saint-Etienne, (1 reg.)

1772. — Sépultures de la paroisse Saint-Etienne, (1 reg.)

1773-1774. — Baptêmes et mariages de la paroisse Sainte-Catherine, (1 reg.)

1773-1774. — Sépultures de la paroisse Sainte-Catherine, (1 reg.)

1773. — Baptêmes, mariages et sépultures de la paroisse Saint-Etienne, (1 reg.)

1774. — Baptêmes et mariages de la paroisse Sainte-Catherine, (1 reg.) — Fol. 32, « Contestation occasionnée par la mort du roy Louis XV. » — « Evénement sur ce qui
« s'est passé au sujet de la mort de Louis XV surnommé le
« Bien-Aimé arrivée le dix may mil sept cent soixante-
« quatorze âgé de soixante-quatre ans. A peine on eut con-
« naissance de cet événement malheureux que M. Quillet
« des Faudes, juge en chef du baillage de cette ville se crut
« en droit de le rendre public par le son général des cloches
« de cette ville et en particulier par celle appelée ordinaire-
« ment la cloche de ville, qui est la grosse cloche de cette

« paroisse. MM. les Maire et Echevins informés de son
« dessein formèrent une opposition à son entreprise, pré-
« tendants que ce droit leur appartenoit comme comman-
« dants en l'absence du gouverneur. Malgré cette réclama-
« tion M. Quillet profittant de notre absence fit sonner de
« son authorité privée les cloches de notre paroisse ainsi que
« celles des autres paroisses et communautés de cette ville.
« MM. les Maire et Echevins en dressèrent leur procès-ver-
« bal et en porttèrent leurs plaintes à S. A. Mgr. le duc
« d'Orléans et à M. le duc d'Harcourt commandant de la
« province. M. le duc d'Harcourt leur répond qu'il ne peut
« prendre cette affaire sur son compte et en renvoye la déci-
« sion à M. Bertin, ministre et secrétaire d'Etat. Sur quoy
« sont intervenues les décisions suivantes qui sont enregis-
« trées à l'hôtel-de-ville, etc... M. Quillet ne se contenta
« pas de cette première entreprise. Le 16 may, de son auto-
« rité privée et par une suitte de son zelle, sans aucune ré-
« quisition du procureur du roy, rendit une sentence par
« laquelle il ordonne que provisoirement il sera sonné
« pendant 40 jours soir et matin à compter dudit jour, dont
« l'exécution s'en suivit jusqu'à la décision suivante. M. Pas-
« chal, procureur général au conseil supérieur de Nor-
« mandie pendant l'absence du Parlement, auquel j'avois
« portté mes plaintes au sujet de cette sentence dont je vou-
« lois me rendre appellant de concert avec Mgr. de Lysieux
« me répondit, le 31 may, que je pouvois regarder cette sen-
« tence comme non avenue et en cesser l'exécution, ce qui fut
« exécuté sur le champ, malgré les instances et les opposi-
« tions du s^r Quillet... Au milieu de touttes ces contesta-
« tions, MM. les Maire et Echevins firent célébrer dans cette
« paroisse, le 14 septembre, un service solennel pour le
« repos de l'âme de Louis XV où tous les corps assistèrent.
« L'oraison funèbre fut prononcée par le rév. père Adrien,
« sousprieur des Carmes de Rouen ; M. l'abbé Rambault,

« vicaire général de Lysieux y célébra. Après le service on
« distribua une tourte de pain de 6 livres à tous les pauvres
« de la ville. M. Quillet, de son côté, fit également en son
« nom personnel et à ses frais [célébrer un service] en la
« paroisse de Notre-Dame où nous avons assisté avec les
« autres différents corps, sur l'invitation dudit sr Quillet des
« Faudes. Ce qui a été certifié et attesté par nous curé de la
« ditte paroisse Sainte-Catherine, ce trois janvier mil sept
« cent soixante quinze. » Signé, Dupin, curé.

1774. — Sépultures de la paroisse Sainte-Catherine, (1 reg.)

1774. — Baptêmes et mariages de la paroisse Saint-Etienne, (1 reg.)

1774. — Sépultures de la paroisse Saint-Etienne, (1 reg.)

1775-1776. — Baptêmes et mariages de la paroisse Sainte-Catherine, (1 reg.)

1775-1776. — Sépultures de la paroisse Sainte-Catherine, (1 reg.)

1775. — Baptêmes et mariages de la paroisse Saint-Etienne, (1 reg.)

1775. — Sépultures de la paroisse Saint-Etienne, (1 reg.)

1776-1777. — Baptêmes et mariages de la paroisse Sainte-Catherine, (1 reg.) — Le 7 février 1776, mariage d'entre messire Poterat de Saint-Sever, lieutenant-colonel au régiment de Guyenne et Anne-Marguerite-Reine Deshayes.

1776-1777. — Sépultures de la paroisse Sainte-Catherine, (1 reg.)

1776. — Baptêmes et mariages de la paroisse Saint-Etienne. (1 reg.)

1776. — Sépultures de la paroisse Saint-Etienne, (1 reg.)

1777. — Baptêmes et mariages de la paroisse Sainte-Catherine, (1 reg.)

1777. — Sépultures de la paroisse Sainte-Catherine, (1 reg.)

1777.—Baptêmes et mariages de la paroisse Saint-Etienne, (1 reg.)

1777. — Sépultures de la paroisse Saint-Etienne, (1 reg.)

1778-1779. — Baptêmes et mariages de la paroisse Sainte-Catherine, (1 reg.)

1778-1779. — Sépultures de la paroisse Sainte-Catherine, (1 reg.)

1778.—Baptêmes et mariages de la paroisse Saint-Etienne, (1 reg.)

1778. — Sépultures de la paroisse Saint-Etienne, (1 reg.)

1779. — Baptêmes et mariages de la paroisse Sainte-Catherine, (1 reg.)

1779. — Sépultures de la paroisse Sainte-Catherine, (1 reg.)

1779.—Baptêmes et mariages de la paroisse Saint-Etienne, (1 reg.)

1779. — Sépultures de la paroisse Saint-Etienne, (1 reg.)

1780-1781. — Baptêmes et mariages de la paroisse Sainte-Catherine, (1 reg.)

1780-1781. —Sépultures de la paroisse Sainte-Catherine, (1 reg.)

1780.—Baptêmes et mariages de la paroisse Saint-Etienne, (1 reg.)

1780. — Sépultures de la paroisse Saint-Etienne, (1 reg.)

1781-1789. — Baptêmes, mariages et sépultures de la paroisse Saint-Léonard, (1 reg.)

1781. — Baptêmes et mariages de la paroisse Sainte-Catherine, (1 reg.)

1781. — Sépultures de la paroisse Sainte-Catherine, (1 reg.)

1781. — Baptêmes et mariages de la paroisse Saint-Etienne, (1 reg.)

1781. — Sépultures de la paroisse Saint-Etienne, (1 reg.)

1782-1783.—Baptêmes et mariages de la paroisse Sainte-Catherine, (1 reg.)

1782-1783.— Sépultures de la paroisse Sainte-Catherine, (1 reg.)

1782.—Baptêmes et mariages de la paroisse Saint-Etienne, (1 reg.)

1782. — Sépultures de la paroisse Saint-Etienne, (1 reg.)

1783-1784. —Baptêmes et mariages de la paroisse Sainte-Catherine, (1 reg.)

1783-1784.—Sépultures de la paroisse Sainte-Catherine, (1 reg.)

1783. — Baptêmes et mariages de la paroisse Saint-Etienne, (1 reg.)

1783. — Sépultures de la paroisse Saint-Etienne, (1 reg.)

1783-1789. — Baptêmes, mariages et sépultures de la paroisse Notre-Dame, (1 reg.)

1784. — Baptêmes et mariages de la paroisse Sainte-Catherine, (1 reg.)

1784. — Sépultures de la paroisse Sainte-Catherine, (1 reg.)

1784. — Baptêmes et mariages de la paroisse Saint-Etienne, (1 reg.)

1784. — Sépultures de la paroisse Saint-Etienne, (1 reg.)

1785. — Baptêmes et mariages de la paroisse Sainte-Catherine, (1 reg.)

1785. — Sépultures de la paroisse Sainte-Catherine, (1 reg.)

1785. — Baptêmes et mariages de la paroisse Saint-Etienne, (1 reg.)

1785. — Sépultures de la paroisse Saint-Etienne, (1 reg.)

1786-1787. — Baptêmes et mariages de la paroisse Sainte-Catherine, (1 reg.)

1786. — Sépultures de la paroisse Sainte-Catherine, (1 reg.)

1786. — Baptêmes et mariages de la paroisse Saint-Etienne, (1 reg.)

1786. — Sépultures de la paroisse Saint-Etienne, (1 reg.)

1787-1788. — Baptêmes et mariages de la paroisse Sainte-Catherine, (1 reg.)

1787. — Sépultures de la paroisse Sainte-Catherine, (1 reg.)

1787. — Baptêmes et mariages de la paroisse Saint-Etienne, (1 reg.)

1787. — Sépultures de la paroisse Saint-Etienne, (1 reg.)

1788-1789. — Baptêmes et mariages de la paroisse Sainte-Catherine, (1 reg.) — Le 23 avril 1788, acte de baptême de Frédéric-Adolphe Coudre-Lacoudrais, commissaire-général de la marine, député en 1843.

1788. — Sépultures de la paroisse Sainte-Catherine, (1 reg.)

1788. — Baptêmes et mariages de la paroisse Saint-Etienne, (1 reg.)

1788. — Sépultures de la paroisse Saint-Etienne, (1 reg.)

1789-1790. — Baptêmes et mariages de la paroisse Sainte-Catherine, (1 reg.)

1789-1790. — Sépultures de la paroisse Sainte-Catherine, (1 reg.)

1789. — Baptêmes et mariages de la paroisse Saint-Etienne, (1 reg.)

1789. — Sépultures de la paroisse Saint-Etienne, (1 reg.)

SÉRIE II.

Documents divers — Aveux.

(1,157 pièces cotées et numérotées.)

CARTON N° 20.

VICOMTÉ D'AUGE [1]

D. 1. — 12 pièces [2].

1601, 20 octobre. Aveu rendu à Henri de Bourbon duc de Montpensier, par Robert Bonfils pour deux pièces de terre assises dans la paroisse de Pennedepie et dépendant du domaine d'Auge.

1609, 6 août. Copie d'un aveu rendu à Marie de Bourbon duchesse de Montpensier, par Pierre et Guillaume Bataille pour une pièce de terre nommée la Brochette, dépendant du fief du Bièvre et située sur la paroisse de Pennedepie.

1609, 17 octobre. Copie d'un aveu rendu à Marie de Bourbon, par Robert Bonfils pour une pièce de terre dépendant du fief au Biefvre.

1609, 17 octobre. Copie d'un aveu rendu à Marie de Bourbon, par André Barbel avocat, Pierre Gonnier grènetier au magasin à sel, Charles et François Andrieu, Pierre

---

[1] Le pays d'Auge formait une vicomté ayant un siège à Honfleur; elle s'accrut en 1726 de la baronnie de Roncheville et ressortissait pour la justice seigneuriale à la seigneurie de Beaumont. *Dictionnaire topographique du Calvados*, p. 9.

[2] La cote D a été conservée.

Hatten, Nicolas Bazin et Pierre Samson pour un tenement nommé le manoir de la Vente, assis en la paroisse de Saint-Gatien et contenant 36 acres de terre.

1645, 2 septembre. Aveu rendu à Gaston d'Orléans, par Marie Constant, Ambroise de Saint-Pierre, Robert Delomosne, Louis Marescot et Charlotte Guerrier pour un tenement dit le tenement Hobelin, assis sur la paroisse Saint-Léonard de Honfleur.

1645, septembre. Deux aveux rendus à Gaston d'Orléans, par Germain Cazier et Philippe Bonfils pour trois pièces de terre assises à Pennedepie.

1645, 14 octobre. Aveu rendu à Gaston d'Orléans, par Robert Hobey, Pierre Pattin, Julien de la Brière, Jacques Le Long, Michel Marais et Marie Le Long, pour un tenement assis en la paroisse de Notre-Dame et Saint-Léonard, lieu dit le hameau de Cantelou, et consistant en plusieurs pièces de terre sur l'une desquelles « est le parc du Roy. »

1652, 13 juillet. Aveu rendu à Mlle de Montpensier, par Hugues Morin, apothicaire, pour quatre pièces de terre situées à Pennedepie et dépendantes du fief au Biefvre.

1673, 9 août. Pardevant le vicomte d'Auge, François Thiron, bourgeois de Honfleur, Me Charles Thierry, Julien de la Brière et Pierre Le Long reconnaissent tenir de Mlle de Montpensier par foi et hommage un tenement assis en la paroisse de Saint-Léonard « qui est le parc royal de ladite paroisse. »

1675, 3 juillet. Aveu rendu à Mlle de Montpensier, par Germain Cazier pour une pièce de terre assise à Pennedepie et nommée les Pendants Martin.

1753, 3 juillet. Aveu rendu à Mlle de Montpensier, par Louise-Madeleine Barbel des Mesières pour une pièce de terre en herbe située en la paroisse de Daubeuf.

VICOMTÉ DE RONCHEVILLE [1]

D. 2. — 25 pièces.

1586, 5 juillet. Copie d'un aveu rendu à Marie de Bourbon duchesse de Longueville et d'Estouteville, par Isaac Auber pour une place de terre avec maison dessus assise sur la paroisse Notre-Dame de Honfleur.

1608, 14 janvier. Aveu rendu à Henri de Bourbon duc de Montpensier, par Marie Gaillard pour une place de terre avec une maison située en la paroisse de Sainte-Catherine, lieu dit la rue du Puits, tenue en franche bourgade de la vicomté de Roncheville.

1621, 25 juin. Copie d'un aveu rendu à Marie de Bourbon duchesse de Montpensier, par François Hotot pour une place de terre avec maison située en la paroisse de Sainte-Catherine, sur la douve du fossé.

1622. 29 mai et 12 nov. Deux aveux rendus à Marie de Bourbon, par Pierre Vata, Pierre Le Roy, Jeanne Héliot, et par Richard Morin, chirurgien, pour plusieurs places de terre et maisons situées aux lieux dits la Haulte Rue et la Chaussée, paroisse Sainte-Catherine.

1625, 21 juin. Copie d'un aveu rendu à Marie de Bourbon, par Antoine de Billes, écuyer, sieur du Fovier, et Jacques Duval, avironnier, pour une place de terre avec les maisons dessus étant, située dans l'enclos de la ville.

1628, 4 juillet. Aveu rendu à Gaston d'Orléans comme gardien et usufruitier des biens, terres, domaines et seigneuries délaissés à Mlle sa fille par le décès de Marie de Bourbon, son épouse, duchesse de Montpensier, vicomtesse héréditale d'Auge et de Roncheville, dame de Honfleur, etc., par Nicolas Robert pour une place de terre et une maison

---

[1] Ancienne baronnie réunie à la vicomté d'Auge et possédée jusqu'à la Révolution par la maison d'Orléans.

située rue des Logettes sur la douve et contrescarpe du fossé.

1635, 8 et 22 mai. Deux aveux rendus à Gaston d'Orléans, par Jean Vion et Guillaume Charlemaine pour trois places de terre et trois maisons situées au lieu dit la Haulte Rue.

1644, 23 mai. Aveu rendu à Gaston d'Orléans, par Philippe Le Roux pour une place de terre et une maison situées rue du Puits.

1647, 21 janvier. Aveu rendu à Gaston d'Orléans, par Guillaume Morin, chirurgien, pour une place de terre et une maison situées en la rue de la Chaussée.

1647, 20 mars. Aveu rendu à Anne-Marie-Louise d'Orléans, duchesse de Montpensier, par Morin de la Vigne, serrurier-armurier, pour une maison située en la rue de la Chaussée sur la contrescarpe du fossé.

1652, 28 mai et 23 juillet. Deux aveux rendus à Mlle de Montpensier, par Nicolas Hotot et Laurent Morin pour deux places de terre et deux maisons situées l'une sur la contrescarpe du fossé et l'autre dans l'enclos de la ville.

1657-1659. Deux aveux rendus à Mlle de Montpensier, par Charles Mauger et Jacques Bernon pour deux places de terre et deux maisons situées sur la paroisse Sainte-Catherine.

1666, 6 février. Aveu rendu à la baronnie de Roncheville, par Pasquette Picard et Anne Jehenne pour plusieurs maisons assises sur la paroisse Saint-Etienne.

1667, 25 janvier. Aveu rendu à Mlle de Montpensier, par Charles Mauger, pour deux places de terre situées rue de l'Homme-de-Bois.

1667, 8 février. Aveu rendu à Mlle de Montpensier, par François et Jean Le Lièvre, frères, fils de Pierre Le Lièvre, pour un aistre de maison à usage de demeure construit sur les murailles de la ville et sous lequel passe la rivière de Claire.

1668, 28 janvier. Aveu rendu à Mlle de Montpensier, par

François Hobey, Charles Bourgeot, Gilles et Gabriel Duval pour une place de terre en jardin avec les maisons dessus, le tout situé en la paroisse Notre-Dame.

1668, 3 mars. Aveu rendu à Gaston d'Orléans par Jacques et Georges dits Thiron pour un tenement assis en la rue de la Chaussée et borné d'un bout par les héritages faisant partie du vivier de Roncheville ou le mordouët de la rivière de Claire.

1671, 21 février. Aveu rendu à Mlle de Montpensier, par Charles Mauger, marchand bourgeois, pour une chambre et un grenier assis en la paroisse Sainte-Catherine, « à cause de laquelle chambre et grenier je suis tenu et obligé envers mad. Damoyselle en foy, homage, coustume de bourgade, obéissance de cour et jurisdiction, suivre le baon de ses moullins à bled et foullon quand ils sont en estat et autres droicts domaniaux. »

1700, 16 juillet et 5 sept. Deux aveux rendus à Philippe de France, duc d'Orléans, par Marguerite Liébard et Jean Lestorey pour deux places de terre et deux maisons situées en la Haulte Rue du côté vers la mer.

1702, 29 avril. Aveu rendu à Philippe d'Orléans, par Thomas Neveu, Charles Neveu et François Grenguet pour une place de terre et plusieurs maisons situées au lieu dit Haulte Rue.

FIEF DE MEAUTRIX[1]

D. 3. — 88 pièces.

1453, 8 novembre. Copie d'un aveu rendu à Robert de Prestreval, écuyer, seigneur de Meautrix, par Jean Le Bouteiller pour le fief ou aînesse des Octons assis sur la paroisse de Pennedepie.

[1] Commune de Barneville-la-Bertran, canton de Honfleur.

1461, 2 janvier. Robert de Prestreval, prêtre, curé de Fatouville, seigneur du fief de Meautrix, fait remise à Pierre Marguerel de cinq pièces de terre situées sur la commune de Barneville-la-Bertran et dépendantes de l'aînesse Michel le Foullon.

1474, 7 avril, 8 juin et 12 juillet. Trois aveux rendus à Robert de Prestreval, par Jean Le Bouteiller et Jean Gruault pour le fief aux Octons et deux pièces de terre.

1475, 7 avril. Sentence qui autorise la réunion du fief ou aînesse du Vallet tenu de la seigneurie de Meautrix.

1476, 30 avril. Aveu rendu à Robert de Prestreval, par Pierre Cavelier pour un fief ou aînesse nommé le fief Pitres assis en la paroisse de Pennedepie et contenant onze acres.

1479, 30 décembre. Contrat de racquit de 70 liv. de rente pour vente de la seigneurie de Meautrix faite par Robert de Prestreval à Richard Le Paulmier, écuyer, suivant acte du 1er juillet même année.

1480, 5 novembre. Mandement des auditeurs des comptes et conseillers des doyen et chapitre de Notre-Dame de Cléry qui accorde à Richard Le Paulmier, écuyer, l'autorisation de prendre dans la forêt de Touque le bois nécessaire pour l'édifice de son manoir de Meautrix, pour son moulin et pour son chauffage.

1480, 7 novembre. Mandement de Jean de Boucquetot, lieutenant des eaux et forêts d'Auge, autorisant le verdier de la forêt de Touque à délivrer à Richard Le Paulmier les bois nécessaires pour l'édifice tant du manoir et moulin de Meautrix que pour son chauffage.

1482-1485. — Quatre mandements au sujet de la même livraison de bois.

1489, 23 juin. Aveu rendu à Richard Le Paulmier, écuyer, par Jean Naguet, fils de feu Guieffroy Naguet pour la demie vavassorie du Val-au-Presle assise sur la paroisse de Barneville.

1501, 19 juin et 6 juillet. Deux aveux rendus à Guillaume Le Paulmier, écuyer, par Melaingne Augu, maître-ès-arts et prêtre de la paroisse de Pennedepie, pour l'aînesse Tubœuf.

1508, 26 février. Lettres d'appel obtenues par Charles Le Paulmier sieur de Meautrix, au sujet d'une amende prononcée contre lui pour avoir fait abattre un chêne dans la forêt de Touque.

1511, 8 juillet. Aveu rendu à Charles Le Paulmier pour cinq pièces de terre situées à Barneville.

1518, 20 mars. Acte de foi et hommage de Guillaume Le Paulmier à Richard Rogeron, seigneur de la seigneurie du Bois-Ravenot membre dépendant de la châtellenie de Fauguernon, pour son fief de Meautrix assis sur les paroisses de Barneville-la-Bertran, Pennedepie et Honfleur.

1521, 28 mars. Acte par lequel Jean Naguet, bourgeois marchand, vend à Guillaume Le Paulmier, sieur de Meautrix, quatre pièces de terre assises à Barneville plus un pressoir et ses appartenances par le prix de 160 livres tournois.

1523, 12 octobre. Mandement qui permet au verdier de la forêt de Touque de laisser Guillaume Le Paulmier jouir et user de ses droits en ladite forêt.

1541, 10 mai. Acte par lequel Guillaume Le Paulmier, seigneur de Meautrix et de Saint-Nicol, reconnaît tenir son fief noble de Meautrix du fief de Bois-Ravenot.

1543, 24 mars. Mandement du lieutenant de la vicomté d'Auge qui envoie Guillaume Le Paulmier en possession d'une pièce de terre tenue du fief de Meautrix.

1543, 29 mars. Jean Carrel, lieutenant des eaux et forêts de la vicomté d'Auge, autorise les héritiers de Jean Le Petit, garde des registres des fieffes faites en la forêt de Touque, à délivrer une expédition de la fieffe consentie par Thomas Postel à Guillaume Le Paulmier, sieur de Meautrix, de quatre acres de terre du nombre du territoire de ladite forêt,

1543, 7 avril. Mandement du lieutenant général en la juridiction de la table de marbre à Rouen qui autorise la délivrance de l'expédition de la fieffe consentie par Thomas Postel.

1543, 10 juillet. Acte rendu à Guillaume Le Paulmier, par Jacques Le Boyseur pour l'aînesse au Tonnelier.

1545, 30 mars, Mandement qui accorde à Guillaume Le Paulmier un millier de bûches à prendre en une vente de bois assise à Fourneville.

1548, 12 mai. Mandement pour le même objet.

1551, 8 juillet. Aveu rendu à Charles Le Paulmier, écuyer, par Marion veuve de Robert de Savigny pour trois perches de terre.

1551, 8 juillet. Aveu rendu à Charles Le Paulmier, par Marguerite veuve de Massé Pelé pour cinq perches de terre situées à Pennedepie et bornées d'un côté la ruette du Puchot tendante du hamel de Longueville à la grève.

1551, 8 juillet. Aveu rendu à Charles Le Paulmier, par Michel Courson pour quatre perches de terre situées à Pennedepie.

1554, 15 juillet. Aveu rendu à Charles Le Paulmier, par Adrien Naguet, écuyer, sieur de Bretheville, pour deux pièces de terre assises à Barneville.

1567, 14 mai. Aveu rendu à Etienne Le Paulmier, par Jean Gruault pour cinq pièces de terre assises à Barneville.

1570, 11 juillet. Deux aveux rendus à Etienne Le Paulmier, par Pierre Bunel et Jean Caignard pour plusieurs pièces de terre.

1571, 26 juin. Aveu rendu à Etienne Le Paulmier, par Anne Naguet fille de défunt Adrien Naguet, écuyer, sieur de Bretheville [1], pour plusieurs pièces de terre.

---

[1] L'aveu porte « sieur de Barneville » mais c'est une erreur du copiste.

1571, 15 décembre. Exécutoire d'une amende de 5 liv. à laquelle Etienne Le Paulmier a été condamné pour abatis de bois dans la forêt de Touque.

1576, 19 octobre. Acte par lequel « Estienne Le Paoulmyer » vend à Jean Le Changeur, procureur du roi en l'amirauté, par le prix de 668 liv. 5 s. t. le pré Normand assis à Barneville.

1578, 13 mars et 3 novembre. Deux mandements qui ordonnent la livraison de 500 bûches à Etienne Le Paulmier.

1578, 9 juillet. Aveu rendu à Etienne Le Paulmier, par Julien Michault et Jean dit Le Boyseur, frères, pour deux acres de terre.

1580, 9 août. Aveu rendu à Etienne Le Paulmier, par Silvain Borel, écuyer, sieur de la « Vysparderye », époux de Blanche Le Paulmyer fille d'Artus Le Paulmyer, pour une pièce de terre.

1581, 8 juillet. Aveu rendu à Etienne Le Paulmier, par Philippe et Louis Auzeree, fils de Richard Auzeree, pilote de navire, pour quatre pièces de terre situées à Pennedepie et faisant partie du fief Tubœuf.

1582, 2 mars. Mandement qui autorise la livraison à Etienne Le Paulmier de 500 bûches à prendre en la garde de la Haie du Theil, forêt de Touque.

1582, 17 juillet. Aveu rendu à Etienne Le Paulmier, par Robert Duval pour plusieurs pièces de terre faisant partie du fief ou aînesse des Rocquettes assis sur la paroisse de Barneville.

1586, 25 juin. Aveu rendu à Etienne Le Paulmier, par Madeleine Bunel pour une pièce de terre assise à Barneville et dépendante du fief ou aînesse au Foulon.

1594, 5 mars. Etienne Le Paulmier, écuyer, sieur de Meautrix, et Marie Délins (sic) son épouse, reconnaissent avoir baillé en échange à Cardin Bellet cinq acres de terre.

1594. Mandement pour la livraison de 500 bûches à Etienne Le Paulmier.

1595, 1er août. Acte par lequel Etienne Le Paulmier vend à Thomas Bigot, lieutenant général en la vicomté de Roncheville, trois acres de terre en pré situées à Barneville, par le prix de 1800 livres.

1596, 25 juin et 16 novembre. Deux aveux rendus à Etienne Le Paulmier, par Madeleine Bunel et par Perrette du Bois pour une pièce de terre et l'aînesse Tubœuf.

1597, 4 juillet. Deux aveux rendus à Etienne Le Paulmier, par Cardin Bellet et Guillaume Hatten dit du Val pour deux pièces de terre en labour situées à Barneville.

1600, 16 juin. Sentence du lieutenant de la vicomté de Roncheville qui permet à François Le Paulmier, écuyer, sieur de Meautrix, de reprendre la possession de deux acres de terre nommées le Chesnot dont Thomas Caignard jouissait comme fermier.

1600, 10 juillet. Aveu rendu à François Le Paulmier, par les enfants de Louis Heurtelot pour une pièce de terre à Pennedepie.

1602, 16 septembre. Mandement qui autorise la livraison de 500 bûches.

1603, 17 juillet. Aveu rendu à François Le Paulmier, par François Le Boiseur pour deux acres de terre faisant partie du fief au Tonnelier.

1605, 23 juin. Trois aveux rendus à François Le Paulmier, par Grégoire et Michel Dupuis et par Philippe Bellet, avocat, pour une pièce de terre en labour et une autre pièce de terre nommée les Longs Champs, situées à Barneville.

1605, 27 juin. Mandement pour la livraison de 500 bûches au manoir de Meautrix.

1605, 2 novembre. Remise faite par Guillaume Du Prey, sieur du Pommeret, lieutenant général en la vicomté de Blangy et Marie Le Changeur son épouse, à François Le

Paulmier d'une pièce de terre nommée le pré Normand.

1606-1607. Deux mandements pour livraison de bois.

1607, 14 octobre. Remise faite par Thomas Bigot, lieutenant général de la vicomté de Roncheville, à François Le Paulmier de plusieurs pièces de terre.

1608-1609. Deux mandements pour livraison de bois.

1609, 13 juillet. Aveu rendu à François Le Paulmier, par Jacques et Guillaume dits Castel pour une pièce de terre et trois maisons situées à Pennedepie.

1613, 15 juillet. Aveu rendu à François Le Paulmier, par Elie Ameline, avocat, pour neuf pièces de terre à Barneville.

1615, 20 juillet. Aveu rendu à Dlles Avoye et Françoise Le Paulmier, dames de Meautrix, filles et héritières de François Le Paulmier, par François et Raullin Doublet, frères, pour trois pièces de terre situées à Barneville et à eux échues pour le décès de Madeleine Fréard, leur mère et autre Doublet leur oncle.

1623, 19 juin. Aveu rendu à Avoye et Françoise Le Paulmier, par Simon Besongne, prêtre, curé de Pennedepie, pour une pièce de terre et une maison.

1626, 27 mai. Aveu rendu à Avoye et Françoise Le Paulmier, par Guillaume Bellet pour un tenement de cinq acres de terre nommé les Longs Champs.

1633, 12 juin. Acte de foi et hommage rendu à Nicolas Le Mire, écuyer, seigneur des fiefs, terres et seigneuries d'Angerville, la Pinterie, Carsy, le Bois-Ravenot, etc., à cause de sadite seigneurie du Bois-Ravenot, par Jacques de Bautot, écuyer, sieur de la Rivière, ayant épousé Dlle Avoye Le Paulmier, pour le fief de Meautrix qui fait les deux tiers d'un plein fief de haubert, lequel fief consiste en un manoir et pourpris, colombier, terres labourables, prés, herbages, bois taillis, pâturages et s'étend sur les paroisses Notre-Dame de Honfleur, Barneville, Pennedepie, Vasouy et aux environs.

1638, 23 juin. Aveu rendu à Jacques de Bautot, par Marie Samson civilement séparée quant aux biens d'avec Raullin Doublet, pour une pièce de terre située à Barneville et nommée « la Croix en labeur. »

1657, 9 octobre. Sentence du lieutenant des eaux et forêts qui ordonne la livraison de 500 bûches à Jacques de Bautot.

1658, 18 et 28 juin. Deux aveux rendus à Jacques de Bautot, par François Bellet et Léonard Le Paulmier pour deux pièces de terre nommées les Longs Champs et les Champs Neauvillé.

1660, 5 octobre et 5 décembre. Deux aveux rendus à Jacques de Bautot, par Gabrielle de Hardeley, veuve de Michel Ameline, verdier de la forêt de Touque, pour huit pièces de terre situées à Barneville.

1662, 21 juin. Aveu rendu à Jacques de Bautot, par Pierre Pecquet pour deux pièces de terre.

1662, 2 juillet. Sentence de réunion de deux pièces de terre faisant partie de l'aînesse au Foulon.

1725, 4 et 8 janvier. Deux aveux rendus à Catherine Du Buc veuve et non héritière de Jacques de Bautot, par Pierre Lion procureur en l'amirauté et Marie Verger pour plusieurs pièces de terre.

1725, 10 janvier. Sentence qui adjuge la réunion des héritages de l'aînesse Michel au Foulon.

FIEF DU MESNIL-FERRI [1]

D. 4. — 10 pièces.

1596. Aveu rendu aux abbé et religieux du couvent de Notre-Dame de Grestain, seigneurs du fief, terre et sei-

---

[1] Situé sur la commune de Notre-Dame-du-Val-sur-Mer (Eure), le plein fief de haubert et sergenterie héréditale du Mesnil-Ferri relevait du roi à cause du comté de Montfort. « Ce fief fut longtemps possédé

gneurie du Mesnil-Ferri, par Jacques des Isles pour un fief ou aînesse, nommé le fief Amelot du Boscage assis en la paroisse de Conteville et contenant six acres de terre.

1623, 30 mai. Copie d'un aveu rendu aux abbé et religieux de Notre-Dame de Grestain, par Elie Daufresne pour l'aînesse nommée le fief au Moine assise en la paroisse de Beuzeville et contenant cinq acres.

1626, 18 juillet. Copie d'un aveu rendu aux abbé et religieux de Notre-Dame de Grestain, par Guillaume Boullent pour un tenement nommé le tenement Rochefort assis en la paroisse de Notre-Dame-du-Val.

1636, 20 novembre. Aveu rendu aux abbé et religieux de Notre-Dame de Grestain, par Guillaume et Richard des Isles pour le fief Amelot du Boscage.

1645, 9 novembre. Aveu rendu aux abbé et religieux de Notre-Dame de Grestain, par Jean Daufresne fils Elie pour le fief au Moine.

1648, 30 septembre. Aveu rendu aux abbé et religieux de Notre-Dame de Grestain, par Jean Vallentin pour un tenement d'ancienneté appelé le tenement Avecquins assis sur la paroisse de Beuzeville.

1648, 21 octobre. Aveu rendu aux abbé et religieux de Notre-Dame de Grestain, par Pierre et Jean Vallentin pour un tenement appelé le tenement Fiaboulley assis sur la paroisse de Beuzeville.

1663, 3 février. Sentence de Guillaume Paulmier, bailli de la baronnie et haute justice de Grestain contre les tenants du fief Rochefort.

---

par la famille de Gaillon. Vers le milieu du xviie siècle le Mesnil passa à l'abbaye de Grestain. » — Canel, *Essai sur l'arr. de Pont-Audemer*, II, 483 ; — *Mém. et notes de M. Aug. Le Prevost*, etc., II, 504.

Le premier aveu que nous citons permettra de corriger les indications ci-dessus. Il faut lire xvie siècle et non xviie siècle.

FIEF DE BLOSSEVILLE[1] ET DE CRIQUEBEUF[2]

D. 5. — 34 pièces.

1579, 6 juillet. Copie d'un aveu rendu à Lancelot de la Garenne, sieur de « Bouclon » (Bouquelon) et de Blosseville, par Marie Le Danois pour une pièce de terre située à Pennedepie et nommée les Gravelles.

1598, 6 juillet. Copie d'un aveu rendu à Lancelot de la Garenne, par Robert Bonfils pour une pièce de terre nommée les Héroulx.

1600, 4 juillet. Copie d'un aveu rendu à Lancelot de la Garenne, par Philippe Bonfils pour deux pièces de terre situées à Pennedepie.

1606, 6 juillet. Aveu rendu à Lancelot de la Garenne, par Germain Boudard, greffier de l'hôtel commun de la ville de Honfleur, pour une pièce de terre en labour nommée la Fossette, située à Pennedepie et faisant partie de l'aînesse ou fief de la Fauconnerie.

1618, 17 juillet. Aveu rendu à Robert Malet, écuyer, seigneur des terres et sieuries de Saint-Martin, Clarbec et Blosseville, par Simon Fremont, sieur de la noble vavassorie de Quetteville, pour trois pièces de terre situées à Pennedepie.

1620, 4 juillet. Copie d'un aveu rendu à Lancelot de la Garenne, par Steve Le Maistre pour une pièce de terre en labour, située à Pennedepie et nommée le Long Bovel.

1626, 2 et 3 juin. Deux aveux rendus à Robert Malet, écuyer, par Germain Boudard, tabellion et Geuffin Le Maistre pour cinq pièces de terre situées à Pennedepie et fai-

---

[1] Commune de Pennedepie, canton de Honfleur.
[2] Canton de Honfleur.

sant partie de l'aînesse au Marmion dont est aîné et assembleur Me Jacques Auber, receveur des deniers.

1627-1628. Six aveux rendus à Robert Malet, par Michel Mazaie, Jean Morin apothicaire et Jacqueline Bonfils pour plusieurs pièces de terre situées à Pennedepie et à Criquebeuf.

1629-1651. Cinq aveux rendus à Robert Malet, par Pierre Cazier, Jean Morin, Pierre Cazier, Antoine Haguelon et Anne Varin pour plusieurs pièces de terre situées à Pennedepie.

1652-1672. Douze aveux rendus à François Malet de Graville, chevalier, par Hugues Morin, Élie et Germain Cazier, Susanne Telles pour plusieurs pièces de terre situées à Pennedepie.

1685, 18 juin. Aveu rendu à François Malet de Graville, par Olivier Le Bouteiller pour une pièce de terre située à Pennedepie et nommée le Clos Léger.

1718, 30 mars. Deux aveux rendus à Abel-Toussaint de Thiville, chevalier, comte de Bapaulme, par Anne Malet, veuve de Pierre Heuzey pour une pièce de terre située à Pennedepie.

FIEF DE LA HAYE-BERTRAN [1]

D. 6. — 13 pièces.

1625, 17 juillet. Aveu rendu à François de Courseulle écuyer, par Richard Fillolet, Raullin Vacquet, Louis Villey, etc., pour six pièces de terre en labour situées sur la paroisse Saint-Léonard.

---

[1] Cette terre d'une contenance de 260 acres fut fieffée par Louis XI à Richard de Thieuville au mois d'avril 1472. — Arch. Nat. P. 1907, n° 16185. — Elle était assise sur la paroisse de Saint-Léonard de Honfleur et sur celle de Gonneville.

1655, 26 octobre. Aveu rendu à Louis de Courseulle, par Guillaume Boudard, Jean Pestel et Robert des Houlles pour un tenement de 18 acres de terre assis en la paroisse Saint-Léonard.

1663, 25 et 28 juin et 28 juillet. Trois aveux rendus à Louis de Courseulle, par Gabriel Gazel et Pierre Gamare pour plusieurs pièces de terre situées sur la paroisse Saint Léonard.

1668, 23 et 28 juin. Deux aveux rendus à Louis de Courseulle, par Louis Le Nantier, sieur de la Rocquerie, Louis Brulard, Michel Le Broc, etc., pour deux tenements assis au lieu dit le Désert.

1673-1676. Quatre aveux rendus à Louis de Courseulle, par Jean Petit, Pierre Langlois, Louis Langlois pour plusieurs pièces de terre situées sur la paroisse Saint-Léonard.

1687, 24 janvier et 1er juillet. Deux aveux rendus à Louis de Courseulle et à Jean de Courseulle, son fils, par Marguerite Bréard, François et Pierre Gazel, pour neuf pièces de terre situées en la paroisse Saint-Léonard.

FIEF DE PRESTREVILLE [1]

D. 7. — 8 pièces.

1606, 5 juillet. Copie d'un aveu rendu à Isabeau de Féron, veuve de Jean Conseil, écuyer, sieur du Mesnil, dame de la terre et sieurie de Prestreville, par Charles Ancquetil pour l'aînesse nommée le fief Escamel assis sur la paroisse de Gonneville-sur-Honfleur.

1620, 14 janvier. Copie d'un aveu rendu à Isabeau de Féron, par Pierre Guillebert pour une pièce de terre en pré.

1622, 7 juillet. Copie d'un aveu rendu à Guillaume Le

---

[1] Commune de Gonneville-sur-Honfleur.

Roux, sieur de Prestreville, par François Léfebvre, sieur de la Borderie, pour cinq pièces de terre situées à Gonneville.

1626, 6 juillet. Aveu rendu à Jacques de Varin, sieur de Saint-Quentin et de Prestreville, par Pierre Guillebert pour une place de terre assise en la paroisse de Gonneville.

1652, 20 juin. Aveu rendu à Jacques de Varin, par Jean Giffard, marchand, pour le fief ou aînesse de Hunières assis en la paroisse de Gonneville.

1661-1677. Trois aveux rendus à Jacques de Varin, par Elie et Pierre Guillebert pour 4 pièces de terre.

CARTONS N°s 21 ET 22.

FIEF DE DAUBEUF[1]

D. 8. — 132 pièces.

1544, 25 février. Aveu rendu à Robert Grente, seigneur de Villerville et Daubeuf[2], par Bénoit de la Porte pour une place de terre et une maison assises à Saint-Léonard de « Honnefleu » et dépendant de la vavassorie au Dépensier[3].

1554, 7 juillet. Aveu rendu à Robert Grente par Nicolas Botentuit pour deux places de terre avec maisons situées en la paroisse Saint-Léonard.

1573, 26 novembre. Aveu rendu à Jean Grente, seigneur de Saint-Pierre-Azif, Daubeuf et le Rozel, par Robert Moullin et Noël Le Grix pour une place de terre et des maisons dépendantes de la vavassorie au Dépensier.

1577-1578. Deux aveux rendus à Jacques Grente, par Ri-

[1] Situé sur la paroisse Saint-Léonard de Honfleur.
[2] Un Guillaume Vipart, écuyer, était seigneur de Daubeuf en l'année 1458.
[3] Un Philippe le Despensier est cité dans les comptes de la vicomté d'Auge, année 1334. — *Actes normands*, p. 86.

chard Guillebert et Vincent Coquet, écuyer, pour deux places de terre, maisons et jardins situés dans l'enclos de la ville et rue des Buttes.

1586. 29 mai. Aveu rendu à Jacques Grente, par Noël Bourgeot, pour une place de terre et des maisons situées rue Bourdel.

1600, 25 mai. Aveu rendu à Jacques Grente, par Robert Mauger pour une place de terre et une maison, paroisse Saint-Léonard.

1601, 12 juillet. Aveu rendu à Nicolas de Brinon, conseiller au parlement de Rouen, seigneur des fiefs, terres et sieuries de Daubeuf et du Rozel, par Jeanne Benard pour une place de terre et une maison, paroisse Saint-Léonard.

1604, 4 novembre. Aveu rendu à Nicolas de Brinon, par Louise Huen pour deux places de terre : la première acquise de Pierre Varin en 1596 et bornée par le carrefour Saint-Léonard ; la seconde en pré et bornée d'un bout la rivière de Claire, d'autre côté la rue des Buttes.

1605. 10 juin, 7 et 14 juillet, 1er octobre. Quatre aveux rendus à Nicolas de Brinon et Charles de Brinon, par Jean Delanoe, corroyeur, Robert Bonfils, Guillaume Saffrey et Guillaume Mauger pour plusieurs places de terre et maisons situées rue des Buttes.

1607. 5 juillet. Aveu rendu à Charles de Brinon, par Jean Laigle, tailleur d'habits, pour une place de terre avec maisons du nombre de la vavassorie au Dépensier.

1607, 5 juillet. Copie de l'aveu précédent.

1609. Cinq aveux rendus à Charles de Brinon, par Mathieu Le Cesne, Gilles Otton et Antoine Duval pour plusieurs placès de terre du nombre de la vavassorie au Dépensier.

1613, 15 et 27 juin. Deux aveux rendus à Charles de Brinon, par Pierre Guillebert et Philippe Le Duc pour deux maisons situées rue des Buttes et rue Bourdel.

1615. Neuf aveux rendus à Louis Le Doyen, gentilhomme

de la compagnie du roi, seigneur châtelain de Hautfort Sacanville, Ablon, Saint-Ouen-le-Mauger, Ableville, Bailleul, le Rozel et Daubeuf, par Philippe Le Duc, Jean Le Comte, Antoine Duval, Louis Lequen, Jean Delanoe, François Le Duc, drapier, Jean Hobey et Robert Laigle, pour plusieurs places de terre et maisons situées rue des Buttes.

1617. Sept aveux rendus à Robert Le Doyen, gentilhomme ordinaire de la compagnie du roi, par Charles et Jean dits Mauger, Jacques Le Grix, Guillaume Saffrey, François Saffrey, Pierre Guillebert, Antoine Le Carpentier, mesureur au grenier à sel, et Isaac Houssaye pour plusieurs places de terre et maisons situées rue des Buttes.

1623, 20 octobre et 4 nov. Deux aveux rendus à Robert Le Doyen, par Roger de la Haize et Richard Guérard pour deux places de terre et deux maisons situées rue des Buttes et rue Bourdel.

1626-1643. Huit aveux rendus à Henri Le Doyen, par Jacques Leduc, tanneur, Robert Moullin, Guillaume Le Normant, François Duval, François Le Cesne, Etienne Le Comte, tanneur, et Pierre Le Duc, tanneur, pour plusieurs places de terre et maisons situées rue des Buttes et dans l'enclos de la ville.

1647-1651. Cinq aveux rendus à Henri Le Doyen, par Isabeau Fresbert, Robert Bourgeot, Jeanne et Françoise Bourgeot, Nicolas et François Le Duc pour plusieurs places de terre et maisons situées rue Bourdel et rue des Buttes.

1652, 7 septembre. Aveu rendu à Henri Le Doyen, par Jean et Nicolas Normand pour une maison qui est l'hôtellerie où pend pour enseigne le Lion vert, rue Bourdel, paroisse Saint-Léonard.

1655-1660. Huit aveux rendus à Henri Le Doyen, par Jean Le Duc, François Le Duc, Fleurie Laigle, Robert Haren, Guillaume Deglos, Jean Guillou, tanneur, Jean Le Lièvre et Élie Le Duc pour plusieurs places de terre et maisons situées rue des Buttes, au lieu dit la Rivière, rue Bourdel.

1663-1666. Neuf aveux rendus à Henri Le Doyen, par François Cotton, François Hobey, Etienne Duval, avocat, Elie Guillebert, Jean Le Jugeur, Jean Guerrier, Guillaume Mauger, prêtre, Pierre Lefebvre, écuyer, sieur de Saint-Germain, avocat, pour plusieurs places de terre, maisons et jardins situés rue Bourdel et rue des Buttes, et pour un corps de logis situé dans l'enclos de la ville et nommé le Grand Dauphin.

1667-1669. Quatorze aveux rendus à Henri Le Doyen, par François Gremond, François Hobey, Louis Benard, François Langlois, Jean-Nicolas et Jean Guillemard, Jean, Vincent et Jacques Duglas, François Bellet, Gilles et Gabriel Duval, Jacques Herbelin, Jean Moullin, Pierre Guillebert, Marie Duval veuve de Gabriel de Brèvedent, Guillaume Le Duc pour plusieurs places de terre et maisons situées : rue des Buttes, lieu dit la grande Rue, lieu dit la Rivière, lieu dit les Longs Champs et dans l'enclos de la ville.

1671, 13 juin. Aveu rendu à Henri Le Doyen, par Jean Saffrey, greffier en la verderie de la forêt de Toucque pour une place de terre et une maison situées rue des Buttes.

1672-1673. Trois aveux rendus à Claude, Jean et Henri Le Doyen, écuyers, par Susanne Lestorey, Jean Guillou et Jacques Hobey pour plusieurs places de terre et maisons situées rue des Buttes.

1674-1679. Sept aveux rendus à Claude Le Doyen, prêtre, curé de Fatouville, par Catherine Maharu, Guillaume Deglos, Guillaume Le Duc, Antoine Deglos et Pierre Langlois pour plusieurs places de terre situées sur la paroisse Saint-Léonard.

1681-1689. Six aveux rendus à François Le Doyen, par Nicolas Plouin, François Pouchin, chirurgien, Jean Cheslots, Jean Hobey et Charles Gremond pour plusieurs places de terre situées sur la paroisse Saint-Léonard.

1690-1700. Neuf aveux rendus au fils mineur de François Le Doyen, par Pierre Fillastre, Nicolas Langlois, Guillaume Le Jugeur, Louis Le Roy, sieur de Livet, Jean Daufresne, Elie Deglos, pilote, Jacques Brassy et Louis Fournier pour plusieurs places de terre situées rue des Buttes et rue Bourdel.

1702-1703. Deux aveux rendus à Louis-François-Nicolas Le Doyen, par Nicolas Hébert et Jean Delanney.

1712-1715. Dix aveux rendus à Cécile de Brunon veuve de François Le Doyen, par François Le Duc, Pierre et François Bourdel, frères, Jacques Thierry, Jacques Brassy et Georges Bellois, Adrien Plouin, Catherine Rose, Marie Chelots, Jacques de la Fosse, Pierre Hébert, Pierre Henry, cordier, pour plusieurs places de terre situées rue des Buttes et faisant partie de la vavassorie au Dépensier.

1733. Neuf aveux rendus à Henri-Eustache de Saint-Pierre, seigneur de Saint-Julien, par Jean Fontrel, tanneur, Jean Campion, François Cotton, prêtre, Nicolas Fillastre, Louis Plouin, Marie Cheslots, François Gremont pour plusieurs places de terre et maisons situées sur la paroisse Saint-Léonard.

FIEF DE·MANNEVILLE-DAUBEUF [1]

D. 9. — 140 pièces.

1482, 12 juillet. Deux aveux rendus à Jacques Langlois écuyer, seigneur du fief, terre et sieurie du petit fief de Manneville, par Jourdain Monart et Arnoult Ducairain pour

---

[1] Ou Manneville-le-Petit-Fief, s'étendant aux paroisses de Notre-Dame et Saint-Léonard de Honfleur.

deux places de terre situées en la paroisse de « Nostre-Dame et Saint-Léonard de Honnefleu ».

1504-1512. Treize aveux rendus à Jacques Langlois, par Pierre Mérieult, Jean Grente, Jean Benard, Pierre Le Thiou, Jourdain Moinot, Pierre Le Maistre, Pierre Hotot, Thomas Moustier, Mahiet le Roy, Raoullin Lefebvre, Colin Le Mestre, Thomas et Jean Benard pour plusieurs places de terre situées sur la paroisse Saint-Léonard.

1531, 2 juillet. Un aveu rendu à Robert Langlois, par Guillaume Laurens pour un tenement et une maison situés sur la paroisse Saint-Léonard au faubourg de Honfleur et bornés d'un côté Robert Pestel, d'autre côté le chemin tendant à la barre Vassal et d'autre bout les Pestiaux.

1538, 16 mai et 6 juillet. Deux aveux rendus à Robert Langlois, par Michel Pestel et Jean Lestorey pour deux places de terre situées en la paroisse Saint-Léonard.

1540. Vingt-trois aveux rendus à Robert Langlois et à Jean Langlois, par Guillaume Varin et Thomas Hobbé, Robert Esnault, Robert Bouchart, Jean Mérieult, Pierre Le Thiou, Charlot Rozé, Jean Gimer, Jean Couppey, Thomas Thierry, Robert Pestel, Marin Repetye, Jean Le Jugeur, Georget Anfrey, Léger Esnault, Jean Delomosne, Simon Gimer dit Cavelet, Louis Viel, Marin Bellou, Julien Paon, Marion Campion, Edouard Paon, Jean Danisy, prêtre, pour plusieurs places de terre et maisons situées sur la paroisse Saint-Léonard.

1541. Seize aveux rendus à Robert Langlois, par Jean Viel, Richard Jourdain, Guillaume et Gueffroy Grente, Jean Vallée, Jean Girot, Thomas Fillolet, Fabien et Thomas dits Erembout, François Hotot, Michel Le Quen, Guillaume Cavellier, prêtre, Jean Frémont, Richard Auzeraie, Jean Restoult, Thomas Gardin, Richard Letellier pour plusieurs places de terre et maisons situées sur la paroisse Saint-Léonard.

1542, 15 mai et 15 juin. Deux aveux rendus à Robert Langlois par Robert Tubeuf et Marguerite fille de Charlot Rozé pour deux places de terre situées en la paroisse Saint-Léonard.

1543-1549. Neuf aveux rendus à Robert Langlois, par Richard Semont, Thomas Haro prêtre, Jacques Le Masurier, Guillaume Auber, Josse Petit, Gillet Vassal, Pierre Danisy, Marion veuve de Gueffroy Campion, Thomas Bellou pour plusieurs places de terre et maisons situées en la paroisse Saint-Léonard.

1550-1560. Dix-sept aveux rendus à Jean Langlois, par les héritiers de Thomas Bellou, Pierre Langlois, Olivier Toutain, Jean Langlois, prêtre, Michel Pestel, Jean Vallée, Richard Jourdain Olivier Toutain, Pierre Viel, Toussaint Veuve, drapier, Nicolas Amiot, Adrien Callamare, Robert Langlois, Jean Rozé, Toussaint Vivian et Thomas Villey, prêtre, pour plusieurs places de terre et maisons situées en la paroisse Saint-Léonard.

1565-1568. Dix-neuf aveux rendus à Durand Langlois, par Constant Hotot, Jean Semont, Jean Girot, Andrieu Le Monnier, Guillaume Bellet, Pierre Thierry, Thomas Thierry, Toussaint Vivian, Pierre Eulde, Guillaume Vollet, Antoine Houssot, Robert Bourgeot, Collas Potier, Jacques Bellou, Jacques Godard, Germain Jonnin, Mathieu Restoult, Christophe Lescailley et Guillaume Campion pour plusieurs places de terre et maisons situées paroisse Saint-Léonard aux lieux dits : la Grande Rue, la rue tendante à la rue « de la Cahyère », la rue et pavement du roi tendant à l'église Saint-Léonard, Saint-Sauveur, la barre Vassal, le Jardin aux Chats,

1579. Trois aveux rendus à François Pestel, seigneur de la sieurie de Manneville-le-Petit-Fief, par Charles Jourdain, Jacques Langlois et Louis Langlois, pour deux places de terre et maisons.

1583-1597. Quatre aveux rendus à Remond Langlois, par Jean de Maharu, prêtre, curé d'Ablon, Mathieu Restoult, Nicolas Frémont, prêtre et François Frémont, pour trois places de terre et maisons situées sur la paroisse Saint-Léonard.

1602-1627. Six aveux rendus à Jean de Brèvedent, sieur du Bosc, conseiller du roi au bailliage et siège présidial de Rouen, sieur du Boscage, Saint-Nicol et Manneville-Daubeuf, par Olivier Bourgeot, Jacques Ernoult, Girard Morel, Nicolas Lescailley, Jean Le Bouteiller et Constant Paulmier pour plusieurs places de terre et maisons situées sur la paroisse Saint-Léonard.

1628, 22 juillet. Aveu rendu à Georges de Brèvedent, prêtre, curé d'Englesqueville, par Jeanne Durand du fief ou aînesse Campion assis en la paroisse Saint-Léonard au lieu dit les Vases, le long du rivage de la mer, dont tiennent une portion Robert et Pierre de la Roche, Pierre Duglas, Richard Bonbaril, Marguerin Benoist, Sébastien Boudin, Antoine Bailleul, Jean Hédouin, Durand Michault, Guillaume Guérin et Thomas Pestel, pour lequel fief les susdits nommés sont tenus payer 3 sols tournois de rente sieurale.

1630, 15 janvier. Aveu rendu à Georges de Brèvedent par Jean Duglas pour une pièce de terre située sur la paroisse Saint-Léonard.

1639-1645. Cinq aveux rendus à François Le Doyen, sieur de la Guérie, du Plessis et de Manneville-Daubeuf, par Guillaume Delanney, Jean et Guillaume Paulmier, Robert Bonnier, Jeanne Herembourg pour plusieurs pièces de terre et maisons situées sur la poroisse Saint-Léonard.

1651, 15 juillet. Aveu rendu à François Le Doyen, par Jean Viel, charpentier, pour l'aînesse Campion située au lieu dit les Vases.

1653-1655. Deux aveux rendus à François Le Doyen, par Paul Bonbaril et Martin Fosse, charpentier, pour deux places de terre et maisons situées sur la paroisse Saint-Léonard.

1661-1687. Cinq aveux rendus à Henri Le Doyen, par François Brochard, Geneviève Pattin, Germain Vimont et Vincent Vimont, pour plusieurs places de terre et maisons situées sur la paroisse Saint-Léonard.

1690-1699. Cinq aveux rendus à Henri Le Doyen, par Noël Vanier, Jeanne Paulmier, Jeanne Vassal et Louis Miard pour l'aînesse Campion et plusieurs places de terre situées en la paroisse Saint-Léonard.

1713. Deux aveux rendus à Cécile de Brunon, par François Hérault pour deux maisons situées sur la paroisse Saint-Léonard.

FIEF DE SAINT-NICOL [1]

D. 10. — 482 pièces.

1501, 21 juin et septembre. Deux aveux rendus à Artus Le Paulmier, seigneur de Saint-Nicol, par Pierre Voisard et Pierre Neufville dit Robin, pour trois places de terre situées sur la paroisse Sainte-Catherine, bornées d'un côté la ruette conduisant à « Moullynaulx. »

1505, 13 juin et 26 septembre. Trois aveux rendus à Artus Le Paulmier, par Philippin Huache, Martin veuve d'Etienne Freulart et Michel Amaulry, prêtre, pour trois maisons situées sur la paroisse Sainte-Catherine, l'une d'elles bornée par la rue tendante à la carrière des Hélins et autre rue tendante à la fontaine Saint-Etienne.

1509, 4 et 14 juillet. Deux aveux rendus à Guillaume Le Paulmier, écuyer, par Jean Auber, l'ainé, Jean et Olivier

---

[1] Ou de Saint-Nicolas-du-Val-de-Claire. La chapelle du même nom dépendait de l'abbaye de Grestain.

Auber pour deux places de terre « jouxte la rue tendante à la quarrière de Hellins ».

1533, 26 juin. Aveu rendu à Jean Le Paulmier, par Guillaume Sanson pour une place de terre bornée par la rue tendante à la carrière.

1534, 10 juin. Aveu rendu à Guillaume Le Paulmier, par Guillaume et Colin dits Neufville pour deux places de terre bornées d'un côté le chemin du roi tendant à « Moullineaulx ».

1534, 25 juin. Aveu rendu à Jean Le Paulmier, par Denis Sanson pour une place de terre et une maison bornées d'un coté par la rue tendante « du pont de la charière ès foulleries ».

1534, 2 juillet. Aveu rendu à Guillaume Le Paulmier, par Jean Benard pour une place de terre située sur la paroisse Sainte-Catherine au lieu dit Saint-Nicol et bornée d'un bout le chemin du roi, de l'autre les prés Monssains.

1542, 11 juin. Aveu rendu à Guillaume Le Paulmier, par Jean de Ferrières dit Lallemant pour une place de terre et une maison situées sur la paroisse Sainte-Catherine.

1550, 14, 17, 16 juin et 1er juillet. Quatre aveux rendus à Artus Le Paulmier, par Nicolas Delamare, Jeanne veuve de Pierre Legros, Jean de Ferrières dit Lallemant et Pierre Haurey pour plusieurs places de terre et maisons situées sur la paroisse Sainte-Catherine.

1551, 4 et 9 juillet. Deux aveux rendus à Artus Le Paulmier, par Michel Vion et Pierre Delanney, mes de navire, pour deux places de terre situées sur la paroisse Sainte-Catherine.

1551, 19 juillet. Aveu rendu à Artus Le Paulmier, par Pierre Desmares pour une place de terre et une maison, bornées d'un côté le chemin tendant de la fontaine Saint-Etienne à la rue du Puits et d'autre côté le chemin tendant de l'église Sainte-Catherine à la chapelle Saint-Nicol.

1551, 8 octobre. Aveu rendu à Artus Le Paulmier, par Pierre Fouquelin pour une place de terre et une maison où pend pour enseigne Saint-Hubert, bornée d'un côté la rue tendant de l'église Sainte-Catherine à la chapelle Saint-Nicol.

1553, 13 et 14 juin. Deux aveux rendus à Artus Le Paulmier, par Louppes Campion et Marguerite Pinchemont pour deux places de terre et deux maisons bornées d'un côté par le chemin tendant de la Corderie à la croix Saint-Siméon.

1556, 21 mai. Deux aveux rendus à Artus Le Paulmier, par Jean Le Quen pour deux places de terre et deux maisons bornées d'un bout la rue Bruslée tendante de l'église Sainte Catherine à Saint-Nicol.

1557, 16 juin. Aveu rendu à Artus Le Paulmier, par Philippot Buisson pour une place de terre située rue du Puits.

1557, 1er juin et 1er juillet. Deux aveux rendus à Artus Le Paulmier, par Jean Vyon et Guillaume Desplanches pour deux pièces de terre en plant et jardin, la première située paroisse Sainte-Catherine et bornée d'un côté le chemin tendant au moulin de Saint-Nicol, d'autre côté une ruette tendante de la rue de Hault aud. moulin et d'autre bout les Neufville ; la seconde située rue du Puits.

1560-1563. Dix-neuf aveux rendus à Hélie Chaudet, capitaine de marine, sieur de Saint-Nicol, par Jean Heusey, Jean Maignon, Jean de Saint-Allary, Robert Légier, tabellion, Pierre Goubart, Jean Bénard, Jean Le Peley et Ambroise Petit, Nicolas Le Peley, Jean Frotey, Charles Le Masson, Denis Regnoult, Jacques Delamare, Martin Durand, Thomas Le Sieur et Nicolas Liestout pour plusieurs places de terre et maison situées sur la paroisse Sainte-Catherine aux lieux dits : la rue du Puits, la Corderie, Saint-

Nicol, l'enclos de la ville, le jardin Boullart, la rue Bruslée, etc.

1564-1570. Vingt aveux rendus à Hélie Chaudet, par Nicolas Auber, la veuve de Nicolas Apparoc, Michel Auzou, Jacqueline Heuzey, Jean Auber, drapier, Jeanne veuve de Michault Vion, Jean Chambon, écuyer, Adam Pepin, Jean Langlois, Martin Delahaye, Bastien Hérault, Jacques Martin, Cardin Cochet, Pierre Bellet, Richard Hasten, Guillaume Rebut, Martin Dupré, Philippe Heusey, Pierre Brunet, Guillaume Auber et Jean Le Proux pour plusieurs places de terre et maisons situées aux lieux dits : la rue Bruslée, le carrefour de la croix Sainte-Catherine, les Fresnes, le Neufbourg, la rue du Puits, la rue de la Bucaille, le chemin de la Chaussée, la rue Godart, etc.

1571-1575. Quinze aveux rendus à Hélie Chaudet, par Collas Coret, Cardin Lecerf, Jean Danisy, prêtre, Michel Cécire, boulanger, Jacques Benard, Nicolas Alexandre Guillaume Ango, Robert Martin, Jean Thierry, Robin Thierry, Jean Heurtel, Jean Loir, Guillaume Tuvache, Jacques Le Blanc et Robert Lefebvre pour plusieurs places de terre et maisons situées aux lieux dits : le Neufbourg, la rue Bruslée, la rue du Puits, Saint-Nicol, la rue tendante du Puits à la rue Notre-Dame du Cornet, etc.

1576-1579. Huit aveux rendus à Jean de Brèvedent, écuyer, conseiller du roi au siège présidial de Rouen, seigneur du Bosc et seigneur de Saint-Nicol, à cause de Jeanne Chaudet son épouse, par Jacques et Richard Delamare, Félix Fay « du mestier de charpentier et pescheur de navires », Jean Auber, drapier; Hélie Caresme, Pierre Le Roux, Guillaume Thierry et Jean Le Roux pour plusieurs places de terre et maisons situées sur la paroisse Sainte-Catherine.

1582, 24 avril. Retrait lignager exercé par Jean de Brèvedent sur les héritiers de Guillaume de Lespine au sujet de plusieurs pièces de terre situées au lieu dit Saint-Nicol et tenues de ce fief.

1582-1587. Sept aveux rendus à Jean de Brèvedent, par Jacques Benard, Jacques Le Mal, Jean Ancquetil, Jean Bellet, Madeleine Maharu, pour plusieurs pièces de terre situées rue Bruslée et dans la vallée de Saint-Nicol.

1590, 28 juillet. Fieffe faite par Jean de Brèvedent à Madeleine Bunel du « dessus d'ung aistre de maison ou salle basse », assis en la rue Saint-Nicol moyennant un chapon et 10 s. t. de rente seigneuriale.

1594-1599. Quarante-trois aveux rendus à Jean de Brèvedent, par Jean et Adrien Thierry, Jean Delanney, Jean Mazire, Marin et Gilles dits Laisné, Jean Le Bouteiller, Philippe de la Haye, Jean Heusey, Thomas Neufville, Jean de Gommer, Charles Le Lou, Jean Destin, Richard Castel, Adrien et Jean dits Taillefer, Michel Caresme, Jean Degruchy, Pierre Hatten, Mathieu Langlois, Guillaume Gimer, Etienne Rioult, etc., pour plusieurs pièces de terre et maisons situées aux lieux dits : le Jardin aux Chats, la rue Bruslée, la rue du Puits, les Fresnes, la rue Godart, la maison nommée le Chaudron, la rue de la Chaussée, etc.

1601-1618. Vingt-deux aveux rendus à Jean de Brèvedent, par Roger Heusey, Durand Le Grix, Louis Bias, Bertrand Falluard, Guillaume Castel, Robert Le Cerf, Pierre Gonnier, Guillaume Rebut, Julien Durand, Jacqueline Thibaut, Nicolas Regnoult, Robert Roussel, Marguerite Haguelon, Martin Besnard, Jean Hubert prêtre, Henri Hottot, Olivier Fresbert, Marguerite Paulmier et Clément Godart pour plusieurs pièces de terre avec maisons situées aux lieux dits : la rue Bruslée, le Neufbourg, la rue du Puits, la rue Godart, Saint-Nicol, etc.

1627-1628. Cinquante-et-un aveux rendus à Jean de Brèvedent, écuyer, gentilhomme ordinaire de Monsieur, jouissant de la sieurie de Saint-Nicol par le délaissement de

Jean de Brèvedent sieur du Bosc, son père, par Marie Delamare, Thomas Neufville, Guillaume Renout, Jean Delanney, les héritiers d'Olivier Le Cerf, Marin Prevost, Adrien Holland, André Le Bouteiller, François Andrieu, Etienne Rioult, Pierre Heusey, Godefroy Mesnier, Louise Clouet, François Hotot, Michel Foesnard, Macé Regnoult, Olivier Moulin, Pierre Thierry, Jean Graissy, Guillaume Riboult, Robert Mareys, Guillaume Durand, Jean Sanson, Jacques Mengeant, Jean Vion, Laurens du Tertre, Pierre Boursier, Pierre Rebut Philippe Vattier, Guillaume Jouen, les héritiers d'Elie Ameline, avocat, Raullin Durand, Pierre et Jean dits Pellecat cordiers, Geuffrey Falluard, Jean Bertaut, Marin Hatten, André Martin, Jacques Langlois, etc., pour plusieurs places de terre et maisons situées sur la paroisse Sainte-Catherine aux lieux dits : Saint-Nicol, l'enclos de la ville, la rue Bruslée, la Chaussée, la rue Godart, la rue du Puits, l'aînesse Couppey, le fief Lido, etc.

1630 au 24 avril 1647. Vingt-huit aveux rendus à Jean de Brèvedent, par Pierre Bernard, Jeanne Nion, Guillaume de Saint-Pierre, Antoine Le Do, écuyer, Louis Hurel, sieur de Saint-Martin, Olivier Grussy, Elie Martin, Guillaume Renoult, Pierre Heusey, Guillaume Deslié, Marin Vallon dit Chapelle, Jacques Benard, Michel Auzoult, etc., pour plusieurs places de terre situées sur la paroisse Sainte-Catherine aux lieux dits : la rue Bruslée, le Neufbourg, la rue du Puits, etc.

1647, 16 octobre au 31 juillet 1649. Douze aveux rendus à François de Brèvedent, écuyer, gentilhomme ordinaire de S. A. R., par Robert Le Cerf, François Duval, François Hobey, sieur des Hogues, Marie Farin, Marin Morel, Jeanne Prevost, Françoise Coudrey, Charles Pastey, Martin Le Lou, Marie Le Mercier, Jean Delanney, Guillaume Le Cerf, pour plusieurs places de terre et maisons situées aux lieux dits : rue du Puits, rue Bruslée, Saint-Nicol, rue Godart, rue de la Bucaille, carrefour du Puits.

1650-1652. Vingt-deux aveux rendus à François de Brèvedent, par Pierre Eulde, Françoise Le Bouteiller, Pierre Langlois et Jean Sattis, boulenger, Henri Heusey, Blaise Heusey, Jean Hubert, Guillaume et Pierre Rioult, Louis Benard, Michel Rebut, Thomas Le Blanc, Jean Bachelley, Charles Thouroude, Jeanne Le Prevost, Thomas Brière, Jacqueline Holland, Jacques Cheruel, Jacques Mesnier, François Bourdel, Gilles et Nicolas Hottot, Antoine Lefebvre, Jean Mazire, pour plusieurs places de terre et maisons situées aux lieux dits : rue Bruslée, rue du Puits, rue Godard, Saint-Nicol, etc.

1654-1659. Dix aveux rendus à François de Brèvedent, par Michel Falluard, Marie Guillebert, André et Jeanne Bias, Jean Crestey, Catherine Benard, Jean Lemoinne, André Le Bouteiller, Lucas Andrieu, Jean Eulde, Susanne Telle, pour plusieurs places de terre situées sur la paroisse Sainte-Catherine.

1660-1662. Vingt-deux aveux rendus à François de Brèvedent, par Jean Thierry, Guillaume Le Cerf, Robert Famette, Louis Delomosne, Marie Le Thiais, Charles Renout, Françoise Auber veuve d'Olivier Sanson, Louis Le Senecal, Adrien Le Masson, Jean Vion, Guillaume Pestel, Guillaume Herbelin, Georges Thibaut, etc., pour plusieurs places de terre et maisons situées sur la paroisse Sainte-Catherine.

1662, 31 octobre. Contrat d'échange entre François de Brèvedent et Robert Le Grix au sujet de deux pièces de terre situées à Saint-Nicol.

1663-1666. Seize aveux rendus à François de Brèvedent, par Jean Quitterel, Pierre Le Tournois, Robert Le Grix, Louis Hubert, Pierre Jouen, Etienne Renoult, Jean et Michel Le Cerf, Georges Thiébaut, chirurgien, Nicolas Le Lièvre, Jean Delomosne, Jacques Mangeant, Elie et Guillaume Le Chevallier fils mineurs de Thibaut Le Chevallier et de Jacqueline Henriques, Pierre Heusey et Thomas-Jacques Boullenger, pour plusieurs places de terre situées en la paroisse Sainte-Catherine.

1667, 4 octobre. Sentence de réunion de plusieurs places de terre et maisons situées sur la paroisse Saint-Etienne et tenues du fief Saint-Nicol.

1666-1679. Neuf aveux rendus à François de Brèvedent, par Charles Quesnel, François Liestout, Madeleine Delacroix, Anne Délié, Thomas Hatten, Guillaume Mareys, Ezéchiel Dumesnil, Jacques Mengeant, pour l'aînesse Couppey et plusieurs maisons situées sur la paroisse Sainte-Catherine.

1669, 23 novembre. Contrat de remise à Charles Ameline, avocat, par François de Brèvedent d'une pièce de terre située à Saint-Nicol.

1670-1681. Vingt-cinq aveux rendus à François de Brèvedent, par Pierre Deschamps, Guillaume Bellenger, Marie Lair, Marie Descelliers, Pierre Patin, Charles Descelliers, Robert et Jean Auzout, Georges et Pierre Thibaut, Elie Pestel, Tanneguy Bougard, médecin, André Le Grix, Nicolas Berthelot, etc., pour plusieurs places de terre et maisons situées sur la paroisse Sainte-Catherine.

1682-1686. Sept aveux rendus à Jean de Brèvedent, écuyer, capitaine pour le roi en la marine et capitaine garde-côtes, par Jeanne Fermey, Marie Moullin, Pierre Delamare, Jacqueline Le Grix, Pierre Helley, Jean Lemaistre, Louis Navarre pour plusieurs maisons et jardins situés aux lieux dits : la rue Bruslée, le Neufbourg, la rue de la Bavolle, la rue du Puits, la rue des Capucins.

1691-1697. Dix-huit aveux rendus à Charles de Sanegon, fauconnier ordinaire de S. A. R., seigneur des fiefs du Boscage et de Saint-Nicol, par Marguerite Chiron, Pierre Harache, Guillaume Colombel, Louis et Robert Marais, François Le Forsonney, Jacques Benard, Jacques de Bellemare, François Lécuyer, Pierre Berthelot, Philippe Jouen, Marin et François Pestel, etc., pour plusieurs places de terre et maisons situées paroisse Sainte-Catherine.

1714-1718. Douze aveux rendus à Jean-Baptiste de Brèvedent, écuyer, sieur du Plessis et de Saint-Nicol, par Jacques Coulon, Elie Thierry, Vincent Bellanger, la veuve Baudry, Marie Quiterel, Jeanne Le Grix, Jacques Le Bouteiller, Noël Le Grix, André Blouze, François Eude et Robert Thierry président au grenier à sel, pour plusieurs places de terre et maisons situées aux lieux dits : la rue Bruslée, Saint-Nicol, l'aînesse Couppey, le tenement du Plaids, la rue Bavolle, la rue Boudin, la rue du Puits.

1719-1728. Dix-neuf aveux rendus à Jean-Baptiste de Brèvedent, par Gabriel Mailbois du Chapellet, chevalier, Jacques Thomas, Marie Le Canteux, Guillaume Heusey, Charles Frontin, François Brochard, Pierre Le Prévost, Guillaume Goubard, maître des quais, André Le Grand, officier de la vénerie du roi, François Pottier, etc., pour plusieurs places de terre situées sur la paroisse Sainte-Catherine.

1731-1758. Vingt-quatre aveux rendus à Jean-Baptiste de Brèvedent, écuyer, capitaine général garde-côte, par Guillaume Goubard, Catherine Pestel, Jean-Baptiste Quillet comme héritier de Jean-François Doublet son aïeul maternel, Antoine Giffard, Thomas Padon, Guillaume Baillehache, Jean Jamel, André Le Proux, Marie-Anne Bellanger, Jean Le Moine, Madeleine de Saint-Augustin et Elisabeth de Saint-Prosper, religieuses de la congrégation de Notre-Dame, Louis-Gabriel de la Houssaye, Hugues Le Chevallier sieur de Bellencourt, prêtre, Michel Falluard, François Liestout, Jacques Hurel, Pierre Pellecat, Jean Deshayes, écuyer, etc., pour plusieurs places de terre et maisons situées sur la paroisse Sainte-Catherine.

1760-1771. Vingt aveux rendus à André-Jean-Baptiste de Brèvedent, par Marie Mesnel, André Taillefer, Louis-Guillaume Renout, Gentien Nivelet, Jean-Baptiste-Joseph Cuvelier, Jean de Montreuil, Catherine Deshoulles, Marie Barbel, etc., pour plusieurs places de terre et maisons situées paroisse Sainte-Catherine.

1775-1779. Vingt-et-un aveux rendus à André-Jean-Baptiste de Brèvedent, par Marie Bertre, Marie Roch, Pierre-Paul-Marie dit Noiremare, Nicolas Coudre-Lacoudrais, Michel-Pierre Denise, Pierre-Guillaume-Jean-Baptiste Picquefeu de Bermon, officier de la reine, vice-consul d'Espagne, Pierre Thouret, Anne Morel, Pierre Coulon, Jacques Pellecat, etc., pour plusieurs places de terre et maisons situées paroisse Sainte-Catherine.

CARTON N° 23.

FIEF DE SAINT-EVROULT [1]

D. 11. — 6 pièces.

1633-1640. Deux aveux rendus à François de Courseulle, seigneur de Gonneville, Saint-Evroult, la Haye-Bertran, Moulineaux et Quetteville, par Jean Demié, Jean Le Broc, pour sept pièces de terre assises en la paroisse de Gonneville et tenues du fief de Saint-Evroult.

1655-1668. Quatre aveux rendus à Louis de Courseulle, par François Petit, Claude et Michel Le Broc, Louis Le Broc et Michel Le Broc pour huit pièces de terre assises en la paroisse de Gonneville.

[1] Commune de Gonneville-sur-Honfleur.

FIEF D'ABLEVILLE [1]

D. 12. — 1 pièce.

1594, 21 juil. Aveu rendu à Charles de Thieuville, seigneur de la Houssaye, Ableville, Bailleul et le Plessis, par Pierre Fresmont, bourgeois de Honfleur, pour le fief ou aînesse nommé le fief Paves assis sur la paroisse d'Ableville et contenant 22 acres de terre.

FIEF DE BAILLEUL [2]

D. 13. — 3 pièces.

1619. 25 mars. Aveu rendu à Robert Le Doyen, écuyer, par Philippe Hérault pour une pièce de terre assise en la paroise d'Ableville au lieu dit le Noyer.

1649, 19 mai. Aveu rendu à Jean Morin, sieur du Parc, par Robert Hérault pour une pièce de terre assise en la paroisse d'Ableville, faisant partie du tenement des Roquettes et tenue du fief de Bailleul.

1742, 20 juin. Aveu rendu à Pierre-Louis de Maquaire, écuyer, par Robert-François Hérault, bourgeois de Rouen, pour trois pièces de terre assises en la paroisse d'Ableville, relevantes du tenement des Brosses nommé la Batterie et tenues du fief de Bailleul.

FIEFS DE BEUZEVILLE ET DE BEAUMOUCEL [3]

D. 14. — 8 pièces.

1626-1630. Quatre aveux rendus à Jacques Auber et à ses enfants mineurs par Hellier Daufresne et Marguerite Plessis,

---

[1] Ou Abbeville, *Alba villa*, *Abbevilla*, cité dans le pouillé de l'évêché de Lisieux. Commune supprimée en 1809 et réunie à Ablon.

[2] Situé sur la commune d'Ablon.

[3] Département de l'Eure.

pour plusieurs pièces de terre tenues du fief de Beaumoucel.

1673-1763. Quatre aveux rendus à Antoine Auber, écuyer, par Vincent de Livet, écuyer, et Jean Daufresne pour plusieurs pièces de terre faisant partie du fief Moisy et Bosquet et tenues du fief de Beuzeville.

FIEF DU BUCQUET [1]

D. 15. — 5 pièces.

1624, 25 janvier et 26 novembre. Deux aveux rendus à François de Bellemare, par Jean Benard et Jean Jourdain pour quatre pièces de terre assises en la paroisse de Gonneville et tenues du fief du Bucquet.

1655-1668. Trois aveux rendus à Ambroise de Bellemare, écuyer, par Jean Fosse, Jean Jourdain, François, Michel, Louis et Thomas Fosse, frères, pour plusieurs pièces de terre situées sur les paroisses de Saint-Léonard et de Gonneville.

FIEF DE CRÉMANVILLE [2]

D. 16. — 2 pièces.

1611, 11 octobre. Aveu rendu à Jacques de Courseulle, par Thomas Deglos pour une pièce de terre assise en la paroisse Saint-Léonard et tenue du fief de Crémanville.

1638, 12 juillet. Aveu rendu à Robert de Courseulle, par Thomas Deglos pour une pièce de terre située sur la paroisse Saint-Léonard.

---

[1] Commune de Gonneville-sur-Honfleur. Dénommé à tort *Busquet* dans le rôle des fiefs de la vicomté d'Auge et *Bousquet* dans le *Dict. topographique du Calvados*, p. 129.

[2] Commune réunie à Ablon en 1807.

FIEF D'ÉQUEMAUVILLE [1]

D. 17. — 7 pièces.

1605, 3 juillet. Copie d'un aveu rendu à Pierre Le Jumel, chevalier, seigneur de Lisores, Equemauville, Barneville et Pennedepie, président en la cour du parlement de Rouen, par Martin Nivelet pour quatre pièces de terre situées sur la paroisse d'Equemanville.

1673-1699. Quatre aveux rendus à Philippe Le Jumel, chevalier, par François Langlois sieur de l'Espine, Louis Le Grand, Robert Thierry et les filles de Vincent Bernon pour plusieurs pièces de terre situées à Equemauville et faisant partie du fief Paulmier et du tenement au Bas.

1700-1733. Deux aveux rendus à Louis-Philippe Le Jumel, chevalier, pour le fief Roger et le tenement Bosquain, assis à Equemauville.

FIEF DE FIQUEFLEUR [2]

D. 18. — 1 pièce.

1665, 4 juillet. Aveu rendu au prieur de Beaumont-en-Auge, seigneur de Genneville et de Fiquefleur, par Louis Chouquet, pour une pièce de terre située à Fiquefleur et tenue dud. fief.

---

[1] *Scamelvilla; Escamelvilla; Esquemeauvilla; Hequemauville; Esquemauville; Hecquemeauville;* plein fief mouvant de la vicomté d'Auge. Canton de Honfleur.

[2] Département de l'Eure.

FIEF DE FOURNEVILLE [1]

D. 19. — 7 pièces.

1603-1626. Trois aveux rendus à Jean de Naguet, sieur des Hélins et de la sieurie et fiefferme de Fourneville pour le fief ou aînesse au Sueur et le fief ou aînesse Thorel situés sur la paroisse de Fourneville.

1735-1736. Quatre aveux rendus à Jean-Baptiste Quillet, seigneur de la seigneurie et fiefferme de Fourneville, pour le fief Thorel, l'aînesse Maimet, le fief au Sueur et une pièce de terre nommée la mare Heux.

FIEF DE GENNEVILLE [2]

D. 20. — 2 pièces.

1668, 1er août. Aveu rendu au prieur de Beaumont-en-Auge pour le fief ou aînesse de la Madeleine située sur la paroisse de Genneville.

1714. Aveu rendu au prieur de Beaumont-en-Auge pour le fief ou aînesse Richard Labé, assis en la paroisse de Genneville et contenant 6 acres de terre.

---

[1] *Formevilla* en 1180, 1571 et 1589 ; *Fourneville* en 1603 ; c'était, dit M. de Formeville dans son *Histoire de l'évêché-comté de Lisieux*, une des propriétés confisquées sur Guillaume Pevrel de Nottingham, en 1155, (I, page 49, note 1re).

[2] *Guinequevilla* en 1215 ; *Guinevilla* en 1220 ; *Guignevilla* ou *Gingnevilla* en 1287 ; *Guynevilla* ou *Guinevilla* en 1314 ; *Gyneville* en 1579. Demi-fief de la vicomté d'Auge. Canton de Honfleur.

DIMES DE GENNEVILLE

D. 21. — 1 pièce.

1771, 9 octobre. Bail des deux tiers de la grosse dîme des grains escroissants sur les fiefs de Beaumont, Tonnetuit, le Plessis, le Boscage et le Boulley « autant que lesd. fiefs s'étendent dans la parroisse de Genneville, » fait par le chapitre de Lisieux à Louis Durand et à Jean Ridel moyennant le prix annuel de 1450 livres.

FIEF DE GONNEVILLE [1]

D. 22. — 6 pièces.

1567, 25 mai. Aveu rendu à François Féron, sieur de Prestreville et du fief de Gonneville autant qu'il en appartient aux religieux de Saint-Evroult, par Jeanne Bordel pour cinq pièces de terre situées à Gonneville et tenues dud. fief.

1618, 28 novembre. Aveu rendu à Jacques de Courseulle et à son fils François par Louis Villey, charpentier de navires, pour une pièce de terre située à Gonneville.

1649, 23 juin. Aveu rendu à Jean de Courseulle prêtre, par Jacques Duclos pour trois pièces de terre situées sur les paroisses de Saint-Léonard et de Gonneville.

1655-1680. Deux aveux rendus à Louis de Courseulle, par Jean Jourdain et Jacques Huard pour trois pièces de terre situées à Gonneville.

1787, 28 mai. Aveu rendu à Jean-Baptiste de Courseulle, écuyer, seigneur des fiefs et sieuries de Gonneville, Lépiney, la Haye-Bertran, Quetteville, Moulineaux et Saint-Evroult, par Thomas Guillebert, maître de navire, pour dix-huit pièces de terre situées à Gonneville.

---

[1] Gonneville-sur-Honfleur.

ABBAYE ET BARONNIE DE GRESTAIN [1]

D. 23. — 2 pièces.

1609, 30 mai. Arrêt du Parlement de Rouen portant qu'à raison des troubles et guerres civiles les lettres, titres et enseignements concernant les possessions de l'abbaye de Grestain ayant été perdus, les abbé et religieux sont autorisés à interpeller tous les redevables de lad. abbaye pour compter amiablement les sommes dues.

1668, 4 février. Aveu rendu aux abbé et religieux de Grestain, par Jacques Baril pour une place de terre et une maison située sur la paroisse Saint-Léonard de Honfleur, au lieu dit la Rivière et tenue de la baronnie de Grestain.

FIEF DES GRUAUX [2]

D. 24. — 2 pièces.

Sans date (XVIIe siècle.) Deux aveux rendus aux enfants mineurs de Jean Le Grand, écuyer, par Jean Le Senescal pour une pièce de terre située à Quetteville, faisant partie de l'aînesse Hérupey et tenue du fief des Gruaux.

BARONNIE DE HENNEQUEVILLE [3]

D. 25. — 6 pièces.

1590, 28 mai. Copie d'un aveu rendu à Aymar de Chaset, vice-amiral de France, pourvu de l'abbaye de Fécamp, par Jean Rouye, bourgeois de Honfleur, pour deux pièces de terre tenues de la baronnie et haute justice de Hennequeville.

---

[1] Département de l'Eure.
[2] Commune de Quetteville, canton de Honfleur.
[3] Commune réunie à Trouville en 1847.

1606, 30 décembre. Copie d'un aveu rendu à François de Joyeuse, archevêque de Rouen, abbé de Fécamp et du Mont-Saint-Michel, par Thomas Masson pour une pièce de terre située à Hennequeville au lieu dit le Pillet et tenue de lad. baronnie.

1629-1630. Deux aveux rendus à Henri de Lorraine, archevêque de Reims, abbé commandataire de Fécamp, par Benjamin Le Masson et Marin Vatier, prêtre, pour une pièce de terre et l'aînesse de Langle assis sur la paroisse de Hennequeville et tenue de la baronnie dud. lieu.

1648, 27 février. Aveu rendu à Henri de Bourbon, évêque de Metz, abbé commandataire de Fécamp, par Pierre Michault pour le fief ou aînesse de Langle.

1682, 2 juillet. Aveu rendu aux abbé et religieux de Fécamp, par Jacques Gaillon, pour une pièce de terre située à Hennequeville et nommée le Petit Mont.

FIEF DE HEUDREVILLE [1]

D. 26. — 4 pièces.

1659, 15 juillet. Aveu rendu à Jacques de Mahiel, écuyer, sieur des terres et sieuries de Heudreville et du Val, par Germain Rebut, capitaine des guides du duc d'Anjou, pour un tenement nommé la mare Hue assis sur la paroisse de Fourneville et tenue du fief d'Heudreville.

1660, 3 juillet. Aveu rendu à Guillaume de Mahiel, écuyer, par Germain Rebut pour un tenement situé à Fourneville.

1730, 6 octobre. Aveu rendu à Guillaume de Mahiel, par Jacques Rebut, sieur des Tôtes, bourgeois de Rouen, pour deux tenements situés à Fourneville.

---

[1] Fiefferme de Heudreville tenue du roi dans la vicomté d'Auge.

1738, 18 janvier. Aveu rendu à Charles de Grosourdy, par Jacques Rebut, sieur des Tôtes, pour le fief ou aînesse nommé le fief Roger Faride, situé à Fourneville et tenu de la sieurie de Heudreville.

FIEF DE HONNAVILLE [1]

D. 27. — 3 pièces.

1650, 8 mars. Aveu rendu aux abbé et religieux de Grestain, par Pierre et Mathurin Villey, frères, pour l'aînesse Courage assis sur la paroisse de Gonneville et tenu du fief de Honnaville.

1698, 28 juin. Aveu rendu aux abbé et religieux de Grestain, par Michel Le Duc, curé de Gonneville-sur-Honfleur, pour une pièce de terre faisant partie de l'aînesse à la Vaudrenne tenue du fief de Honnaville.

1780, 30 septembre. Aveu rendu à Nicolas Thirel de Boismont, abbé commendataire de Grestain, par Louis-Henri Lemonnier, ancien capitaine de milice garde-côte, tuteur principal des fils et héritiers de Robert-Jacques-Alexandre de Naguet, pour l'aînesse à la Vaudrenne située à Gonneville au lieu dit Honnaville, contenant 8 acres 8 perches de terre et tenue de la sieurie de Honnaville membre dépendant de la baronnie de Grestain.

FIEF DE LA CHAPELLE-HAINFROY [2]

D. 28. — 3 pièces.

1615, 8 avril. Aveu rendu à Louis Potier, comte de Tresmes, baron de Gesvres, par Cardin Ameline pour une pièce de terre nommée le Jardin aux Bœufs et tenue du fief de la Chapelle-Hainfroy.

---

[1] Commune de Gonneville-sur-Honfleur.
[2] Départ. de l'Eure.

1615, 3 juin. Aveu rendu à Louis Potier, par Cardin Ameline pour un fief nommé le petit fief Guérard assis aud. lieu de la Chapelle-Hainfroy.

1615, 5 décembre. Aveu rendu à Louis Potier, par Cardin Adeline pour un fief nommé le fief Roger Ferey assis aud. lieu de la Chapelle-Hainfroy.

FIEF DE LA HOUSSAYE [1]

D. 29. — 1 pièce.

1642, 16 juillet. Aveu rendu à Charles de Thieuville, écuyer, sieur de la Houssaye et de Quetteville, par Philippe Vanier pour une place de terre située à Crémanville et tenue de la sieurie de la Houssaye.

FIEF DE MAHARU [2]

D. 30. — 2 pièces.

1690, 1er janvier. Aveu rendu aux abbé et religieux de Grestain, seigneurs des fiefs de Maharu, du Bouffey et du Theil, par Guillaume Frémont pour l'aînesse nommée le fief de la Mare Haynel situé à Genneville et tenu du fief de Maharu.

1762, 8 juillet. Aveu rendu à Nicolas Thirel de Boismont, abbé commendataire de Grestain, par Jacques-Jean-Guillaume Goubard, maître des quais, pour la vavassorie de Notre-Dame-du-Val, contenant 16 acres de terre et située à Genneville.

---

[1] Fief s'étendant aux paroisses de Crémanville, Notre-Dame et Saint-Léonard de Honfleur.

[2] Commune de Genneville, canton de Honfleur. Fief ayant appartenu en partie à l'abbaye de Grestain.

FIEF DE QUETTEVILLE [1]

D. 31. — 1 pièce.

1676, 22 juin. Aveu rendu à Louis de Courseulle, écuyer, par Pierre Gimer, pour une pièce de terre située à Gonneville-sur-Honfleur et tenue de la sieurie de Quetteville.

FIEF DU ROSEL [2]

D. 32. — 3 pièces.

1643, 25 juin. Aveu rendu à Henri Le Doyen, par Jacques Le Bourg pour une place de terre avec maison située au lieu dit la Rivière et tenue du fief du Rosel.

1667, 6 juillet. Aveu rendu à Henri Le Doyen, par Guillaume Pestel pour une place de terre située sur la paroisse Saint-Léonard, au lieu dit la Rivière.

1694, 5 janvier. Aveu rendu à Charlotte de Fatouville, veuve d'Henri Le Doyen, par Guillaume Deglos, mathématicien, héritier d'Elie Deglos, pilote pour S. M., au sujet de deux pièces de terre nommées le lieu Buisson et assises sur la paroisse Saint-Léonard au lieu dit la Vallée.

FIEF DE SAINT-AMAND [3]

D. 33. — 1 pièce.

1645, 6 juillet. Copie d'un aveu rendu aux abbesse et religieuses de Saint-Amand de Rouen, par Pierre Herbelin pour une pièce de terre située à Gonneville-sur-Honfleur et tenue de la sieurie de Saint-Amand.

---

[1] Canton de Honfleur. Quetheville en 1642 ; Quetiéville en 1690.

[2] Fief s'étendant aux paroisses de Notre-Dame et Saint-Léonard de Honfleur.

[3] Commune de Gonneville-sur-Honfleur.

FIEF DE SAINTE-MARIE DU THEIL [1]

D. 34. — 1 pièce.

1645. 25 octobre. Copie d'un aveu rendu à Jean Apparoc, écuyer, par Romain Néel pour une pièce de terre en cour, plant, labour et maisons située au Theil.

FIEF DE SURVILLE [2]

D. 35. — 2 pièces.

1633, 21 juillet. Copie d'un aveu rendu à Louis Destournel, chevalier, par Claude et Philippe dits Ysabel pour une pièce de terre située à Surville.

1651, 27 juillet. Aveu rendu aux filles mineures de Louis Destournel, par Blaise Fournier pour une pièce de terre située à Surville.

FIEF DE TONTUIT [3]

D. 36. — 1 pièce.

1720, 5 novembre. Acte d'appel signifié par Jean Néel, écuyer, aux aînés et puinés de l'aînesse de Prime Denier située sur la paroisse de Genneville et dépendant du fief de Tonnetuit ou Tontuit.

---

[1] Commune du Theil, canton de Honfleur.

[2] Canton de Pont-l'Evêque.

[3] *Tonnantuyt* en 1571; *Le Tontuit* en 1620; *Tonnetuyt* en 1654, *Tonnetuit.* Canton de Honfleur. Commune réunie à Saint-Benoit d'Hébertot en 1827.

FIEF DE TOULAVILLE [1]

D, 37. — 1 pièce.

1650, 9 janvier. Aveu rendu à Thomas de Blanvillain, écuyer, sieur de la Forière et de la sieurie de Toulaville, par Jacques et Robert Sanson, Paul Sanson et Pierre Caresme pour plusieurs pièces de terre situées sur la paroisse de Saint-Martin-aux-Chartrains.

FIEF DE NOTRE-DAME-DU-VAL [2]

D. 38. — 2 pièces.

1647, 17 juillet. Copie d'un aveu rendu à Guillaume de Mahiel, écuyer, seigneur de Saint-Clair, Dersé-en-Ouche, Grandcamp, Heudreville et du Val-en-Auge, par Jacques Moisy pour une pièce de terre située à Fourneville.

1730, 6 octobre. Aveu rendu à Charles-César de Grosourdy, chevalier, par Jacques Rebut pour une pièce de terre assise à Fourneville et tenue de la sieurie du Val.

CARTON N° 24.

FIEF DE VASOUY [3]

D. 39. — 128 pièces.

1450, 6 août. Aveu rendu à Richard de Vasouy prêtre, procureur de Jean de Vasouy, écuyer, seigneur dud. lieu, par Guillaume Cousin pour une pièce de terre nommée Vatelen assise en la paroisse de Vasouy et bornée d'un côté l'aumône de Saint-Antoine de Honfleur.

---

[1] Canton de Pont-l'Evêque.
[2] Départ. de l'Eure.
[3] *Vaxouy* en 1320 ; *Vasoicum* au XVIe siècle ; *Vasuit* en 1680. Plein fief de la vicomté d'Auge. Canton de Honfleur.

1450, 6 août. Fieffe faite par Richard de Vasouy prêtre, curé dud. lieu, procureur de Jean de Vasouy, d'une pièce de terre nommée à Vatelen.

1467, 9 octobre. Autre fieffe par Jean de Vasouy à Guillaume Cousin d'une pièce de terre « jouxte d'un costé l'omosne du curé dud. lieu. »

1481, 23 juillet. Aveu rendu à Jean de Vasouy, par Jean Faucon pour une pièce de terre assise sur lad. paroisse.

1484, 11 août. Acte de foi et hommage rendu au Roi à cause de sa vicomté d'Auge, par Jean de Vasouy du fief nommé le fief de Vasouy lequel s'étend en trois paroisses : de Vasouy, de Bretteville-en-Caux et de Rambertot.

1484, 12 août. Mandement de la chambre des comptes de Rouen au sujet de l'aveu précédent.

1486, 9 juillet, Fieffe par Richard de Vasouy d'une pièce de terre assise en lad. paroisse.

1487-1496. Sept aveux rendus à Jean de Vasouy, écuyer, par Miquelet Cousin, Jean le Marchant, Jean Angu dit Le Saige, Guillaume Houllersarte, Jean Thierry et Henri Angu pour plusieurs pièces de terre situées sur la paroisse de Vasouy, l'une desd. pièces nommée la Terre aux malades.

1508, 5 juillet. Deux aveux rendus à Jean de Vasouy, par Guillaune Faucon pour deux pièces de terre situées sur lad. paroisse.

1512, 28 juin. Aveu rendu à Jean de Rebut à cause de Jacqueline de Vasouy sa femme pour deux pièces de terre.

1517, 3 juillet. Aveu rendu à Jean d'Orbec, seigneur au droit de Jacqueline de Vasouy son épouse du fief, terre et seigneurie de Vasouy, par Guillaume Le Cerf pour deux pièces de terre assises en la paroisse Saint-Germain dud. lieu de Vasouy.

1519, 2 et 16 juin. Deux aveux rendus à Jean d'Orbec par Thomas de Baonne et Cardinet de Baonne pour trois pièces nommées l'Eglise.

1526-1538. Cinq aveux rendus à Jacqueline de Vasouy pour plusieurs pièces de terre situées sur lad. paroisse.

1549-1551. Trois mandements du lieutenant des eaux et forêts de la vicomté dAuge pour la livraison à Robert de Longpérier de quatre cents bûches à prendre dans la forêt de Touque.

1551, 20 avril. Sentence du vicomte d'Auge qui ordonne la restitution à Robert Le Mercier, curé de Vasouy, à Jean Gromgnon, procureur des paroissiens dud. lieu et à Jean Hellyrt procureur des paroissiens d'Equemauville, de certaines pièces de procédure relatives à des droits et coutumes sur la forêt de Toucque.

1553, 19 avril. Aveu rendu à Robert de Longpérier, sieur de Corval et de la terre de Vasouy à cause de Gillette d'Orbec sa femme, par Jean et Guillaume dits Cousin pour une pièce de terre assise aud. lieu.

1553, 30 mai. Trois aveux rendus à Robert de Longpérier, pour trois pièces de terre nommées : la Bigarrie, le fief à la Reine et l'aînesse Aufroy.

1563-1570. Six aveux rendus à Etienne de Vattemare, sieur de Vasouy, par Marguerite Le François veuve de Thomas de Baonne, Pierre Le Cerf, écuyer, Jean Vinhyer, etc., pour plusieurs pièces de terre situées sur la paroisse Saint-Germain dud. lieu de Vasouy-lès-Honfleur.

1572-1579. Cinq aveux rendus à Nicolas du Héron, sieur de Vasouy, par Pierre Gervais, Marguerite Plattoyer, Olivier Le Lièvre, Simonne Thierry et Madeleine Michault pour plusieurs pièces de terre situées à Vasouy.

1580-1581. Cinq aveux rendus à Nicolas du Héron, par Elie de Baonne, Pierre Gernigou, Julienne Le Roux veuve d'Olivier Le Lièvre, Jean Thierry pour plusieurs places de terre situées à Vasouy.

1595-1605. Quaire aveux rendus à Jean Dumont, prêtre, sieur et patron de Vasouy, par Françis Berthelot, chirur-

Guillaume et Guyon dits Cousin, Ysabeau Cousin et Pierre Héliot pour plusieurs pièces de terre assises à Vasouy.

1614. Six aveux rendus à Gilles de Giverville, sieur du Breuil et de Vasouy, par Thibaut Le Chevallier, maître de navire, Pierre Houssard, Catherine Thierry, Silvain Le Cerf, écuyer, sieur des Champs, Pierre de Baonne greffier et Guillaume de Baonne avocat, pour plusieurs pièces de terre situées à Vasouy aux lieux dits : Vatelen, le clos au Sage, les Jardinets, la Bigarrie, les Falaises.

1616-1619. Huit aveux rendus à Gilles de Giverville, par Jean et Adrien Cousin, Guillaume Le Cerf, écuyer, Thibaut Le Chevallier, capitaine de navire, Jean Taillefer, Jean de Conty, conseiller au bailliage de Caux, pour plusieurs pièces de terre situées à Vasouy.

1622-1649. Dix aveux rendus à Gilles de Giverville, par Pierre et Adrien Le Cerf, Elie et Guillaume Le Chevallier, Pierre Thierry maître de navire, Jean Cousin, Jean et Louis Berthelot, Pierre de Conty, Jean Héliot et André Le Bouteiller pour plusieurs places de terre situées à Vasouy.

1654, 17 janv. Sentence de Jean de Borel, lieutenant de la vicomté d'Auge, qui oblige Charles de Giverville, écuyer, sieur du Buisson, sur la clameur lignagère faite par lui de la terre de Vasouy, à payer à Marie de Hoüel, adjudicataire de lad. terre, l'intérêt du prix principal et du treizième à compter du jour du paiement.

1654, 18 juin. Trois aveux rendus à Charles de Giverville, par Thibaut Le Chevallier, Léonard Le Paulmier et Pierre Poullain pour plusieurs places de terre situées à Vasouy.

1657, 7 juillet. Sentence du lieutenant des eaux et forêts de la vicomté d'Auge, qui ordonne la livraison, par provision, à Charles de Giverville d'une certaine quantité de bûches.

1657, 10 juillet. Aveu rendu à Charles de Giverville, par

Olivier de Valsemé pour une place de terre bornée d'un côté la rue Bretagne faisant la séparation de Vasouy à Pennedepie.

1657-1658. Deux sentences rendues par Jacques Le Lou, avocat, sénéchal de la sieurie de Vasouy, qui condamne Jean Jourdain, Jean d'Herbigny, Elie Gimer, Charles Bataille et Guillaume Giffard « à la faisance et continuation » de rentes sieuriales.

1659-1663. Quatre aveux rendus à Charles de Giverville, par François Le Cerf, écuyer, Guillaume Delamare, Jacqueline Henricques veuve de Thibaut Le Chevallier et Pierre de Conty pour plusieurs pièces de terre situées à Vasouy.

1667, 16 mai. Sentence qui condamne Jean Poulain au paiement de rentes sieuriales.

1673, 22 avril. Sentence du lieutenant des eaux et forêts de la vicomté d'Auge, qui maintient Charles de Giverville dans son droit de chauffage et lui accorde la livraison de 300 bûches à prendre dans la forêt de Touque.

1675-1689. Neuf aveux rendus à Charles de Giverville, par Jacques Frémont, Jacques de Valsemé, Catherine Poullain, François Le Cerf, écuyer, Charles Le Cerf, écuyer, sieur des Fieffes, Olivier Le Bouteiller, Marguerite Le Goueslier veuve de Charles de Baonne, Julien de Baonne, Charles Giffard, Elie Le Chevallier, avocat au Parlement à Rouen, fils de Thibaut Le Chevallier pour plusieurs pièces de terre situées à Vasouy.

1700, 29 juillet. Contrat de mariage de Nicolas Gamare, sieur de La Rosière, bourgeois marchand à Pont-l'Evêque et de Marie Vauquelin.

1701-1726. Quatre aveux rendus à Charles de Giverville, par Pierre Bourgeot sieur du Verbuisson, avocat, Jacques Le Bouteiller, Charles et Antoine Le Copieux, Robert Coudray pour plusieurs pièces de terre situées à Vasouy.

1715, 17 décembre. Retenue d'huissier du cabinet de la duchesse de Berry pour le sieur Nicolas Gamare de la Rosière.

1730, 27 octobre. Vente par Nicolas Gamare, écuyer, sieur de La Rosière, à Pierre Vannier d'une maison située aux Authieux-sur-Calonne par le prix de 1,600 livres.

1731, 20 octobre. Accord entre Antoine-Frédéric de Giverville, écuyer, sieur de Saint-Sauveur, comme procureur de Louis-Claude de Giverville, écuyer, sieur de Vasouy, d'une part, et d'autre part Paul Lecorney pour trois années de fermages. Nicolas Gamare, écuyer, à présent propriétaire de la terre de Vasouy déclare cautionner led. Lecorney.

1734-1736. Cinq aveux rendus à Nicolas Gamare, par Jacques Giffard, Jacques Marais, Nicolas Dusoucher, écuyer, sieur des Fosses, Jean de Baonne et Pierre Piquenot pour plusieurs pièces de terre situées à Vasouy.

1736, 16 juin. Anne Halley baille à fieffe à Nicolas Gamare une pièce de terre située à Vasouy.

1739, 10 avril et 2 juin. Deux aveux à Nicolas Gamare, par Louis Hagueron greffier et Charles Le Bas pour trois pièces de terre situées à Vasouy.

1739, 6 juillet. Charles Hébert et Marguerite Halley sa femme vendent à Elie Couillard sieur des Fontaines, une partie de 100 sols de rente foncière à prendre sur Nicolas Gamare.

1739, 17 décembre. Michel Gaillard, capitaine de navire, vend à Nicolas Gamare une pièce de terre située à Vasouy moyennant le prix de 1100 livres.

1740, 29 novembre. Michel Fallouard vend à Nicolas Gamare cinq pièces de terre situées à Vasouy au moyen de la somme de 500 livres de rente viagère.

1742, 17 octobre et 22 décembre. Deux aveux rendus à Nicolas Gamare, par Pierre Romain marchand épicier, et Pierre Piquenot pour deux pièces de terre situées à Vasouy.

1747, 2 mai. Gentien Le Chevallier, lieutenant général

aux sièges de Blangy et de Honfleur, vend à Nicolas Gamare une pièce de terre en bois taillis située à Vasouy,

1747, 3 octobre. Jacques Giffard, prêtre, et Charles Giffard son frère s'obligent à 60 liv. de rente envers Nicolas Gamare.

1748, 2 mai. Aveu rendu à Nicolas Gamare, par Charles-François Descalles, écuyer, sieur du Verbuisson, représentant par fieffe Jeanne Bourgeot veuve de Nicolas Dusoucher, pour la terre de Conty consistant en onze pièces de terre situées à Vasouy,

1748, 6 juillet. Michel du Butin vend à Michel Morel-Beaulieu, maître de la poste courante, une petite terre et ferme située à Vasouy et nommée la terre du Butin, moyennant la somme de 600 livres et 400 liv. de rente viagère.

FIEF DE VILLERVILLE [1]

D. 40. — 1 pièce.

1764, 30 mars. Aveu rendu à Louis-Jacques-Armand Labbey, seigneur de Villerville et de Gonnoville, par Guillaume Deuve, François Deuve et Jean Guéret pour plusieurs pièces de terre situées à Villerville.

FIEF DE SAINT-AUBIN-SUR-QUILLEBEUF. [2]

D. 41. — 1 pièce.

1626, 4 avril. Aveu rendu aux abbé et religieux de Jumièges, seigneurs et barons de Trouville, de la sieurie de Saint-Aubin et prévôté de Quillebeuf, par Guillaume Dupuis pour un tenement relevant de la sieurie de Saint-Aubin.

[1] Canton de Pont-l'Evêque.
[2] Départ. de l'Eure.

Documents divers

PAPIERS DE MARTANGE

(427 pièces, papier, de tout format, en deux cartons).

Carton n° 25. *(1 liasse cotée A. — 142 pièces.)*

Correspondance politique et militaire du général de Martange.

Trois pièces non datées : Lettres et fragments de lettres chiffrées du prince Xavier de Saxe.

1756, deux pièces. Minute d'une lettre de Martange à M. Bouillé. — Mémoire autographe de Martange intitulé : « Idées d'un François sur la nécessité, les moyens et les suittes d'une descente dans la Grande-Bretagne. »

1757, cinq pièces. Deux mémoires de Martange concernant des projets de plans de campagne pour l'armée russe opérant en Silésie. — Un cahier contenant les copies de cinq lettres écrites par Martange au comte de Brühl, au comte de Fleming, au comte de Zinzendorf. Ces copies sont de la main de Mme de Martange. — Minute d'une lettre de Martange au comte de Brühl au sujet des opérations de l'armée française. — Copie d'une lettre de Martange au comte de Brühl.

1758-1759, dix-sept pièces. Fragment d'un récit de la bataille de Lutzelberg gagnée par le prince de Soubise ; le colonel de Martange y commandait les grenadiers du corps saxon. — Minutes de deux lettres de Martange au prince Xavier de Saxe au sujet d'un entretien avec le maréchal de Belle-Isle. — Etats de formation et pièces de dépenses concernant le corps saxon. — Mémoire adressé au maréchal de Belle-Isle et lettre au prince Xavier sur le même sujet.

1760, cinq pièces. Minutes de lettres de Martange adressées au duc de Choiseul et au général de Fontenay. — Lettre du général de Fontenay. — Minutes et projets de lettres pour la Dauphine, Mme l'Infante, la duchesse de Brancas, le comte de Mailly, M. de Boisgelin. — Lettre du comte de Noailles. — Lettre de M. de Cremilles, ministre de la guerre, en réponse à une recommandation du comte de Noailles en faveur de Martange,

1761, trente-trois pièces. Lettre du prince Xavier à Martange, en partie chiffrée. — Copie d'une lettre du comte de Brühl au prince Xavier, datée de Varsovie. — Copie d'une lettre du duc de Choiseul. — Copie d'une lettre du comte de Fleming datée de Vienne. — Minute d'une lettre de Martange au prince Xavier. — Copies de lettres écrites par le prince Xavier au maréchal duc de Broglie. — Copie d'une lettre du comte de Brühl. — Minute d'une lettre particulière de Martange au prince Xavier. — Lettre du prince Xavier à Martange.

1762. Copie d'une lettre de M. de Marainville au maréchal prince de Soubise, datée de Dresde.

1763, sept pièces. Fragment d'un mémoire relatif à un

entretien de Martange avec le duc de Praslin au sujet de la candidature du prince Xavier au trône de Pologne. — Lettres de Martange au prince Xavier concernant : les affaires privées du prince; la conduite à tenir pour être fait roi de Pologne; les rivaux que le prince doit rencontrer ; l'envoi du général Monnet à Varsovie; l'appui à demander à la cour de Berlin, — Lettre chiffrée du prince Xavier à Martange (avec traduction) au sujet des affaires de Pologne. — Minute d'une lettre de Martange au prince Xavier (10 pages petit in fol.) concernant: la mort de l'Electeur de Saxe ; l'impression que cette nouvelle produit à Versailles; les entrevues de Martange avec le Dauphin, la Dauphine, le duc de Choiseul, le duc de Praslin, M. de Fontenay.

1764, vingt-sept pièces. Fragment de minute d'une lettre de Martange au prince Xavier concernant : sa démission de général-major; la patente d'aide-camp à donner au comte d'Onopp; la conduite à tenir pendant que le prince Xavier administrera la Saxe au nom de son pupille. — Autre minute de lettre portant recommandation de M. de Block au grade de quartier-maître. — Mémoire de Martange remis aux ministres de France au nom du prince Xavier pour soutenir la candidature de ce prince au trône de Pologne. — Lettre de Martange au prince Xavier donnant avis à S. A. R. que la cour de France refuse de se décider sur les demandes faites par le prince. — Réponses du prince Xavier à Martange. — Minute d'une lettre de Martange au prince Xavier concernant les intentions décisives de la cour de France au sujet des affaires de Pologne. Projet de lettre aux primats et magnats polonais. — Minute d'une lettre de Martange au prince Xavier (incomplète) concernant les dispositions défavorables de la cour de France à l'élévation d'un Electeur de Saxe au trône de Pologne. — Lettre du prince Xavier à Martange (en partie chiffrée) concernant la mauvaise volonté de la cour de Versailles à son égard. — Minute d'une lettre de Martange au prince Xavier (incomplète) au sujet d'un entretien avec le duc de Praslin. — Lettre du prince Xavier à Martange au sujet de l'abandon de ses projets. — Minute d'une lettre de Martange au prince Xavier concernant : l'abandon de ses projets ; le traité des subsides à négocier ; la convalescence de Mme de Pompadour. — Lettre du prince Xavier à Martange (en partie chiffrée) concernant le nouveau candidat au trône de Pologne. — Minute d'une lettre de Martange au prince Xavier ; nouvelles de la cour. — Autre minute d'une lettre au prince Xavier au sujet d'une entrevue avec la Dauphine et le duc de Praslin.—Lettre (chiffrée) de Martange au prince Xavier. — Minute d'un mémoire adressé par Martange au prince Xavier au sujet des affaires de Pologne. Martange conseille au prince d'agir de concert avec le roi de Prusse qui reste l'arbitre de l'élection du roi futur. Moyens d'arriver à gagner ce souverain. — Minute d'une lettre de Martange au prince Xavier concernant les relations de Martange avec M. de Choiseul ; la froideur de ce ministre à son égard. — Autre minute d'une lettre de Martange au prince Xavier concernant : les moyens à employer pour obtenir la couronne de Pologne ; la conduite du roi Frédéric ; les nouvelles de la cour ; le bruit de la disgrâce du duc de Choiseul.

1765, sept pièces. Mémoire concernant : le projet de faire reconnaître par les cantons suisses le prince Xavier comme souverain des principautés de Neufchâtel et de Valengin au lieu et place du roi de Prusse ; le renouvellement prochain de l'alliance de la France avec la Suisse. — Minute d'une lettre de Martange au prince Xavier rendant compte d'une conversation avec la Dauphine. — Minutes de deux lettres de Martange au prince Xavier datées de Dresde et de Maison Blanche.

1766, six pièces. Copies et fragments de lettres de Martange au prince Xavier. — Lettre non signée adressée à

Martange et datée de Dresde. — Précis et résultat des conférences entre le comte de Fleming et le général de Martange au sujet de la mésintelligence qui divise les princes et les princesses de Saxe.

1767-1771, quatorze pièces. Minutes de lettres de Martange au prince Xavier concernant : les projets de mariage entre le Dauphin (Louis XVI), le comte de Provence et deux princesses de Saxe; entre Mme Clotilde et l'Electeur de Saxe. — Fragment de minute d'une lettre de Martange au prince Xavier concernant : une entrevue de Martange avec Mme Adélaïde; la déclaration du roi Louis XV au sujet des mariages du Dauphin et de Mme Clotilde. — Autre minute de mémoire pour le duc de Choiseul. — Lettres autographes de Pomiès de Bertrendy à Martange au sujet du mariage des princesses de Saxe. — Minute d'une lettre de Martange au prince Xavier; nouvelles de la cour. — Lettre (chiffrée) du prince Xavier à Martange concernant : le brevet de conseiller de légation accordé à Pomiès; le mariage du fils de l'Electrice. — Minute d'une lettre de Martange au prince Xavier concernant : l'affaire des mariages; l'impossibilité d'une union entre le Dauphin et une princesse de Saxe. — Autre minute d'une lettre de Martange au prince Xavier sur le même sujet : le mariage du Dauphin est arrêté entre le Roi et l'Impératrice-Reine; à défaut du Dauphin on peut tenter d'unir le comte de Provence à la princesse Amélie. — Minute d'une lettre de Martange au prince Xavier concernant la double alliance conclue. — Autre minute concernant la nécessité de se ménager les bonnes grâces de Mme Adélaïde; la haine du duc de Choiseul pour Martange; la visite projetée de l'empereur d'Autriche. — Deux lettres chiffrées datées de Dresde. — Correspondance relative à l'acquisition de la terre de Chaumot par le prince Xavier. — Fragment d'un mémoire adressé à Louis XV par Martange et concluant au renvoi du duc de Choiseul.

1772, deux pièces. Correspondance concernant la prise de possession par le prince Xavier de la terre de Villeneuve-le-Roi. — Lettre adressée à Mme de Martange et signée Jurkowski.

1773, une pièce. Copie d'un mémoire adressé au duc d'Aiguillon par Martange, daté de Londres : compte-rendu d'une conversation avec lord Rochford. La première page est de la main de Martange, les sept autres pages ont été transcrites par Mme de Martange.

1774, quatre pièces. Mémoire sur l'état actuel des affaires de Pologne. — Lettre de M. Dorville à Martange. — Lettre autographe du prince Xavier à Mme de Martange. — Minute d'une lettre de Martange au duc de Broglie pour réclamer ses bontés.

1776, une pièce. Lettre de Martange au prince Xavier (original) concernant sa situation financière et la demande d'un à-compte de 80,000 livres.

CARTON N° 26. *(3 liasses cotées B. C. D. — 285 pièces.)*

1° *Liasse B. — 86 pièces.*

Correspondance intime. — 1757-1783.

Lettres de Martange à Mme de Martange concernant : son séjour en Silésie ; les transfuges saxons ; les nouvelles de la guerre : « pour icy nous faisons vis à vis de l'ennemi la guerre véritablement en pantoufle, il est pourtant singulier que nous n'avancions pas davantage, mais on dit que c'est la faute des farines et de la construction des fours. Dès hier on a fait proposer au corps saxon de prendre la farine de seigle au moins pour les femmes, car imagine-toy qu'il y a un bataillon de cette canaille et que nous traînons après nous plus de 700 vilaines qui sont réellement la lie de tout ce qui est en Saxe ; » la satisfaction de Martange de quitter le service de la Saxe; son retour prochain ; la désunion entre les deux maréchaux ; les plans de campagne; le danger qu'il a couru au siège de Volffenbütel « ayant eu du même boulet ma canne emportée, mon manteau percé et mon épée pliée à mon côté; cette petite aventure a fort corrigé le prince (Xavier) à courir s'exposer à faire des reconnaissances hazardées ; » l'achat de la terre de Maison-Blanche; la succession de M. de Rachel premier mari de Mme de Martange; la négociation d'un emprunt nécessité par des dettes; les embellissements de Maison-Blanche ; la maladie du prince de Lamballe et l'état de la reine « qui, dit-on, commence à enfler »; la santé de Mlle de Martange; le paiement de ses dettes qui montaient à 2,000 écus; la protection qu'il attend de M. de Gribeauval ; sa nomination à la charge de secrétaire général des Suisses et Grisons ; « s'il mourroit un fermier général mon affaire actuellement seroit sûre, mais les gens se portent comme des Papes et pour mes péchés sont immortels »; sa venue à Paris pour recevoir 2400 livres, « qui sont comme une goutte d'eau dans l'immensité des mers »; les inquiétudes de sa situation précaire; la cour qu'il doit faire à l'Idole (Mme Dubarry); le jeu diabolique qu'il joue à la loterie ; sa demande d'une charge d'inspecteur des côtes; ses relations avec Beaumarchais, « comme cet homme-là est fort bien avec le ministre de la marine on peut en tirer par là, sans que cela paraisse, mieux pour être employé et placé. Il me paraît que je lui ai plu et c'était bien mon intention en cherchant à le voir »; ses instances auprès du prince de Montbarrey et du maréchal de Broglie à l'effet d'obtenir le grade de lieutenant général; ses arrangements avec M. Diedrich au sujet de la charge de secrétaire des Suisses; les nouvelles de l'escadre de M. d'Orvilliers; les préparatifs d'un débarquement en Angleterre; la victoire navale remportée par M. d'Estaing; ses entrevues avec le duc de Guines ; le chevalier de Crussol, le prince d'Hénin au sujet de son affaire ; les nouvelles de Versailles et des opérations navales de M. d'Orvilliers ; l'heureux succès de la grande affaire du secrétariat général des Suisses et Grisons dû aux bontés du comte d'Artois ; l'escadre de M. Duchaffault sortie de Brest ; la mort du comte de Broglie ; la visite de Martange à Beaumarchais ; le duel de Cagliostro et du chevalier de Narbonne ; ses démarches auprès de M. de Ségur pour obtenir une charge de gouverneur particulier.

2º *Liasse C. — 103 pièces.*

Correspondances diverses. Lettres et billets adressés à M. et Mme de Martange (1758-1774).

1758. Billet de l'abbesse de l'Abbaye au-Bois. — Lettre du duc de Lauraguais ; rappel de souvenir et compliments. Lettre non signée. — Lettre de M. d'Hilt, officier saxon. — Autre lettre d'un officier saxon. — Lettre du comte de Waltbold. — Lettre du comte de Brühl ; remerciements. — Lettres du général baron de Block ; nouvelles de la guerre. — Lettres de Brigantin, officier saxon. — Autres lettres d'officiers du corps saxon. — Lettre de M. Denison, aide-major ; remerciements. — Lettre de M. de Schoenberg ; il désire le grade de colonel-commandant et il sollicite l'appui de Martange. — Lettre de Mme veuve Bouget. — Lettre de Mme de Matharel en faveur de M. Gouvernet de La Tour qui désire l'abbaye de Jouy. — Lettre de M. de Castelnau ; il réclame pour son frère l'appui de Martange. — Deux lettres de M. Du Metz ancien colonel de cavalerie au service de la Saxe. — Deux lettres non signées. — Lettre du chevalier de Vannes au sujet d'une dette. — Six lettres de Mme David Dufour à sa fille Mme de Martange. — Lettre de Dominique Bussy, camérier privé de l'Electeur de Saxe; compliments de nouvel an. — Mémoire de Martange pour terminer à l'amiable des affaires d'intérêt. — Lettre du baron Feüllner. — Rapport de Jean-Christian Mihner, garde-chasse, sur l'emploi de la balle Schnepper (texte allemand). — Deux lettres de M. David Dufour à sa cousine Mme de Martange. — Lettre de Janne Weillens; envoi d'un andolium. — Lettre de M. de Salves relative aux hôpitaux de l'armée de Soubise. — Copie d'une reconnaissance de 8,000 livres due par Martange à Simon de Fiennes son valet de chambre. — Lettre du général de Fontenay au sujet de l'envoi d'un clavecin. — Note de Martange au sujet du couvent des Dames carmélites de Dieppe. — Lettre d'un s^r Baüer, marchand à Strasbourg. — Lettre de M. de Moltke à Mme de Martange; compliments. — Deux lettres sans signature datées de Saint-Aignan. — Lettre de Mme Marie de Silvestre; nouvelles de Paris. — Treize lettres de Mme Martin-Dufour à sa sœur Mme de Martange; affaires de famille. — Lettre d'une personne attachée au service de la Dauphine (non signée); demande de secours. — Lettre de Laurens Curton, marchand à Dresde. — Deux lettres de la comtesse Spinucci (texte italien). — Deux lettres de Prolss l'aîné. — Lettre de Charles de Lowenstein. — Lettre de L.-F. Maupin à son cousin de Martange, datée de Saint-Germain-en-Laye. — Lettre et billet de la princesse de Lowenstein. — Lettre de Mme de Saint-Simon des Mazis. — Lettre signée Bournouville. — Lettre de Juliard, procureur en la chambre des Comptes. — Lettre de M. Forneret. — Lettre de Constant, maître d'école à Lésigny. — Lettre de M. Maillefaud. — Lettre de M. de Fréville. — Trois lettres de Rougemont frères, banquiers. — Lettre des frères Bettmann, banquiers à Francfort. — Deux lettres de Piquefeu de Bermon, négociant à Honfleur. — Billet du prince Camille de Rohan. — Deux lettres de la baronne de Rumerskirch à sa mère Mme de Martange. — Lettre de Martin

Dufour à son beau-frère de Martange. — Lettre de l'abbé Bazin. — Lettre de Martange fils à son père. — Quatorze autres lettres de divers correspondants.

3° Liasse D. — 96 pièces.

Cette liasse comprend des fragments de lettres, des notes, des comptes et des quittances relatifs au séjour de Martange en Saxe; plusieurs de ces documents sont en langue allemande. Nous ne pouvons donner la liste complète de pièces qui échappent à tout dépouillement et dont la partie principale est composée de mémoires dûs à des marchands de Dresde, de Strasbourg et de Paris.

TABLE GENERALE

DE LA PREMIÈRE PARTIE

Abjurations, 318, 325, 326, 334, 339. — Voir *Réformés*.

Ableville, fief, 381.

Ablon (manoir d'), 49.

Actes de foi et hommage, introd., 59 ; — 347 à 398.

Actions de grâces, voir *Te Deum*.

Administration financière de la ville, introd., 39.

Aides, introd., 12 ; — (juridiction des), 46, 55 ; — (concession des), 47, 48, 50, 51, 53, 54, 55, 56, 82 ; — (droits d'), 114, 129, 130, 133 ; — (fermes d'), 116, 121. — Voir *Impositions, Tarif*.

Amelot du Boscage (fief), 359.

Amendes imposées aux bourgeois, 72, 73, 74, 77, 80, 104.

Amirauté, introd., 46 à 58 ; — 183, 190, 191, 299 à 315.

Amiraux de France, 45, 50, 51, 58, 266, 268, 269.

Anglais, — leurs entreprises sur Honfleur, 88 ; — capturent les navires du port, 110 ; — bombardent le Havre, 171 ; — bombardent Dieppe, 171.

Apparoc, 91, 332, 391.

Archives (ancien inventaire des), 1 à 39 ; — du bailliage, introd., 10 ; — de la vicomté de Roncheville, 90 ; — de l'amirauté, 46 à 58.

Argenson (d'), 208.

Argentan, 192.

Armand (Alexandre), gouverneur, 181, 203, 218, 331.

Armements de navires, introd., 55 ; — 57, 160, 161, 222, 299 à 307.

Armes et Munitions, 284, 287. — Voir *Artillerie*.

Armurier de la ville, 266.

Arpenteurs, 180.

Artillerie de la ville, 47, 74, 75, 78, 79, 81, 82, 183, 184, 269, 273.

Arts et Métiers, voir *Corporations*.

Assemblées publiques, 125, 135, 138, 244 ; — (différends au sujet des), 261, 341 ; — (règlements des), 72, 73, 74, 76, 103, 125. — Voir *Notables*.

Auberges, voir *Hôtelleries*.

Auge (vicomté d'), 194, 175, 207, 210, 226, 347.

Aulnettes (lieu dit les), 211.

Aulnoy (Mme d'), 322.

Aveux, voir *Actes de foi et hommage.*
Auviray (Georges d'), contrôleur de la marine, introd., 10.

Bailleul (fief de), 381.
Bailli, — de Grestain, 179 ; — de Blangy, 209, 211.
Banlieue de la ville, 48.
Baptêmes (actes de), 317 à 346.
Barbiers-chirurgiens, voir *Chirurgiens.*
Barres ou *Écluses* (conducteur des), 149.
Barrières de la ville, 172, 250, 273.
Basin (Thomas), évêque de Lisieux, introd. 9.
Bassin (petit) ou Bassin Rancey, 145.
Bassin (travaux au vieux), 125, 153, 154, 156, 159, 143, 144, 145, 149, 198. — Voir *Travaux publics.*
Bastion, — de Bourbon, 86 ; — de la Chaussée, 278 ; — de la Croix-Blanche, 91 ; — de la porte de Caen, 286 ; — de la porte de Rouen, 283 ; — Saint-André, 94 ; — Saint-Nicol, 156.
Bateaux passagers, 300, 301.
Batterie (lieu dit la), 381.
Bautot (de), 106, 119, 125, 314, 357, 358.
Beaumoucel (fief de), 381.
Béchard ou Beschard (Robert), introd., 20 ; 79.
Bellemare (de), 302, 382.
Belleserre (Antoine de), 157.
Bercy (M. de), 160, 161.
Béthune (le sieur de), 47.
Beuvron (de), 63, 164.
Beuzeville (fief de), 381.
Biens de la ville, 165 ; — (du clergé) 264.
Bièvre (fief au), 347, 348.
Bigarrie (lieu dit la), 394.
Blanville (de), 195, 200.
Blés (pillage des), 216.
Blosseville (fief de), 360.
Boislevesque (de), 325.
Bois-Ravenot (seigneurie du), 353, 357.

Boisseret (de), 329, 330, 336.
Boniface (Ozias de), introd., 20.
Bonnechose (de), 134, 220.
Borel (de), 321, 322, 355, 395.
Bottey (Françoise), 147, 148.
Boucheries, 132, 260, 267 ; — (inspecteur des), 33. — Voir *Carême.*
Bouchers (étaux des), 129, 174.
Boulangerie (droit d'aide sur la), 129, 141.
Boulevards de la ville, 48, 51, 279.
Boullart (lieu dit le jardin), 374.
Bourbon (Louis de), amiral, introd., 9.
Bourgeauville (le sieur de), 275.
Bourgeois (emprisonnement de), 99, 100, 104, 114, 173 ; — (noms des), 52 ; — (obligations des), 125 ; — (privilèges des), 156 ; — (quais des), 219 ; — (réceptions des), 83, 94, 163, 171 ; — (dénombrement des), 74.
Bouquetot (Jean de), 352.
Bressac (Bernard de), 226, 227, 234, 238.
Breteuil (l'abbé de), 209, 233, 235, 241, 242.
Brévedent (de), 3, 208, 209, 318, 320, 327, 332, 370, 374, 375, 376, 377, 378, 379, 380.
Brinon (de), 364.
Brisse (Pierre de), 67, 68, 76, 82.
Brucourt (maison ou logis de), voir *Hôtel-de-Ville.*
Brunon (de), 367, 371.
Bucquet (fief du), 382.

Cabarets (police des), 168.
Cachin (baron), ingénieur, introd., 25 ; — 259.
Cahier des doléances de la ville, 262.
Caligny (de), ingénieur, 219.
Calvinistes, voir *Réformés.*
Canonnier de la ville, 74, 82, 129, 273.
Capitaine, — de la tour et chaîne, 125, 129, 134, 139, 157, 163 ; — des portes, 119, 121, 180.
Capitation, 177, 187, 193, 195, 196, 204.

Capucins, 118, 119, 158, 181, 200, 231, 263.
Carcan (établissement d'un), 180.
Carême (veute de la viande pendant le), 141, 147, 165, 174, 185, 190, 194, 238, 239, 253. — Voir *Prédicateurs*.
Carénage (ponton de), 208, 214, 257.
Carrefours, 49, 80, 94, 143, 265.
Carrouges (Le Véneur, comte de), 115, 269.
Casanova (Thomas de), introd., 21.
Cassia (Antonio de), introd., 21.
Castaing, ingénieur, 216.
Castillon-en-Auge (château de), 234.
Cérémonies religieuses, voir *Services*, *Offices*, *Te Deum*.
Chaîne du port, 71, 129, 265.
Chaîne (droit de), 247.
Chambon (Jean), 81, 83.
Chambray (Jacques de), introd., 70.
Chambry (de), ingénieur, 255, 257.
Chamillard (de), 158, 159.
Champigny (de), 60, 153.
Chandeliers (ordonnance concernant les), 168.
Chantiers de construction, 87, 270.
Chapelain de l'hôpital, 132, 140, 148.
Chapelle-Hainfroy (fief de la), 388.
Chapelles, — de N.-D.-de-Grâce, 118, 119, 230 ; — de Sainte-Clotilde, 135 ; — de Saint-Clair, 264 ; — de Saint-Firmin, 99 ; de Saint-Nicol, 264.
Charges de la ville, 110, 149.
Charité de Notre-Dame, introd., 9.
Charlemagne (de), sieur du Boulley, 154.
Chartrier, 4.
Château-Gaillard (rempart appelé le), 126.
Chaudron (maison du), 375.
Chauffer de Barneville, 2, 33, 177, 182, 191.
Chauldet (Hélie), 71, 81, 279, 373, 374.
Chauvel (baron), 340.
Chauvin (de), 89, 112, 135.
Chenal ou *Canal* (ouvrages au), introd., 43 ; — 83, 84, 85, 87, 150, 219, 228,

248, 265, 266, 267, 268, 276, 281, 287, 288. — Voir *Travaux publics*.
Chemin, — de Honfleur à Pont-Audemer, 84 ; — de Honfleur à Caen, 288.
Chêne-Morin (lieu dit le), 211.
Chesnot (lieu dit le), 356.
Chirurgiens, 91, 108, 221, 252.
Classes (levée des), 113 ; — (commissaire aux), 186.
Clefs de la ville, 277, 279 ; — (porte-clefs), 123, 124, 128, 206, 214, 227.
Clément (le sieur), ingénieur, 144, 145, 146.
Clergé (biens du), 264.
Clermont (Renc de), vice-amiral, introd., 19 ; — 51.
Cloche de la ville, 270.
Cimetières (police des), 155 ; — des réformés, 156.
Colbert (lettres de), 63.
Collecteurs, 93, 95, 109, 114, 115, 116, 117, 125, 132, 152 ; — (saisie des biens des), 97.
Combes (de), ingénieur, 149, 150, 189.
Commerce de la ville, 62, 127, 128, 131, 133, 194, 212, 222, 223, 232.
Compagnies bourgeoises, voir *Garde bourgeoise*.
Comptes de la ville, introd., 39 à 45 ; — (audition des), 73, 130 ; — (dépenses pour l'audition des), 267, 276 ; — (examen des), 130, 168 ; — (montant des), 265 à 298 ; — (réformation des), 81.
Communautés d'arts et métiers, voir *Corporations*.
Communautés religieuses, 90, 121, 133.
Conac (Claude de), introd., 21.
Confréries religieuses, voir *Charité*.
Conseillers de ville, introd., 15 ; — (gages des), 77.
Contagion, voir *Epidémies*.
Contrescarpe (maisons de la), 253 ; — (place de la), 249.
Contrôleur, — des deniers, 41, 81, 164,

172 ; — des guerres, 226, 234 ; — du tarif, 232. — Voir *Offices*.

Construction de navires, 69, 82, 87, 179. — Voir *Chantiers*.

Conty (Jean de), 282.

Corderie (lieu dit la), 373.

Cormeilles (Charles de), 129.

Corneuil (Saint-Nicolas de), paroisse, 263.

Corporations industrielles, 96, 141, 142, 261 ; — (statuts des), 212 ; — (nombre des), 182.

Corps des volontaires, voir *Volontaires*.

Corps de garde, 90, 165, 260, 267, 279, 287.

Corps de métiers, voir *Corporations*.

Corsaires, introd., 55 ; — 299, 301, 303.

Corvées, 213, 275.

Créanciers de la ville, 133.

Crémanville (fief de), 382.

Cricquebœuf (fief de), 360.

Crillon (commandeur de), 277, 279, 281.

Croix-en-Labour (lieu dit la), 358.

Crosne (Thiroux de), 64, 249, 256.

Costard (Jean de), 318.

Courseulle (de), 91, 361, 362, 380, 382, 385, 390.

Cours d'Orléans, 255, 258, 259.

Cousinot (Guillaume), bailli de Rouen, introd., 9.

Courtenay (Pierre de), introd., 10.

Courtier-interprète, 307.

Couvrefeu ou *Retraite*, 146, 205.

Curés des paroisses, 118, 121, 131, 133, 140, 170, 244, 246, 248 ; — (différends entre les), 130, 133, 154.

Cusars (le sieur de), 90.

Dais ou poêle porté par les bourgeois, 70, 72.

Danisy (Charles), sieur du Pin, introd., 19 ; — 67, 68, 73, 74, 76, 77, 78, 80, 81.

Danse (maître de), 162.

Dareez (Jean), capitaine du château de Touque, introd., 20 ; — 274.

Daubeuf (fief de), 363.

Défense et garde de la ville (mesures et travaux pour la), 48, 50, 55, 56, 88, 97, 105, 107, 120, 122, 128, 271, 272, 273.

Délibérations municipales (reg. des), introd., 12 ; — (analyse des), 67 à 264.

Dénombrement des bourgeois, 88, 156.

Deniers (comptes des), 265 à 297.

Dentelles de Honfleur, 122, 173, 178, 221.

Dépensier, *Despencyer* (vavassorie au), 363, 364, 367.

Députés de la ville, 73, 122, 127, 129, 131, 256, 257 ; — aux Etats-Généraux, 261, 262.

Descalles (François), écuyer, 398.

Des Hayes, sieur de Manerbe, 217, 220, 226, 245, 250.

Despoix, vice-amiral, 70, 71.

Destournel (Louis), chevalier, 391.

Dettes de la ville, 110, 118, 122, 158.

Dimanches et fêtes (observation des), 140, 141, 146.

Dixième denier, 188.

Don gratuit, 11, 173, 189, 191, 192, 194, 205, 236, 237, 238, 240.

Dons faits à la ville, 107, 256, 257 ; — faits par la ville, 88, 170 ; — faits à l'hôpital, 142, 146, 148 ; — de joyeux avènement, 100.

Doublet, 85, 132, 186, 189, 190, 208, 209, 211, 319, 331, 357.

Droits, — sur les boissons, 99, 100, 101, 103 ; — de chaîne, 129, 247 ; — de fouage, 88 ; — de franc-alleu, 128 ; — sur le poisson, 133 ; — de quatrième denier, 109, 110 ; — de tarif, 102, 103, 106 ; — de vingtième denier, 96, 97.

Dubois, ingénieur, 240.

Dubosc (Marie), religieuse, 99, 100, 101, 102.

Du Bosc des Varèts, 217.

Du Boulley (Julien), 157.

Du Butin, 106, 142.

Ducasse de Saint-Marc (Bertrand), introd., 23 ; — 229, 235, 237.
Du Cup (Raymond), sieur d'Yssel, 22, 142, 149, 164, 165, 180, 184.
Du Guast (Pierre), sieur de Monts, 272.
Du Héron (Nicolas), 394.
Du Mesnil (Robert), 119, 121 ; — (Jean Conseil), 362.
Dupont-Gravé, 317.
Du Pré (Jean), introd., 21.
Duquesne visite le port, 63.
Du Solier (Simon), 52.
Du Trou de Villetang, ingénieur, 197.
Du Trousset de Valincour, secrétaire général de la marine, 311.
Du Val, sieur de l'Estang, introd., 10.

Eaux et forêts (maître des), 157 ; — (lieutenant des), 218.
Echevins (assemblée des), 179, 206, 207 ; — (attributions des), introd., 14 à 18 ; 89, 101, 103, 139, 141, 148, 239 ; — (différends des), 139, 194, 195, 204, 205, 206, 211, 224, 250, 241 ; — (droits des), 46, 101, 103 ; — (élection des), 102, 128, 139, 209 ; — (gages des), 276, 278 ; — (honneurs funèbres des), 127 ; — (liste des), introd., 26 à 38 ; — (nombre des), 128, 139 ; — (privilèges des), 118, 127, 193, 207 ; — (saisie des biens des), 104, 105, 173, 181 ; — (serment des), 109, 132.
Ecluses du port, 265, 271, 276.
Eclusier du port, 149, 235, 242, 266.
Ecoles, 258, 260 ; — de filles, 178 ; — des frères des écoles chrétiennes, 256 ; d'hydrographie, 138, 145 ; — de géométrie, 138 ; — paroissiales, 159 ; — de danse, 162.
Eglises, — paroissiales, 159, 166, 188, 193, 202, 203 ; — des Capucins, 181.
Emeutes populaires (mesures contre les), 262, 263.
Emprunts contractés par la ville, 92, 93, 117, 195, 196, 197, 199, 236, 247, 288.
Entrées des rois et de grands personnages, 47, 67, 68, 72, 79, 281.
Entrepôt (création d'un), 133.
Entretien des rues, 79, 88, 137, 140.
Epidémies, 16, 47, 91, 109, 120, 122, 268 ; — (mesures contre les), 108, 109, 120, 122, 124.
Epinay (lieu dit l'), 49.
Equainville (Le Terrier d'), 106.
Equemauville, 98, 133, 172, 228 ; — (fief d'), 383.
Escamel (fief), 362.
Escars (marquis d'), introd., 22 ; — 139, 145, 147, 148, 169.
Estancelin (François), ingénieur, 87.
Estièvre (Adam), 289 ; — (Marie-Anne), 329, 330.
Etang de la ville, 270.
Etat civil (reg. de l'), introd., 58 ; — 317 à 346.
Etat-major de la ville, voir Gouverneur, Capitaine, Lieutenant.
Etats-Généraux (députés aux), 261, 262.

Falaises (lieu dit les), 395.
Farcy (de), 210.
Fauconnerie (fief de la), 360.
Femmes de mauvaise vie, 140.
Fermes d'aide (anciennes), 155, 156, 160, 166, 167, 170, 177, 178, 185 ; — (revenus des petites), 267.
Féron (de), 362, 385.
Fêtes publiques, voir Réjouissances.
Feux de joie, 230, 231, 239, 275, 280, 290, 295.
Feydeau de Brou, intendant, 64, 159, 161, 232.
Fiquefleur, Ficquefleu, 83, 84, 85, 87, 192, 219, 266, 267, 268, 270 ; — (fief de), 383 ; — (marché de), 48.
Floques (Robert de), introd., 18.
Flouins (navires appelés), 66, 82.
Fontainier de la ville, 243.

Fontaines, 80, 94, 120, 131, 132, 165, 197, 202, 205, 215, 240 ; — Dorenge, 286 ; — Bouillante, 268, 287 ; — Notre-Dame, 229 ; — (concession d'eau des), 130, 168, 211, 227, 235 ; — (police des), 168.
Forbin-Gardane (de), introd., 22.
Forges (de), ingénieur, 179.
Fossés de la ville, 67, 68. Voir *Travaux publics*.
Fortifications, murailles, remparts, 48, 50, 51, 54, 69, 73, 81, 131, 271. — Voir *Boulevards, Défense* de la ville, *Forts, Fossés, Ponts, Portes*.
Forts, 277 ; — de l'hôpital, 288.
Foulleries (lieu dit les), 372.
Fourneville, *Formeville*, 49, 75, 80, 82 ; — (fief de), 384.
Fours (Guy de), introd., 22 ; 95, 101 ; — (Michel de), introd., 22 ; 95.
Franche bourgeoisie (maisons en), 98.
Franchises, — du sel, 242, 243, 251 ; — du franc-salé, 241.
Franc-salé (privilège du), 241.
Fresnes (lieu dit les), 374, 375.
Fronde (événements de la), 60, 61, 106, 107.

Gabelles, 126, 182, 187, 208, 238. — Voir *Grenier à sel*.
Gages et pensions, introd., 45 ; — des gouverneurs, 130 ; — des lieutenants de maire, 173 ; — des échevins, 276, 278.
Galères (condamnation aux), 47.
Galions (navires appelés), 69, 70, 71.
Garde de la ville, voir *Police, Règlements*.
Garde bourgeoise, 136, 238, 239, 263 ; — (élection des officiers de la), 102, 103, 263 ; — (différends entre les compagnies de la), 152, 153.
Garde nationale, 263, 264.
Garde-scel, 180, 188.
Gardes-côtes, 184, 213.
Gardes, — de l'hôpital, 80, 108 ; — du gouvernement, 215, 236 ; — des métiers, 96, 97 ; — gardes-halles, 141, 252, 253.
Garcelles (Thomas de), 180.
Garnisons, 58, 87, 108, 110, 114, 118, 122, 130, 131, 271, 275.
Gannirey (Georges de), contrôleur de la marine, introd., 10.
Gascq (Maurice de), introd., 24 ; 238.
Genneville (fief de), 384 ; — (dîmes de), 385.
Gens de guerre (exemption de la solde des), 46 ; — (dégâts causés par les), 108 ; — (levée des), 58, 106. — Voir *Logement, Garnisons*.
Giverville (de), 105, 395, 396, 497.
Gouffier, sire de Bonnivet, amiral, introd., 19.
Gonneville-sur-Honfleur (fief de), 385.
Gouverneurs de la ville, introd., 13 et 18 ; 76, 170, 182, 206, 215, 254, 266, 268 ; — (appointements des), 130.
Grains (mesureurs des), 180.
Grant-Breton (navire le), 67, 68.
Grantmare (lieu dit la), 49.
Gratifications, 192, 196, 210.
Gravelles (lieu dit les), 360.
Greffiers, — de la ville, 166, 174, 178, 225 ; — de l'écriture, 180 ; — des chirurgiens, 221.
Grenier à sel, 109, 110, 113, 126, 132, 214. — Voir *Gabelles*.
Grente (Jean), 363 ; — (Robert), 363 ; — (Jacques), 364.
Grestain (abbaye Notre-Dame de), 282, 358, 359, 386, 388, 389 ; — (bailli de), 179, 211, 226 ; — (haute justice de), 128.
Grieu (de), 320.
Grix (lieu dit la maison au), 49.
Grosourdy (de), 388, 392.
Gruaux (fief des), 386.
Guenons (achat et prix de), 72, 81.
Guerre (faits de), 44, 60, 61, 87, 88, 110, 111.

Guet et garde (paroisses sujettes au), introd., 44; 275.

Guillaume (Antoine), sieur de Saint-Germain, 22.

Halles, 88, 118, 129, 132, 150; — à blé, 85, 141 ; — de la boucherie, 267 ; — gardes-halles, 141, 252, 253.

Hamelin, contre-amiral, 340.

Harcourt (les de), 60, 64, 66, 239, 256. — Voir Beuvron.

Harlai (François de), 102.

Hauts-Champs (lieu dit les), 211.

Havre (bombardement du), 171, 237.

Havre-Neuf (ouvrages au), 144, 156, 219, 265.

Hélins (lieu dit les), 371, 372.

Hennequeville (fief de), 386.

Henri II (projet de visite du roi), 68, 69, 70, 71.

Henri IV (séjour de) à Honfleur, 281.

Herbigny (Lambert d'), 181.

Herse ou contre-porte, 48.

Heudreville (Le Roy d'), 105 ; — (fief d'), 387.

Honnaville (fief de), 388.

Hôpital, hospice, hôtel-Dieu ou maison-Dieu, 47, 80, 95, 99, 101, 106, 108, 131, 132, 140, 142, 147, 151, 176, 216, 221 ; — (chapelain de l'), 169 ; — (directeurs de l'), 156, 158, 161, 164, 168, 172; 179, 181, 256 ; — (dons faits à l'), 142, 146, 148 ; — (gardien de l'), 47, 266, 268 ; — (privilèges de l'), 169 ; — (trésoriers de l'), 95, 166.

Horloge, 90, 266, 271.

Hospitalières (dames religieuses), 106, 169, 174, 178, 186, 203, 204.

Hôtel-Dieu, voir *Hôpital*.

Hôtelleries, auberges et tavernes, — de l'Aigle-d'Or, 113; du Cheval-Blanc, 252, — du Dauphin, 86, 113, — du Grand-Dauphin, 366 ; — du Plat-d'Estain, 309 ; du Soleil-d'Or, 130, 195,

211, 227.

Hôtel royal, 88, 94, 102, 158, 247, 257.

Hôtel-de-ville, hôtel commun ou maison de ville, 14, 130, 135, 138, 165, 182, 211, 231, 265, 277.

Houël (de), 93, 253, 254, 288, 317, 328, 339, 395.

Houssaye (fief de la), 389.

Hurel, sieur de Saint-Martin, introd., 42; — 84, 93.

Hydrographie, voir *Ecoles*.

Immeubles de la ville, 15, 98, 254, 260.

Impositions, 76, 77, 78, 79, 82, 92, 95, 100, 104, 106, 107, 109, 115, 122, 123, 232 ; — (vote des impositions), 51. — Voir *Aides*, *Don gratuit*, *Vingtième*, *Dixième*.

Impôts indirects, voir *Droits*.

Incendies (pompes à), 216, 220, 221, 251 — (mesures contre les), 163, 165, 168.

Industrie, 126, voir *Dentelles*, *Pêches*.

Ingénieurs du port, 149, 179, 187, 216, 219, 226, 240, 243, 255, 259.

Invalides de la marine, 186, 231.

Jacobins (religieux), 283.

Jardin-aux-Chats (lieu dit le), 369.

Jetées (ouvrages aux), 50, 51, 67, 72, 75, 91, 285, 287, voir *Travaux publics*.

Joseph II (visite du roi), 252.

Joyeuse (duc de), amiral, 269.

Jumièges (abbaye de), 398.

Justice, 46, 47, 80 (prétoire de la), 117, 118, 119, 159, 182.

Labbey de Gonnoville, 398.

La Bourdonnaye (de), intendant, 64, 230.

La Coudrais (Coudré), 346.

La Galissonnière (Barrin de), 63.

La Garenne (Lancelot de), 360.

La Haye, sieur du Mont (de), introd., 21 ; — 90.

La Mailleraye ou Meilleraye, voir *Mouy* (de).

La Michodière (de), intendant, 65, 241, 242.
Lamoignon (de), intendant, 185, 189.
La Monnoye (de), 235.
Langey (de), 67, 81.
Langlois de Manneville, 367, 368, 369 370.
Lanquetot (de), 56.
La Roque (Etienne de), introd., 21; — 56, 84.
La Roque de Bernières, 226.
La Roque pisseuse (lieu dit), 269; (boulevard de), 273.
Lastre (Antoine de), dit Cauvart, vice-amiral, introd., 10, 19.
La Vrillière (marquis de), 62.
Le Blanc, intendant, 144.
Le Comte (Anne), 148.
Le Danois (Jean), 70.
Le Do (Thomas), 68, 72, 73, 79.
Le Doyen, introd., 20; — 364, 365, 366, 367, 370, 371, 381, 390.
Le Febvre, ingénieur, 187.
Le Goneslier, Groislier, 49.
Le Grand (Olivier), 319, 386.
Le Jugeur de Conteville, 166.
Le Jumel, 383.
Le Mire (Nicolas), 357.
Le Moine de Belle-Isle, 230, 232, 233, 235.
Le Nantier, 362.
Le Paulmier, 45, 112, 352, 353, 354, 355, 356, 357, 358, 371, 372, 373.
Le Pellerin (Louis), introd., 19.
Le Roy du Chillou (Guyon), vice-amiral, introd., 10, 19.
Le Tellier (Michel), 62.
Le Vaillant, baron de Rebays, 302.
Lettres : — de Marie de Médicis, 56; — de Louis XIII, 57; — de Henri de Rohan, 58; — du duc de Montmorency, 58; — du duc de Longueville, 58; — de Louis de Mouy, 60; — du comte de Harcourt, 60; — de Louis XIV, 61; — de Fouquet, 62; — du duc de Mercœur, 62; — de Louis Phélypeaux, 62; — de Le Tellier, 62; — de Louvois, 62; de Colbert, 63; — de La Galissonnière, 63; — du marquis de Beuvron, 63; — de Pontchartrain, 63; — du duc de Montmorency-Luxembourg, 63; — de La Bourdonnaye, 64; — de Feydeau de Brou, 64; — du maréchal de Harcourt, 64; — de Louis-Philippe d'Orléans, 64; — de Thiroux de Crosne, 64; — de La Michodière, 65; — de l'abbé Terray, 66; — du duc de Harcourt, 66; — de Necker, 66.

Lettres de noblesse, 105, 133.

Lieutenant, — de roi, 46, 194, 203, 226, 237, 246, 271, 272; — de maire, introd., 25; — 183, 184, 204, 206; — au bailliage, 261; — de l'amirauté, introd., 57; — des chasses, 164; — de la maréchaussée, 217.

Limon (Geoffroy de), 258.
Livet (de), 382.
Logement, — des officiers du roi, 119, 120, 189, 210; — des ingénieurs, 159, 240; — du directeur des fortifications, 189; — du commissaire aux revues, 225; — des troupes, 203, 299, voir *Garnisons*.

Loges et boutiques, 79.
Logis (le) du roi, 135, 138, 145, 146, voir *Hôtel royal*.
Long-Bovel (lieu dit le), 360.
Longpérier (de), 394.
Longs-Champs (lieu dit les), 356, 357, 358.
Longueville (de), 58, 68, 69, 85, 106, 265, 270, 349; — (hameau de), 354.
Louis XIII, 57.
Louis XIV, 61.
Louis XVI (visite du roi), 257.
Louvois, 62.
Luxembourg (duc de), 186, 187, 194.
Lyonnat (Antoine de), introd., 21.

Mahiel (de), 387, 392.

Maires de la ville (acte de réception des), 171; — (liste des), introd., 24; — (nomination des), 171, 208, 210, 212, 215, 220, 225, 227, 229, 231, 232, 236, 238, 239, 244, 247, 250, 251; — (réunion des offices de), 186.
Maison de Brucourt, voir *Hôtel-de-ville*.
Maison du roi, voir *Hôtel royal*.
Maisons à enseigne, 81, 86, 113, 130, 195, 211, 227, 252, 309, 365, 366.
Maîtres des quais, 94, 139, 155.
Major de la ville, 206, 209, 210, 217, 226, 238, 253.
Maladie contagieuse, voir *Epidémies*.
Malet de Graville, introd., 18; — 45, 50, 51, 52, 322, 360, 361.
Manerbe (de), voir Des Hayes.
Manneville (fief de), 367.
Manouvriers (journées de), 151.
Maharu (fief de), 389.
Marchés (règlement des), 141, 142, 143, 149.
Marescot (Philippe de), 101.
Mariages (actes de), 317 à 346.
Marie de Médicis, 56.
Marine (règlement de la), 308, 309, 310.
Marins (levées et réquisitions de), 113, 126.
Martange (papiers du général de), introd., 60; — 399 à 408.
Massac (Gyvien de), introd., 20.
Matharel (de), introd., 23; 194, 196, 206, 209, 215, 218, 230, 331, 332, 333, 334, 336.
Meautrix (fief de), 351.
Médecin de la ville, 83, 131, 135, 173.
Médecine (exercice de la), 126.
Méliand (de), intendant, 143, 149.
Ménagers de la ville, voir *Echevins*.
Méreaux (achat de), 277.
Mercœur (duc de), 52.
Mesnil-Ferri (fief du), 358.
Messagers de la ville, 275.
Miard (lieu dit le trou), 204, 205.
Milice bourgeoise, voir *Garde bourgeoise*.

Milice et Miliciens, 181, 183, 190, 191, 215.
Miromesnil (de), 191.
Misère de la ville, 198.
Monrongnon (Jacques de), introd., 10, 18.
Montausier (de), 151, 153.
Montifaut (de), introd., 20.
Mont-Joli (lieu dit le), 133.
Montmorency (duc de), 58, 63.
Montpensier (Mlle de), 129, 142, 166, 169, 170, 175, 176, 347, 348, 349, 350; — (duc de), 72, 267, 274, 275, 278, 279.
Monts (Antoine de Villeneuve, marquis de), 47, 101, 136, 153, 210, 323.
Morel-Beaulieu, 339, 398.
Motard (François), 254, 335; — (Léonard-Bernard), contre-amiral, 340.
Moulin banal, 265, 269, 270, 277.
Moulineaux (lieu dit), 131, 371, 372.
Mouchy (Guédon de), introd., 20; — 271.
Mouy (de), introd., 19, 21; — 60, 67, 71, 82, 90, 266, 268, 274, 318.
Munitions (achat et prix de), 272.

Naguet (de), 52, 74, 75, 76, 77, 79, 80, 82, 323, 352, 353, 354, 384.
Necker, 66.
Neufbourg (lieu dit le), 204, 374, 375, 376.
Neufville (lieu dit les), 373.
Nollent de Harcourt (de), 226.
Notables (assemblées des), 244, 246, 247, 261.
Notre-Dame-du-Val (fief de), 392.
Noyer (lieu dit le), 84, 381.

Obélisque, 235.
Octrois, voir *Tarif*.
Offices (création d'), 186, 188, 190, 191, 193; — (rachat d'), 180, 209, 212, 213; — (réunion d'), 173, 227, 248, 249, 251, 269; — (suppression d'), 102, 164.

Officiers, — de l'amirauté, introd., 50 à 57; — du grenier à sel, 109, 110, 112; — quarteniers, 163, 165, 166, 172, 173, 177; — municipaux, voir *Echevins, Receveurs*.

Orbec (Jean d'), 393; — (Gillette d'), 394.

Organisation municipale, introd., 14 à 18.

Orieult (Gabrielle), 132, 140, 147, 148.

Orléans (duc d'), 64, 175, 179, 197, 198, 207, 212, 215, 218, 229, 230, 232, 235, 257, 348, 349, 350, 351.

Ormesson (Le Fèvre d'), 171.

Ornano (Jean-Baptiste d'), 59.

Parc du roi (lieu dit le), 348.

Paroisses (délimitation des), 133.

Passagers (bateaux), 240, 243, 244, 300, 301.

Paulmier, voir Le Paulmier.

Pauvres, 120, 121, 140.

Pavage des rues, places et carrefours, 75, 76, 81, 102, 126, 129, 156, 162, 163, 179, 246.

Pêches, 131.

Perroquet (achat et prix d'un), 269.

Peste (mesure contre la), 185, 189, 194.

Pestel (Thimothée), 338; — (François), 369.

Pestiférés, 266.

Petigas (Louis de), introd., 21; — 84.

Petitmont (lieu dit le), 211.

Petit (le sieur), cosmographe, 97.

Pierrecourt (de), voir Mouy.

Pierrevert (Bernier de), introd., 23; — 246.

Pionniers (journées de), 87, 267.

Places, — d'Armes, 231, 264; — du Puits, 260; — de la Contrescarpe, 249.

Plans de la ville, 154, 187; 243, 253.

Poids du roi (maison du), 98, 162.

Police, — des marchés, 102, 143, 149; — militaire, 58, 87, 97, 101, 107, 120, 129, 138; — du port, 71, 88, 95, 123; — des tavernes, 88, 141, 146; — de la voirie, 76, 79, 81, 90, 102, 108, 122.

Pompes d'incendie, 216, 220, 221, 247, 251.

Pontchartrain (de), 63.

Pont-levis, 266, 278.

Ponts, — de la Tour carrée, 87, 181; — du puits de Notre-Dame, 87; — de la porte de Rouen, 283; — de Saint-Léonard, 81; — de Fiquefleur, 192.

Population, 236.

Port (travaux et agrandissement du), 63, 65, 94, 161, 218, 219, 231, 241, 245, 247.

Portes, — de Caen, 68, 74, 79, 118, 246, 257, 265, 266, 270, 279, 287; — de Rouen, 86, 87, 91, 278; — (capitaine des), 180; — (bavolles des), 273.

Portier de la ville, 266.

Poste aux chevaux (maitre de la), 67, 100, 105, 192, 214, 240.

Poterat de Saint-Sever, 343.

Potier de Tresmes, 388.

Prédicateurs de l'Avent et du Carême, 275, 276, 277, 283.

Prémagny (Boutar de), 207.

Premord, 235, 332, 338.

Présents faits par la ville, 72, 81, 257, 269, 397.

Prestreval (Robert de), 351, 352.

Prestreville (fief de), 363.

Prêts faits à la ville, 153, 275, 277, 279, 280, 288; — faits par la ville, 154, 155.

Prises de navires, 61, 62, 304 à 307.

Prisonniers de guerre, 60.

Privilèges de la ville, 41, 46, 78, 79, 95, 96; — (rétablissement des), 124, 195, 196, 197, 198, 217, 233, 234, 238.

Prix du pain, 141; — de la viande, 141, 187; — du blé, 141.

Procès soutenus par la ville, 76, 95, 96, 99, 107, 163, 192, 205, 228, 254.

Processions, 157.

Procureur du roi, 166, 178, 179.

Procureur-syndic, 115, 131.

Protestants, voir *Réformés*.

Puchot, sieur des Alleurs, introd., 23; — 170.

Quais du port (ouvrages aux), 88, 89, 123, 265; — (maître des), 176, 179, 180, 185.

Quarteniers (capitaines), voir Garde bourgeoise.

Quatrième denier, 76, 77.

Quetteville (fief de), 390.

Quillebeuf, 60, 179, 181.

Ramsaut (de), ingénieur, 219.

Rebut, sieur des Tôtes, 387, 388, 393.

Receveurs de la ville, introd., 39 à 45; — 47, 115, 161, 177, 195, 231; — généraux de la ville, 234; — sindics, 245, de la capitation, 221; — des contrôle et parisis, 249; — du tarif, 230.

Réformés (désarmement des), 162, 163; — (cimetière des), 156; — (défense d'attaquer les), 155; — (mesures contre les), 85, 118, 135, 141, 151, 157; — sommés d'abjurer, 155.

Régiment, — de Berwick, 65; — de Conti, 65; — de Limousin, 65; — de Lorraine, 190; — du Lyonnais, 64; — des Milices de Nantes, 64; — de Navarre, 65, 87, 118; — de Noailles, 239; — de Penthièvre, 65; — de Rambures, 108, 117; — Royal, 122; — de Royal-Cavalerie, 229; — du comte de Saint-Pol, 271; des Suisses, 3; — de Touraine, 187.

Reine (fief à la), 394.

Réjouissances publiques, 66, 230, 231, 239, 256. — Voir *Feux de joie*.

Religieuses de Notre-Dame, 121, 133; — de Saint-Benoît, 90, 91; — Hospitalières, 106, 169, 174, 178, 186, 203, 204.

Religionnaires, voir *Réformés*.

Religion réformée, son exercice défendu, 135.

Retraite ou *pardon*, voir *Couvre-feu*.

Ricard, ingénieur, 219.

Richebourg (Quantin de), 190, 191.

Ripaille (lieu dit la), 49.

Rivière (de), ingénieur, 154.

Rivière (quartier, hameau de la), 108, 159, 176, 177, 180, 237, 270.

Rivières, — de Claire, 89; — de Fiquefleur, 68, 83, 87, 89, 219, 266, 267, 270, 286; — de Saint-Sauveur, 83, 89, 219, 266, 268, 270.

Rohan (Henri de), 58.

Roncheville (vicomte, vicomté et baronnie de), 171, 207, 210, 349.

Roque (lieu dit la), 49, 51, 62, 80, 148.

Roujault (Nicolas-Etienne), 194, 196, 198.

Route, — de Honfleur à Pont-l'Evêque, 249, 255, 259.

Rolland, ingénieur, 243, 253.

Rosel (fief du), 390.

Rues et Ruelles, — Barbel, 156; — Basse rue, 275; — de la Bavolle, 256, 378; — Boudin, 258, 379; — Bourdel, 364; — Bruslée, 273, 375; — de la Buccaille, 272, 374; — des Buttes, 256, 273, 364; — de la Cahyère, 369; — de la Chaussée, 251, 269; — des Capucins, 378; — de la Geôle, 275; — Godart, 375, 376; — Giffard, 195; — Grande rue, 80, 272, 366; — des Fresnes, 204; — de la Halle, 231; — de Hault, 373; — Haute rue, 51, 88, 89, 120, 144, 157, 219, 220, 255, 282; — de Hobelin, 273; — de l'Homme-de-Bois, 272, 273; — des Logettes, 158, 251; — de Notre-Dame, 94; — de Notre-Dame-du-Cornet, 374; — de Petitville, 89; — du Puchot, 354; — du Puits, 272, 273, 372, 373; — de Saint-Antoine, 273; — de Sainte-Barbe, 273; — de Saint-Léonard, 268; — de la Seraine (Sirène), 89, 91; — Vastel, 89; — Villemelin, 79.

Saint-Amand (fief de), 390.
Saint-Antoine (l'aumône de), 392.
Saint-Siméon (lieu dit la croix), 373.
Saint-Aubin (fief de), 398.
Saint-Evroult (fief de), 380.
Saint-Gatien *(Gratien)*, 49.
Saint-Julien (marquis de), 218.
Sainte-Marie-du-Theil (fief de), 391.
Saint-Martin (lieu dit les prés), 249.
Saint-Nicol (barrière de), 250; — (bastion de), 156; — (chapelle de), 264, 373; — (fief de), 371; — (vallée de), 255.
Saint-Ouen (de), ingénieur, 226, 228.
Saint-Pierre (marquis de), 367.
Saint-Sauveur (village, paroisse de), 83, 108, 266, 268, 270. — Voir *Rivières*.
Saint-Seine (M. de), 256.
Saint-Siméon (lieu dit), 373.
Salaires, 151, 267, 273.
Sanegon (de), 378.
Services funèbres, 144, 175, 236, 246, 250, 257, 267.
Services religieux, messes, obits, 127, 146, 245.
Sépultures (actes de), 317 à 346.
Soies et Taffetas (achat et prix de), 68, 69.
Subdélégué de l'intendant, 159.
Subsides, voir *Impositions*.
Surville (fief de), 391.

Tabac (manufacture de), 205.
Taille (exemption de la), 41, 43, 44, 79, 96, 98; — (abonnement à la), 10, 44, 152, 182; — (montant de la), 144, 145, 152, 183, 221, 223. — Voir *Impositions*.
Tambour de la ville, 74, 139, 167.
Tarif (abonnement au), 205; — (adjudication du), 154, 157, 165, 177, 183, 224, 225; — (droits de), 6, 217; — (établissement du), 126, 130, 144, 149, 150, 151, 152; — (exemption des droits de), 228, 231, 232; — (régie du), 230.
Taxes, — sur les aisés, 95, 96, 97, 104; — sur les boissons, 99, 100, 101; — de la capitation, 237; — des étapes et quartier d'hiver, 106, 109, 110; — du franc-alleu, 98, 175, 176; — pour le mariage du roi, 116, 117; — des offices, 194; — du rachat d'offices, 180; — de la subsistance, 94, 114; — de l'ustensile, 164, 165, 169, 173, 182, 184, 185, 190, 195; — (montant des), 190, 216, 225, 228.
Te Deum, 63, 64, 66, 205, 230, 239, 264.
Temples, voir *Réformés*.
Terrains (achat et prix de), 254, 255, 256.
Terray (l'abbé), 66.
Terre-aux-Malades (lieu dit la), 393.
Theil (le), 49; — (les fossés du), 211; — (la haie du), 355; — (fief Sainte-Marie du), 391.
Thierry du Bucquet, 127, 209, 210, 214, 225, 226, 227.
Thieuville (de), 46, 321, 381, 389.
Thirat (Charles), contre-amiral, 337.
Thiville (de), 361.
Tontuit (fief de), 391.
Toulaville (fief de), 392.
Touque (amirauté de), introd., 58; — 314; — (forêt de), 211, 226.
Tours et Tourelles, — Carrée, 88, 91, 94, 95, 126, 267, 273, 279, 280, 286, 287, 288; — de la Chauguette, 266; — Frileuse, 54, 267, 270; — du fort Fleury, 265, 266; — Ronde, 91, 156, 277, 279, 280, 287.
Travaux publics, — aux bassins, 143, 144, 145, 149; — au chenal, 83, 84, 85, 87, 90, 117, 129, 150; — aux fossés, 67, 68; — au havre-neuf, 85, 87, 144; — à l'hôtel royal, 88, 90, 91, 94, 104, 135; — aux jetées, 51, 67, 72, 75, 86, 87, 118, 121; — aux murailles, 81, 98, 105, 131, 134; — aux portes, 68, 72, 73, 86, 87, 91; — aux quais, 72, 85,

86, 89, 90, 134; — aux rues, 76, 81, 86, 90; — aux tours, 87, 91, 94, 126, 131, 144.

Troupes (logement des), 3, 13, 108, 109, 114, 115, 130, 164, 188.

Trudaine (de), 241, 242.

Val Chuquet ou Chouquet (lieu dit le), 142, 211.

Vallencay (d'Etampes de), 254, 260.

Varin et de Varin, 73, 80, 177, 279, 283, 284, 319, 324, 331, 363.

Vasouy (famille de), 392, 393, 394; — (fief de), 392.

Vatelen (lieu dit à), 393.

Vattemare (de), 394.

Vente (manoir de la), 347.

Vicomtes, — d'Auge, 109; — de Honfleur, 3; — de Roncheville, 171, 207.

Villars (de), 60, 85, 277.

Villeneuve (Antoine de), voir Monts.

Villeneuve (Gaspard de) 117.

Villepion (Tassin de), 254.

Villerville (fief de), 398.

Vingtième (droit de), 96.

Vins offerts par la ville, 72, 186, 187, 189, 267, 269, 275, 276, 274.

Vipart (Guillaume), 67, 76, 77.

Visites officielles, 47, 63, 67, 68, 72, 160, 213, 249, 269.

Vivier de la ville, 270.

Voirie, voir *Travaux publics*.

Volaville (Vaultier de), 174, 203, 209, 332, 333, 336.

Voleurs (punition des), 11, 47.

Volontaires (corps des), 231.

Voyages faits par ordre et au compte de la ville, 73, 76, 77, 78, 79, 81, 124, 149, 165, 167, 170, 172, 175, 176, 177, 180, 181, 185, 194, 197, 217, 250, 233, 234, 270.

Voyeurs, 140.

Yssel (d'), voir Du Cup.

www.ingramcontent.com/pod-product-compliance
Lightning Source LLC
Chambersburg PA
CBHW051618230426
43669CB00013B/2098